Studien und Materialien zum Rechtsextremismus
herausgegeben von Prof. Dr. Eike Hennig

**Band 6**

# Nicht Wieder Gut Zu Machen

Die bundesdeutsche Entschädigung
psychischer Folgeschäden
von NS-Verfolgten

Anke Schmeling

Centaurus Verlag & Media UG 2000

Die Autorin, **Anke Schmeling,** geb. 1959, absolvierte ein Lehramtsstudium der Gesellschaftswissenschaften und Germanistik, 1998 Promotion im Fachbereich Politikwissenschaften an der Universität Gesamthochschule Kassel. Sie ist tätig als freiberufliche Moderatorin und als Lehrbeauftragte an der Universität Gesamthochschule Kassel.

**Die Deutsche Bibliothek – CIP-Einheitsaufnahme**

**Schmeling, Anke:**
Nicht wieder gut zu machen : die bundesdeutsche Entschädigung psychischer Folgeschäden von NS-Verfolgten / Anke Schmeling. – Herbolzheim: Centaurus Verl., 2000
(Studien und Materialien zum Rechtsextremismus ; Bd. 6)
Zugl.: Kassel, Univ., Diss., 1998
ISBN 978-3-8255-0267-6    ISBN 978-3-86226-439-1 (eBook)
DOI 10.1007/978-3-86226-439-1

**ISSN 0940-2977**

*Alle Rechte, insbesondere das Recht der Vervielfältigung und Verbreitung sowie der Übersetzung, vorbehalten. Kein Teil des Werkes darf in irgendeiner Form (durch Fotokopie, Mikrofilm oder ein anderes Verfahren) ohne schriftliche Genehmigung des Verlages reproduziert oder unter Verwendung elektronischer Systeme verarbeitet, vervielfältigt oder verbreitet werden.*

© *CENTAURUS Verlags-GmbH & Co. KG, Herbolzheim 2000*

Satz: Vorlage der Autorin
Umschlaggestaltung: DTP-Studio, A. Walter, Lenzkirch

# Danksagung

Zu danken habe ich vielen Menschen, die die Entstehung meiner Arbeit mit Interesse und Anteilnahme begleiteten.

Dankbar bin ich Prof. Dr. Jörg Kammler, dessen Forschungsarbeiten zur "Wiedergutmachung nationalsozialistischen Unrechts" mir eine wichtige Anleitung waren. Dem von ihm geleiteten Forschungsprojekt, das sich seit Ende der 80er Jahre mit der Entschädigungspraxis des Bundeslandes Hessen beschäftigte, verdanke ich viele wichtige Impulse; ihm verdanke ich aber auch das Fallmaterial, das Grundlage meiner empirischen Auswertung war.

Unterstützung fand ich auch bei Prof. Dr. Eike Hennig, der mir mit seiner fachlichen Beratung über viele Klippen hinweghalf und damit die Fertigstellung dieser Arbeit erst möglich machte.

Wertvolle Hilfestellungen gab mir Prof. Dr. Reinhart Lempp, der mich großzügig an seinen langjährigen Erfahrungen als Psychiater und Gutachter in Entschädigungsverfahren teilhaben ließ. Danken möchte ich auch Robert Lohde-Reiff, der mir tatkräftig und sachkundig behilflich war, alle Hürden der EDV-Analyse zu überwinden.

Meinem Mann, Benjamin Schäfer, danke ich für seine unerschöpfliche Geduld, seinen emotionalen Beistand und seine stete Diskussionsbereitschaft. Seine gleichbleibend solidarische Kritik war mir eine unersetzliche Hilfe.

Diese Arbeit wurde vom Fachbereich Gesellschaftswissenschaften der Universität Gesamthochschule Kassel 1998 als Dissertation angenommen.

# Inhaltsverzeichnis

| | | |
|---|---|---|
| I. | Einleitung | 1 |
| I.1 | Zum Forschungsstand und zur Vorgehensweise der vorliegenden Arbeit | 1 |
| II. | Extrembelastungen der Verfolgung | 13 |
| II.1. | Überleben in Lagern: Überlebende als "Displaced Persons" in der amerikanischen Besatzungszone | 29 |
| II.2 | Psychische und somatische Folgeerkrankungen | 39 |
| II.3 | Wahrnehmungsprobleme: Die Diagnostik bundesdeutscher Psychiater | 61 |
| III. | Das Entschädigungsrecht | 71 |
| III.1 | Voraussetzungen und Grundsatzentscheidungen des deutschen Entschädigungsrechts | 71 |
| III.2 | "Schäden an Körper und Gesundheit" | 88 |
| III.3 | Die Entschädigung psychischer Folgeschädigungen im Spannungsfeld zwischen gesetzlichen Vorgaben und psychiatrischer Praxis | 97 |
| III.4 | Summarische Abschlußüberlegungen | 107 |

| IV. | Ein verschobenes Abbild der Wirklichkeit "Wiedergutmachungsverfahren" in Entschädigungsakten | 111 |
|---|---|---|
| IV.1 | Diesseits der Entschädigungsakten Methodische Probleme | 113 |
| IV.2 | Jenseits der Entschädigungsakten: Besondere Probleme der Entschädigungsverfahren | 126 |
| V. | Zur Auswertung des Fallmaterials | 131 |
| V.1 | Zentrale Auswertungsergebnisse | 136 |
| VI. | Die Überlebenden Zehn Verfolgungsschicksale - zehn Entschädigungsverfahren | 167 |

Herr. O.B.: "Die... Erkrankungen setzten einige Tage nach meiner Entlassung ein..."     169

Frau S.R.: "Ich war vollkommen verwahrlost, verkommen, von Ekzemen bedeckt..."     176

Frau H.A.: "Seitdem haben die Angstzustände dauernd zugenommen und ich verliere sie nicht."     184

Herr M.C.: "Ich bin nervoes und lebe in staendiger Vorstellung, dass man mich ermorden will."     190

Herr L.K.: "... mußte eine der schrecklichsten Arbeiten leisten, die ein pervertiertes Menschenhirn einem Mitmenschen auferlegen konnte."     198

Frau E.M.: "Durch die großen seelischen und körperlichen Belastungen ... habe ich dauernde Schädigungen davongetragen"     207

| | | |
|---|---|---|
| | Herr. J.L.: "Als ich... in Erfahrung brachte, dass meine Eltern und Geschwister in Polen von Nazis umgebracht wurden, stellten sich bereits Anfaelle von heftigen Kopfschmerzen ein..." | 214 |
| | Frau S.E.: "Schmerzen im Körper infolge Misshandlungen..." | 224 |
| | Herr. I.Z.: "Ich kann mich an meinen Aufenthalt im Ghetto noch gut erinnern, obwohl ich damals noch ein Kind war." | 232 |
| | Herr W. Ke.: "Angst, sich im Leben nicht zurechtzufinden" | 240 |
| VII. | Resümee | 247 |
| | Literatur- und Quellenverzeichnis | 253 |

# I. Einleitung

## I.1. Zum Forschungsstand und zur Vorgehensweise der vorliegenden Arbeit

Die "Wiedergutmachung nationalsozialistischen Unrechts", d.h. die Entschädigung jener Menschen, die den gezielten Verfolgungs- und Vernichtungsterror des nationalsozialistischen Regimes und seiner Anhänger überlebt hatten, sollte nach Willen der Westalliierten und deutscher Politiker konstitutiver Bestandteil des demokratischen Neuaufbaus in den westlichen Besatzungszonen und der Bundesrepublik Deutschland werden. Mit der "Wiedergutmachung"[1] sollten und wollten die demokratischen Kräfte Deutschlands nach Kriegsende deutlich machen, daß das politische System dieses Landes mit nationalsozialistischer Ideologie und Politik gebrochen hatte. Sie wollten aber auch den ehemals Verfolgten signalisieren, daß ihre Leiden und Verluste in einem demokratischen Deutschland anerkannt und gewürdigt würden.

In der Realität wurde jedoch schnell deutlich, daß die "Wiedergutmachung" eine nur geringe Bedeutung im politischen Alltag der westdeutschen Besatzungszonen und der späteren Bundesrepublik hatte und vor allem bei der Bevölkerung auf Desinteresse bzw. auf Abwehr stieß.[2] Delegiert an eigens errichtete Entschädigungsverwaltungen und -gerichte blieb sie Angelegenheit von Experten, deren Arbeit jede öffentliche Anteilnahme und Wertschätzung verwehrt blieb. Walter Schwarz, einer der bedeutendsten "Wiedergutmachungsexperten", resümierte denn auch 1989: "Die Wiedergutmachung war niemals populär... Die Wiedergutmachung hat sich nahezu vier Jahrzehnte in einem politischen und publizistischen Abseits befunden."[3]

---

1 Der Begriff "Wiedergutmachung" ist ein inzwischen eingeführter Fachterminus, um die verschiedenen entschädigungsrechtlichen Vorgaben der Bundesrepublik summarisch zu bezeichnen. Da dieser Terminus aber im Wortsinne äußerst schwierig ist – konnten die Verletzungen und Verluste der Betroffenen doch niemals "wieder gut", d.h. ungeschehen gemacht werden – werde ich ihn in meiner Arbeit durchgängig in Anführung setzen.

2 In einer Befragung des Allensbacher Institutes 1949 befanden 54% der Befragten, Deutschland habe eine "Wiedergutmachungsverpflichtung" gegenüber den noch lebenden deutschen Juden, 31% lehnten dies ab und 15% äußerten sich unentschieden. 1952 befragt, ob Deutschland drei Milliarden Mark Entschädigungsleistungen an Israel bezahlen solle, befanden 44% der Befragten, dies sei überflüssig, 24% befanden die Summe als zu hoch, 11% äußerten sich zustimmend und 21% unentschieden. Vgl. dazu: Jahrbuch der öffentlichen Meinung 1947 – 1955; hrsg. Von Elisabeth Noelle und Erich Peter Neumann, Allensbach 1955.

3 Zit. nach: ders.: Die Wiedergutmachung nationalsozialistischen Unrechts durch die Bundesrepublik Deutschland. Ein Überblick, in: Ludolf Herbst / Constantin Goschler (Hrsg.): Wie-

Die Gleichgültigkeit der bundesdeutschen Gesellschaft spiegelte sich lange Zeit auch in der historischen und zeitgeschichtlichen Forschungslandschaft wider. Zur Kenntnis genommen und diskutiert wurde die "Wiedergutmachung" lediglich von jenen Juristen, die sich ad personam aufgerufen fühlten, gesetzliche Regelungen zur Entschädigung ehemals Verfolgter zu konzipieren. Dies bedeutete, rechtliches Neuland zu betreten, kannte die Geschichte doch kein Vorbild, wie solche Verfolgungs- und Vernichtungsexzesse, solch vielfältige Schädigungen von Terroropfern zu entschädigen seien. Um die Entschädigung ganz unterschiedlicher Verluste und Schäden strukturieren zu können, entschieden sich Politiker und Juristen, verschiedene Einzelgesetze zu entwerfen, mit denen die unterschiedlichen Schadensformen kompensiert werden sollten[4] – wobei die Vielschichtigkeit der Materie eine mehrfache Überarbeitung gerade der gesetzlichen Regelungen zur Individualentschädigung notwendig machte.[5]

Will man sich heute diese sehr komplexe juristische Materie entschlüsseln, so sind die einschlägigen Gesetzeskommentare grundlegend.[6] Ebenso grundlegend sind aber auch die Publikationen prominenter "Wiedergutmachungsexperten", die sich über Jahre dezidiert und kritisch mit den Intentionen, dem Charakter und den Mängeln der gesetzlichen Grundsatzbestimmungen auseinandersetzten.[7] Als fachinternes Informationsforum diente die Zeitschrift "Rechtsprechung zum Wiedergutmachungsrecht", in der jeweils aktuelle Urteile zur "Wiedergutmachung" veröffentlicht und diskutiert wurden – eine Quelle, die auch heute noch für das Verständnis juristischer Wiedergutmachungsprobleme zentral ist.[8]

---

dergutmachung in der Bundesrepublik Deutschland. Schriftenreihe der Vierteljahreshefte für Zeitgeschichte (Sonderband), München 1989, S. 53.

4   Die bundesdeutsche "Wiedergutmachung" umfaßt die sogenannte Rückerstattung, mit der vermögensrechtliche Schädigungen kompensiert wurden; die "Individualentschädigung", mit der materielle wie immaterielle Schädigungen von Einzelpersonen entschädigt wurden, aber auch gesetzliche Regelungen für den Bereich des Familien-, Arbeits- und Beamtenrechts, der Sozialversicherungen, des Versorgungs- und Strafrechts.

5   Gemeint sind hier das US-Entschädigungsgesetz von 1948, das von dem Bundesergänzungsgesetz 1953 abgelöst wurde. Überarbeitet wurde dieses mit dem Bundesentschädigungsgesetz 1956, das wiederum – nun aber abschließend – vom Bundesentschädigungsschlußgesetz 1965 abgelöst wurde.

6   Die für den Kontext der vorliegenden Arbeit wichtigsten Kommentare stammen von Georg Blessin / Hans Wilden: Bundesentschädigungsgesetze – Kommentar, München – Berlin 1957 sowie von H. G. van Dam / Heinz Loos: Bundesentschädigungsgesetz, Berlin – Frankfurt a.M. 1957.

7   So z.B. die Veröffentlichungen von Otto Küster: Erfahrungen in der deutschen Wiedergutmachung, Tübingen 1967 sowie von Franz Böhm: Die politische und soziale Bedeutung der Wiedergutmachung, in: Franz Böhm: Reden und Schriften. Über die Ordnung der freien Gesellschaft, einer freien Wirtschaft und über die Wiedergutmachung, hrsg. von E. J. Mestmäcker, Karlsruhe 1960.

8   Die Zeitschrift "Rechtsprechung zum Wiedergutmachungsrecht" erschien zwischen 1949 und 1981 als Beilage zur "Neuen Juristischen Wochenschrift".

Eine ebenso umfängliche wie detaillierte Würdigung erfuhr die bundesdeutsche "Wiedergutmachung" in einem sechsbändigen vom Bundesminister der Finanzen in Zusammenarbeit mit Walter Schwarz herausgegebenen Werk.[9] Unentbehrlich für eine Auseinandersetzung mit der Gesamtmaterie ist diese Arbeit vor allem, weil sie zum einen die Entstehungsgeschichte der unterschiedlichen Entschädigungsgesetze nachzeichnet, die Inhalte dieser Gesetze interpretiert und zum anderen das verwaltungstechnische und juristische Prozedere der Entschädigungsverfahren differenziert erläutert. Doch auch wenn diese Publikation das Rüstzeug bietet, das zum Verständnis bundesdeutscher "Wiedergutmachungsgesetzgebung", Entschädigungsverwaltung und –gerichtsbarkeit notwendig ist, so gilt es doch zu beachten, daß hier vor allem die Sichtweisen und Interessen *eines* Akteurs im Gesamtprozedere, nämlich des bundesdeutschen Staates und seiner nachgeordneten Instanzen dargestellt werden: Sowohl dem Bundesfinanzministerium als auch den Autoren (die mehrheitlich der Ministerialbürokratie angehörten) war und ist es ein Anliegen, die "Wiedergutmachung" positiv, als prinzipiell erfolgreiches Unterfangen der Bundesrepublik Deutschland zu präsentieren und so überrascht es wenig, daß in diesem Werk die kritischen Stimmen ehemals Verfolgter und ihrer Anwälte weitgehend fehlen.

Eben diese Kritik der unmittelbar Betroffenen entzündete sich vor allem an der Individualentschädigung, mit der die materiellen wie immateriellen Leiden und Verluste ehemals verfolgter Einzelpersonen kompensiert werden sollten. Auf Protest und Unverständnis stießen zum einen die gesetzlichen Ausschlußkriterien, mit denen bestimmten Opfergruppen jedes Recht auf Entschädigung verwehrt wurde[10], zum anderen aber auch die konkrete Entschädigungspraxis, die vielen ehemals Verfolgten überbürokratisch, ungerecht und wenig human erschien. Lange Zeit blieben ihre Vorwürfe und Nöte in der Öffentlichkeit, aber auch bei Historikern und Sozialwissenschaftlern ungehört – ein Zustand, der sich erst zu Beginn der 80er Jahre ändern sollte. Dieser Wandel basierte vor allem auf den Ergebnissen umfangreicher lokal- und regionalgeschichtlicher Forschungsarbeiten[11] und einer sich (auch) politisch verstehenden Gedenkstättenarbeit, die das Wissen um das Ausmaß nationalsozialistischer Verfolgung und die Schicksale einzelner Verfolgtengruppen deutlich erweitert hatten. Zwangsläufig wurde nun auch der "Wiedergutmachung" größere Aufmerksamkeit geschenkt, schärfte sich doch der Blick auf jene Verfolgtengrup-

---

9   Der Bundesminister der Finanzen in Zusammenarbeit mit Walter Schwarz (Hrsg.): Die Wiedergutmachung nationalsozialistischen Unrechts durch die Bundesrepublik Deutschland, sechs Bände, München 1974 – 1985.
10  So z.B. Sinti und Roma, Homosexuelle, wegen Verweigerung und Widerstand verfolgte Soldaten, ausländische Zwangsarbeiter, aber auch Zwangssterilisierte.
11  Vgl. dazu beispielsweise: Wilhelm Frenz / Jörg Kammler / Dietfrid Krause-Vilmar (Hrsg.): Volksgemeinschaft und Volksfeinde. Kassel 1933-1945, Fuldabrück 1987; Nationalsozialismus in Nordhessen - Schriften zur regionalen Zeitgeschichte, Kassel 1984.

pen, die trotz brachialer Verfolgungserlebnisse bislang im Entschädigungsprozedere "vergessen" worden waren. Zu Wort meldeten sich Vertreter politischer Parteien, Wissenschaftler und Publizisten, die als Mentoren der ehemals Verfolgten auftraten, die Lücken der Individualentschädigung offenlegten und gesetzliche Nachbesserungen einforderten.[12]

Als vorläufige Zusammenfassungen der einschlägigen historischen und sozialwissenschaftlichen Forschungsarbeiten zum Thema wurden Ende der 80er Jahre mehrere Sammelbände veröffentlicht, in denen die öffentlichen Diskussionen aufgegriffen und Einzelaspekte der Gesamtthematik vertieft wurden.[13]

Besondere Bedeutung kommt dabei einem 1989 veröffentlichen Sammelband von Herbst und Goschler zu[14], dessen Einzelbeiträge die Komplexität des Gesamtthemas deutlich werden ließen. Behandelt wurden hier die innen – wie außenpolitischen Problemfelder bundesdeutscher "Wiedergutmachung", ihre finanziellen, administrativen und juristischen Dimensionen, die spezifische Situation einzelner Verfolgtengruppen in konkreten Entschädigungsverfahren sowie die Bedeutung und Funktion von Interessenorganisationen und -vertretern ehemals Verfolgter in solchen Verfahren.

Anschaulich wurde in diesem Band aber auch – und dies gilt (mit Einschränkungen) bis heute – daß sich die "Wiedergutmachungsforschung" weitgehend auf drei Schwerpunkte konzentriert(e): Auf die Beschäftigung mit den im Luxemburger Abkommen vereinbarten Globalentschädigungszahlungen an Israel und die Claims Conference sowie die Analyse der politischen Hintergründe des deutsch-israelischen Vertrages; die Untersuchung der Frühgeschichte west- bzw. bundesdeutscher "Wiedergutmachung" sowie der Entschädigung bzw. Ausgrenzung bestimmter Problemgruppen in der Entschädigungspraxis.[15]

---

12  Vgl. dazu: Evangelische Akademie Bad Boll: Die Bundesrepublik Deutschland und die Opfer des Nationalsozialismus. Tagung vom 25. -27. November 1983 in Bad Boll, Protokolldienst der Evangelischen Akademie Bad Boll 14/984; Die Grünen / Alternative Liste: Anerkennung und Versorgung aller Opfer der nationalsozialistischen Verfolgung. Dokumentation parlamentarischer Initiativen der Grünen in Bonn und der Fraktion der Alternativen Liste Berlin, Berlin 1986; Bericht der Bundesregierung über Wiedergutmachung und Entschädigung für nationalsozialistisches Unrecht sowie über die Lage der Sinti, Roma und verwandter Gruppen, Deutscher Bundestag, Drucksache 10/6287 vom 31. Oktober 1986; Wiedergutmachung und Entschädigung für nationalsozialistisches Unrecht – Öffentliche Anhörung des Innenausschusses des Deutschen Bundestages vom 24. Juni 1987, Bonn 1987.

13  So der Sammelband von Ludolf Herbst (Hrsg.): Westdeutschland und die Wiedergutmachung, München 1988.

14  Ludolf Herbst / Constantin Goschler (Hrsg.): Wiedergutmachung in der Bundesrepublik Deutschland, a.a.O.

15  Vertieft wurden diese Schwerpunkte z.B. durch die Monographien von Rolf Theis: Wiedergutmachung zwischen Moral und Interesse. Eine kritische Bestandsaufnahme der deutsch-israelischen Regierungsverhandlungen, Hamburg 1988; Michael Wolffsohn: Ewige Schuld? 40 Jahre deutsch-jüdisch-israelische Beziehungen, München 1988; Regina Hennig: Entschädigung und Interessenvertretung der NS-Verfolgten in Niedersachsen 1945 – 1949 (Hanno-

Betrachtet man jedoch jene Arbeiten, die sich mit dem letztgenannten Forschungsfeld, der konkreten Entschädigungspraxis, befassen, so werden Leerstellen sichtbar: Analysiert und dokumentiert werden zumeist die Schicksale jener, die qua Gesetz von jeglicher Entschädigung ausgeschlossen wurden (vgl. dazu Anm. 7) – nicht aber die Entschädigungsverfahren jener Verfolgter, denen der Gesetzgeber einen prinzipiellen Entschädigungsanspruch zubilligte. Nur wenig wissen wir deshalb darüber, wie und mit welchem Erfolg bzw. Mißerfolg die Verfahren solcher Menschen abgeschlossen, ob und wie einzelne Verfolgungsschäden materiell entschädigt wurden. Daß solche Studien bislang eine Seltenheit sind – und dies merkte Ludolf Herbst bereits 1989 an – , liegt in erster Linie in der problematischen Quellenlage begründet: Nur schwer ist es möglich, Zugriff auf die Einzelfallakten der Landesentschädigungsämter zu erhalten, die Aufschluß über den Verlauf und die Ergebnisse von Entschädigungsverfahren, das Verhalten der Antragsteller, Sachbearbeitern der Behörden und Juristen geben würden.

Dieser Befund kennt jedoch Ausnahmen: Eine richtungsweisende Pionierarbeit legten bereits 1983 Mann/Grape/Cropp mit einer der Implementationsforschung verpflichteten Studie vor. Sie hatten Zugriff auf den Bestand der Einzelfallakten des Wiedergutmachungsamtes Düsseldorf, aus dem sie eine repräsentative Stichprobe zogen und empirisch auswerteten. Erstmalig konnte hier die Entschädigungspraxis eines Amtes mit Blick auf ihre Konzeption, ihres Vollzugs und ihre Wirkung auf die ehemals Verfolgten selbst untersucht – und damit auch die hohe Interdependenz der verschiedenen am Entschädigungsprozere beteiligten Akteure sichtbar gemacht werden.[16]

Nicht allein die Entschädigungspraxis eines Wiedergutmachungsamtes, sondern eines gesamten Bundeslandes zu untersuchen, war Ziel eines Forschungsprojektes an der Universität Gesamthochschule Kassel unter Leitung von Prof. Kammler. Empirisch ausgewertet wurde hier eine 1212 Einzelfallakten umfassende repräsentative Stichprobe hessischer Entschädigungsverfahren; untersucht wurden aber auch die politischen und administrativen Rahmenbedingungen und die Wirkungsgeschichte der "Wiedergutmachung" in Hessen seit Kriegsende. Zum erstenmal wurde damit die Entschädigungspraxis verschiedener Entschädigungsämter und -kammern eines Bundeslandes vergleichend analysiert – und damit festgestellt, welche Verfolgtengruppen in welchem Umfang "Wiedergutmachungsleistungen" erhielten bzw. welche Verfolgungsschäden und -verluste vorrangig bedacht wur-

---

versche Schriften zur Regional- und Lokalgeschichte Band 4) Bielefeld 1991; Constantin Goschler: Wiedergutmachung. Westdeutschland und die Verfolgten des Nationalsozialismus 1945 – 1954 (Quellen und Darstellungen zur Zeitgeschichte, herausgegeben vom Institut für Zeitgeschichte, Band 34), München 1992.

16  R. Mann / D. Grape / M. Cropp: Leistungsverwaltung und Verwaltungsleistung. Analyse von Vollzugsproblemen am Beispiel der Entschädigung für Opfer nationalsozialistischer Verfolgung – Vervielfältigter Projektbericht, Köln 1983.

den.[17] Wünschenswert – aber im Angesicht der schwierigen Quellenlage schwer realisierbar – wäre es, wenn sich andere Forschungsprojekte konstituieren würden, die die Entschädigungspraxis der übrigen Bundesländer umfassend und empirisch untersuchen würden. Erst dann wäre es möglich, ein vollständigeres und fundierteres Bild bundesdeutscher Individualentschädigung zu erhalten und damit beurteilen zu können, ob dieser Teil der "Wiedergutmachung" – wie Vertreter des bundesdeutschen Staates behaupten - ein Erfolg oder aber – wie viele ehemals Verfolgte beklagen - ein äußerst unzulänglicher Kompensationsversuch war und ist.

Einem Teilsegment der Individualentschädigung – der Beurteilung und "Wiedergutmachung" gesundheitlicher Folgeschädigungen ehemals Verfolgter – widmet sich eine Fülle medizinischer, medizin-historischer und psychiatrischer Arbeiten, die sich mit der physischen und psychischen Verfaßtheit Überlebender beschäftig(t)en. Daß gerade diesem Teilbereich der Entschädigung besondere fachwissenschaftliche Aufmerksamkeit zuteil wurde, liegt nicht zuletzt in der Tatsache begründet, daß Ärzte und Psychiater seit jeher sehr unmittelbar mit den Leiden ehemals Verfolgter befaßt waren: Ihre Aufgabe war es, diese schwer versehrten Menschen nach Kriegsende medizinisch zu betreuen; ihre Aufgabe war es aber auch, als Gutachter in Entschädigungsverfahren zu entscheiden, ob und in welchem Umfang die Leiden der Betroffenen als verfolgungsbedingt zu bewerten und zu entschädigen seien.

Bereits in den 50er Jahren wurden die Resultate internationaler Kongresse veröffentlicht, die sich mit den vielfältigen Verletzungen und Erkrankungen Überlebender befaßten; wurden umfängliche Richtlinien publiziert, wie mit den unterschiedlichen Schädigungen dieser Menschen in Entschädigungsverfahren umzugehen sei.[18] Betrachtet man in einem ersten Schritt jene Arbeiten, die sich der Diagnostik gesundheitlicher Schädigungen zuwenden, so fällt auf, daß sich fast alle Arbeiten, die bis Ende der 50er Jahre veröffentlicht wurden, ausschließlich mit den

---

17  Eine Zusammenfassung der in diesem Projekt gewonnenen Forschungsergebnisse wurde bislang noch nicht veröffentlicht; die Ergebnisse einer ersten Vorstudie, die sich mit der Praxis der Kasseler Betreuungsstelle beschäftigte, sind den Veröffentlichungen von J. Kammler: Zwischen Widerstand, Verweigerung und Integration – Zum Verhältnis von Arbeiterschaft und NS-Regime im Raum Kassel, in: Michael Th. Greven / Hans-Gerd Schumann (Hrsg.): 40 Jahre Hessische Verfassung – 40 Jahre Politik in Hessen, Opladen 1989, S. 25-46 und "Ich habe die Metzelei satt und laufe über..." Kasseler Soldaten zwischen Verweigerung und Widerstand (1939-1945). Eine Dokumentation, Fuldabrück 1997² zu entnehmen. Einem Teilbereich des genannten Projektes widmet sich die Diplomarbeit von Frank Humburg: Die Entwicklung der Wiedergutmachungsverwaltung in Hessen von 1945 bis 1953, Kassel 1993.

18  Stellvertretend für solche frühen Publikationen seien an dieser Stelle nur genannt: Max Michel (Hrsg.): Gesundheitsschäden durch Verfolgung und Gefangenschaft und ihre Spätfolgen, Frankfurt a.M. 1955; H. Ammermüller / H. Wilden: Gesundheitliche Schäden in der Wiedergutmachung, Stuttgart – Köln 1953.

somatischen Schädigungen ehemals Verfolgter befaßten. Erst dann - Ende der 50er und Anfang der 60er Jahre - erschienen Publikationen, die sich der Bedeutung psychischer Verfolgungsschäden widmeten und die Ergebnisse psychiatrischer Reihenuntersuchungen dokumentierten.[19]

Daß sich Mediziner vorrangig den somatischen Leiden der Betroffenen zuwandten, erscheint - oberflächlich betrachtet - plausibel, waren sie doch nach Kriegsende erst einmal mit einer unüberschaubaren Fülle körperlicher Gebrechen konfrontiert. Daß es aber fast zwanzig Jahre dauern sollte, bis deutsche Ärzte und Psychiater "entdeckten", daß und in welchem Umfang Repressionen und Terror auch die psychische Integrität von Menschen verletzen und zerstören können, war nicht zuletzt den Restriktionen deutscher Medizin und Psychiatrie geschuldet: Da die Mehrheit der deutschen Psychiater noch immer an dem tradierten Lehrdogma festhielt, die psychische Integrität von Menschen sei durch äußere Einflüsse nicht zu zerstören, galten ihnen die psychischen Leiden ehemals Verfolgter als genetisch bedingte Erkrankungen, denen keine besondere Aufmerksamkeit zu schenken sei.[20] Es war dann Verdienst einiger aufgeklärter Psychiater und Psychoanalytiker in Deutschland, den USA und anderen europäischen Ländern, mit diesem Lehrdogma gebrochen und deutlich gemacht zu haben, daß extremtraumatische Verfolgungserfahrungen die psychische Integrität von Kindern und Erwachsenen zerstören und zu einem - oftmals irreversiblen - Persönlichkeitswandel führen konnten.[21]

Untersucht und dokumentiert sind heute vor allem die psychischen Leiden jener Menschen, die die Shoah, den deutschen Vernichtungskrieg gegen die europäischen Juden, überlebten.[22] Sie waren den extremsten Formen der Unterdrückung und Entmenschlichung ausgesetzt und erlitten in Ghettos, Verstecken, in Arbeits-, Konzentrations- und Vernichtungslagern unvergleichbare Extremtraumata. Und so ist es denn auch nachvollziehbar, daß Psychiater und Psychoanalytiker vor allem bemüht waren, die strukturellen Veränderungen, denen der psychische Apparat dieser Menschen während der Verfolgung ausgesetzt war, zu ergründen und deutlich zu machen, welche langfristigen Auswirkungen diese Extremtraumata hatten. Nur

---

19   Auch hier sei nur auf wenige Arbeiten verwiesen, werde ich doch weitere Arbeiten im Verlauf meiner Arbeit zitieren: U. Ventzlaff: Die psychoreaktiven Störungen nach entschädigungspflichtigen Ereignissen, Berlin - Göttingen - Heidelberg 1958; W. von Baeyer / H. Häfner / K.P. Kisker: Psychiatrie der Verfolgten, Berlin – Göttingen 1964; von Baeyer / H. Paul: Psychische Spätschäden nach politischer Verfolgung, Basel – New York 1967.
20   Den Vorurteilen und Ressentiments deutscher Ärzte und Psychiater ist ein Kapitel meiner Arbeit gewidmet, dem weitere Informationen und Belege zu entnehmen sind.
21   Auch hier nenne ich exemplarisch nur einen namhaften Titel, sind doch viele der einschlägigen Publikationen in Kapitel II ausführlich zitiert: William Niederland: Folgen der Verfolgung. Das Überlebendensyndrom, Seelenmord, Frankfurt a.M. 1980.
22   Deutlich wird dies vor allem in der – nach meiner Einschätzung – brillianten, von Hans Stoffels herausgegebenen Sammelpublikation: Schicksale der Verfolgten. Psychische und somatische Auswirkungen von Terrorherrschaft, Berlin – Heidelberg – New York 1991.

wenige Untersuchungen aber befassen sich mit den psychischen Leiden anderer Überlebender, mit der Vielzahl jener Menschen, die aus politischen, religiösen, weltanschaulichen, sexuellen oder sozialen Gründen stimatisiert, zur Flucht gezwungen, gefoltert oder inhaftiert wurden.[23] Und so wissen wir noch immer zu wenig über die tatsächlichen Auswirkungen nationalsozialistischen Terrors, über die seelischen Folgen, die dieser Terror bei unterschiedlichen Leidtragenden hatte.

Betrachtet man die Fülle jener Publikationen, die sich (auch) mit der medizinischen Begutachtungspraxis in Entschädigungsverfahren befassen, so wird deutlich, wie kritisch, ja z.t. vernichtend das Urteil der Autoren ausfällt. Als "Kleinkrieg gegen die Opfer"[24] und "pervertierte Psychiatrie"[25] wird hier die Arbeit deutscher Gutachter bezeichnet, deren diagnostische Fehlurteile in der Tat allzu oft Auslöser waren, den leidenden Überlebenden jede Entschädigung zu verweigern. Daß den medizinischen Gutachtern auch von Fachkollegen ein so negatives Zeugnis ausgestellt wird, erscheint gerade mit Blick auf die Frühphase deutscher "Wiedergutmachung" verständlich: Wie ich bereits oben andeutete, weigerten sich viele deutsche Psychiater, sich mit den ehemals Verfolgten und ihren seelischen Leiden auseinanderzusetzen, schien es ihnen doch offensichtlich einfacher, die Betroffenen als genetisch Geschädigte oder aber als Neurotiker zu bezeichnen.

Doch obwohl es notwendig ist, die Rigidität und Unsensibilität vieler ärztlicher Gutachter anzuklagen, gilt es zu berücksichtigen, daß diese Gutachter nur *eine* Akteursgruppe in Entschädigungsverfahren waren: Wer unter welchen Bedingungen Entschädigung erhalten konnte; nach welchen Kriterien ein Arzt die Schädigungen ehemals Verfolgter zu beurteilen und zu bewerten hatte – all das war im Gesetz geregelt. Ob und in welcher Höhe ein Verfolgter schlußendlich Entschädigung erhielt, wie lange die Entschädigungsverfahren dauerten – dies hing maßgeblich auch von den Entschädigungsbehörden resp. den Entschädigungskammern ab. Und so ist es denn auch notwendig, die Entschädigungsverfahren als ein komplexes Interaktionsgefüge unterschiedlicher Instanzen zu betrachten, in dem die medizinischen Gutachter eine wichtige, aber nicht alles entscheidende Rolle spielten.

Betrachtet man jedoch die einschlägige Literatur, so wird deutlich, daß nur in wenigen Publikationen die rechtlichen Bestimmungen zur "Wiedergutmachung"

---

23 Eine Ausnahme bildet z.B. die Publikation von León und Rebeca Grinberg: Psychoanalyse der Migration und des Exils, München – Wien 1990, die sich u.a. auch mit den psychischen Konflikten jener beschäftigt, die zwischen 1933 und 1945 aus Deutschland flüchteten. Tiefere Einblicke in die psychischen Auswirkungen von Diskriminierungen und Folter geben zum einen die Zeitschrift für Politische Psychologie der Jahre 1988 ff., zum anderen die Arbeit von David Becker: Ohne Haß keine Versöhnung. Das Trauma der Verfolgten, Freiburg 1992, die sich mit ehemals Verfolgten in Chile befaßt.

24 So der Untertitel eines Buches von Christian Pross: Wiedergutmachung. Der Kleinkrieg gegen die Opfer, Frankfurt a.M. 1988.

25 "Pervertierte Psychiatrie?" betitelte Kurt R. Eissner einen Aufsatz, der in der Psyche, Heft 8, 1967 veröffentlicht wurde.

physischer und psychischer Schädigungen kritisch beleuchtet werden und in ebenso wenigen der Frage nachgegangen wird, wie die Entschädigungsverfahren gerade psychisch geschädigter Verfolgter verliefen.[26] Statt dessen wird immer wieder suggeriert, sämtliche Probleme in den Verfahren psychisch kranker Überlebender seien ausschließlich den medizinischen Gutachtern anzulasten.[27] Dies erscheint mir jedoch eine sehr eindimensionale Schuldzuweisung, die offensichtlich einem eingeengten fachwissenschaftlichen Blick geschuldet ist. Eine wirkliche Beurteilung gutachterlicher Tätigkeit wird nämlich erst dann möglich, wenn man die Einbindung von Ärzten in das komplexe Prozedere bundesdeutscher "Wiedergutmachung" beleuchtet, die Grenzen ihrer Handlungsräume bestimmt und dabei ihre Verantwortung gegenüber jenen Menschen nicht außer Acht läßt, die ihnen als Leidende, als Opfer extremer Gewaltanwendungen begegneten. Dies kann aber nur gelingen, wenn man das Prozedere der Individualentschädigung in seiner Vielschichtigkeit ebenso interdisziplinär und wie empirisch untersucht: Zu beleuchten ist dann die wechselseitige Abhängigkeit zwischen Gesetzgebern, Verwaltungsangehörigen, Richtern, aber eben auch Ärzten und ehemals Verfolgten; zu beleuchten sind aber auch Verlauf und Ergebnisse jener konkreten Entschädigungsverfahren, in denen Menschen "Wiedergutmachung" für ihre psychischen Folgeschädigungen einforderten.

Eben dies ist Intention meiner Arbeit: Mit ihr möchte ich die Sichtweisen und Interessen aller am Entschädigungsprozedere Beteiligten darstellen, die hohe Interdependenz zwischen allen Akteuren des Entschädigungsprozesses beleuchten und auf der Grundlage einer empirischen Analyse von Entschädigungsverfahren deutlich machen, welcher Situation die schwer versehrten Überlebenden in "Wiedergutmachungsverfahren" ausgesetzt waren - wie und mit welchen Ergebnissen solche Verfahren endeten.

Am Anfang meiner Arbeit werde ich mich erst einmal den Verfolgten selbst und ihren psychischen Leiden zuwenden, waren diese doch Auslöser und Gegenstand

---

26   Als Ausnahmen zu nennen sind hier u.a. die Veröffentlichungen von Reinhart Lempp: Extrembelastungen im Kindes- und Jugendalter. Über psychosoziale Spätfolgen nach nationalsozialistischer Verfolgung im Kindes- und Jugendalter anhand von Aktengutachten, Bern – Stuttgart – Wien 1979; Heidrun Ihrig / Rainer Schimmelpfennig: Die Entschädigung und Begutachtung psychischer Schäden von NS-Verfolgung, Hannover 1986; Milton Kestenberg: Diskriminierende Aspekte der deutschen Entschädigungspraxis. Eine Fortsetzung der Verfolgung, in: M. Bergmann / M. Jucovy / J. Kestenberg (Hrsg.): Kinder der Opfer – Kinder der Täter. Psychoanalyse und Holocaust, Frankfurt a.M. 1995.

27   Einen solchen Eindruck vermittelt auch Pross in seinem Buch "Wiedergutmachung", a.a.O.. Dennoch ist dieses Buch noch immer informativ und lesenswert, ist Pross doch der erste, der deutlich machte, daß ehemals Verfolgte während ihrer Entschädigungsverfahren einem Re-Traumatisierungsprozeß ausgesetzt waren, der durch die Vergegenwärtigung verfolgungsbedingter Extremtraumatisierungen ausgelöst wurde.

bundesdeutscher "Wiedergutmachung": Im Rückgriff auf psychiatrische und psychoanalytische Untersuchungsergebnisse möchte ich verdeutlichen, welchen extremtraumatischen Erlebnissen die Überlebenden national-sozialistischen Terrors während der Verfolgung ausgesetzt waren und wie diese Erlebnisse den psychischen Apparat der Betroffenen strukturell verändern konnten. Zeigen werde ich auch, wie sich die psychische Situation jener Verfolgten nach Kriegsende gestaltete, die der nationalsozialistischen Vernichtung nur knapp entronnen waren und in Lagern der amerikanischen Besatzungszone versuchten, zu neuen Orientierungen und Perspektiven zu finden. Erst dann, wenn die auslösenden Traumata der Betroffenen, ihre Bewältigungsversuche nach Kriegsende hinreichend transparent geworden sind, werde ich die seelischen Konfliktlagen und posttraumatischen Erkrankungen behandeln, unter denen die Überlebenden Jahre nach Ende der Verfolgung leiden konnten bzw. litten.[28]

Bedeutsam erscheint mir jedoch nicht allein, zu erläutern, wie sich die psychischen Strukturverletzungen ehemals Verfolgter manifestierten, wie sehr sie die Lebensqualität der Betroffenen mindern konnten. Von Belang ist vielmehr auch, zu klären, wie diese psychischen Störungen von jenen bundesdeutschen Psychiatern diagnostiziert wurden, die - qua Profession - am unmittelbarsten mit den Überlebenden nationalsozialistischen Terrors konfrontiert waren. Unter Einbeziehung medizingeschichtlicher Befunde möchte ich dabei zum einen der Frage nachgehen, welche Kenntnisse über posttraumatische Symptome die bundesdeutsche Psychiatrie nach Kriegsende besaß. Zum anderen aber werde ich untersuchen, ob und in welchem Umfang involvierte Ärzte bereit und in der Lage waren, die Spezifik solcher Störungen wahrzunehmen. Nicht also die Funktion, die diese Ärzte in den eigentlichen Entschädigungsverfahren übernahmen, werde ich in diesem Kapitel behandeln, sondern ihre fachliche Apperzeption eines bis dato weitgehend unbekannten Krankheitsbildes.

Objektiviert wurden die psychischen Folgeschäden ehemals Verfolgter in dem Rechtskanon bundesdeutscher Entschädigungsgesetze, der 1949 mit einem Gesetz der amerikanischen Besatzungszone erstmalig umrissen, in Folge detaillierter ausgearbeitet und bis 1965 wiederholt novelliert wurde. Diesem Rechtskanon werde ich mich - unter Berücksichtigung bereits vorliegender historisch-politischer und juristischer Analysen - widmen. Fundamental erscheint es mir, erst einmal zu klären, warum die bundesdeutschen Gesetzgeber auf eine Anwendung Bürgerlichen Rechtes verzichteten, in dem die Entschädigung materieller wie immaterieller Schädigungen doch bereits vorgesehen und geregelt war. Untersuchen möchte ich die Motive für diesen Verzicht vor allem deshalb, weil sich aus ihnen ablesen läßt, wo die Gesetzgeber Abweichungen von geltendem Recht für politisch, fiskalisch

---

28  Daß und warum nicht alle ehemals Verfolgten zwangsläufig unter posttraumatischen Erkrankungen leiden mußten, werde ich in Kapitel II. noch einmal näher erläutern.

und verfahrenstechnisch notwendig hielten. Erst dann - wenn bundesdeutschen Grundsatzentscheidungen zum Entschädigungsrecht transparent geworden sind - werde ich mich jenen gesetzlichen Bestimmungen zuwenden, mit denen dezidiert die Entschädigung "gesundheitlicher", d.h. auch psychischer, Schädigungen geregelt wurden. Zu berücksichtigen sind hier zum einen die Grundvorgaben, mit denen angeordnet wurde, welche Schädigungen als "verfolgungsbedingt" zu akzeptieren, wie diese zu bemessen und zu entschädigen seien. Zum anderen aber gilt es zu beleuchten, wo und in welchem Umfang diese Vorgaben bis 1965 modifiziert wurden und damit die "Erfolgschancen" ehemals Verfolgter vergrößerten, Entschädigung für ihre psychischen Leiden zu erhalten.

Zwar war in den Entschädigungsgesetzen fixiert, welchen ehemals Verfolgten ein Anspruch auf Entschädigung zugebilligt werden sollte, wie verfolgungsbedingte Schädigungen zu beurteilen, zu bemessen und schlußendlich zu entschädigen seien - die (fach)praktische Umsetzung dieser Regelungen aber blieb (auch) Aufgabe begutachtender Ärzte: Aus diesem Grund werde ich das Spannungsfeld genauer ausleuchten, das (zwangsläufig) dort entstehen mußte, wo psychiatrische Gutachter gezwungen waren, das subjektiv empfundene Leid Überlebender - entsprechend gesetzlicher Normsetzungen - zu objektivieren.

Erläutert sind damit drei zentrale Problemdimensionen bundesdeutscher Entschädigungspraxis: Die psychische Konfliktsituation der ehemals Verfolgten, die gesetzlichen Direktiven bundesdeutscher Gesetzgeber sowie die Schwierigkeiten bundesdeutscher Psychiater, eben jene Rechtsauflagen angemessen umzusetzen. Faktische Virulenz gewannen diese Problemdimensionen jedoch erst in den eigentlichen Entschädigungsverfahren, in denen gesonderte Entschädigungsbehörden und -kammern - auf der Grundlage gesetzlicher Maßgaben und medizinischer Gutachten - über die Entschädigungsanträge ehemals Verfolgter zu befinden hatten.

In drei Kapiteln werde ich mich deshalb auf die Analyse konkreter Entschädigungsverfahren konzentrieren[29]: Zur Verfügung steht mir hier eine Auswahl von 213 hessischen Einzelfallakten, deren wichtigste Bestandteile ich empirisch auswerten werde. Daß einer solchen Auswertung sowohl inhaltliche wie methodische Grenzen gesetzt sind, werde ich in einem dieser Kapitel deutlich machen: Exemplarisch möchte ich hier - anhand einer Einzelfallakte - den administrativen und judikativen Verlauf von Entschädigungsverfahren nachzeichnen und dabei zugleich erläutern, welche Lücken und Widersprüchlichkeiten kennzeichnend für das mir vorliegende Aktenmaterial sind.

---

29  Eine solch "praxisorientierte Auswertung" erscheint mir auch deshalb sinnvoll, weil es den Rahmen meiner Arbeit sprengen würde, wollte ich das administrative (und judikative) Prozedere der Entschädigungsverfahren, ihre Ergebnisse und das interdependente Verhältnis aller Akteure auf einer Metaebene "abstrakt" und umfassend behandeln.

Wie ich bereits erwähnte, existieren bislang keine Untersuchungen, in denen empirisch fundierte Aussagen über die Dauer, den Erfolg bzw. Mißerfolg derjenigen Entschädigungsverfahren gemacht worden wären, in denen die psychischen Schädigungen ehemals Verfolgter behandelt wurden. Eben jene Lücke möchte ich versuchen zu schließen: Basierend auf einer quantitativen Auswertung des mir vorliegenden Fallmaterials werde ich aufzeigen, welche Überlebenden nationalsozialistischen Terrors überhaupt Entschädigung für psychische Erkrankungen geltend machten, welche Verfolgungsschicksale sie erlitten hatten, über welche Zeiträume sich ihre Verfahren erstreckten und mit welchem Ergebnis sie endeten. Auf der Grundlage dieser empirischen Untersuchungsergebnisse scheint es mir dann möglich zu beurteilen, inwieweit die Bundesrepublik (bzw. das Land Hessen) die psychischen Folgeschädigungen ehemals Verfolgter "wiedergutmachte" bzw. wo sich die Grenzen bundesdeutscher/hessischer Entschädigungsbereitschaft manifestierten.

Ziel meiner Arbeit ist es aber nicht allein, eine summarische Bilanz der Resultate von Entschädigungsverfahren zu ziehen, sondern darüber hinaus das (schwierige) Beziehungsgeflecht zwischen den verschiedenen Akteuren des "Wiedergutmachungsprozederes" sichtbar zu machen. Eine solche Synthese gelingt jedoch nur dann, wenn man - in konkreten Einzelfällen - die extremtraumatischen Erfahrungen, das subjektiv empfundenen Leid Überlebender mit jenen "objektiven" Befunden kontrastiert, zu denen medizinische Gutachter und Entschädigungsorgane in Auslegung der einschlägigen Gesetzgebung fanden. Im letzten Kapitel meiner Arbeit werde ich deshalb zehn exemplarische Entschädigungsakten einer qualitativen Einzelfallanalyse unterziehen: Darlegen werde ich hier, welches Verfolgungsschicksal die Betreffenden durchlitten hatten, wie sie selbst ihre psychischen Störungen wahrnehmen - aber auch, ob und wie diese Erkrankungen von ärztlichen Gutachtern bewertet und in Entschädigungsverfahren berücksichtigt wurden. Abschließen werde ich meine Arbeit mit einem Resümee, in dem ich dieses Teilsegment bundesdeutscher "Wiedergutmachung" noch einmal differenziert und abschließend würdigen werde.

## II. Extrembelastungen der Verfolgung

"Nationalsozialistische Verfolgungsmaßnahmen": Mit diesem hölzernen Sammelbegriff werden unzählige Gesetze, Verordnungen, Anordnungen und Erlasse des nationalsozialistischen Regimes zusammengefaßt, deren Ziel und Konsequenz die Ausgrenzung, Vertreibung, Ausbeutung, Inhaftierung und Vernichtung all derer war, die das Regime zu "Volksfeinden" und "Untermenschen" erklärt hatte.[30]

Die Repressionsformen, die sich - in fortschreitender Eskalation und Brutalität - gegen immer mehr Menschen in ganz Europa richteten, waren vielschichtig und richteten sich gegen ganz unterschiedliche Bevölkerungsgruppen: Politische Gegnerschaft, religiöse Überzeugungen, Zugehörigkeit zu einer als "minderwertig" definierten "Rasse", Behinderungen, Abweichungen von einer gesellschaftlich definierten Sexual- und Sozialnorm, "unangepaßtes Verhalten" - all dies diente als Begründung für Verfolgungsmaßnahmen, die darauf abzielten, eine homogenisierte, "rassisch", politisch, weltanschaulich und sozial nivellierte, "gesäuberte" Gesellschaft zu konstituieren - und dies nicht "nur" in Deutschland, sondern auch da, wo deutsche Okkupanten ihre ideologischen und machtpolitischen Interessenlagen durchzusetzen suchten. In Folge dessen verloren Millionen Menschen in ganz Europa ihre soziale Stellung, ihr Eigentum und Vermögen, ihre Freiheit, und nicht zuletzt ihre Familien, Freunde und erlitten so schwerwiegende psychische Verletzungen.

Breit dokumentiert sind die schweren Traumata derer, die - aus rassistischen Gründen verfolgt - in Zwangsarbeits- und/oder Konzentrationslagern inhaftiert waren:[31]

---

30 Die Flut nationalsozialistischer Repressalien kann an dieser Stelle nicht dargestellt werden, wurden doch zwischen dem 30. Januar 1933 und dem 8. Mai 1945 allein 430 Gesetze, Verordnungen u.ä. erlassen, die sich nur gegen die in Deutschland lebenden jüdischen Bürger richteten; nicht mitberücksichtigt diejenigen Gewaltakte, die den Tätern durch gesetzliche oder administrative Anweisungen legitimiert schienen. Vgl. dazu: Helmut Buschbom: Die völkerrechtlichen und staatsrechtlichen Maßnahmen zur Beseitigung des im Namen des Deutschen Reiches verübten nationalsozialistischen Unrechts, in: Die Wiedergutmachung nationalsozialistischen Unrechts durch die Bundesrepublik Deutschland, hrsg. vom Bundesminister der Finanzen in Zusammenarbeit mit Walter Schwarz, Band II, München 1981, S. 1.

31 Detailliertere Untersuchungen liegen auch über Verfolgte vor, die in der Illegalität, in Verstecken oder - im Falle jüdischer Kinder - bei fremden Familien überleben konnten. Vgl. dazu: Hans Keilson: Sequentielle Traumatisierung bei Kindern, in: Gertrud Hardtmann (Hrsg.): Spuren der Verfolgung. Seelische Auswirkungen des Holocaust auf die Opfer und ihre Kinder, Gerlingen 1992, S. 69 - 79.

"Die Extrembelastungen im Konzentrationslager waren maximal. Es ist keine andere Situation bekannt, bei der der psychische Apparat noch schwereren Traumen unterworfen sein könnte, da die Traumatisierungen und die daraus sich ergebenden Versagungen und Belastungen alle Dimensionen menschlicher Existenz betrafen und von größter Intensität waren."[32]

Dies impliziert aber nicht, daß diejenigen, die aus anderen "Gründen" verfolgt wurden oder ein anderes Verfolgungsschicksal hatten, keine traumatischen Erfahrungen gemacht hätten und/oder demnach weniger oder keine psychischen Folgeerkrankungen aufweisen würden.

Die Greuel der Konzentrations- und Vernichtungslager stellen die schlimmste Eskalationsstufe nationalsozialistischer Verbrechen dar, denen jedoch vielfältige Repressionsformen vorgelagert waren. Tatsächlich konnte auch jede andere Form der Verfolgung - sei es die berufliche Stellung zu verlieren, seines Vermögens und Eigentums beraubt zu werden, der gesellschaftlichen Ächtung anheim zu fallen, in einem Gefängnis inhaftiert und/oder vertrieben zu werden und damit in einem sprach- und kulturfremden Land Fuß fassen zu müssen - traumatisierend bzw. psychisch schädigend auf die Betroffenen wirken. Jede (anhaltende) Verfolgung beinhaltete die Erfahrung, entwürdigt, deklassiert und seiner individuellen wie gesellschaftlichen Handlungsspielräume beraubt zu sein.[33]

Ohne die Differenzen der Verfolgungsschicksale nivellieren zu wollen, sollen in dieser Arbeit die psychischen Leiden von Verfolgten nicht hierarchisierend bewertet werden. Statt dessen erscheint es zwingend, festzuhalten, daß jedes Individuum auf Grund seiner jeweiligen Konstitution, seines Alters und seiner Lebenssituation unterschiedlich auf Situationen psychischer Belastung reagiert(e); ebenso individuell determiniert waren und sind auch die Möglichkeiten der psychischen Verarbeitung solch belastender Extremsituationen.[34] Den ehemaligen Opfern nationalsozialistischer Verfolgung gerecht werden zu wollen, heißt demnach, die individuellen Grenzen psychischer Belastbarkeit wahrzunehmen und als solche zu akzeptieren. Wahrzunehmen gilt es aber auch, daß nicht alle ehemals Verfolgten und auch nicht alle Überlebenden der Konzentrations- und Vernichtungslager psychisch erkrankt sind, daß es also keine zwangsläufige kausale Verbindung zwischen Verfolgung (auch Konzentrationslagerhaft) und psychischen Spätfolgen gibt. Eine Vielzahl von Faktoren waren und sind ausschlaggebend dafür, wie und ob ein Mensch in der Lage ist, traumatische Erfahrungen zu bewältigen oder gar zu verarbeiten (auch dazu

---

32   Zit. nach: Kurt R. Eissler: Pervertierte Psychiatrie?, in: Psyche 8 (1967), S. 553 f.
33   Gleiches gilt selbstverständlich auch für Angehörige von Inhaftierten, Euthanasieopfern und andere mehr.
34   Vgl. dazu: Rainer Tölle: Psychiatrie, Berlin - Heidelberg - New York 1982, S. 42: "Ob eine dieser Verhaltensweisen (der Konfliktbearbeitung, A.S.) möglich ist, hängt von mehreren Bedingungen ab: von der Art und Stärke des Konfliktes, von der Persönlichkeitsstruktur und von der Lebenssituation."

vgl. Kapitel II.2.). Im folgenden werde ich diejenigen Aspekte benennen, die als traumatogene Faktoren auf die Psyche ehemals Verfolgter einwirkten und - mit Hilfe psychoanalytischer Deutungen - versuchen, die strukturellen Veränderungen ihres psychischen Apparates aufzuzeigen. Die Einsicht in diese strukturellen Veränderungen erst macht es möglich zu verstehen, wie sich das Leben der ehemals Verfolgten nach Ende des Zeiten Weltkrieges gestaltete: Ob in ihre Heimatländer zurückgekehrt oder als Displaced Persons in alliierten Lagern untergebracht - die Überlebenden nationalsozialistischen Verfolgungsterrors waren vielfältigen Anforderungen unterworfen, die sie erst einmal erstaunlich erfolgreich zu bewältigen schienen, deren Bemeisterung aber bei vielen die Manifestation psychischer Erkrankungen und Schädigungen lediglich überdeckten.

Es bedurfte eines langen Prozesses psychiatrischer und psychoanalytischer Untersuchungen, die Wechselbeziehungen zwischen Ursachen und spezifischen Ausprägungen posttraumatischer Erkrankungen offenzulegen. Wenn im folgenden diese Wechselbeziehungen vor allem anhand der Situation von Konzentrationslagerhäftlingen näher beleuchtet werden, so geschieht dies, um zum einen die fatalen Auswirkungen nationalsozialistischen Terrors auf die menschliche Psyche deutlich zu machen, zum anderen aber auch, um das Ausmaß der Ausblendungen zu erklären, das (vor allem bundesdeutsche) Psychiater in Entschädigungsverfahren an den Tag legten.

Die Zeugnisse und Analysen, auf die ich mich im folgenden stützen werde, wurden erst Jahre, z.T. Jahrzehnte nachdem der Zweite Weltkrieg beendet war, publiziert. Betrachtet man die psychiatrische und psychoanalytische Fachliteratur, so war dies vor allem fachinternen Lernprozessen geschuldet: Erst ab Mitte der 50er Jahre begannen Psychiater, sich in Reihenuntersuchungen systematisch mit den psychischen Verletzungen ehemals Verfolgter zu befassen. Erst dann wurde deutlich, daß und in welcher Form der nationalsozialistische Verfolgungsterror die psychische Integrität der Leidtragenden schädigen, gar zerstören konnte (vgl. dazu: Kapitel II.3 und Kapitel III.3). Die einschlägigen Fachpublikationen spiegeln dementsprechend den - zum jeweiligen Publikationszeitpunkt aktuellen - Kenntnisstand medizinischer bzw. psychiatrischer Wissenschaft wider.[35]

Gänzlich anders gelagert war die Situation derer, die sich in autobiographischen (oder literarischen) Werken bemühten, ihren eigenen Verfolgungserfahrungen nachzuspüren und damit Strukturen und Charakter psychischer Verletzungen nachzuzeichnen.[36] Sie benötigten Jahre der Distanz, um ihre Erlebnisse, ihre Trauer und Ängste verbalisieren zu können.

---

35 Als vorläufiges Resümee sind die Sammelpublikationen von Hans Stoffels (Hrsg.): Schicksale der Verfolgten. Psychische und psychosomatische Auswirkungen von Terrorherrschaft, a.a.O. sowie M. Bergmann / M Jucovy / J. Kestenberg (Hrsg.): Kinder der Opfer - Kinder der Täter, a.a.O. zu betrachten.
36 So z.B. Primo Levi, Jean Amery oder Ruth Klüger.

Zwangsläufig aber veränderte eine solche Phase der Distanz ihren Blick auf das Erlebte, formten sich ihre Erinnerungen um:

"Die menschliche Erinnerung ist ein wunderbares, aber unzuverlässiges Instrument ... Die in uns schlummernden Erinnerungen sind nicht aus Stein gemeißelt; sie zeigen nicht nur die Neigung, sich mit den Jahren zu verflüchtigen, oft verändern sie sich oder werden umfangreicher, wobei sie fremdbestimmte Züge in sich aufnehmen."[37]

Daß sich Erinnerungen - wie Levi zu Recht feststellt - im Laufe der Jahre wandeln, ja manchmal sogar verzerren, bedeutet nun aber nicht, daß die Aufzeichnungen Überlebender wertlos oder in ihrer Aussagekraft fraglich seien: Unabhängig von der Frage, ob jedes historische Detail (Zeitpunkte, Orte oder Akteure der Verfolgung) richtig zugeordnet wurde, spiegelt sich in ihren Aufzeichnungen ein Kosmos systemischer Gewalt wider, dessen Realität nicht bestritten werden kann. Und ebenso unbestreitbar ist die Tatsache, daß nationalsozialistischer Terror bei den Überlebenden bleibende psychische Spuren hinterlassen hat, die ihre Wahrnehmung eigener Existenz und sozialer Umwelt nachhaltig prägten.

Sichtbar wird in solchen Aufzeichnungen ehemals Verfolgter, daß Erinnerungen "ein lockeres Geflecht aus subjektiver Wahrnehmung, psychischer Verarbeitung und temporalen Verschiebungen" sind.[38] In ihnen werden Fragmente früherer Wirklichkeit ebenso sichtbar wie gegenwärtige Reflexionen, in ihnen manifestieren sich aber auch die Grenzen der Sprache, der "Verstehbarkeit" eines derartigen "man-made-desasters". Aus diesem Grund sind solche Texte eine wichtige, ja zwingende Ergänzung zu psychiatrischen und psychoanalytischen Analysen und Erkenntnissen: Erst in ihnen wird erfahrbar, wie sehr das Grauen der Verfolgung die Erinnerung, die Sprache und Existenz der Überlebenden veränderte und beschnitt.

Im folgenden sollen einige zentrale Untersuchungsergebnisse von Psychoanalytikern bzw. psychoanalytisch orientierten Psychiatern zusammengetragen werden, die sich mit den strukturellen Veränderungen befassen, denen der psychische Apparat von Gefangenen in Konzentrations- und Vernichtungslagern ausgesetzt war. Die Eingrenzung, vor allem psychoanalytische Studien und dabei vorrangig die Schicksale von (jüdischen) Konzentrationslagerhäftlingen zu berücksichtigen, erscheint erklärungsbedürftig: Bis zum heutigen Tage wird der Diskurs über die strukturellen psychischen Auswirkungen von Terrorherrschaft in erster Linie von Psychoanalytikern und hier vor allem von jüdischen Psychoanalytikern (und Psychiatern) geführt, die sich vor allem auf die Schicksale jüdischer Überlebender

---

37    Zit. nach: Primo Levi: Die Untergegangenen und die Geretteten, München -Wien 1990, S. 19.
38    Zit. nach: Mona Körte: Der Krieg der Wörter. Der autobiographische Text als künstliches Gedächtnis, in: Nicolas Berg / Jess Jochimsen / Bernd Stiegler (Hrsg.): Shoah - Formen der Erinnerung. Geschichte - Philosophie - Literatur - Kunst, München 1996, S. 210.

konzentrierten.[39] Ihre Erklärungsansätze, wie und in welchem Maße langandauernde Terrorerlebnisse psychische Funktionen und inneres Erleben einschränken und beschädigen können, sind - wie ich meine - von hoher Plausibilität, basieren sie doch auf einer großen Anzahl individualpsychologischer Untersuchungen und Behandlungen, in denen der Zusammenhang zwischen realer Verfolgung und individuellem Erleben beleuchtet werden konnte.

Zu fragen bleibt, ob ihre Erklärungsansätze auch auf andere, nicht-jüdische Gefangene anzuwenden sind. Wenn davon auszugehen ist, daß die Extrembelastungen der Konzentrationslager maximal waren und die Psyche der Gefangenen unvergleichlichen Belastungen ausgesetzt war, dann gilt dies für alle Gefangenen; ob sie nun politisch, religiös oder rassistisch Verfolgte waren: Alle Individuen, die in den nationalsozialistischen Lagern unter Hunger, Folter, Erniedrigung und Schwerstarbeit litten und darüber hinaus ihren oder den Tod ihrer Angehörigen und Freunde zu vergegenwärtigen hatten, waren schweren, nicht selten anhaltend wirksamen Traumata ausgesetzt:

> "Absolute Macht verwandelt Abschreckung in Schrecken und Schrecken in Grauen. Sie macht Raum, Zeit, Arbeit und Gesellschaft zu Medien ihrer selbst und stürzt ihre Opfer in hilflose Angst. Die Zerstörungsmacht des Terrors reicht bis in die Verästelungen der Sozialität hinein, bis in die Tiefenstruktur menschlicher Subjektivität... Er ist reine Destruktion."[40]

Wenn heute die Erlebnisse und Erfahrungen von Überlebenden nationalsozialistischer Verfolgung als "Extremtraumata"[41] gekennzeichnet werden, so kennzeichnet dies einen Bruch mit psychiatrischen und psychoanalytischen Positionen, die bis 1945 Gültigkeit beanspruchten (vgl. dazu Kapitel II.3.) Grundposition der (klassischen) psychoanalytischen Traumatheorie war es, all jene Erfahrungen als "traumatisch" zu kennzeichnen, die massiv genug seien, die psychischen Schutzmechanismen des Individuums, den sogenannten Reizschutz, zu durchbrechen und damit Schock- und Desintegrationszustände auszulösen:

---

39　Bezeichnenderweise stammen viele begründende Arbeiten der psychoanalytischen "Holocaust-Forschung" von Analytikern bzw. psychoanalytisch orientierten Psychiatern, die selbst Verfolgungs-, Flucht- und Emigrationserfahrungen gemacht haben, so z.B. Bruno Bettelheim, Kurt R. Eissler, Paul Federn, Viktor Frankl u.a.m. Über die Auseinandersetzung "der" Psychoanalyse mit nationalsozialistischer Massenvernichtung vgl.: Ilka Quindeau: Trauma und Geschichte. Interpretationen autobiographischer Erzählungen von Überlebenden des Holocaust, Frankfurt a.M. 1995, S. 32 ff.

40　Zit. nach: Wolfgang Sofsky: Die Ordnung des Terrors. Das Konzentrationslager, Frankfurt a.M. 1993, S. 319.

41　Im medizinischen Sinne findet der Begriff des Traumas zweifache Verwendung: Zum einen handelt es sich um Körperverletzungen und damit verbundene Schädigungen, zum anderen um Ereignisse, deren Konflikthaftigkeit das betroffene Individuum psychisch überwältigen. Vgl. dazu: Werner D. Fröhlich: Wörterbuch zur Psychologie, München 1987, S. 346. Im folgenden werden vorrangig die letztgenannten psychischen Traumen behandelt, wobei dies nicht bedeutet, daß die Überlebenden nicht auch physische Traumen erlitten.

> "Ökonomisch ausgedrückt, ist das Trauma gekennzeichnet durch ein Anfluten von Reizen, die im Vergleich mit der Toleranz des Subjekts und seiner Fähigkeit, diese Reize psychisch zu bemeistern und zu bearbeiten exzessiv sind."[42]

Per Definition wurden Traumen als innere Erlebnisse begriffen, die kurzzeitig in das psychische (Er)Leben eines Individuums einbrechen und es ihm - falls keine weiteren psychischen Prädispositionen vorlägen - dennoch erlauben würden, nach Abklingen der Überlastung in einen Zustand psychischer Integration zurückzukehren.

> "Der normale Verarbeitungsmodus eines solchen, in einer besonderen Situation entstehenden akuten Affektes sei eine motorische Entladung oder andere, differenziertere Formen der Umsetzung und des Abreagierens, z.b. die Aussprache darüber, Reaktionen wie Weinen, Rache usw. Gelinge dem Individuum eine solche Verarbeitung, so entstünden keine Komplikationen und keine Störungen."[43]

Gelänge eine solche Abreaktion nicht - so die theoretische Annahme - so läge dies in (individuellen) intrapsychischen Hemmnissen begründet, die schlußendlich pathogene Reaktionen zur Folge hätten.[44] 
Der spezifischen realen wie psychischen Situation von Konzentrationslagerhäftlingen aber konnte dieser theoretische Ansatz nicht gerecht werden: Sie waren nicht kurzzeitigen, sondern über Monate und Jahre andauernden traumatischen Erlebnissen ausgesetzt, die zu schwerwiegenden psychopathologischen Folgeerscheinungen führen konnten. Nicht zwangsläufig waren also individuelle psychische Prädispositionen maßgeblich für das Ausmaß und die Dauer ihrer psychischen Leiden, sondern vielmehr die Auswirkungen einer psychotisch anmutenden Lagerrealität, in der alle sozialen Werte und Normen, die bis dato Gültigkeit besessen hatten, pervertiert und außer Kraft gesetzt worden waren. Dies wahrzunehmen und damit die klassische Traumatheorie Freuds zu korrigieren, erforderte von Psychoanalytikern, ihre "Tendenz, Ereignisse der äußeren Realität ausschließlich als Problem der Soziologen zu betrachten"[45], aufzugeben. Daß eine solche Korrektur - wenn auch gegen Widerstände - gelang, zeigen zahlreiche Arbeiten von Psycho-

---

42  Zit. nach: J. Laplanche / J.-B. Pontalis: Das Vokabular der Psychoanalyse, Frankfurt a. M. 1973, S. 513. Begründet wurde die psychoanalytische Traumatheorie von Siegmund Freud in seiner 1920 verfaßten Schrift: Jenseits des Lustprinzips; in: ders.: Gesammelte Werke, Band 13, hrsg. von A. Freud u.a., Frankfurt am M., 1960 ff., S. 1 - 69.

43  Zit. nach: Stavros Mentzos: Neurotische Konfliktverarbeitung. Einführung in die psychoanalytische Neurosenlehre unter Berücksichtigung neuer Perspektiven, München 1992, S. 77.

44  Zur Auseinandersetzung mit der klassischen psychoanalytischen Traumatheorie vgl.: Martin S. Bergmann und Milton E. Jucovy in ihrem einleitenden Aufsatz der Publikation: Kinder der Opfer - Kinder der Täter, a.a.O., S. 27 ff.

45  Zit. nach: Marion M. Oliner: Hysterische Persönlichkeitsmerkmale bei Kindern Überlebender, in: ebd., S. 299.

analytikern und Psychiatern seit Mitte der 60er Jahre, deren Forschungsergebnisse im folgenden - zumindest in Teilen - dargestellt werden sollen.[46]

Wenn die traumatischen Kernerfahrungen näher beleuchtet werden, denen Häftlinge in Konzentrationslagern ausgesetzt waren, so gilt es festzuhalten, daß diese in der Regel eine extreme Steigerung bereits erlebter Verfolgungs- und Repressionserfahrungen waren: Die Erfahrungen der Stigmatisierung, der Gefährdung und Vernichtung der wirtschaftlichen Existenz, der permanenten Angst vor Verhaftung und/oder Deportation sowie der zunehmenden Isolation in einem bis dato vertrauten sozialen Umfeld - all dies waren Erlebnisse einer ersten traumatischen Sequenz, die die Betroffenen durchleben mußten.[47] Bereits diese erste Phase wirkte auf die Betroffenen psychisch destablisierend; mit der Deportation in ein Konzentrationslager aber wurden sie eine Fülle traumatogener Momente ausgesetzt, die zwangsläufig in einen Prozeß psychischer Desintegration mündeten:

Mit der Deportation in ein Konzentrations- oder Arbeitslager wurden die Verfolgten aus ihrem sozio-kulturellen Umfeld und ihrem Familienverband herausgerissen. Mit Eintreffen in den Lagern begann eine Zeit, in der die Betroffenen - über viele Monate, nicht selten Jahre hinweg - massiven lebensbedrohlichen Streß- und Angstsituationen ausgesetzt waren: Sie waren gezwungen, Folter und Mord mitzuerleben und hatten jederzeit ihren eigenen gewaltsamen Tod zu erwarten; sei es durch Folter, Aushungerung, Zwangsarbeit, "Selektion" oder als Opfer medizinischer Versuche.

Die Situation der Gefangenen erschien aussichtslos; sie waren hilf- und wehrlos ihren Verfolgern ausgesetzt, ohne zu wissen, wie lange dieser Zustand andauern würde. Sie wurden körperlich mißhandelt und erniedrigt und seelisch bis zur Selbstverachtung, Selbstentfremdung und Entmenschlichung entwürdigt; als "auszurottendes Ungeziefer" der Vernichtung preisgegeben.

Ihre persönliche Identität wurde zerstört; ihnen wurde jegliche Individualität und Menschenwürde genommen; sie verloren erst die persönliche Habe, dann ihre Haare, ihren Namen, um anschließend zu Nummern degradiert zu werden. Jegliche Rückzugsmöglichkeit wurde zerstört, jede Schamgrenze niedergerissen. Ihre Ver-

---

46 Neben den Publikationen von W. von Baeyer / H. Häfner / K.P. Kisker: Psychiatrie der Verfolgten, a.a.O.; Hans Stoffels (Hrsg.): Schicksale der Verfolgten, a.a.O.; M. Bergmann / M Jucovy / J. Kestenberg (Hrsg.): Kinder der Opfer - Kinder der Täter, a.a.O. sei an dieser Stelle auf viele Einzelveröffentlichungen der Zeitschrift Psyche sowie weitere Publikationen verwiesen, die im folgenden zitiert werden.

47 Daß die extremen Traumata, die Verfolgte erlitten, auf verschiedenen traumatischen Sequenzen basierten, formulierte erstmalig Hans Keilson in seinem Buch: Sequentielle Traumatisierung bei Kindern, Stuttgart 1979. Keilson unterscheidet dabei die genannte erste traumatische Sequenz "mit präludierenden Momenten der Verfolgung", die zweite traumatische Sequenz "Aufenthalt im Konzentrationslager oder im Versteck" und als dritte Phase die "Nachkriegszeit mit allen Schwierigkeiten der Wiedereingliederung", zit. nach ebd. S. 56.

wandten, Freunde und Bekannten wurden ermordet und nur durch Zufall gelang es ihnen selbst, zu überleben:

> "Obwohl der Terror im Lager einem sozialen Machtverhältnis entsprang, hatten die Opfer nur minimale Chancen zur Situationskontrolle. Wenn aber das Überleben nicht mehr in den eigenen Händen liegt, scheinen Glück und Zufall zu regieren. Der Willkür des Terrors entspricht der Zufall des Überlebens.... Absolute Macht ist Schicksalsmacht. Sie arbeitet mit Überfällen und Überraschungen, annulliert Erwartungen. Nicht nur die ferne Zukunft, auch der unmittelbare Zukunftshorizont der aktuellen Situation wird auf diese Weise entwertet. Das Dasein des Häftlings war nicht nur provisorisch, es war zugleich aleatorisch."[48]

Der Zustand der vollständigen Hilf- und Wehrlosigkeit, in dem sich die Gefangenen mit Eintreffen in den Lagern befanden, führte zwangsläufig zu einer Ich-Regression[49], einer rückgebildeten, passiven Anpassung an eine Welt, in der die Gefangenen in einen Zustand infantiler Erlebnis und Verhaltensformen gedrängt wurden. Das Repertoire der Verfolger, ihre Opfer zu infantilisieren, war umfassend: Reduziert auf die (beschränkte) Befriedigung von Primärbedürfnissen wie Essen und Schlaf, blieben die Gefangenen in völliger Ungewißheit, wie lange dieser Zustand andauern würde und ob sie den Lagern jemals würden entkommen können. Dieser Verlust jeglichen Zeitgefühls hatte auch zur Folge, daß jede emotionale Beziehung zu Vergangenheit und Zukunft ausgelöscht wurde:

> "Der einzelne weiß nicht, was ihm bevorstehen mag; und das bereits Erlebte hat jede Bedeutung für seine Person und seine Zukunft verloren. Der normale Rhythmus der Lebensphasen von der Jugend bis zum Alter, von Erziehung, Karriere, Erfolg oder Mißerfolg ist aufgehoben." [50]

Die erzwungene Regression betraf alle Ich-Funktionen, also auch die der Abwehrmechanismen[51], d.h. den Kanon der unbewußten Möglichkeiten, die es Individuen

---

48 Zit. nach: Wolfgang Sofsky: Die Ordnung des Terrors, a.a.O., S. 104.
49 Das Ich ist als Steuerungsinstanz im Individuum zu verstehen, das sowohl der Anpassung an die Umwelt als auch der Vermittlung zwischen Triebimpulsen und äußerer Welt dient, so z.B. durch Abwehrmechanismen. Damit ist das "Ich" immer Produkt wie Ort von Entwicklungsprozessen, vgl. dazu: Stavros Mentzos: Neurotische Konfliktverarbeitung, a.a.O., S. 129 ff. Unter einer Ich-Regression wird die Reaktion auf angsterregende, konflikthafte Situationen verstanden, in denen ein Individuum auf frühere, seinem aktuellen Entwicklungsstand nicht mehr entsprechende Ausdrucks- und Verhaltensformen zurückgreift.
50 Zit. nach: Leo Löwenthal: Individuum und Terror, in: Dan Diner: Zivilisationsbruch. Denken nach Auschwitz, Frankfurt a.M. 1988, S. 16.
51 Als Abwehr wird - im psychoanalytischen Sinne - "die Gesamtheit der Operationen" begriffen, "deren Finalität darin liegt, jede Modifikation einzuschränken oder zu unterdrücken, die geeignet ist, die Integrität und Konstanz des biopsychologischen Individuums zu gefährden", zit. nach: J. Laplanche / J.-B. Pontalis: Das Vokabular der Psychoanalyse a.a.O., S. 24. Abwehrmechanismen sind primär Funktionen mit Schutz- und Bewältigungsaufgaben (indem sie Unlustvolles vom Bewußtsein fernhalten) und bilden somit die Voraussetzung individueller Funktionsfähigkeit. Sie sind aber gleichzeitig auch dysfunktional: Sie lösen

ermöglichten, einer für sie bedrohlichen Angstüberflutung auszuweichen. Tatsächlich war das Repertoire der (primitiven) Abwehrformen, denen sich ein Mensch im Konzentrationslager überhaupt noch bedienen konnte, sehr beschränkt: Es waren dies (pathogene) Anpassungs"leistungen", die ein Überleben möglich machten und doch nicht garantierten: Die erste Konfrontation mit der Realität nationalsozialistischer Konzentrationslager löste bei den Gefangenen eine Form regressiver Verleugnung aus, die von dem Gefühl getragen war, daß das, was sie erlebten, nicht wahr sein könne und wahr sein dürfe. Und so "tauchten" sie aus der Wirklichkeit ab, phantasierten sich eine bessere Gegenwelt oder flüchteten in eine idealisierte Vergangenheit. Wer in diesem Zustand der autistischen Verleugnung verharrte, hatte jedoch kaum Chancen, zu überleben: Nur wer innerhalb kurzer Zeit lernte, welche "Gesetzmäßigkeiten" das Lagerleben strukturierten, konnte den überall drohenden Gefahren "aufzufallen" oder "Fehler zu machen", entgehen.[52]

> "Rückwärtsgewandte Phantasmen und Träume... zerrütteten den Lebenswillen. Das Verbot der phantasmatischen Rückversetzung in die Vergangenheit und des Ausmalens der Zukunft diente dem Überleben. Nicht die phantasmatische Heraufbeschwörung des Abwesenden konnte die Realität ertragen helfen - eine Aufgabe, die Phantasmen und Träumen im "normalen" Leben zugesprochen wird -, sondern radikale Wahrnehmung der Gegenwart."[53]

War also die Flucht in Träume und Phantasien lebensgefährlich, so mußten die Gefangenen - und hier waren sie oftmals auf die Unterstützung von Mitgefangenen angewiesen - lernen, die Lagerwirklichkeit als solche zu erkennen und sich ihr (soweit möglich) zu stellen. Es war dies sicherlich die schwerste Phase, die Häftlinge durchzustehen hatten, wirkte die Konfrontation mit der Realität doch als ein Schock, der von Panikattacken begleitet war.

Erschwerend kam hinzu, daß ihnen bereits bei ihrer Ankunft all das geraubt worden war, was ihre Identität hätte stützen können. So hatte man ihnen die Haare geschoren, ihre Kleider und persönliche Habe einbehalten und auch ihr Körper schien nicht mehr ihr Eigentum zu sein, nachdem SS-Männer sie gezwungen hatten, sich öffentlich zu entkleiden und bloßzustellen. Das Ziel der Verfolger, die Gefangenen auf den Status eines niederen Tieres zu reduzieren, ihnen Würde und jedes Merkmal von Individualität zu nehmen, konnte so bereits frühzeitig materielle wie psychische Realität werden.

---

Konflikte nur scheinbar, da die aus dem Bewußtsein verdrängten Inhalte aktiv bleiben, zu immer komplizierteren Abwehrmaßnahmen zwingen und eine bewußte Erledigung des Konfliktes verhindern. Vgl. dazu: Stavros Mentzos: Neurotische Konfliktverarbeitung, a.a.O., S. 60 f.

52 So die Analyse von Eddy de Wind in seinem Aufsatz: Begegnung mit dem Tod, in: Gertrud Hardtmann (Hrsg.): Spuren der Verfolgung a.a.O., S. 32 - 55.

53 Zit. nach: Judith Klein: "An unseren Schläfen perlt die Angst." Traumberichte in literarischen Werken über das Grauen der Ghettos und Lager, in: Psyche 6 (1991), S. 510.

In diesem Stadium, in dem die Häftlinge immer wieder von eruptiven Panikgefühlen und Verwirrung überwältigt wurden, begannen sie zunehmend, sich ihrem eigenen Ich, ihrem Körper und der Außenwelt entfremdet zu fühlen; ein Zustand der Depersonalisierung[54], in dem die Gefangenen das Gefühl hatten, quasi "neben sich" zu stehen. Der Eindruck, Fremder im eigenen Körper und in einer bedrohlichen, unkontrollierbaren Welt zu sein, erhielt weitere Nahrung, konnten sie doch weder begreifen noch erklären, warum sie dies erleben mußten. Eine solch tiefgreifende Verunsicherung mußte die Selbstidentität und -integrität der Betroffenen nachhaltig erschüttern[55] und führte - fast zwangsläufig - zu einer psychischen Situation, die als "Automatisierung oder Armierung des Ichs"[56] beschrieben werden kann.

Dies war ein lebensrettender Mechanismus, gerade weil er die vitalen moralischen und psychischen Funktionen der Individuen nachhaltig einschränkte: Die Gefangenen lebten nun quasi an der Peripherie ihres Selbst, konzentrierten sich darauf, Kräfte zu sparen und sich psychisch - bis zur vollständigen Teilnahmslosigkeit - von den gewalttätigen Exzessen ihrer Umwelt abzuschirmen. Gerade diese emotionale Panzerung war ein notwendiger Schutz vor den verheerenden - weil psychisch vernichtenden - Wirkungen einbrechender Panikgefühle.

Ebenso notwendig aber war es, daß neben schnellen motorischen Reaktionen auch die primitiven Ich-Funktionen wie Sehen, Hören und dauernde Wachsamkeit erhalten blieben, um der ständig drohenden Lebensgefahr ausweichen zu können.

> "Zusammenfassend können wir sagen, daß der Häftling in extremer Art im "Hier und Jetzt" lebt. Die Welt ist fragmentiert, und primäres Funktionieren spielt eine wichtige Rolle in seiner Denkart. Die Beziehung zwischen den aktuellen Geschehnissen und der Welt außerhalb des Lagers ist verschwommen. Aber auch das Ende, die Gaskammer, kann auf diese Weise zugleich eine Realität sein und doch keine Beziehung haben mit dem `Hier und Jetzt´."[57]

Zu schweren psychischen Einbrüchen kam es dann, wenn die Gefangenen gezwungen waren, den Tod von Angehörigen, Freunden und Bekannten mitzuerleben. Dabei war es für die besondere Grausamkeit der Verfolger kennzeichnend, daß die Betroffenen sogar in dieser Situation gezwungen wurden, Gefühlsregungen zu un-

---

54 "Depersonalisierung scheint demnach das pathologische Resultat eines Konflikts innerhalb des Ichs zu sein, und zwar zwischen dem Teil, der die Identifizierung mit einem erniedrigten Objektbild akzeptiert hat, und dem Teil, der sie ungeschehen zu machen versucht..." zit. nach: Edith Jacobson: Depersonalisierung, in: Psyche 3 (1974), S. 203.
55 Vgl. dazu: Stavros Mentzos: Neurotische Konfliktverarbeitung, a.a.O., S. 255.
56 Die Begriffe "Automatisierung" bzw. "Armierung" werden in der einschlägigen psychoanalytischen Literatur in dem Sinne synonym verwandt, als sie eine umfassende Reduktion von Ich-Funktionen umschreiben. Vgl. dazu: William G. Niederland: Diskussionsbeitrag zu Eddy de Wind: Begegnung mit dem Tod, in: Psyche 6 (1968), S. 444.
57 Zit. nach: Eddy de Wind: Begegnung mit dem Tod, in: Gertrud Hardtmann (Hrsg.): Spuren der Verfolgung, a.a.O., S. 43 f.

terdrücken oder doch zumindest nicht sichtbar werden zu lassen: Jede Äußerung von Schmerz und Trauer wurde von den Verfolgern mit körperlichen Züchtigungen und Strafen beantwortet. Um den Verlust von geliebten Menschen ertragen, bewältigen und akzeptierend integrieren zu können, ist es für jeden Menschen jedoch notwendig, Zeit und Gelegenheit zu haben, von den Toten zu sprechen, sie zu betrauern und damit Abschied zu nehmen.

"This is why in mourning, it is so important that we talk about the person who has died. It gives others a chance to convince us that the person has really died. When we don't talk about the death of a beloved person, his death remains to some degree unreal, and then we cannot really mourn it."[58]

Ein solcher Abschied aber blieb den Überlebenden in den Konzentrationslagern verwehrt: Zu emotionaler Starre und Sprachlosigkeit verdammt, gab es für sie kein Ritual, daß es ihnen ermöglicht hätte, den Tod zu akzeptieren und/oder psychisch zu verarbeiten. In grausamer Irrealität "verschwanden" Angehörige und Freunde und es blieb noch nicht einmal ein Ort, der als Grabstätte der Toten hätte identifiziert werden können.

Unterdrückt werden mußten aber nicht "nur" Trauer und Schmerz, sondern auch aggressive Impulse, die tagtäglich durch Erniedrigungen und Demütigungen ausgelöst werden konnten, die jedoch auszuleben unweigerlich Folter und Tod zur Folge gehabt hätte. Deshalb mußten Aggressionen psychisch neutralisiert werden, was in nicht wenigen Fällen nur dadurch gelingen konnte, daß sich die Gefangenen mit ihren Aggressoren identifizierten. Dieser Abwehrmechanismus scheint fatal, beinhaltete er doch, daß sich die Betroffenen für die zu erleidenden Qualen selbst verantwortlich machten und damit die von ihren Verfolgern propagierte "Minderwertigkeit" internalisierten, um in der Folge die Person des Angreifers physisch oder moralisch zu imitieren.[59]

"In diesem leeren Universum wurde ihm der Aggressor zum alleinigen Objekt, zur einzigen verfügbaren Widerspiegelung seiner selbst... Die Anziehungskraft eines spiegelnden Objektes, wie bösartig dieses auch sein mochte, war enorm angesichts der einzigen Alternative, des Zustandes äußerster Objektlosigkeit."[60]

Es mag paradox erscheinen, wenn Häftlinge begannen, ihre Verfolger zu kopieren und bemüht waren, ihnen zu gefallen. Tatsächlich aber boten sich wenig andere Möglichkeiten, einer drohenden narzißtischen Entleerung, d.h. einer umfassenden

---

58 Zit. nach. Bruno Bettelheim: Children of the Holocaust, in: ders.: Freud's Vienna and other essays, New York 1990, S. 224.
59 Zur Definition dieses Abwehrmechanismus (Identifikation mit dem Aggressor) vgl.: J. Laplanche / J.- B. Pontalis: Das Vokabular der Psychoanalyse, a.a.O., S. 224.
60 Zit. nach: Dori Laub / Nanette C. Auerhahn: Zentrale Erfahrung des Überlebenden: Die Versagung von Mitmenschlichkeit, In Hans Stoffels (Hrsg.): Schicksale der Verfolgten, a.a.O., S. 263.

Selbstaufgabe zu entgehen: Wenn die zu erleidenden Aggressionen als selbst verschuldet empfunden wurden, der Wert des eigenen Selbst nicht mehr wahrgenommen werden konnte, dann blieb als einzige Möglichkeit, Fragmente des eigenen Ichs mit Hilfe adaptierter "Stärke" zu stabilisieren.[61] Auch wenn eine Identifikation mit den Aggressoren also fast unabdingbar und für die (pathogene) Ich-Stabilisierung notwendig war, so symbolisiert dieser Abwehrmechanismus zugleich den Höhepunkt des Terror und Unterwerfungssystems, in das die Gefangenen eingebunden wurden. Erst in einer umfassenden Atmosphäre der Entmenschlichung, wenn die (frühere) Persönlichkeit der Häftlinge weitgehend zusammengebrochen war, konnten sie mit den pervertierten "Wertmaßstäben" ihrer Verfolger infiziert werden und sich dann - unbewußt - der Illusion hingeben, so sei die Kluft zu den Tätern zu nivellieren:

> "Es gibt wohl kaum einen größeren Erfolg für irgendein Machtsystem als die Übernahme der von ihm postulierten Werte und Verhaltensmaßstäbe durch seine machtlosen Opfer."[62]

Auch wenn die Ich-Regression der Gefangenen als Form der Anpassung verstanden werden muß, die ihnen das Überleben in einem Konzentrationslager ermöglichen konnte, so barg die Ich-Regression auch Gefahren: Schritt sie zu weit fort, verloren die Individuen jeden Bezug zu ihrer Umwelt, jedes Gefühl für Gefahr. Sie waren dann nicht mehr in der Lage zu reagieren und sich zu schützen, verfielen in Apathie und starben schlußendlich als sogenannte "Muselmänner" - als Schatten ihrer früheren Persönlichkeit, ihres früheren Selbst:

> "Der Verlust des Willens am Leben zu bleiben war die Folge des Hinwelkens der Lebenstriebe, die am Ende so geschwächt waren, daß sie nicht einmal mehr ihre beiden primären Aufgaben bewältigen konnten. Zum einen bekam das Selbst nicht mehr die Energien zugeliefert, die es benötigt, um zu funktionieren und auf die Zukunft zu hof-

---

61 Ob und in welchem Maße sich die Häftlinge in Konzentrationslagern tatsächlich mit ihren Aggressoren identifizierten und wie dies zu bewerten sei, ist bis heute zwischen Psychiatern bzw. Psychoanalytikern umstritten. Vgl. dazu: Eddy de Wind: Begegnung mit dem Tod, a.a.O., S. 44 f. Vielen literarischen Berichten ehemaliger Häftlinge ist jedoch zu entnehmen, daß es keine Seltenheit war, daß Gefangene versuchten, die Kleidung des Wachpersonals zu kopieren, sich in Gehorsam zu üben, oder selbst Macht über andere Häftlinge zu gewinnen. Nicht selten klingt in diesen Schilderungen an, ein solches Verhalten von Gefangenen sei moralisch verwerflich und Zeichen charakterlicher Schwäche gewesen. Begreift man diese Identifikation aber als Teil einer zwangsläufig umfassenden Ich-Regression und damit als unbewußten Versuch der Anpassung im Interesse des Überlebens, so verbietet sich, wie ich meine, jede moralische Bewertung, die den Gefangenen, nicht aber die perversen Herrschaftsmechanismen der Verfolger zum Thema erhebt.
62 Zit. nach: Leo Löwenthal: Individuum und Terror, a.a.O., S. 21.

fen. Zum anderen besaß die Person, ausgeliefert wie sie sich fühlte, nicht mehr die Kraft und den Wunsch, Gefühlsbeziehungen zu anderen zu unterhalten."[63]

Erzwungene passive Abhängigkeit, permanente Demütigungen und die Erfahrung, weder intellektuell noch körperlich die ständigen Bedrohungen aktiv abwehren zu können - all dies waren Faktoren, die zwangsläufig zu einer Regression der Ich-Funktionen führen mußten. Darüber hinaus aber war es die immerwährende Konfrontation mit dem Tod, die tiefe und unauslöschliche Spuren in der Psyche dieser Menschen hinterließ. Dem allgegenwärtigen Tod zu begegnen hieß, Angehörige, Freunde, Bekannte und unzählige andere sterben zu sehen, täglich den eigenen Tod zu erwarten, ihn zu fürchten und manchmal auch zu ersehnen. Die Konzentrationslager waren Orte der Vernichtung, an denen sowohl das Leben als auch der Tod jeden Sinn verloren. In dieser apokalyptischen Welt monate- oft jahrelang hilflos ausharren zu müssen, prägte (und verwandelte) das Bewußtsein derer, die überlebten.

In den nationalsozialistischen Konzentrationslagern waren neben Erwachsenen auch Kinder und Jugendliche inhaftiert: Sie waren ebenfalls existenzbedrohenden Traumata ausgesetzt, die bei ihnen aber andere, nicht selten noch gravierendere psychische Spuren hinterließen als bei Erwachsenen. Konnten bei erwachsenen Überlebenden erhebliche Veränderungen der Ich-Struktur und damit eines (bis dato) bereits ausgereiften Persönlichkeitsbildes festgestellt werden, so kann dies in dieser Form nicht für Kinder gelten, bei denen schwerste traumatische Erfahrungen eine "normale" psychische Entwicklung fast unmöglich machten. Welche Folgen diese Traumata hatten, war abhängig von dem Alter der Betreffenden und ihrem jeweiligen (psychischen) Entwicklungsstand: Tatsächlich wirkten traumatische Erlebnisse auf Säuglinge, die im Konzentrationslager quasi "primär sozialisiert" wurden, anders, als auf ältere Kinder oder Jugendliche.[64]

Nicht selten äußerten Psychiater aber auch Eltern überlebender Kinder die Vermutung bzw. Hoffnung, Kinder hätten keine bleibenden Schädigungen während der Verfolgung erlitten, da sie zu klein gewesen sein, das Geschehene zu begreifen oder sich daran zu erinnern.[65] Eine solche Vermutung erwies sich jedoch zweifach als Illusion: Die Sensorien von Kindern sind äußerst sensibel und so spürten sie das

---

63  Zit. nach: Bruno Bettelheim: Erziehung zum Überleben. Zur Psychologie der Extremsituation, München 1982, S. 121.
64  "Dies bedeutete, daß bei der Erfassung altersspezifischer Traumatisierungen nicht nur an verschiedene Altersstufen verschiedene spezifische Maßstäbe angelegt werden mußten, sondern daß auch ein und dieselbe traumatische Situation der jeweiligen Altersstufe gemäß interpretiert werden mußte." Zit. nach: Hans Keilson: Sequentielle Traumatisierung bei Kindern, in: Gertrud Hardtmann (Hrsg.): Spuren der Verfolgung, a.a.O., S. 75.
65  Es beschreibt dies vor allem Reinhart Lempp in seinem Buch: Extrembelastungen im Kindes- und Jugendalter. Über psychosoziale Spätfolgen nach nationalsozialistischer Verfolgung im Kindes- und Jugendalter anhand von Aktengutachten, Bern - Stuttgart - Wien 1979

Ausmaß von Gefahr und Bedrohung auch dann, wenn sie intellektuell noch nicht in der Lage waren, das Erlebte zu verstehen. Aber auch diejenigen, die sich nicht mehr erinnern konnten bzw. deren Erinnerungen unbewußt blieben, litten an z.T. schweren psychischen Schädigungen.

> "Es ist schon längst jugendpsychiatrisches Allgemeingut, daß nicht nur bewußt erlebte Situationen sich schädigend auswirken können, sondern auch solche, die nicht mehr erinnert werden, ja vielleicht gerade solche vielmehr, weil sie nicht mehr bewußt verarbeitet und damit überwunden werden können."[66]

Die psychischen (Folge)Störungen von Kindern unterscheiden sich von denen Erwachsener maßgeblich: Wurde im Falle erwachsener Überlebender festgestellt, daß sie - im Verlauf der Anpassung an die Lagerrealität - in eine umfassende Regression gezwungen und damit einem (sukzessiven) "Persönlichkeitswandel" unterworfen waren, so war und ist bei Kindern festzustellen, daß ihre Störungen auf einer stark beeinträchtigten Persönlichkeitsentwicklung und damit brüchigen Identitätsbildung basierten.

Auf die kindliche Erlebniswelt wirkten bereits die vor der Deportation in ein Konzentrationslager erfahrenen rassistischen Diffamierungen, Repressionen und Ausgrenzungen traumatisierender als dies bei vielen Erwachsenen der Fall war. Bestürzend und unbegreiflich war für sie die Erfahrung, daß sie (scheinbar) anders waren (oder sein sollten) als andere, daß gerade sie Ziel von Aggressionen wurden. Ihre Angst blieb diffus, konnten sie doch weder begreifen, was, noch warum etwas mit ihnen geschah.

Ebenso wie für Erwachsene nahmen sie die Umwelt als zunehmend bedrohlich war - erschreckend war für Kinder allerdings, daß ihre Eltern nicht in der Lage waren, diese Bedrohung von ihnen fernzuhalten oder gar zu beenden.

> "... für eine gesunde psychische Entwicklung (ist) eine möglichst angstfreie Umgebung sowie das Erlebnis der Geborgenheit und des bedingungslosen Angenommenseins durch die Umwelt eine wesentliche Voraussetzung, soll es nicht zu einer psychischen Fehlentwicklung im Sinne chronischer Angstbereitschaft, die sich häufig auch in aggressiven Verhaltensweisen äußern kann, und einer ebenso chronischen Kontaktstörung kommen."[67]

Überall waren Kinder damit konfrontiert, daß sie "schlecht" und "minderwertig" seien, gehaßt und verachtet von der sie umgebenden Umwelt. Einer solchen Abwertung und Ausgrenzung konnten sie zumeist nichts entgegensetzen; vor allem dann nicht, wenn in ihren Familien kein positives Gegenbild religiös und sozial

---

66 Zit. nach: Reinhart Lempp: Die Bedeutung organischer und psychischer Insulte in Krieg und Verfolgung während der Kindheit und Jugend, In: H. J. Herberg (Hrsg.) Spätschäden nach Extrembelastungen, Referate der II. Internationalen Medizinisch-Juristischen Konferenz in Düsseldorf 1969, Herford 1971, S. 248.
67 Zit. nach: ebd.

verwurzelter Identität vermittelt wurde oder werden konnte."⁶⁸ Die Folge war, daß sich die Kinder - wie dies auch bei erwachsenen Häftlingen in Konzentrationslagern festgestellt werden konnte - mit den Aggressoren identifizierten, d.h. das von den Verfolgern propagierte Feindbild in ihr Selbstbild übernahmen. Tief verwurzelt war das Gefühl, aufgrund ihrer "Minderwertigkeit" quasi "zu Recht" aus sozialen Bezügen ausgeschlossen worden zu sein und jede Existenzberechtigung verloren zu haben.

Die Deportation in ein Konzentrationslager traf demnach Kinder in einer Situation, in der ihr Grundvertrauen in das eigene Selbst, in Erwachsene und ihre Umwelt bereits erheblich gestört oder kaum entwickelt war. Die Konfrontation mit der Lagerrealität potenzierte diese Grundgefühle von Angst und Unsicherheit: Oftmals von den Eltern und anderen Menschen, die sie liebten, getrennt, mußten sie nun erleben, daß ihre kindlichen Angst- und Vernichtungsphantasien Realität wurden, ohne daß Erwachsene ihnen hätten helfen können:

"In der Nazi-Zeit wurde die reale Welt bevölkert von gefährlichen Menschen aus Fleisch und Blut, die Kinder töten wollten, sie hungern ließen und sie ihren Eltern fortnahmen... Die alten Phantasien über Teufel und Hexen, die Kinder erschrecken, wurden Realität."⁶⁹

Das Gefühl, alleingelassen zu werden und den Schrecken des Lagers schutzlos ausgesetzt zu sein, führte bei Kindern zu einem umfassenden Gefühl von Verunsicherung, zu einer tiefgreifenden Angst, sich Menschen anzuschließen und damit einen erneuten Verlust in Kauf nehmen zu müssen. Sie lebten in einer quasi "asozialen" Welt, in der jeglicher emotionaler Kontakt zu anderen unzuverlässig, gefährlich oder gefährdet schien, in der sie mit ihren Ängsten und Versagungen weitgehend allein blieben.⁷⁰

Betrachtet man die spezifische Situation von Kindern in Konzentrationslagern, so bleibt festzuhalten, daß ihnen die Befriedigung basaler, d.h. für ihre Persönlichkeitsentwicklung fundamental notwendiger Bedürfnisse versagt blieb: Geborgenheit, Vertrauen, soziale Kontakte und Freiräume ebenso wie das für die Identitäts-

---

68   Judith Kestenberg beschreibt überzeugend, daß diejenigen Kinder, die in Familien jüdisch-orthodoxen Glaubens aufwuchsen und sich mit ihrem Judentum positiv identifizieren konnten, weitaus weniger Verunsicherung zeigten als andere Kinder. Vgl. dazu: Kinder von Überlebenden und überlebende Kinder, in: Hans Stoffels (Hrsg.): Schicksale der Verfolgten, a.a.O., S. 118.
69   Zit. nach: Judith und Milton Kestenberg: Die Verfolgung von Kindern durch die Nazis, in: Gertrud Hardtmann: Spuren der Verfolgung, a.a.O., S. 82.
70   Nicht selten schlug dieses Mißtrauen in Aggressionen um, die sich nicht etwa gegen die Verfolger, sondern statt dessen gegen ihre Eltern richteten, soweit diese noch am Leben waren. Unabhängig davon, ob sie von ihnen getrennt waren oder die Verfolgungszeit mit ihnen zusammen überlebten, richtete sich ihr Zorn gegen die Tatsache, daß diese Eltern nicht in der Lage waren, sie vor Hunger, Entbehrungen und den Quälereien ihrer Verfolger zu schützen; daß sie "nichts unternommen" hatten. Vgl. dazu: ebd., S. 123 f.

bildung notwendige Gefühl der Zugehörigkeit zu einem sozialen Umfeld. Das Ausmaß an Angst, Verunsicherung und Isolation, dem Kinder in Konzentrationslagern ausgesetzt waren, griff nachhaltig in ihre Persönlichkeitsentwicklung ein, begründeten und formten die Terrorerlebnisse doch ihre Wahrnehmung von Welt. Zurück blieben Kinder, die wesentliche Einschränkungen in ihrer Ich-Entwicklung erfahren hatten, deren Identitätsbildung nachhaltig gestört war und die nicht selten dauerhaft unfähig blieben, tragfähige Objektbeziehungen einzugehen. Und auch bei ihnen äußerten sich diese Schädigungen und Entwicklungsdefizite nicht selten in psychischen Erkrankungen, die die Qualität ihres weiteren Lebens erheblich und nachhaltig einschränkte.

Wenn in den folgenden Kapiteln die weiteren Lebensbedingungen derer, die trotz aller physischen und psychischen Qualen eine Gefangenschaft im Konzentrationslager überlebten, näher beleuchtet werden sollen, so gilt es dabei zu berücksichtigen, daß es sich dabei um eine extrem "ausgewählte" Gruppe handelte: Nur wenige - zumeist junge Menschen mit einer vormals "stärkeren" Konstitution - hatten den Selektionen entkommen, hatten Seuchen, Hunger und Folter überstehen können. Daß sie überlebten, entsprach nicht der Intention ihrer Verfolger, sondern war dem Zufall und (in wenn auch geringerem Maße) ihrer physischen wie psychischen Widerstandskraft geschuldet.

Gesondert zu berücksichtigen ist dabei die (Groß)Gruppe derjenigen Überlebenden, die nach ihrer Befreiung als sogenannte Displaced Persons in alliierten Lagern untergebracht wurden. In diesen Lagern offenbarten sich - wenn auch unter spezifischen Bedingungen - zentrale Schwierigkeiten zwischen Überlebenden und der sie umgebenden sozialen Umwelt: Wie die amerikanische Besatzungsmacht, UN-Hilfsorganisationen und außenstehende Beobachter auf diese Menschen reagierten, die sich in der Tat oftmals als schwierige und in ihren Reaktionsweisen kaum begreifbare Gruppe zeigten; welchen psychischen Konflikten die Betroffenen nach ihrer Befreiung und im Angesicht einer erneuten Internierung ausgesetzt waren; aber auch welche Hoffnungen und Illusionen (vor allem jüdische ) DP's in der unmittelbaren Nachkriegszeit entwickelten, soll im folgenden thematisiert werden.

## II.1 Weiterleben in Lagern: Überlebende als "Displaced Persons" in der amerikanischen Besatzungszone[71]

Mit Beendigung des Zweiten Weltkrieges und der Befreiung von Konzentrations- und Arbeitslagern sahen sich die alliierten Streitkräfte mit Millionen Menschen konfrontiert, die sich außerhalb ihrer Herkunftsländer befanden und so schnell wie möglich "repatriiert" werden sollten.[72] Die Rückführung einer solchen Anzahl von Menschen stieß jedoch in den Wirren der unmittelbaren Nachkriegswochen und -monate auf erhebliche organisatorische Schwierigkeiten, so daß erst einmal Möglichkeiten gefunden werden mußten, die Opfer nationalsozialistischer Kriegs- und Verfolgungspolitik "vor Ort" unterzubringen und zu versorgen. In einem ersten exekutiven Akt wurden deshalb (u.a.) Kasernen, ehemalige Arbeitsdienstlager und Fabrikanlagen beschlagnahmt und zu Sammel- und Durchgangslagern umfunktioniert, deren Belegstärke zwischen 50 und 5000 Personen schwanken konnte. In diesen Lagern war es Aufgabe der alliierten Militärbehörden (in Zusammenarbeit mit der UN-Hilfsorganisation UNRRA und weiteren internationalen Organisationen) die Versorgung mit Lebensmitteln, Kleidung und Medikamenten sicherzustellen - eine Aufgabe, die in den ersten Nachkriegswochen nur schwerlich zu bewältigen war. Tatsächlich waren vor allem die hygienischen und medizinischen Zustände in den Lagern desolat; Viruserkrankungen und Epidemien nahmen trotz aller Bemühungen involvierter Ärzte und Pflegepersonen kaum ab. Die Todesrate unter den DP's war in der unmittelbaren Nachkriegszeit erheblich - besonders aber bei den Überlebenden der Konzentrations- und Arbeitslager, die aufgrund vielfältiger Hunger(folge)erkrankungen, Auswirkungen von Folter und psychischer wie physischer Zerrüttung kaum mehr in der Lage waren, neuerliche Erkrankungen zu überstehen (vgl. dazu Kapitel II.2.)

Neben zahlreichen organisatorischen, verwaltungstechnischen und medizinischen (Abstimmungs-) Problemen, die es für die Militärbehörden zu bewältigen galt, sahen sich Lagerverwaltungen und das UNRRA-Personal darüber hinaus mit beträchtlichen psychosozialen Konflikten innerhalb der DP-Lager konfrontiert.

---

71     In der dieser Arbeit zugrundeliegenden Fallgruppe sind alle Antragsteller, die angaben, in einem DP-Lager interniert gewesen zu sein, jüdische Verfolgte. Aus diesem Grund wird dieser Gruppe der Überlebenden im folgenden besondere Aufmerksamkeit zuteil.

72     Die tatsächliche Anzahl derer, die sich als "Displaced Persons" im Einflußgebiet der alliierten Streitkräfte befanden, ist bis heute ungeklärt. Angelika Königseder und Juliane Wetzel gehen in ihrer Arbeit: Lebensmut im Wartesaal. Die jüdischen DP's (Displaced Persons) im Nachkriegsdeutschland, Frankfurt a.M. 1994, S. 18 davon aus, von den Alliierten seien 6,5 bis 7 Millionen DP's unterschiedlicher Herkunft befreit worden, wovon man allein 6 Millionen bis zum Spätsommer 1945 repatriieren konnte. Von einer ähnlichen Quote spricht auch Wolfgang Jacobmeyer in seinem Buch: Vom Zwangsarbeiter zum heimatlosen Ausländer. Die Displaced Persons in Westdeutschland 1945 - 1951. Kritische Studien zur Geschichtswissenschaft, Band 65, Göttingen 1985.

Hier kam es vor allem zwischen den Überlebenden der Konzentrationslagern und ihren "Befreiern" zu erheblichen Mißstimmigkeiten: Im Kontakt mit der deutschen Bevölkerung wie auch mit anderen DP-Populationen hatten die Angehörigen der alliierten Streitkräfte immer wieder erfahren, daß ihre Anordnungen und Regeln komplikationslos akzeptiert, ja vielfach adaptiert worden waren. Um so mehr erwarteten sie nun von den Überlebenden der Konzentrationslager Dankbarkeit und Anpassungsfähigkeit, hatten sie diese Menschen doch vor dem Untergang bewahrt. Tatsächlich waren die Überlebenden ihren Befreiern zwar dankbar; anpassungsfähig und "gehorsam" aber waren diese Menschen nicht, war ihnen doch jede Form des geregelten, sozialen Miteinanders fremd geworden:

> "... ich habe andere Flüchtlinge gesehen, aber mir ist noch nie ein so entsetzliches Bild wie dieses vor Augen gekommen. Sie sind Schatten ihrer selbst, zerrissene und gebrochene Menschen, gepeinigt von Läusen, Geschwüren und Augenkrankheiten".[73]

Sie waren wirklich "gebrochene" Menschen, die aufgrund der extremtraumatischen Sequenzen, die sie durchlebt hatten, kaum imstande waren, den ordnungspolitischen und moralischen Ansprüchen der sie umgebenden Außenwelt gerecht zu werden. Noch immer physisch schwer versehrt, fühlten sie sich ständig von ganz unterschiedlichen Gefühlen überwältigt: Euphorischer Befreiungstaumel verband sich bei ihnen mit der Unfähigkeit zu begreifen, daß nunmehr die "Gesetze" ihrer Verfolger jede Gültigkeit verloren hatten; Rache- und Haßgefühle konnten jederzeit von Zuständen der Apathie und Gleichgültigkeit abgelöst werden. Die Überlebenden zeigten Verhaltensweisen, die auf Angehörige von Hilfsorganisationen, Militärbehörden wie auch außenstehende Beobachter mehr als befremdlich wirkten: Viele kämpften noch immer um jedes Stück Brot, verweigerten die Annahme von Kleidung und klammerten sich statt dessen an die Fetzen ihrer Häftlingsuniformen, scheuten jede Form von Hygiene und wehrten sich (zumindest anfänglich) gegen jede Art von Arbeit.[74]

Auf Außenstehende wirkte ein solches Verhalten, als hätten diese Menschen noch nicht verstanden, daß sie tatsächlich "in die Freiheit" entlassen worden waren. Tatsächlich aber war die psychische Situation dieser Menschen sehr viel komplizierter. Auf der einen Seite war ihnen sehr wohl bewußt, daß sie befreit worden waren und deshalb wehrten sie sich gegen alles, was sie an nationalsozialistische Repressionen erinnerte: Befehle und Anweisungen der Militärbehörden wurden von ihnen ebenso als Zwang interpretiert, wie die Aufforderung, bestimmte Kleidungsstücke zu tragen oder einer Arbeit nachzugehen. Was von den zuständigen

---

73  Dies formulierte (wie andere Beobachter in ähnlicher Weise) Eliahu Dobkin, Mitglied der Jewish Agency, nach einem Besuch eines DP-Lagers. Zit. nach: Tom Segev: Die siebte Million. Der Holocaust und Israels Politik der Erinnerung, Reinbek bei Hamburg 1995, S. 162.

74  Vgl. dazu: Angelika Königseder / Juliane Wetzel: Lebensmut in Wartesaal, a.a.O., S. 26 ff.

Behörden als kaum akzeptabler Trotz und Widerspenstigkeit gedeutet wurde, war vielmehr ein tastender Versuch der Überlebenden, eigene Handlungsspielräume zurückzugewinnen. Jedes "nein" gegenüber den Befehlen einer Obrigkeit, jede Weigerung, nicht selbstgewählte Regeln zu akzeptieren, ermöglichte es ihnen, Teile von Selbstwertgefühl und Individualität zu rekonstruieren, die ihnen während ihrer Haft geraubt worden waren.

Und doch blieben die psychischen Anpassungsleistungen, die die Überlebenden in Konzentrationslagern hatten erbringen müssen, noch immer wirksam. Monatemanchmal jahrelang hatte man sie zu "minderwertigen Existenzen" degradiert, die tagtäglich um die Befriedigung von Primärbedürfnissen, d.h. um die eigene physische Existenz hatten kämpfen müssen. Eine solche Fixierung auf das eigene Sein konnte auch die Befreiung nicht (unmittelbar) aufheben, zumal die Fähigkeit dieser Menschen, soziale Kontakte herzustellen, ihnen zu vertrauen und Rücksicht auf andere zu nehmen, nachhaltig geschwächt war.[75] Ihre innere Erfahrungswelt war noch immer durch Tod und den Verlust aller sozialen Beziehungen, durch Demütigungen und Verletzungen geprägt und nur schwerlich gelang es ihnen, sich wieder in die Regeln des menschlichen Miteinanders einzufinden.

Daß das in Teilen anomische Verhalten der Überlebenden aus ihren extremtraumatischen Erfahrungen resultierte, verstanden weder Militärangehörige noch außenstehende Beobachter. Sie kamen vielmehr zu dem Schluß, bei den Überlebenden müsse es sich um eine "Restpopulation" handeln, die Ergebnis einer "negativen Auslese" sei - oder wie es ein Gesandter aus Palästina ausdrückte:

"Ich glaube, daß diejenigen, die am Leben blieben, noch leben, weil sie egoistisch und in erster Linie auf ihren eigenen Vorteil bedacht waren."[76]

Solche Positionen suggerierten, daß es den Überlebenden nur deshalb gelungen sei, dem Terror nationalsozialistischer Vernichtungspolitik zu entkommen, weil sie charakterlich "minderwertig" und "asozial" gewesen seien.[77]

Nun könnte man vermuten, zu einer solchen Unterstellung seien nur Personen mit erheblichen rassistischen Ressentiments in der Lage gewesen. Und doch läßt

---

75  Wie tief sich diese Erfahrung in den Überlebenden eingegraben hatte, macht eine Episode deutlich, die Tom Segev in seinem Buch: Die siebte Million, a.a.O., S. 162 beschreibt: "Dobkin sah, wie ein Kind einem Mann, der im Nachbarzimmer schlief, Zahnpasta und Zahnbürste wegnahm. "Ich fragte es: 'Schämst du dich denn nicht?' Der Junge antwortete: `Sie bringen ihn ja doch ins Krematorium. Er ist alt.' Der Mann war etwa fünfunddreißig."

76  Zit. nach: Tom Segev: Die siebte Million, a.a.O., S. 164. Daß diese Aussage von David Schaltiel nicht etwa eine Ausnahme, sondern eher mehrheitsfähig unter denjenigen war, die unmittelbar mit der Betreuung ehemaliger Konzentrationslagerhäftlinge befaßt waren, zeigen Angelika Königseder / Juliane Wetzel: Lebensmut im Wartesaal, a.a.O., S. 28 ff.

77  Wenig bewußt war den Vertretern solcher Positionen offensichtlich, daß das Überleben dieser Menschen allein dem Zufall geschuldet war, waren sie den gezielten wie willkürlichen Gewalt- und Mordaktionen ihrer Verfolger doch nur durch "Glück" entkommen.

sich feststellen, daß derartige Positionen auch von Menschen geteilt wurden, denen es - aufgrund ihrer jüdischen Herkunft - selbst gerade noch gelungen war, nationalsozialistischer Verfolgung zu entkommen.[78] Hier liegt die Vermutung nahe, daß die Stigmatisierung der Überlebenden eher eine Abwehrreaktion war, die dem Ziel diente, der Konfrontation mit ihrem Schicksal und ihren Konflikten auszuweichen. Pointiert ausgedrückt: Viele (auch ehemals Verfolgte) wünschten sich nach Ende des Krieges, zur Normalität zurückkehren zu können und fühlten sich durch das physische wie psychische Elend der Überlebenden und ihre sozialen Anpassungsprobleme unangenehm berührt bzw. gestört. Die Bereitschaft, sich mit dem auseinanderzusetzen, was diese Menschen hatten erleben müssen, war kaum verbreitet; es erschien vielen leichter, die ehemaligen Lagerhäftlinge zu diskreditieren als sich der Mühsal auszusetzen, den Ursachen ihres anomischen Verhaltens mit Empathie nachzuspüren.

> "Wer draußen in Freiheit gewesen war, glaubte leicht und ohne sich viel Rechenschaft darüber zu geben, nur Kriminelle hätten die KZ's überlebt; oder diejenigen, die dort kriminalisiert worden seien... Ehre den Toten, den Lebenden eher Mißtrauen."[79]

Daß zumindest die aktuelle Lebenssituation der Überlebenden größerer Aufmerksamkeit bedurfte, blieb dennoch nicht verborgen. Im Sommer 1945 beauftragte der amerikanische Präsident eine Kommission unter Leitung von Earl Harrison, die Lebensbedingungen jüdischer Displaced Persons in der amerikanischen Besatzungszone zu untersuchen.

Die Ergebnisse des abschließenden Kommissionsberichtes lösten in der politischen Öffentlichkeit große Bestürzung aus, gipfelten sie doch in der pointierten Feststellung:

> "So wie die Dinge jetzt stehen, scheinen wir die Juden so zu behandeln, wie es die Nazis taten, mit der Ausnahme, daß wir sie nicht umbringen. Sie leben in Konzentrationslagern in hoher Zahl unter unserer militärischen Bewachung statt unter der von SS-Einheiten. Man ist versucht zu denken, ob die deutsche Bevölkerung bei diesem Anblick nicht glauben muß, daß wir der Nazipolitik folgen oder sie zumindest gutheißen."[80]

---

78  In welchem Maße abwehrende Vorurteile auch das Klima zwischen den Überlebenden der Shoah und den übrigen Bürger(inne)n des Staates Israel bestimmte, ist der Veröffentlichung von Tom Segev: Die siebte Million, a.a.O., zu entnehmen. Auch in diesem Land wurde die (partielle) Unfähigkeit der Überlebenden, sich bruchlos sozial zu integrieren und aktiv am Aufbau des Staates teilzunehmen, als kaum tolerierbarer Makel und nicht als Resultat ihrer psychischen Extrembelastung betrachtet.

79  Zu diesem bitteren Schluß kam Ruth Klüger, selbst Überlebende eines Konzentrationslagers, Jahrzehnte nach Ende des Zweiten Weltkrieges in ihrem Buch: weiter leben. Eine Jugend, Göttingen 1992, S. 193 f.

80  Zit. nach: Wolfgang Jacobmeyer: Vom Zwangsarbeiter zum heimatlosen Ausländer, a.a.O., S. 51 f.

Was aber waren die faktischen Gründe für ein solch vernichtendes Urteil? Im Sommer 1945 waren - wie bereits angedeutet - Verpflegung, Unterbringung und Versorgung der Displaced Persons noch weitgehend unzureichend. Waren Mangelversorgung und schlechte hygienische Bedingungen bereits belastend genug, so galt dies noch mehr für die Art, wie die Überlebenden - zumindest in einigen Regionen - untergebracht waren: Sie waren gezwungen, in Lagern zu leben, die mit Stacheldraht umzäunt und von bewaffneten Militärangehörigen bewacht wurden und die sie zumindest zeitweilig nicht verlassen durften. Dies und die Tatsache, daß in einigen DP-Lagern deutsche Polizeiangehörige zu ihrer Bewachung abgestellt wurden[81], mußte - und hier ist Harrison zuzustimmen - bei den Überlebenden zwangsläufig Assoziationen an ihre Haftzeit in nationalsozialistischen Lagern wecken und in ihnen das Gefühl auslösen, sie seien erneut in Haft genommen worden.

Die Unwissenheit, manchmal aber auch Unsensibilität der zuständigen Behörden im Kontakt mit überlebenden Konzentrationslagerhäftlingen, die gerade für die unmittelbare Nachkriegszeit kennzeichnend war, wurde in dem Kommissionsbericht von Harrison nachdrücklich als solche benannt und ihm war es zu verdanken, daß sich die Situation für die Betroffenen in der amerikanischen Besatzungszone nachhaltig ändern sollte.

Bereits im August 1945 ergingen Anweisungen des amerikanischen Präsidenten Eisenhower, gesonderte Lager (aber auch andere Unterbringungsmöglichkeiten[82]) für jüdische Überlebende einzurichten, ihre Lebensmittelrationen deutlich zu erhöhen und ihre Betreuung durch einen "Sonderbeauftragten für jüdische Angelegenheiten" zu gewährleisten.

Gerade die Unterbringung in gesonderten Unterkünften war für die jüdischen Überlebenden von besonderer Bedeutung, empfanden sie sich doch als geschlossene Schicksalsgemeinschaft, deren gemeinsame Erfahrung es war, unabhängig von nationaler Herkunft, Status und politischer Überzeugung, Ziel und Leidtragende nationalsozialistischer Verfolgungs- und Vernichtungspolitik geworden zu sein. Erst in diesen Lagern, abgetrennt von anderen "Displaced Persons", gelang es ihnen, eigene Formen des sozialen und kulturellen Miteinanders zu entwickeln und ihrer Umwelt selbstbewußter entgegenzutreten:

---

81  Stacheldraht, militärische und polizeiliche Überwachung und Ausgangsverbote waren Maßnahmen, die vor allem in Bayern angewendet wurden, wo General Patton mit härtesten disziplinarischen Mitteln seine Vorstellungen von Ordnung durchzusetzen suchte. In Hessen dagegen erhielten die Überlebenden weitaus mehr Handlungsspielraum und hier konnte auch die Erfahrung gemacht werden, daß Freiräume nicht - wie von Patton unterstellt - zu einem Anstieg der Kriminalität führte. Vgl. dazu: Juliane Wetzel: "Mir szeinen doh". München und Umgebung als Zuflucht von Überlebenden des Holocaust 1945 - 1948, in: Von Stalingrad zur Währungsreform. Zur Sozialgeschichte des Umbruchs in Deutschland, hrsg. von Martin Broszat, Klaus-Dietmar Henke und Hans Woller, München 1988, S. 341.

82  In einigen Fällen wurden Häuser, die von Deutschen bewohnt wurden, geräumt und den Displaced Persons zur Verfügung gestellt.

"Nein, wir sind keine Polen, trotzdem wir in Polen geboren sind; wir sind keine Litauer, auch wenn unsere Wiege in Litauen gestanden haben mag; wir sind keine Rumänen, wenn wir auch in Rumänien das Licht der Welt erblickt haben. Wir sind Juden!"[83]

Bemerkenswert waren vor allem die vielfältigen kulturellen Aktivitäten, die jüdische Überlebende entwickelten: In fast allen größeren Lagern entstanden Theatergruppen und jüdische Schulen, wurden eigene Zeitungen herausgegeben, Gottesdienste abgehalten, Kinos errichtet und Sportveranstaltungen organisiert.[84] Die wenigen, die dem nationalsozialistischen Vernichtungswillen entkommen waren, versuchten nun - unabhängig von ihrer jeweiligen Herkunft - jüdische Religion und Kultur wiederzubeleben und damit sich selbst und anderen deutlich zu machen, daß sie "noch immer da waren". Ihr Hunger nach geistiger, kultureller aber auch zwangloser körperlicher Betätigung war groß, erlebten sich die Betroffenen doch endlich wieder als Menschen mit geistigen und kreativen Fähigkeiten. Zugleich aber war jede dieser Aktivitäten für die Überlebenden auch ein Zeichen, daß es ihren Verfolgern nicht gelungen war, sie endgültig auf die Stufe unzivilisierter Kreaturen herabzuwürdigen und damit die jüdische Kultur zu vernichten.

In den gesonderten Lagern für Überlebende waren die verantwortlichen Behörden und Organisationen nun auch bereit, den ehemals Verfolgten organisatorische und ordnungspolitische Kompetenzen und Handlungsspielräume zuzubilligen: Hier erhielten selbstgewählte Lagerkomitees die Aufgabe, Hilfsgüter zu verteilen, religiöse wie kulturelle Aktivitäten abzustimmen und Regelverletzungen bzw. Straftaten der Insassen zu ahnden. So entstand ein weitgehend homogener sozialer Mikrokosmos, der den ehemals Verfolgten bot, was sie am notwendigsten benötigten, nämlich eine - wenn auch zeitlich befristete - Stabilität. In überschaubaren "jüdischen Enklaven" war es ihnen möglich, wieder Kontakt zu einem geregelten Leben jenseits von Mißhandlungen, Hunger und Schikanen zu gewinnen und damit ihre physische wie auch psychische Verfassung erst einmal zu konsolidieren.

Die gemeinsame Erfahrung erlittener Demütigungen und Verluste führte die Überlebenden als besondere Gruppe eng zusammen, schloß sie aber gleichzeitig von Menschen ab, die nicht in gleicher Weise verfolgt worden waren, denen sie ihre Erlebnisse und Gefühle nicht vermitteln konnten. Wenn es diesen Überlebenden gelang, sich in solchen Lagern zumindest in Teilen psychisch zu stabilisieren, so

---

83 Ausruf eines Überlebenden auf einer "Friedens-Siegeskundgebung" im August 1945 in Landsberg, zit. nach: Wolfgang Jacobmeyer: Jüdische Überlebende als "Displaced Persons". Untersuchungen zur Besatzungspolitik in den deutschen Westzonen und zur Zuwanderung osteuropäischer Juden 1945 - 1947, in: Geschichte und Gesellschaft, Band 9, 1983, S. 423.
84 Vgl. dazu: Angelika Königseder / Juliane Wetzel: Lebensmut im Wartesaal, a.a.O., S. 122 – 135.

war dies auch und nicht zuletzt der Hoffnung geschuldet, die Lager alsbald verlassen und in die USA, vor allem aber nach Palästina auswandern zu können.[85]

> "... Wir werden nicht ewig in den Lagern verbleiben und müssen sie als Vorstufe, als Übergang zu einem normalen Leben betrachten... Wir haben in der Zukunft große Aufbauarbeiten durchzuführen. Erez Israel wartet auf körperlich und geistig gesunde Menschen, die es verstehen werden, ihre Muskelkraft in zweckmäßige und schöpferische Arbeit umsetzen zu können... Den Zorn über viele verlorene Jahre können wir nur beruhigen durch produktive, schöpferische Arbeit."[86]

Spürbar war die Aufbruchsstimmung dieser Menschen, denen es undenkbar schien, weiterhin in den besetzten Zonen Deutschlands oder anderen europäischen Staaten zu leben, in denen sie ebenfalls rassistischer Diskriminierung und Verfolgung ausgesetzt gewesen waren. In besonderem Maße galt dies für Überlebende aus Osteuropa und hier vor allem aus Polen, die 1946 in einer erneuten Wanderungswelle in der amerikanischen Besatzungszone eintrafen.

Diese zumeist jungen Menschen waren in fataler Weise Opfer zweier Gewaltregime geworden: Mit Beginn des Zweiten Weltkrieges und den unmittelbar einsetzenden deutschen Terrorakten gegen die jüdische Bevölkerung Polens gelangten ca. 300.000 polnische Juden - entweder durch Abschiebung oder Flucht - in die von der Sowjetunion besetzten Gebiete Ostpolens.[87] Viele dieser Menschen wurden auf sowjetischem Territorium durch dortige Behörden deportiert und als "politische Gegner", "zionistische Aktivisten" oder "Intellektuelle" in Lagern inhaftiert, wo sie zu schwerster Zwangsarbeit und einem Leben unter menschenunwürdigsten Bedingungen gezwungen wurden.

Es war dies eine verhängnisvolle Entwicklung, unterschieden sich die sowjetischen Zwangsarbeitslager in ihrer Brutalität doch kaum von nationalsozialistischen Lagern. Auch hier starben Tausende infolge von Hunger, Seuchen, Folter und

---

85 Ben Gurion, der im Sommer 1945 verschiedene DP-Lager besuchte, schätzte, daß ca. 60-70% aller Überlebenden so schnell wie möglich nach Palästina auswandern wollten. Vgl. dazu: Tom Segev: Die siebte Million, a.a.O., S. 165. Die erheblichen Schwierigkeiten jedoch, die einer Einwanderung in das britische Mandatsgebiet Palästina entgegenstanden, motivierten ca. 53.000 Überlebende, erst einmal in die USA zu emigrieren. Für einen großen Teil dieser Menschen blieben die Vereinigten Staaten jedoch eine Übergangsstation, da auch sie in den 50er Jahren bemüht waren, nach Israel zu gelangen. Vgl. dazu: Wolfgang Jacobmeyer: Jüdische Überlebende als "Displaced Persons", a.a.O., S. 424.
86 Zit. nach: Angelika Königseder / Juliane Wetzel: Lebensmut im Wartesaal, a.a.O., S. 115. Was Jacob Oleiski, Überlebender des Konzentrationslagers Dachau hier formulierte, spiegelt den Enthusiasmus und die Hoffnung wider, die sich für ihn wie für andere Überlebende mit "Erez Israel" verband. Seine Intention jedoch, in den von ihm begründeten berufsbildenden Schulen Überlebenden zu "geistiger und körperlicher" Gesundheit zu verhelfen, scheiterte in vielen Fällen an den schwerwiegenden psychischen Beeinträchtigungen der Betroffenen, an ihrer Labilität und inneren Unruhe.
87 Vgl. dazu: Gert Robel: Sowjetunion, in: Dimension des Völkermords. Die Zahl der jüdischen Opfer des Nationalsozialismus, hrsg. von Wolfgang Benz, München 1991, S. 501 f.

Schwerstarbeit und fielen damit einem System zum Opfer, das - in diesem Punkt dem nationalsozialistischen Regime verwandt - in solchen Lagern eine "Vernichtung durch Arbeit" praktizierte. Ihre körperlichen und psychischen Folgeerkrankungen unterschieden sich wenig von denen der Häftlinge deutscher Konzentrations- und Arbeitslager, hatten sie doch ähnliche extremtraumatische Erfahrungen machen müssen und ebenfalls den Tod vieler Angehöriger und Freunde zu beklagen.

Ab Frühjahr 1946 wurden diejenigen, die die Gefangenschaft in solchen Zwangsarbeitslagern überleben konnten, nach Polen zurückgeführt. Ihre Hoffnungen jedoch, dort Familienangehörige und Freunde wiederzufinden und ihre Wohnungen zurückzuerhalten wurden enttäuscht: Zerstört waren die sozialen Milieus, in denen sie vor Kriegsausbruch gelebt hatten, verschwunden oder ermordet ihre Familienmitglieder und Bekannten und auch ihre Wohnungen waren inzwischen von Polen bewohnt, die nicht bereit waren, den Rückkehrern zu weichen. Die (von Seiten der polnischen Bevölkerung) unerwartete Konfrontation mit den ehemals Deportierten wie auch die daraus resultierenden Interessenkonflikte intensivierten die antisemitischen Ressentiments, die sich 1945/46 in pogromartigen Ausschreitungen entluden. Von der westlichen Welt weitgehend ignoriert, entstand in Polen so eine Atmosphäre, in der sich die Überlebenden mit Gewalt, Verfolgung und Bedrohung konfrontiert sahen.[88]

Schmerzhaft war für sie nicht allein die Tatsache, daß ihre Erwartungen, ihre Familien wiederzusehen, in ihre Häuser und Wohnungen zurückzukehren und ein "normales Leben" in ihrem Herkunftsland führen zu können, enttäuscht wurden. Erschütternd auf diese physisch wie psychisch schwer versehrten Menschen wirkte vielmehr, daß sie erneut einer rassistischen Verfolgung ausgesetzt waren, die - scheinbar bruchlos - an ihre langjährigen Repressionserfahrungen anknüpfte. Den einzigen Ausweg, den sich ständig wiederholenden traumatischen Erlebnissen zu entkommen, sahen die Überlebenden in einer Flucht in die amerikanische Besatzungszone; glaubten sie doch, von dort so schnell wie möglich nach Palästina auswandern zu können. Diese Hoffnung, die auf einem überzeugten Bekenntnis zum Zionismus basierte, wurde von jüdischen Fluchthilfeorganisationen aufgegriffen

---

88   Es gehört zu den - bemerkenswerten - Mißinterpretationen alliierter Beobachter, daß sie den Flüchtlingen aus Polen charakterliche "Minderwertigkeit" und Arbeitsscheu unterstellten, ihre reale Bedrohung durch rassistische Ausschreitungen aber ignorierten. Bezeichnend in diesem Kontext sind die Ausführungen von H. Messec, dem Vertreter des amerikanischen Verwaltungsressorts für DP's, der feststellte: "Mein allgemeiner Eindruck von den Geschichten dieser Leute ist, daß diese Leute als Gruppe geborene psychopathische Lügner sind. Zusammenfassend ist meine Meinung, daß ein Verbleib im heutigen Polen nur eins bedeutet hätte, nämlich harte Arbeit beim Wiederaufbau einer kriegszerstörten Nation; und es ist mein Eindruck, daß das jüdische Element Polen verläßt, weil es dort kein größeres Tätigkeitsfeld gibt, das ihm Handel oder Geldgeschäfte erlauben würde." Zit. nach: Wolfgang Jacobmeyer: Jüdische Überlebende als "Displaced Persons", a.a.O., S. 433.

und bestärkt. Mit Hilfe eines zunehmend perfektionierten Flucht- und Organisationssystems schleusten sie Zehntausende osteuropäischer Juden in die amerikanische Besatzungszone - und verbanden damit immer das Ziel, den Druck auf die amerikanische, vor allem aber auf die britische Administration so weit zu erhöhen, daß eine Auswanderung der Überlebenden nach Palästina möglich wurde.[89]

Mit den Neuankömmlingen aus Polen, aber auch aus Ungarn, Rumänien und der CSSR, änderte sich die Atmosphäre in den jüdischen DP-Lagern der amerikanischen (und britischen) Besatzungszone maßgeblich: Sie vertraten ihre zionistischen Ideale offensiv und begannen umgehend, sich auf eine Ausreise nach "Erez Israel" vorzubereiten. Ihre Aufbruchsstimmung übertrug sich auf andere Überlebende, die nun - mit der (scheinbar zunehmend realen) Aussicht, sich in einer jüdischen Gemeinschaft bzw. einem jüdischen Staat ein neues Leben aufbauen zu können - neue Zuversicht gewannen.

"Ja, wir wissen, daß Juden in vielen Ländern zufrieden leben. Aber sie lebten auch in Deutschland zufrieden. Wir sind nicht der Meinung, daß sich die Geschehnisse, die in Deutschland passiert sind, in den Vereinigten Staaten oder Großbritannien wiederholen werden. Aber wir sind es überdrüssig weiterzukämpfen. Wir haben zu viel gelitten, um noch einmal einen Versuch zu wagen. Das Ende unseres Weges ist Palästina - ein jüdisches Land mit jüdischen Menschen, die nur Juden sind und nichts weiter."[90]

Die Begeisterung, die die Überlebenden zeigten, wenn sie sich mit ihrer (bevorstehende) Ausreise nach Palästina beschäftigten, macht deutlich, welch hohe symbolische Bedeutung "Erez Israel" für die Betreffenden hatte. Indem sie Palästina, bzw. einen jüdischen Staat in Palästina, idealisierten und zum Inhalt und Ziel ihrer Wünsche und Hoffnungen machten, waren sie zeitweilig in der Lage, die Demütigungen, Schmerzen und Verluste, die sie in nationalsozialistischen (und sowjetischen) Lagern erlitten hatten, zu kompensieren. Sie, die dazu gezwungen worden waren, sich auf die Bewältigung des "Hier und Jetzt" zu beschränken, hatten nun ein zukunftsgewendetes Ziel, das zwangsläufig mit Sehnsüchten und Wünschen überfrachtet wurde: Israel bedeutete ihnen Heimat und Familie, Frieden und Neuanfang jenseits aller Ängste.[91]

---

89 Zu den Aktivitäten und Zielsetzungen der jüdischen Fluchthilfeorganisation "Briha" vgl.: Tom Segev: Die siebte Million, a.a.O., S. 170 - 191.
90 Zit. nach: Angelika Königseder / Juliane Wetzel: Lebensmut im Wartesaal, a.a.O., S. 152. Diese Aussage von Bartley C. Crum aus dem Jahr 1947 spiegelt - in wenn auch elaborierter Form - das wieder, was die Mehrheit der jüdischen Überlebenden empfand.
91 Kaum einer der Überlebenden realisierte, daß es in Palästina erhebliche Konflikte zwischen jüdischen Siedlern, arabischer bzw. palästinensischer Bevölkerung und britischer Mandatsmacht gab, daß also der friedvolle Zustand, den sie zu erreichen hofften, eine Illusion bleiben mußte. Deutlich ist ihren Äußerungen zu entnehmen, daß und in welchem Maße sie den "Staat Israel" zu ihrem persönlichen Lebensinhalt und -sinn erhoben. Vgl. dazu: Angelika Königseder / Juliane Wetzel, a.a.O., S. 148 - 152.

Die Idealisierung eines jüdischen Staates in Palästina und die Sehnsucht, dort zu einem harmonischen Leben zu finden, muß jedoch, mit Blick auf die psychische Situation der Überlebenden, ambivalent bewertet werden: Zum einen markiert sie einen (relativen) Gesundungsprozeß, steht sie doch quasi für eine "Rückeroberung von Welt", in der die Überlebenden wieder Wünsche verspüren und artikulieren durften. Der kompensatorische Charakter dieser Wünsche, hinter denen die Lagererfahrungen (erst einmal) zurücktraten, war somit Voraussetzung für den Versuch, wieder ein - relativ - normales Leben führen zu können. Und doch waren die Vorstellungen, die sich diese Menschen von Palästina und der dortigen Gesellschaft machten, unrealistisch - glaubten sie doch, daß sie dort mit Freude, Empathie und Solidarität empfangen würden. Ihre Verfolgungserlebnisse, die sie in den DP-Lagern zu einer verschworenen Gemeinschaft zusammengeschweißt hatten, würden - so ihre Überzeugung - in Palästina in einem "jüdischen Wir-Gefühl" aufgehen, das auf der für alle Juden existentiellen Erfahrung der Shoah basiere.

Hier offenbart sich die tiefe Tragik der ehemals Verfolgten: In ihrem inneren Erleben waren sie "Andere", die zu verstehen niemand in der Lage war, der nicht in einem Lager inhaftiert gewesen war. Und doch empfanden sie eine Sehnsucht nach Verständnis, das sie sich von den jüdischen Bürgern Palästinas erhofften. Daß sie auch dort mit Mißtrauen und Distanz empfangen und unverstanden in der inneren Isolation ihrer Vergangenheit bleiben würden, war für die Überlebenden ebenso unerwartet wie schockierend:

> "Tatsächlich fürchtete sich die ansässige Bevölkerung vor persönlichen Begegnungen mit Überlebenden, die von körperlichen und psychischen Handicaps, Leid und Ängsten gezeichnet waren. Wie sollen wir nur mit ihnen zusammenleben, fragten sie sich immer wieder - und ihre Befürchtungen waren berechtigt. Die Holocaust-Überlebenden kamen aus einer anderen Welt und waren bis ans Ende ihrer Tage deren Gefangene."[92]

Daß viele Überlebende "Gefangene einer anderen Welt" blieben, war primär auf die Erfahrung der Verfolgung zurückzuführen, als sie erlebt hatten, daß ihnen jedwede Mitmenschlichkeit versagt wurde. Eben diese Erfahrung schien sich nun - nach Kriegsende - zu wiederholen, begegneten ihnen andere Menschen - in DP-Lagern, in Deutschland und Palästina - doch mit Angst, Unsicherheit, Mißtrauen oder gar Ablehnung. Daß viele von ihnen dennoch in der Lage waren, sich soweit psychisch zu "restabilisieren", daß sie, trotz aller zusätzlichen Schwierigkeiten, die von ihnen angestrebten Aufnahmeländer erreichen und den dortigen Anforderungen erst einmal gerecht werden konnten, soll im folgenden thematisiert werden.

---

92  Zit. nach: Tom Segev: Die siebte Million, a.a.O., S. 215.

## II.2 Psychische und somatische Folgeerkrankungen

Die Vergegenwärtigung dessen, was Gefangene in Konzentrations- und Arbeitslagern erleiden mußten und zu welchen Anpassungs"leistungen" sie gezwungen wurden, legt die Vermutung nahe, alle diese Menschen müßten an identischen, ebenso dauerhaften wie schweren psychischen Erkrankungen und Symptomen gelitten haben (oder leiden). Und in der Tat bleibt festzuhalten, daß die Konzentrationslagertraumata bei allen Betroffenen tiefgreifende psychische Spuren hinterlassen hatten, die ihre Selbstwahrnehmung wie auch ihre Wahrnehmung von Welt veränderten.[93]

Solange die traumatischen Erfahrungen nicht aktiv und mit unterstützender Hilfe erinnert, erzählt und bearbeitet werden konnten, mußten die Überlebenden spezifische Formen der Bewältigung finden, die ihnen ein Weiterleben möglich machten. Eben diese Bewältigungsformen aber waren - wie Untersuchungen zeigten - sehr unterschiedlich:

Litten nicht wenige Überlebende frühzeitig und dauerhaft an psychischen (und psychosomatischen) Krankheitssymptomen, in denen sich das Verfolgungsgeschehen vergegenwärtigte, so gab es andere, die das Erlebte weitgehend verdrängten (und/oder verleugneten) und über Jahre hinweg den Anforderungen des Nachkriegslebens scheinbar symptomfrei standhielten. Die Gründe für solch unterschiedliche Formen der Bewältigung waren vielfältig: Individuelle Entwicklungs- und Lebensgeschichten sind dabei ebenso zu berücksichtigen wie soziale und gesellschaftliche Rahmenbedingungen, die auf die Betroffenen nach Kriegsende einwirkten. Die Interdependenz zwischen biographischen und gesellschaftlichen Faktoren offenzulegen, die die jeweils spezifische Form der Bewältigung bedingten, war und ist nur in individualpsychologischen Einzelfallanalysen aufzuschlüsseln. Dennoch - so legt zumindest die einschlägige psychoanalytische Literatur nahe - lassen sich einige Muster erkennen, wie ehemals Verfolgte ihre extremtraumatischen Erfahrungen versuchten zu bewältigen. Diese möchte ich im folgenden skizzieren:

Die Befreiung der Konzentrationslager im Frühjahr 1945 bedeutete - wie bereits erwähnt - für viele Häftlinge nicht, tatsächlich gerettet zu sein und überleben zu können. In den ersten Nachkriegswochen und -monaten starben noch immer Tausende an Krankheiten und extremer Erschöpfung.

Aber auch diejenigen, die weiterlebten, litten an den Folgen von Mangelernährung, Seuchen und Gewalt, die sich häufig als dauerhafte somatische Schädigungen manifestierten. Der Kanon dieser Folgeschädigungen umfaßte die wesentli-

---

93 Dies ist sowohl allen Berichten Betroffener als auch den Veröffentlichungen einschlägig befaßter Psychoanalytiker und Psychiater zu entnehmen. Vgl. dazu exemplarisch den von Hans Stoffels herausgegebenen Sammelband: Schicksale der Verfolgten, a.a.O.

chen Bereiche physiologischer Existenz: Krankheiten der Verdauungsorgane, Ernährungs- und Stoffwechselerkrankungen, Folgen von infektiösen und parasitären Krankheiten, Kreislauferkrankungen, Krankheiten der Harn- und Geschlechtsorgane, der Atmungsorgane, des Nervensystems und der Sinnesorgane und vor allem Schädigungen des Skeletts, der Muskeln und des Bindegewebes.[94]

In Krankenhäusern und Sanatorien konnten in den ersten Nachkriegsmonaten die ärgsten somatischen Mangelerscheinungen der Betroffenen ausgeglichen werden. Für die behandelnden Ärzte auffällig blieb jedoch, daß die meisten weiterhin über Kopfschmerzen, Schwindelanfälle, Schweißausbrüche, Sexualprobleme und andere vegetative Störungen klagten. Diese vegetativen Symptome standen nicht selten in ursächlichem Zusammenhang mit Hirnschädigungen, die durch jahrelange Mangelernährung (die sogenannte Hungerdystrophie), Fleckfieberinfektionen und andere Erkrankungen während der Haft, aber auch durch Verletzungen, Mißhandlungen und kriminelle medizinische Experimente verursacht worden waren. Solche Hirnschädigungen konnten auch psychische Symptome zur Folge haben, die sich in Gedächtnisschwund, Mangel an Konzentrationsfähigkeit, Reizbarkeit sowie depressiven und ängstlichen Verstimmungen äußerten. Doch diese Symptome klangen nach einiger Zeit ab, wenn sich die zugrundeliegenden Schädigungen zurückgebildet hatten oder besser kompensiert werden konnten.[95]

In der Tat war die unmittelbare Nachkriegszeit für die Überlebenden eine Phase, in der sie zwar von der Brutalität des unmittelbaren Verfolgungsdrucks entlastet, dennoch aber erheblichen psychischen wie sozialen Anforderungen ausgesetzt waren und in der sich die möglichen Symptome psychischer Erkrankungen weniger deutlich - in anderen Fällen scheinbar gar nicht - manifestierten. Das Bemühen der Mehrheit aller Überlebenden, so bald als möglich nach Israel, in die USA oder andere Aufnahmeländer ausreisen zu können, war - wie bereits beschrieben - mit erheblichen Hoffnungen verbunden, nunmehr ein "normales" und geregeltes Leben führen und damit den enormen Bruch in der Lebenslinie kompensieren zu können. Vor der alltäglichen Normalität in dem jeweiligen Aufnahmeland aber standen eine Vielzahl von Problemen und Aufgaben, die gelöst und gemeistert werden mußten: Eine fremde Sprache und Kultur, unbekannte soziale und gesellschaftliche Verhaltensanforderungen mußten erlernt bzw. bewältigt werden und nicht zuletzt galt es, Möglichkeiten zur Reproduktion zu finden und neue Sozialkontakte aufzubauen.

---

94   Vgl. dazu: Hans Joachim Herberg (Hrsg.): Spätschäden nach Extrembelastungen, a.a.O.
95   Vgl. dazu: Walter von Baeyer: Über die Auswirkungen der Verfolgung und Konzentrationslagerhaft vom Standpunkt des Psychiaters, in: ebd., S. 176 - 181. Die psychische Symptomatik nach Hirnschädigungen war und ist insofern ein sensibles Thema, als es lange Zeit erhebliche Diskussionen gab, ob die psychischen Störungen der ehemals Verfolgten generell auf Hirnschädigungen zurückzuführen seien bzw. ob psychische Symptome, die später oder unabhängig von solchen Schädigungen auftraten, als "verfolgungsbedingt" einzuschätzen seien (vgl. dazu Kapitel II.3).

Auffällig war und ist dabei, daß ehemalige Häftlinge der Konzentrations- und Zwangsarbeitslager häufig besser in der Lage waren, die an sie gerichteten Anforderungen zu bewältigen als andere Einwanderungsgruppen.[96] Sie erschienen "härter", widerstandsfähiger und imstande, sich auch den schwierigsten Umweltbedingungen und Ansprüchen mit hoher Frustrationstoleranz anzupassen. Diese erheblichen "Coping"-, d.h. Bewältigungsleistungen, die die Überlebenden zeigten, waren Ausdruck des alles bestimmenden Bedürfnisses, "Leben" zu rekonstruieren und damit (scheinbar) an Zeiten und Lebenskonzepte vor der Verfolgung und Deportation anzuknüpfen.

Eben dieser (unbewußte) Wunsch, Leben zu rekonstruieren, war es auch, der viele Überlebende motivierte, schon bald nach ihrer Befreiung neue Familien zu gründen, wobei als Partner in der Regel Menschen mit ähnlicher Biographie und gleichen bzw. vergleichbaren Verfolgungserfahrungen gewählt wurden. Als Garanten der Zukunft galten die in diesen Partnerschaften geborenen Kinder: Sie symbolisierten das Leben und bestätigten ihren Eltern jeden Tag, daß sie selbst überlebt hatten - und weiterexistieren würden.[97]

Der Prozeß der Akkulturation und sozialen wie familiären Rekonstruktion dauerte meist mehrere Jahre, in denen die Betroffenen alle Kräfte zu mobilisieren hatten und sich deshalb "neurotische Symptome wie Angst und Depression gewissermaßen `nicht leisten´"[98] konnten. Erhebliche Abwehrleistungen waren zu erbringen, galt es doch, die Erinnerungen an Verfolgung, Schmerz und erlittene Demütigungen aus dem Bewußtsein fernzuhalten:

> "In der posttraumatischen Periode trachtet der Überlebende mit allen Mitteln danach, eine Wiederkehr der Verfolgung und der Verfolgungserlebnisse innerhalb seines psychischen Haushalts zu vermeiden."[99]

Nicht wenige Überlebende konnten sich mit Hilfe von Abwehrprozessen weitgehend und dauerhaft an die gegenwärtige Welt anpassen. Die Erfahrungen der La-

---

96 Vgl. dazu: Haim Dasberg: Psychiatrische und psychosoziale Folgen des Holocaust. Epidemiologische Studien in Israel, sowie Nahid Freudenberg: Alterswandel psychischer Verfolgungsschäden, in: Hans Stoffels (Hrsg.): Schicksale der Verfolgten, a.a.O., S.17 - 32 bzw. 44 – 62.

97 In welchem Ausmaß die Wünsche und Projektionen der Eltern diese Kinder überfrachteten und zu deren psychischen Problemen beitrugen, konnte in vielen Untersuchungen der zweiten Generation nachgewiesen und dargestellt werden. Vgl. dazu die Arbeiten von Milton und Judith Kestenberg sowie Ilse Grubrich-Simitis: Extremtraumatisierung als kumulatives Trauma. Psychoanalytische Studien über seelische Nachwirkungen der Konzentrationslagerhaft bei Überlebenden und ihren Kindern, in: Psyche 33, Heft 11, 1979, S. 991-1023.

98 Zit. nach: Reinhart Lempp: Psychische Spätschäden nach nationalsozialistischer Verfolgung bei Kindern, unveröffentliches Manuskript, Stuttgart 1992, S. 10.

99 Zit. nach: Niklas Schmitt / Hans Stoffels: Die Wiederkehr des Verfolgungstraumas im Alter. Kasuistische Beobachtungen, in: Hans Stoffels (Hrsg.): Schicksale der Verfolgten. a.a.O., S. 76.

gerzeit waren zu einer "black box" geworden, die zwar unbewußt stets präsent, aber nicht artikuliert und ohne offensichtlichen Einfluß auf den Alltag blieben. In vielen Familien von Überlebenden wurden die traumatischen Erfahrungen der Konzentrationslager beschwiegen und nicht selten erschien es den Betreffenden so, als sei das Erlebte ein irrealer Traum gewesen. Die Aussage eines ehemals Verfolgten 50 Jahre nach seiner Befreiung aus einem Konzentrationslager macht deutlich, unter welch erheblichen Wahrnehmungs- und Kommunikationsproblemen diese Menschen litten:

"Schau, wenn ich dir meine Geschichte erzähle, habe ich manchmal selbst Zweifel, ob ich tatsächlich dort war, daß ich tatsächlich durch all diesen Horror gegangen bin."[100]

Verdrängung und Verleugnung bis hin zur Derealisierung der eigenen Geschichte waren zwar Abwehrformen, die erst einmal stabil wirkten; psychische Integrität oder gar Lebensfreude aber garantierten sie nicht. Die Menschen, die in solcher Art Erlittenes bewältigten, waren in Bezug auf ihre psychische Stabilität eine "high-risk-population"; Menschen, deren inneres Gleichgewicht jederzeit durch unvorhersehbare Belastungen und Prüfungen zerstört werden konnte.[101]

Die posttraumatischen psychischen wie psychosomatischen Symptome(ngruppen), an denen Überlebende des nationalsozialistischen Verfolgungsterrors litten und leiden, wurden in den 60er Jahren von W. Niederland mit dem Begriff des "Überlebendensyndroms"[102] gekennzeichnet; ein Begriff, der durchaus umstritten ist, suggeriert er doch, alle Überlebenden der Shoah (bzw. alle Konzentrationslagerüberlebenden) litten an einer für sie spezifischen Krankheit.

"Hunderte von Artikeln und Büchern konzentrierten sich nur darauf; Dr. Niederlands 'Überlebendensyndrom' zu beschreiben, das im Laufe der Jahre zu einem den Überlebenden als Gruppe aufgeklebten Etikett geworden war. Es faßte zwar nachweisbare Merkmale zusammen, die viele von ihnen gemeinsam hatten, ließ aber auch ihre Befindlichkeit als eine tückische Krankheit erscheinen, die sich jeder jüdische Überlebende des Holocaust in gleichem Maße zugezogen habe.Das 'Überlebendensyndrom'

---

100 Zit. nach: "Wir haben den Krieg nicht gewonnen; als der Sieg kam, war es zu spät". Ein Gespräch mit dem Leiter der Holocaust-Gedenkstätte Yad Vashem, Avnir Schalev, über die Vergangenheit und die Identität Israels, in: Frankfurter Rundschau vom 7.2.1995.

101 Solche Belastungen konnten sein: Chronische (auch verfolgungsunabhängige) Erkrankungen oder aber der Tod des Ehepartners – aber ebenso Informationen über kriegerische Auseinandersetzungen, über Gerichtsverfahren gegen NS-Verbrecher o.ä.. Vgl. dazu: Shalom Robinson, Judith Rappaport u.a.: Spätfolgen bei alternden Überlebenden des Holocaust: Eine empirisch-statistische Untersuchung, in: Hans Stoffels (Hrsg.): Schicksale der Verfolgten, a.a.O., S. 67.

102 Vgl. dazu: William G. Niederland: Folgen der Verfolgung: Das Überlebendensyndrom Seelenmord, a.a.O.

übersah die starken Seiten, die ich und andere Kinder von Überlebenden an unseren Eltern beobachtet hatten."[103]

Unbestritten ist, daß viele Überlebende ein erhebliches Maß an Stärke und Überlebensfertigkeiten zeig(t)en. Und ebenfalls unstrittig ist, daß nicht jede(r), der/die den nationalsozialistischen Vernichtungs- und Verfolgungsterror überlebte, zwangsläufig an den von Niederland beschriebenen Symptomen leiden muß(te). In diesem Kontext eine zwingende Kausalität herstellen zu wollen, hieße in der Tat, individuelle wie soziale Faktoren zu vernachlässigen, die maßgeblich für den Grad der Traumatisierung und deren (mögliche) Bewältigung waren. Notwendig ist statt dessen, wie ich meine, eine differenzierte Wahrnehmung, die Verallgemeinerungen meidet: Verfolgungstraumata blieben über den Tag der Befreiung hinaus intrapsychisch virulent und *konnten* spezifische, posttraumatische Erkrankungen auslösen; Abwehrmechanismen ermöglichten - wenn auch mit erheblichen psychischen Kosten - eine erfolgreiche Meisterung des Lebens nach der Verfolgung, *konnten* aber in bestimmten Lebenslagen oder durch Belastungen brüchig werden - auch dann war eine Manifestation psychischer bzw. psychosomatischer Symptome möglich.

Viele Überlebende litten und leiden an spezifischen, immer wieder auftretenden Symptomen(gruppen) unterschiedlicher Kombination.[104] In ihrer Summe waren dies Symptome und Gefühlslagen, die das Leben der Betreffenden grau und freudlos, in vielen Fällen dauerhaft angstbesetzt und schmerzlich werden ließen:

(Psycho)Somatisch litten sie unter permanenten oder wiederholt auftretenden, ebenso diffusen wie quälenden Kopf-, Rücken- und Magenschmerzen, Schweißausbrüchen und Schwindelgefühlen. Erheblich eingeschränkt waren ihre Fähigkeiten, sich zu konzentrieren oder zu erinnern, ihre Leistungsfähigkeit und Spannkraft. Das Gefühl, permanent erschöpft zu sein, weniger leisten zu können als andere und dabei ständig mit eigenen "mentalen Lücken" konfrontiert zu sein, führte zwangsläufig zu tiefer Verunsicherung und Angst, kein "vollständiger" Mensch mehr zu sein. In den Nächten litten diese Menschen besonders, quälten sie doch Angst- und Alpträume, in denen sich die Bilder und Gefühle der Verfolgungszeit wieder und wieder schmerzhaft vergegenwärtigten. Die Angst vor diesen Alpträumen, den Sequenzen erneuter "innerer" Verfolgung, führte zwangsläufig zu Schlafstörungen, die ihrerseits wiederum Zustände von Erschöpfung und Insuffizienz verstärkten.

Bei allen Fähigkeiten zur Lebensbewältigung waren Überlebende auch in ihrem Alltag immer wieder mit existentiellen Ängsten konfrontiert, die durch äußere Rei-

---

103 Zit. nach: Helen Epstein: Die Kinder des Holocaust. Gespräche mit Söhnen und Töchtern von Überlebenden, München 1990, S. 190.
104 Die Vielfalt der unterschiedlichen Symptomengruppen, an denen ehemals Verfolgte litten und leiden, ist - so der bedenkenswerte Einwand von Prof. Reinhart Lempp in einem Gespräch am 19.10.1993 - ein weiterer Grund, auf die Verwendung des Begriffs "Überlebendensyndrom" zu verzichten und statt dessen die jeweils spezifische Symptomatik des Einzelindividuums näher zu beleuchten.

ze und Signale ausgelöst werden konnten. Ein kontrollierender Verkehrspolizist wurde dann intrapsychisch mit den früheren Verfolgern gleichgesetzt; eine politische Krisensituation als Beginn einer erneuten Verfolgung und drohender Vernichtung interpretiert.[105] Angstsignale waren für Überlebende keine verläßlichen Funktionen mehr, lebten sie doch in einem Dauer-Angstzustand, der sie überwachsam machte. Da sie jederzeit erwarteten, erneut in Todesgefahr zu schweben, gespannt und quasi "schreckerstarrt" dem kommenden Unheil entgegensahen, waren sie kaum in der Lage, andere Emotionen wahrzunehmen oder gar auszudrücken.

Will man diese psychische Grundkonstellationen psychoanalytisch greifen, so bedeutete dies, daß die Überlebenden nicht in der Lage waren, die (gegenwärtige) Realität zu überprüfen, sondern sich statt dessen latent, in vielen Fällen akut und dauerhaft, in einem scheinbar unbegründeten Panikzustand befanden, der die Intaktheit der Ich-Funktionen zu überwältigen und vernichten drohte. Als Schutz gegen die ständig drohende Überflutung durch Schmerz und Angst flüchteten sie sich unbewußt in einen Zustand der Affektstarre, in dem sie weder wahrnehmen noch fühlen mußten, was sie umgab. (Solche Zustände der affektiven Teilnahmslosigkeit ähneln dem Zustand, in dem sich die Gefangenen in Konzentrationslagern befunden hatten, wo eine vergleichbare, jedoch andauernde "Armierung des Ichs" Voraussetzung zum Überleben war.)

Solche "starren", depressiven Phasen, in denen die Überlebenden kaum mehr in der Lage waren, ihre Wohnungen zu verlassen, soziale Kontakte aufzunehmen oder sich gar verbal oder nonverbal zu vermitteln, konnten jedoch auch umschlagen. Labil und unausgeglichen litten sie dann unter Zuständen nervöser Reizbarkeit und Ruhelosigkeit, in denen sie - von enormem inneren Druck angetrieben - zu Erregungs- und Jähzornsausbrüchen neigten.

Auch hier sei nach den (möglichen) Ursachen solch erheblicher Aggressionen gefragt: Ein, wenn nicht *das* zentrale Problem derjenigen Überlebenden, die an den genannten Symptomen litten (und leiden), war das einer "verhinderten Trauer".[106] Wie bereits beschrieben, war es den Gefangenen in Konzentrationslagern unter Strafandrohung verboten, den Tod bzw. die Ermordung von Verwandten und Freunden zu betrauern. Erst mit einem solchen Prozeß von Schmerz und Trauer

---

105  Vor allem israelische Psychiater haben immer wieder darauf hingewiesen, daß Überlebende der Shoah mit besonderer Heftigkeit auf Kriegs- und Krisensituationen im Nahen Osten reagierten. Sowohl der Sechs-Tage-Krieg als auch der Golfkrieg wurden von den Betroffenen als Signale erneuter Verfolgung interpretiert, vgl. dazu: Haim Dasberg: Trauma der israelischen Gesellschaft: Holocaust-Überlebende, Opfer der israelisch-arabischen Kriege und die Golfkrise, in: Dachauer Hefte 8, Heft 8: Überleben und Spätfolgen, 1992, S. 18 – 31.

106  Zit. nach: Henry Krystal: Integration und Selbstheilung. Zur Psychodynamik posttraumatischer Belastungsstörungen, in: Hans Stoffels (Hrsg.): Schicksale der Verfolgten, a.a.O., S. 246.

aber (Von S. Freud mit dem Begriff der "Trauerarbeit" gefaßt[107]) ist ein Individuum in der Lage, Abschied von geliebten Menschen zu nehmen und sich selbst wieder aktiv dem Leben zuzuwenden. Es hieße dies, das Sterben des/der Betreffenden noch einmal zu durchleben, sich seine/ihre Eigenschaften noch einmal zu vergegenwärtigen und so - Stück für Stück - den/die Tote(n) loszulassen. Die Unterdrückung von Trauer aber, die den Gefangenen in Konzentrationslagern aufoktroyiert wurde, führte dazu, daß eben diese - positive - Trauerarbeit weder während des Krieges noch danach vollzogen wurde. Die Ermordeten waren plötzlich und ohne jede Möglichkeit des Abschieds "verschwunden"; die Erinnerungen an sie wurden durch Terror und Qualen der Folgezeit verschüttet. Nicht selten phantasierten Überlebende nach ihrer Befreiung, ihre (ermordeten) Angehörigen und Freunde hätten der nationalsozialistischen Vernichtung entkommen können.

Erst wenn sich dies als Illusion erwies, reagierten die Weiterlebenden mit massiven psychischen wie somatischen Symptomen, in denen sich die "verhinderte Trauer" manifestierte. Sowohl vermehrte Aggressionen, die sich in Unruhe und Jähzorn manifestierten, Depressionen, in denen sowohl die Wut über den Verlust eines geliebten Menschen als auch über das Verlassenwerden aggressiv bzw. autoaggressiv gewendet wurden, spiegeln dabei den Konflikt der Überlebenden wider: Die positive - libidinöse - Besetzung von den Verstorbenen abzuziehen (was unter "normalen" Bedingungen Teil und Ergebnis der Trauerarbeit wäre) war den Überlebenden nicht möglich, schien ihnen das doch jede Verbindung zu ihren Erinnerungen, ihrer Lebensgeschichte vor der Verfolgung abzuschneiden. Statt dessen blieben sie in Schmerz, Wut und Selbstanklagen verhaftet, ohne die Möglichkeit zu haben, das Sterben ihrer Familienmitglieder psychisch zu integrieren und damit zu bewältigen.

"Wo kein Grab ist, hört die Trauerarbeit nicht auf. Oder wir werden wie Tiere und leisten gar keine. Mit Grab meine ich nicht eine Stelle auf einem Friedhof, sondern das Wissen um das Sterben, den Tod eines Nahestehenden."[108]

Nicht zu Unrecht weisen eine Reihe von Psychoanalytikern darauf hin, daß die Quantität und Qualität von Verlusten die Integrationsfähigkeit des Einzelnen übersteigen können.[109] Dies gilt vor allem für diejenigen Überlebenden, die während der Verfolgung ihre Kinder verloren oder deren Ermordung erleben mußten. Ihnen, die ihre Kinder nicht hatten beschützen können, war es kaum möglich, in einen "gesundenden" Trauerprozeß zu finden und Abschied zu nehmen. Statt dessen wurden "neue" Kinder geboren, die für ihre Eltern nicht etwa einen - gelungenen - Ab-

---

107 So z.B. in seiner Publikation: Studien über Hysterie, in: ders.: Gesammelte Werke, Band I, a.a.O., S. 299.
108 Zit. nach: Ruth Klüger: weiter leben, a.a.O., S. 94.
109 So z.B. Henry Krystal: Integration und Selbstheilung, a.a.O., S. 247 wie auch Ilka Quindeau: Trauma und Geschichte, a.a.O., S. 72.

schied von den Toten symbolisierten, sondern häufig Zeit ihres Lebens mit idealisierten Bildern der "früheren" Kinder konfrontiert blieben, von denen sich die Eltern nicht trennen konnten.[110]

Konnten viele Überlebenden der Shoah den Verlust ihrer Kinder psychisch kaum integrieren, so gilt dies auch für ihre Erfahrung, daß ihre frühere Lebenswelt zerstört und vernichtet worden war. Sie hatten Familien und Freunde verloren, darüber hinaus aber auch alle materiellen Bezüge zu ihrer Herkunft. Solch umfassende Verluste und das daraus resultierende Gefühl der Einsamkeit und Verlorenheit konnten viele weder realisieren noch psychisch bewältigen. Nur scheinbar "lebendige" Erinnerungen an Personen und Werte aus der Zeit vor der Verfolgung boten ihnen die Möglichkeit, den Bruch in ihrer Lebenslinie zu ertragen und eine biographische Kontinuität zu konstruieren. Doch auch diese Erinnerungen konnten die Überlebenden nicht vor psychischen Einbrüchen der Angst und Verzweiflung bewahren, die sich dann in Unruhe, Rastlosigkeit und (scheinbar unbegründeter) Wut äußerten.

Mit ihren psychischen Konflikten blieben die Überlebenden zumeist allein, waren sie doch oftmals nicht in der Lage, mit Partnern und Familienangehörigen über ihre (noch immer lebendigen) Erlebnisse, Bilder und Gefühle zu sprechen. Die Gewalt der unterdrückten Erinnerungen war für diese Sprachlosigkeit ebenso verantwortlich wie die unbewußte Weigerung der Betreffenden, sich auf andere Menschen einzulassen und diesen ihre inneren Notlagen zu offenbaren. Psychosomatische Beschwerden wahrzunehmen und zu artikulieren war hier am ehesten möglich:

> "Solche Patienten nehmen ihre Emotionen nicht wahr. Demzufolge neigen sie dazu, eher über Symptome wie Schmerzen, Herzflattern oder Schlaflosigkeit zu klagen. Anstatt die eigenen Emotionen als Signale zu verwerten, versuchen sie lieber, die Not durch den Rückgriff auf Medikamente zu beheben und fortgesetzt 'eine körperliche Erkrankung anzubieten.'"[111]

Verborgen, weil nicht oder nur diffus wahrgenommen, blieben so die oben beschriebenen emotionalen Verwerfungen, die Grund und Auslöser (auch) der somatischen Symptomatik waren.

Als ein weiteres zentrales Kennzeichen des sogenannten Überlebendensyndroms identifizierte der amerikanische Psychiater W. Niederland das Gefühl der "Überlebensschuld"[112]: Hier - so seine These - manifestiere sich eine chronische Ver-

---

110  An dieser Stelle sei lediglich erwähnt, daß es auch bei den "nachgeborenen" Kindern der zweiten Generation zu erheblichen psychischen Konfliktlagen kommen konnte, deren Ursache ebenfalls in den Verfolgungserfahrungen ihrer Eltern lagen.
111  Zit. nach: Henry Krystal: Integration und Selbstheilung, a.a.O., S. 249.
112  So z.B. in seinem Aufsatz: Die verkannten Opfer. Späte Entschädigung für seelische Schäden, in: Ludolf Herbst / Constantin Goschler (Hrsg.): Wiedergutmachung in der Bundesrepublik Deutschland, a.a.O., S. 353.

zweiflung darüber, überhaupt und möglicherweise "an Stelle eines anderen" überlebt zu haben. Tatsächlich ist auch diese These von Niederland umstritten, wurde ihr doch entgegengesetzt, bei den diagnostizierten Gefühlen der Überlebensschuld handele es sich um Projektionen behandelnder oder begutachtender Psychiater - d.h. um deren eigene Schuldgefühle, die den ehemals Verfolgten quasi "zugeschoben" würden.[113] Daß solche und andere Projektionen im Verhältnis zwischen Arzt und Patient keine Seltenheit waren und sind, soll hier nicht bestritten werden (vgl. Kapitel II.3.); und doch machen Äußerungen ehemals Verfolgter deutlich, daß tatsächlich sie es waren, die an Scham- und Schuldgefühlen litten:

> "Kommt deine Scham daher, daß du an Stelle eines anderen lebst? Und vor allem an Stelle eines großherzigeren, sensibleren, verständigeren, nützlicheren, des Lebens würdigeren Menschen als du? Du kannst es nicht ausschließen: du erforschst dich, läßt deine Erinnerungen an dir vorüberziehen und hoffst sie alle wiederzufinden..."[114]

Was aber sind die Ursachen dieser Schuldgefühle, an denen die Opfer in weit massiverer Form zu leiden scheinen als diejenigen, die sie quälten? In ihrem unmittelbaren Erleben waren es die immer wiederkehrenden Fragen nach dem Ursachen ihres Überlebens: "Warum habe ich überlebt, nicht aber meine Familie, meine Freunde und Bekannten? Habe ich durch meinen "Egoismus", meinen Kampf um Nahrung, eine "leichtere" Arbeit oder andere "Privilegien" einem anderen das Überleben unmöglich gemacht? Bin ich es überhaupt wert, überlebt zu haben?"[115] Es sind dies Fragen, die den "psychotischen Kosmos" der Konzentrationslager widerspiegeln, in dem die Gefangenen, auf den Überlebenskampf reduziert, kaum Verhaltensalternativen hatten, in dem Leiden und Sterben ebenso alltäglich wie sinnlos war. In den Fragen der Überlebenden manifestierte sich das ganze Ausmaß der Perversion nationalsozialistischen Verfolgungs- und Vernichtungsterrors, in dessen Folge nicht die Frage steht, warum Menschen sterben mußten, sondern das Überleben erklärungsbedürftig wird.

---

113 Vgl. dazu: Ilka Quindeau: Trauma und Geschichte, a.a.O., S. 66.
114 Zit. nach: Primo Levi: Die Untergegangenen und die Geretteten, a.a.O., S. 81. Die z.T. qualvolle Auseinandersetzung mit dem eigenen Überleben scheint Thema vieler Überlebender zu sein; darunter auch denjenigen, die als Kinder deportiert und inhaftiert worden waren. Vgl. dazu die Äußerungen von betroffenen Auschwitz-Überlebenden in dem Film von Esther Schapira "Die Kinder von Auschwitz".
115 Die Interpretation der "Überlebensschuld", die Ruth Klüger in ihrem Buch "weiter leben", a.a.O., S. 183 anbietet, scheint sich auf den ersten Blick maßgeblich von der vieler Therapeuten und Analytiker zu unterscheiden, verweist aber dennoch auf die Tatsache, daß in welchem Ausmaß die Weiterlebenden in der Vergangenheit verhaftet blieben: "Die Schuldgefühle der Überlebenden sind ja nicht etwa so, daß wir uns einbilden, wir hätten kein Recht auf Leben. Ich jedenfalls habe nie geglaubt, ich hätte sterben sollen, weil andere getötet worden waren. Ich hatte ja nichts angestellt, wofür sollte ich büßen? Ein "Schulden"gefühl sollte man sagen können. Man bleibt verpflichtet auf eigentümliche Weise, man weiß nicht wem."

Das Gefühl der Überlebensschuld ist ein Zeichen der Verfolgungspathologie, sind doch die Terroropfer dazu verdammt, Spuren eigener Täterschaft zu suchen und damit zuerst einmal sich selbst und erst dann die Verfolger anzuklagen. Sie empfanden und empfinden Verantwortung für Verbrechen, deren Opfer sie selbst und ihre Familien, Freunde wurden. Diese Schuldgefühle sind aber auch Zeichen unbewältigter oder fehlgeleiteter Aggressionen, die aus den unbewältigten Verlusten resultierten, die die Überlebenden während ihrer Verfolgung erlitten. Von geliebten Personen "verlassen" und allein gelassen worden zu sein, empfanden sie (wie auch andere Menschen) als schmerzhafte Kränkung, die mit Wut beantwortet wurde. Bewußt Wut auf die Verstorbenen zu empfinden, die es "gewagt" hatten, sie - die Überlebenden - in dieser Welt zurückzulassen, war den ehemals Verfolgten aber nicht möglich. Zu übermächtig waren die Erinnerungen an die anonyme Grausamkeit, der ihre Familienangehörigen und Freunde zum Opfer gefallen waren, zu stark die Idealisierungen der Toten.

War es ihnen nicht möglich, Abschied von den Verstorbenen und damit von einem früheren Leben zu nehmen, so war es ihnen noch weniger möglich, die Toten durch ihre Wut quasi zu "beschmutzen". Daher blieb ihnen - unbewußt - lediglich die Möglichkeit, ihre Aggressionen gegen sich selbst zu richten und damit ihr eigenes Weiterleben in Frage zu stellen. Die ungezügelte Kraft ihrer unbewußten und umgeleiteten Emotionen aber, die quälenden Fragen nach dem eigenen Wert, d.h. nach der eigenen Existenzberechtigung konnten so quälend werden, daß es Überlebenden sinnlos erschien, dieses - warum auch immer weiterbestehende - Leben fortzusetzen. Und so wählten nicht wenige den Freitod, der Depressionen, Angst und Selbstzweifel beendete.[116]

Die Untersuchungen vieler Überlebender mach(t)en deutlich, daß schwere psychische Krisen vor allem im höheren Lebensalter auftraten, wenn die Gefahr der Einsamkeit und Gebrechlichkeit zunahm. Die Bewältigung (und/oder Verdrängung) ihrer Verfolgungstraumata war diesen Menschen solange gelungen, wie sie sich selbst reproduzieren und sich in (zumindest relativ) intakten sozialen Umfeldern bewegen konnten. Der Wunsch und die Fähigkeit, ein "normales" Leben zu führen, bildeten einen Schutzschild, der es ihnen ermöglichte, die Gefühle der Scham, Angst und Verzweiflung zumindest partiell abzuwehren.

---

116 Die Suizid- bzw. die Mortalitätsrate aufgrund autodestruktiven Verhaltens lagen und liegen bei Überlebenden der Konzentrationslager deutlich höher als bei anderen Populationen. Dies belegt Leo Eitinger n seinem Aufsatz: Lebenswege und Lebensentwürfe von Konzentrationslager-Überlebenden, in: Hans Stoffels: Schicksale der Verfolgten, a.a.O., S. 10 wo er nachweist, daß die Mortalitätsrate bei ehemals Verfolgten in Norwegen im Vergleich zur Gesamtpopulation 35 Jahre nach Ende der Verfolgung mit 116 zu 100, die Suizidrate mit 91 zu 67 deutlich erhöht war. Daß auch die Fähigkeit, über die Erfahrungen in Konzentrationslagern zu sprechen bzw. zu schreiben und diese kritisch zu hinterfragen, kein Garant für die Bewältigung des eigenen Überlebens ist, zeigen die Schicksale von Intellektuellen wie Primo Levi und Jean Amery, die ihrem Leben selbst ein Ende setzten.

Als sie aber aus dem Arbeitsprozeß ausschieden, ihre Kinder die elterlichen Wohnungen verließen und sie selbst bemerken mußten, daß ihre körperliche und psychische Spannkraft nachzulassen drohte, wurden - so die Feststellung von Psychoanalytikern und Psychiatern - Erfahrungen und Gefühle der Lagerzeit remobilisiert. Angst und Verzweiflung knüpften sich an das Gefühl, wieder einmal Angehörige zu verlieren oder von diesen verlassen zu werden (was zwischen den ehemals Verfolgten und ihren Kindern nicht selten zu erheblichen Konflikten führte); Todesangst entstand aber auch da, wo die Betreffenden assoziierten, als ältere, schwächere und gesellschaftlich "wertlose" Personen keinerlei Lebensrecht mehr zu besitzen. Es resultierte dies aus der tief verwurzelten Lagererfahrung, daß jede(r), der/die nicht den "Leistungsnormen" entsprach, unweigerlich sterben mußte. Alter aber konfrontiert alle Menschen darüber hinaus mit weiteren Problemen:

> "Das Alter mit seinen Verlusten bringt die unentrinnbare Notwendigkeit mit sich, sich seiner Vergangenheit und damit der Entscheidung zu stellen, entweder das eigene Selbst und die Vergangenheit zu akzeptieren, oder letztere weiterhin zornig zu verwerfen."[117]

Das eigene Selbst zu akzeptieren und damit Frieden mit sich und anderen zu schließen, hieße, so die Überzeugung von Psychotherapeuten und Psychoanalytikern: Die eigene Geschichte in all ihren Facetten anzunehmen, Erlebnisse und Erfahrungen als notwendig und sinnvoll zu erachten und damit zu einem integrierten Selbst-Bild zu gelangen. Zu fragen bleibt jedoch, ob es den Überlebenden überhaupt möglich war, ein solches - idealtypisches - Verständnis des eigenen Lebens zu entwickeln. Tatsächlich mußte es vielen ehemals Verfolgten undenkbar erscheinen, ihre Erfahrungen in Konzentrations- und Arbeitslagern als "sinnvoll" oder gar "notwendig" zu begreifen. Ebenso unmöglich war es vielen, ihr eigenes, verletztes Selbst zu akzeptieren; denn übermächtig waren die Erfahrungen der Demütigung und Hilflosigkeit, der Entmenschlichung, die sie in den Lagern geprägt hatten. Leitmotiv ihres Lebens blieb statt dessen der Zorn, der sich gegen die eigene Person, aber vor allem gegen die Verfolger und schweigenden Beobachter ihrer Leiden richtet(e). Diese als erinnernde und mahnende Zeugen anzuklagen, schien und scheint dem Leben vieler Überlebender einen, wenn auch fragwürdigen, Sinn zu geben.

Psychische Konflikte wie auch ihre "Umformung" in somatische und psychosomatische Erkrankungen waren und sind ebenso kennzeichnend für Überlebende, die als Erwachsene der Shoah entkommen konnten wie für diejenigen, die dem Verfolgungsterror als Kinder ausgesetzt waren. Und doch wurde in Untersuchungen von Kinder- und Jugendpsychiatern deutlich, daß überlebende Kinder und Jugendliche

---

117  Zit. nach: Henry Krystal: Integration und Selbstheilung, a.a.O., S. 245.

in ihrem weiteren Leben unter spezifischen Ausprägungen psychischer Konflikte litten, die in dieser Form bei Erwachsenen nicht zu finden waren und sind.[118]

Wie Kinder und Jugendliche auf die Terrorerlebnisse reagierten, denen sie während der nationalsozialistischen Verfolgung ausgesetzt waren und ob bzw. wie sie diese Erfahrungen bewältigen konnten, hing maßgeblich auch von ihrem jeweiligen Alter und Entwicklungsgrad ab. Zwar galt für alle überlebenden Kinder und Jugendliche, daß der Verfolgungsterror, der Verlust von sozialen und emotionalen Sicherheiten massiv in ihre psychische und psychosoziale Entwicklung eingegriffen hatte: Mitentscheidend für das Ausmaß der strukturellen Schädigung war aber, ob ein Kind die ersten Jahre seines/ihres Lebens in familiärer Geborgenheit hatte verleben können oder aber bereits als Kleinkind traumatischen Verfolgungserlebnissen ausgesetzt war. Ebenso entscheidend für die (weitere) psychische Entwicklung von Kindern und Jugendlichen war es, ob und wann sie von ihren Primärfamilien getrennt wurden bzw. in welcher sozialen Umgebung sie überleben konnten.[119]

Hier, wie auch bei erwachsenen Überlebenden, gilt es festzuhalten, daß die psychischen Verletzungen der Betreffenden individuell, d.h. abhängig von Alter, Verfolgungsschicksal und dem jeweiligen sozialem Umfeld, determiniert waren und sich somit generalisierenden Bewertungen entziehen. Und doch machen umfangreiche Untersuchungen von Kinder- und Jugendpsychiatern deutlich, daß viele der Betroffenen alters- und phasenspezifische Retardierungen aufwiesen, die später in modifizierte psychische Leiden mündeten.[120]

Psychosoziale Retardierung und ein auffälliges Maß an Unselbständigkeit bzw. sozialer Isolierung zeigten vor allem diejenigen, die als Säuglinge und Kleinstkinder Opfer von Verfolgung wurden (wobei zu berücksichtigen ist, daß nur wenige dieser Kinder die Verfolgungszeit überleben konnten).

---

118   Im folgenden werden lediglich die psychischen bzw. psychosozialen Phänomene angedeutet, die bei Kindern unterschiedlichen Alters in psychiatrischen Untersuchungen festgestellt werden konnten. Die von Psychiatern ebenfalls diskutierten Wechselbeziehungen zwischen psychischen Extrembelastungen und organischen bzw. hirnorganischen Schädigungen während der Verfolgung bleiben dabei weitgehend ausgespart. Generell sei aber bemerkt, daß die erheblichen Belastungen durch Mangelernährung, Hunger, Seuchen und/oder Mißhandlungen gerade bei Säuglingen und Kindern zwangsläufig zu irreversiblen physischen Schädigungen führen mußten, die Auswirkungen auch auf das psychophysische Befinden der Betroffenen hatten.

119   Von besonderer Relevanz ist dabei das Schicksal derjenigen Kinder, die in Verstecken überlebten, wo sie zumeist keinen Bewegungsspielraum hatten und zu "starrem Stillschweigen" verdammt waren wie auch die Erfahrungen derjenigen, die von ihren Eltern bei "arischen" Pflegefamilien untergebracht wurden, um dort - möglicherweise - zu überleben.

120   Wegweisend sind hier die Arbeiten von Hans Keilson, Judith Kestenberg und vor allem Reinhart Lempp, der sich - als Gutachter in Entschädigungsverfahren - intensiv mit den phasenspezifischen Problemen überlebender Kinder befaßt(e). Vgl. dazu: ders.: Extrembelastung im Kindes- und Jugendalter, a.a.O.

Ihre psychische Erlebniswelt war von Anbeginn an von Angst (potenziert durch Ängste der Mutter bzw. der Eltern) und dem Gefühl der Bedrohung und Verlassenheit geprägt, die es den Kindern nicht ermöglichte, Vertrauen in ihre soziale Umwelt zu entwickeln. Sie erhielten wenig oder keine Zuwendung, Anerkennung und liebevolle Aufmerksamkeit und waren in ihrer motorischen wie emotionalen Entwicklung massiven Beschränkungen ausgesetzt:

> "An die selbstverständlichen Voraussetzungen, die wir einem Säugling für seine gesunde psychische Entwicklung als unabdingbar gewähren, der unmittelbare Nahkontakt, das in den Arm Nehmen, das Anregen durch Hautkontakt und der Austausch von visuellen und auditiven Sinnesreizen, mußte hier auf ein Minimum beschränkt werden, wenn nicht gar völlig fehlen."[121]

Auffällig bei diesen Kindern war, daß sie sich - nach Ende der Verfolgung - nur langsam und deutlich verzögert entwickelten: Sie lernten erst spät laufen und sprechen, ihre Sauberkeitsentwicklung setzte ebenso verspätet ein wie ihre Fähigkeit, zu weinen oder anderen Gefühlen Ausdruck zu verleihen. Auch wenn es ihnen gelang, sich - nach und nach - an einen physiologisch altersgemäßen Entwicklungsstand anzugleichen, so blieben ihre sozialen und emotionalen Strukturprobleme doch bestehen. Noch im Erwachsenenalter hatten diese Überlebenden erhebliche Schwierigkeiten, emotionale Unabhängigkeit zu erlangen. Sie klammerten sich an verbliebene Familienangehörige, die ihnen Garanten für soziale wie emotionale Sicherheit zu sein schienen und weigerten sich, diese zu verlassen - oder aber sie flüchteten sich frühzeitig in eheliche Bindungen, die dann an ihren immensen Bedürfnissen nach Sicherheit und Geborgenheit scheitern konnten.

Die erheblichen sozialen Ängste und Unsicherheiten überlebender (Klein)Kinder, die oftmals zu einem Zustand der Isolierung führten, manifestierten sich aber nicht "nur" in zwischenmenschlichen Beziehungen: Diffus und unsicher verhielten sie sich auch in Ausbildungs- und Berufssituationen, wo sie das geforderte Maß an Selbstsicherheit und Kontinuität nicht aufbringen konnten. Lange - immer wieder unterbrochene - Ausbildungen, häufige Berufswechsel und ein insgesamt hohes Maß an Instabilität waren und sind für diese Menschen kennzeichnend, die in ihrer Persönlichkeitsentwicklung, trotz z.T. großer Intelligenz, erhebliche Defizite in der Ich-Entwicklung aufwiesen und -weisen.

Betrachtet man diejenigen Überlebenden, die im Alter zwischen drei und ca. zehn Jahren Leidtragende nationalsozialistischer Verfolgung geworden waren,[122] so wird deutlich, wie sehr der Charakter ihrer psychischen Störungen von Art und Intensität der Verfolgung bestimmt war und ist. Vielen dieser Kinder gelang es nur zu überleben, weil sie - zumeist getrennt von ihren Eltern - versteckt gehalten wur-

---

121 Zit. nach: ebd., S. 35.
122 Hier wie im weiteren folge ich der Alterseinteilung von Reinhart Lempp, die dieser anhand von 45 Aktengutachten erstellte.

den. In solchen Verstecken wurden ihnen Existenzformen aufgenötigt, die als "Kaspar-Hauser-Situationen" interpretiert werden müssen: Mangel- oder unterernährt waren sie gezwungen, sich über Monate und Jahre weitgehend still zu verhalten (und dies bedeutete nicht allein, nicht oder nur extrem leise zu sprechen, sondern auch, nicht zu lachen oder zu weinen) und sich wenig oder nicht zu bewegen. Welch gravierende Auswirkungen dies auf ihre Entwicklung haben mußte, wird deutlich, wenn man sich vergegenwärtigt, daß es sich um Kinder handelte, deren Bedürfnisse nach auditiven und visuellen Reizen, nach Bewegung und körperlicher Abreaktion bereits vollständig entwickelt waren und nun - unter Zwang - extrem eingeschränkt wurden. Werden altersgemäße Bedürfnisse in solch eklatanter Weise beschnitten, so kommt es zwangsläufig zu strukturellen Retardierungsprozessen, die sich - wie auch bei jüngeren Kindern - vor allem in der sozialen wie emotionalen Entwicklung manifestier(t)en. Unselbständigkeit, emotionale und soziale Abhängigkeit von Bezugspersonen, Selbstunsicherheit, Kontaktstörungen und erhebliche Schwierigkeiten, sich für einen Beruf zu entscheiden und diesen kontinuierlich auszuüben - all dies waren und sind psychosoziale Konflikte, die kennzeichnend für (junge) Überlebende sind, die in Verstecken überlebten.

Abweichende psychische Störungen zeigten diejenigen, die in Konzentrations- und Arbeitslagern inhaftiert waren und dort mit Erwachsenen Zwangsarbeiten zu leisten hatten.[123] Sie waren physisch wie psychisch vollkommen überfordert: Hunger und Schwerstarbeit schädigten ihre Körper nachhaltig, Angst und Mißhandlungen hinterließen schwerwiegende psychische Verletzungen. Soweit es diesen Kindern gelang, solche Strapazen zu überstehen, zeigten sie später deutlich weniger strukturelle Entwicklungshemmungen als andere überlebende Kinder, sondern vielmehr solche psychischen wie psychosomatischen Störungen, die auch für erwachsene Verfolgte kennzeichnend sein konnten bzw. können: Im Vordergrund stehen hier (psycho)somatische Symptome, angst- und zwangsneurotische Erkrankungen[124] sowie Depressionen, die von Ärzten, Psychiatern aber auch von den Betreffenden selbst als Persönlichkeitsveränderung wahrgenommen wurden und werden. Diffuse Ängste und chronische Depressionen nahmen und nehmen vor allem bei denjenigen Kindern bzw. Jugendlichen zu, die während der Pubertät bzw. als Adoleszente Leidtragende nationalsozialistischer Verfolgung wurden. In weit höhe-

---

123    In der Regel wurden Kinder unter zehn Jahren in nationalsozialistischen Lagern als "arbeitsuntauglich" ausgesondert. Viele Eltern gaben deshalb an, ihre acht bis zehnjährigen Kinder seien bereits älter und damit in der Lage, die gleichen Arbeiten wie Erwachsene zu leisten.

124    Viele der Überlebenden nationalsozialistischer Arbeits- und Konzentrationslager litten und leiden unter (z.T. diffusen) Angstzuständen. Bei einer Reihe überlebender Kinder ist jedoch auffällig, daß sich ihre Angst auf soziale Kontakte mit anderen konzentriert und sie damit in emotionale Isolation drängt. Vgl. dazu: Reinhart Lempp: Extrembelastung im Kindes- und Jugendalter, a.a.O., S. 54-56.

rer Zahl wurden sie als Häftlinge und Zwangsarbeiter in Konzentrations- und Arbeitslager deportiert, um dort unter den gleichen Bedingungen wie Erwachsene zu existieren. Ihre psychischen Konflikte resultierten weniger (und dies ist relativ zu verstehen) aus der Trennung von Eltern und Familien als dies bei kleineren Kindern der Fall war. Statt dessen führten die enormen Belastungen durch Schwerstarbeit, Mißhandlungen, Verletzungen und soziale Degradierung langfristig zu Angstzuständen, psychosomatischen Symptomen und chronischen Depressionen. Wie bei erwachsenen Überlebenden zu beobachten, gelang es auch diesen Kindern bzw. Jugendlichen erst einmal besser, sich nach ihrer Befreiung sozial zu integrieren, einen Beruf zu ergreifen und Familien zu gründen.

Doch auch sie waren und blieben eine "high-risk-population", konnten ihre Ängste, unterdrückten Aggressionen und ihre Verzweiflung doch jeder Zeit den äußeren Rahmen sozialer Anpassung sprengen und in psychische und / oder psychosomatische Erkrankungen münden. Verfolgung, Terror und Angst führten bei der Mehrheit der Leidtragenden zu schwerwiegenden psychischen Konflikten, die wahrzunehmen und (wenigstens in Teilen zu würdigen) Aufgabe derjenigen Psychiater und Psychoanalytiker war (bzw. gewesen wäre), die in Entschädigungsverfahren involviert waren. Gestaltete sich dies - wie im weiteren zu zeigen sein wird - bereits bei erwachsenen Überlebenden schwierig, so gilt dies um so mehr für diejenigen ehemals Verfolgten, die als Kinder und damit als Menschen am Anfang oder inmitten ihrer physischen wie psychischen Entwicklung Opfer nationalsozialistischer (und/oder sowjetischer) Verfolgung wurden:

> "Der vom Gesetz gegebene Zwang, die psychischen Spätfolgen an dem ganz anders angelegten Maßstab der Minderung der Erwerbsfähigkeit zu messen, muß verletzen und schafft Ungerechtigkeiten, wenn nicht so etwas wie "entgangene Lebensfreude" Berücksichtigung findet. Der Verlust von etwas, was schon einmal vorhanden war, ist merkbar und manchmal auch meßbar. Das Fehlen von Grundvoraussetzungen zu einer positiven Lebensbewältigung aber ist nicht meßbar, ja es wird wohl in vielen Fällen körperlicher Gesundheit und äußerer, sozial erfolgreicher Anpassung nicht einmal bemerkt."[125]

Abschließend gilt es, einige Anmerkungen zu den psychosozialen und psychosomatischen Folgekonflikten derjenigen ehemals Verfolgten zu machen, die nicht in Zwangs- und/ oder Arbeitslager deportiert worden waren, sondern in Gefängnissen inhaftiert, in Ghettos isoliert, zur Auswanderung oder zu einem Leben in der Illegalität gezwungen worden waren (um nur einige mögliche Verfolgungsschicksale anzudeuten). Hierbei kann, und das sei noch einmal betont, nur auf wenige psychiatrische und/oder psychoanalytische Arbeiten und Untersuchungen zurückgegriffen werden, standen doch die Überlebenden der Konzentrations- und Arbeitslager seit jeher im Zentrum des Interesses involvierter und engagierter Fachleute und -

---

125  Zit. nach: ebd. S. 150.

autoren.[126] Dies ist erst einmal verständlich, galt und gilt es doch zu ermitteln und zu verstehen, welche psychischen Konsequenzen die kaum vorstellbaren Grausamkeiten hatten, die diese Menschen durchleben mußten.

Die Arbeit von Psychiatern und Psychoanalytikern mit den Leidtragenden der Konzentrationslager war zum einen bestimmt von der Auseinandersetzung mit diesen gequälten Individuen, mit Menschen, die ihre Individualität und persönlichen Freiheitsgrade (zumindest phasenweise) verloren hatten. Es war zum anderen aber auch eine Arbeit, die sich in die Konfrontation mit den Exzessen absoluter Macht von Menschen über Menschen gestellt sah. Vor den Augen involvierter Psychiater und Psychoanalytiker tat sich ein - bis dato - unbekannter Kosmos psychischer Zerstörung und Beschädigung auf, der die Grundintention ihrer Arbeit, psychische Störungen so zu behandeln, daß ein Individuum zu größerer Autonomie befähigt wird, ad absurdum führte: Die Ursachen psychischer Störungen aufzudecken, den Patienten durch Vergegenwärtigung ihrer Konfliktlagen eine Bearbeitung derselben zu ermöglichen und schlußendlich eine Überwindung neurotischer Verarbeitungsmodi zu erreichen - all dies erwies sich im Kontakt mit Überlebenden der Konzentrations- und Vernichtungslager als unmöglich. Hier begegneten Psychiater und Psychoanalytiker Menschen, deren Traumata nicht individualpsychologisch determiniert, sondern gesellschaftlich herbeigeführt, ja gewollt waren; Menschen, die sich ihren Erfahrungen weder erinnernd annähern wollten noch diese überwinden konnten. Ursachen, Faktizität, Ausmaß und Dauerhaftigkeit der extremtraumatischen Erfahrungen ehemaliger Konzentrationslagerhäftlinge sprengten somit die bisherigen Vorstellungs- und Deutungsmuster gesellschaftlichen wie individuellen Seins, die grundlegend (auch) für die Arbeit von Psychiatern und Psychoanalytikern gewesen waren. Deshalb erscheint es auch wenig erstaunlich, daß es gerade diese extremtraumatischen Erfahrungen waren, denen sich Ärzte und Wissenschaftler zuwandten.

Und doch spiegelt die psychiatrische und psychoanalytische Literatur wider, in welchem Maße diejenigen, die den psychischen Leidensdruck Verfolgter erkannten, ihren Blick fast ausschließlich auf das Monströse, d.h. die schlimmsten aller möglichen Erfahrungen, richteten. Im Angesicht von millionenfachem Mord, Folter und Entmenschlichung erschienen (auch) Psychiatern die Verfolgungserfahrungen von sozial und ökonomisch Ausgegrenzten, Emigranten, aber auch Häftlingen in Gefängnissen und Zuchthäusern sowie Untergetauchten weniger gravierend. Zwar hatten auch sie psychisch gelitten (und dies würde wohl niemand bestreiten) - be-

---

126 Daß es vor allem jüdische Psychiater und Psychoanalytiker waren, die sich überhaupt mit den psychischen Störungen ehemaliger Konzentrationslagerhäftlinge beschäftigten, sei an dieser Stelle noch einmal angemerkt. Auffällig ist aber auch, daß sich sowohl jüdische wie nicht-jüdische Psychiater und Analytiker ausschließlich mit den Leiden jüdischer Verfolgter und hier besonders mit ehemaligen Konzentrationslagerhäftlingen beschäftigten.

sondere Aufmerksamkeit aber scheinen sie, betrachtet man die einschlägige Fachliteratur, nicht erlangt zu haben.[127]

Hier besteht - wie ich meine - ein erheblicher Nachholbedarf: Wer im Kontext des nationalsozialistischen Terrors ausschließlich über "Auschwitz" und die extremsten Formen menschlicher Grausamkeit nachdenkt, verkennt, daß die Vernichtungs- und Konzentrationslager den brutalen Endpunkt, nicht aber das gesamte Spektrum möglicher Verfolgungserfahrungen darstellen. Wer ausschließlich die Extremtraumata von Lagerhäftlingen vor Augen hat, gerät zudem zumindest in die Gefahr, zu negieren, daß Menschen auch jenseits des Infernos traumatische Erlebnisse hatten, die ihre psychische Integrität und Gesundheit dauerhaft gefährden konnten. Jenseits der gesellschaftspolitischen Notwendigkeit, sich mit der Shoah und den Überlebenden des Konzentrationslagersystems engagiert auseinanderzusetzen, gilt es zu verstehen, daß es unmöglich ist, quasi "von außen" zu definieren, welcher Mensch welche Erlebnisse als traumatisch erfährt.[128] Wer sich mit den psychischen Störungen ehemals Verfolgter befaßt, sollte wissen, daß auch objektiv "weniger" brutale Repressionserfahrungen von den Betroffenen als *persönliches* Inferno empfunden werden konnten.

Auch wenn also auf einschlägige Untersuchungen nicht bzw. kaum zurückgegriffen werden kann, so ist doch - nach Auswertung des dieser Arbeit zugrundeliegenden Fallmaterials - zu konstatieren, daß *alle* ehemals Verfolgten, die psychische Störungen geltend machten, unter auffällig ähnlichen psychischen wie psychosomatischen Symptomen(komplexen) zu leiden schienen. Auch ehemals Verfolgte, die nicht in Lager deportiert worden waren, litten noch Jahre (oder Jahrzehnte) nach Kriegsende unter Schlafstörungen, verschiedenen Schmerzsymptomen, massiven Ängsten, Unsicherheiten und Insuffizienzzuständen, die ihr Leben nachhaltig beeinträchtigten.[129]

Zwar ist es mir nicht möglich, die genauen Ursachen und Ausprägungen dieser Symptome und Erkrankungen psychiatrisch oder psychoanalytisch zu deuten; möglich und vor allem sinnvoll erscheint es mir aber, noch einmal einige derjenigen Erfahrungen zu benennen, denen ehemals Verfolgte ausgesetzt waren und die -

---

127  Interessanterweise gilt dies auch für die psychische Situation vieler nicht-jüdischer Lagerhäftlinge, wie z.B. Sinti und Roma, politische Häftlinge, Homosexuelle, Zeugen Jehovas oder gar sogenannte Asoziale oder Kriminelle.

128  Die Bedeutung von Auschwitz, als Symbol absoluter Macht von Menschen über Menschen und Kulminationspunkt umfassender Destruktion, wird in Geschichts- und Sozialwissenschaften immer wieder unter der Frage diskutiert, ob und in welcher Beziehung der nationalsozialistische Völkermord "singulär" gewesen sei. Für das hier zu behandelnde Thema ist diese Diskussion jedoch weder besonders relevant noch hilfreich, gilt es doch, die Einzelindividuen mit ihren spezifischen Erfahrungen - jenseits aller Hierarchisierungsversuche - wahr- und ernstzunehmen.

129  Auch hier gilt aber - wie im Falle der Überlebenden nationalsozialistischer Konzentrationslager -, daß nicht alle Verfolgten unter solchen Symptomen litten.

so meine Vermutung - ursächlich für psychische bzw. psychosomatische Folgeerkrankungen sein konnten.[130] Zwei wesentliche Ursachen scheinen mir in folgender Analyse angedeutet:

> "Die... eindeutige Korrelation von nationalsozialistischem Verfolgungsdruck und irreversiblen psychischen Dauerschädigungen entspricht weitgehend den Regeln der sog. psychosomatischen Streß-Pathologie... Der Begriff "psychischer Streß" umfaßt definitorisch die Gesamtheit jener Faktoren (Stressoren), die als äußere, positiv oder negativ erlebte (Extrem-) Belastungen auf Menschen einwirken können... Die weitgehend defizitären Bewältigungsmechanismen bei diesen ehemals verfolgten Menschen wurden zusätzlich durch das Fehlen psychisch-protektiver Faktoren, die man heute unter dem Begriff der "sozialen Unterstützung"... zusammenfaßt, bedingt. Dabei meint dieser Begriff die von einem Menschen wahrgenommene Unterstützung durch Personen, Tätigkeitsfelder und tragende Ideologien seiner unmittelbaren Umgebung."[131]

Mit dem Einsetzen nationalsozialistischer Repressionen gerieten die Betroffenen - ob sie nun, wie viele politische Gegner, die Verfolgung erwartet hatten oder aber für sie unerwartet Ziel von Verfolgung wurden - in einen Zustand der psychophysischen Überlastung, der sich oftmals über Jahre erstreckte und ihre persönliche Integrität nachhaltig erschütterte. Der Verlust des Arbeitsplatzes und damit der sozialen und ökonomischen Absicherung, soziale Ausgrenzung, Diffamierungen, der erhebliche Druck auf Familien und Angehörige, die Angst vor Verhaftung - all dies waren mögliche "Anfangsstressoren", die die Verfolgten bereits erheblich belasteten.

Erschwerend kam hinzu, daß viele die Erfahrung machen mußten, daß ihre Stigmatisierung als "Volksfeind" oder "Schädling" nicht ohne Einfluß auf Freunde, Bekannte, Nachbarn und Kollegen blieb: Die von den nationalsozialistischen Machthabern proklamierte und verordnete Ausgrenzung ganzer Bevölkerungsgruppen wurde auch in persönlichen Beziehungen und Kontakten virulent; die Stigmatisierten erlebten sich selbst und ihre Familien immer mehr als Einsame und Ausgestoßene. Permanenter Streß und Überlastung sowie die Erfahrung, Repressionen und Verfolgung ohne wirksame Unterstützung und sozial isoliert ausgesetzt zu sein, scheinen mir wesentliche Faktoren für einen Zustand von Verunsicherung und

---

130 Im folgenden sollen die unterschiedlichen Facetten verschiedener Verfolgungserfahrungen nicht dezidert beschrieben werden, würde dies doch den Rahmen dieser Arbeit sprengen. Wesentlich erscheint es mir aber, einige basale Grunderfahrungen von Verfolgung aufzugreifen, die eine psychische Bewältigung des Erlebten für die Betroffenen schwierig oder gar unmöglich machten.

131 Zit. nach: Harald J. Freyberger / Hellmuth Freyberger: Posttraumatischer Verfolgungsdruck und Bewältigungsstrategien bei ehemals durch den Nationalsozialismus verfolgten Menschen, in: Helga und Hermann Fischer-Hübner (Hrsg.): Die Kehrseite der "Wiedergutmachung". Das Leiden von NS-Verfolgten in den Entschädigungsverfahren, Gerlingen 1990, S. 160/161.

"Entwurzelung" zu sein, der es den Betroffenen sehr erschwerte, weitere Anforderungen zu bewältigen. Es kann dies als erste traumatische Sequenz verstanden werden, in der Stigmatisierung, Ausgrenzung und soziale Isolation die bestimmenden traumatogenen Elemente waren.

Traumatisierend wirkte weiterhin, daß Verfolgte - ob sie nun inhaftiert, in Ghettos zusammengepfercht, zur Flucht oder zu einem Leben in der Illegalität gezwungen wurden - dauerhaft unter existentieller Angst, Anspannung und einem Gefühl der Schutzlosigkeit zu leiden hatten. Unklar blieb für sie zum einen, wann und ob sie Ziel weiterer Repressionen werden und ob sie diese überstehen würden, zum anderen aber auch, wann und ob der gegen sie gerichtete Verfolgungsdruck enden würde. Auch ihre Ängste (und hier offenbaren sich Parallelen zu der Situation von Konzentrationslagerhäftlingen) waren kognitiv nicht zu bewältigen, bedeuteten sie doch eine fundamentale Überforderung des psychischen Apparates. Daneben blieb die soziale Isolation bestehen: Herausgerissen aus den Bezügen ihrer vormaligen Welt, abgeschnitten von emotionaler Unterstützung und Hilfe, erlebten sich die Verfolgten als vogelfrei, hilflos den (drohenden) Grausamkeiten ihrer Verfolger und ihren eigenen Gefühlen preisgegeben.

Ergänzend zu dem bereits genannten Aspekten des anhaltenden Stresses und der mangelnden Unterstützung bzw. sozialen Isolation formulieren D. Laub und N.C. Auerhahn in einem Aufsatz über Analyseergebnisse von Konzentrationslagerüberlebenden, einen zentralen Bestandteil von Verfolgungstraumata, der auch für Menschen mit anderen Repressionserfahrungen virulent sein konnte:

> "Wir sprechen von Versagen von Mitmenschlichkeit bzw. von Empathie, wenn es die zwischenmenschliche Umgebung in massiver Weise unterläßt, Bedürfnisse zu vermitteln. In diesem Fall wecken weder die Wünsche, die integrierender Bestandteil der Existenz des Menschen sind und im allgemeinen nicht eigens ausgedrückt werden müssen (z.B. der Wunsch nach Nahrung, Schutz, Schlaf, Wärme, Gesellschaft), noch die Wünsche, die rational vertretbar sind und geäußert werden, bei einem anderen Menschen Verständnis und entsprechende Reaktion. Es ist, als würden die Botschaften des Opfers in einen leeren Raum gesendet... Eine solche Erfahrung wird, wenn sie sich über längere Zeit erstreckt, das Vorhandensein von Mitgefühl, mitmenschlicher Kommunikation, letztendlich das eigene Menschsein in Frage stellen..."[132]

Was Laub und Auerhahn hier beschreiben, weist in seinem Wesen über den bereits genannten Aspekt der "mangelnden sozialen Unterstützung" hinaus: Hier geht es vielmehr um basale Erfahrungen, durch die sich ein Mensch als Mensch erlebt: Die menschliche Psyche konstituiert sich wesentlich in zwischenmenschlicher Kommunikation und Sozialität, wobei - zumindest in wesentlichen Teilen - physische wie psychische Bedürfnisse befriedigt werden müssen. Soziale Eingebundenheit

---

132  Zit. nach: dies.: Zentrale Erfahrung des Überlebenden: Die Versagung von Mitmenschlichkeit, in: Hans Stoffels (Hrsg.): Schicksale der Verfolgten, a.a.O., S. 256.

und Empathie sind jedoch nicht "nur" wesentliche Faktoren bei der Entwicklung des Ichs, sondern dauerhafte Voraussetzung für eine stabile Ich-Identität. Und eben hier setzte die Destruktion nationalsozialistischer Verfolgung ein: Sie äußerte sich vor allem da, wo Menschen als "Feinde" aus der menschlichen Gemeinschaft ausgeschlossen, ja nicht einmal mehr der emotionalen Reaktion wert befunden wurden. Diese Form der Entwertung aber traf die Betroffenen im Zentrum ihrer Ich-Identität: "Wer wollte schon Jude sein? Daß das etwas Widerliches ist, hatten die Nazis in Berlin mir...gründlich beigebracht."[133] Aus der Entwertung durch die soziale Umwelt wurde bei vielen Verfolgten eine unbewußte Selbstentwertung, die auf einer (ebenfalls unbewußten) Adaption ihrer Stigmatisierung beruhte: "Dem Betroffenen geht es nicht schlecht, weil er Opfer der Repression, sondern weil er selbst "ein so gräßlicher Mensch" ist."[134] Erst an diesem Punkt wurde die Destruktion der Mitmenschlichkeit umfassend, identifizierten sich die Leidtragenden doch mit dem Verdikt einer "feindlichen Umwelt", ihre "Minderwertigkeit" sei Grund genug, ihnen jede emotionale wie kommunikative Zuwendung zu verweigern.

Angst, permanenter Streß, soziale Isolation und Ausgrenzung sowie - als Folge - die psychische Reaktion, sich selbst mit den Stigmatisierungen der Aggressoren zu identifizieren, scheinen mir die wesentlichen traumatogenen Faktoren gewesen zu sein, denen ehemals Verfolgte ausgesetzt waren. Die Destruktion "des Sozialen", der die Leidtragenden sowohl innerhalb der Gesellschaft wie auch in ihrem eigenen inneren Erleben unterworfen waren, muß als extremtraumatischer Prozeß begriffen werden, der die psychische Stabilität und Integrität der Betroffenen nachhaltig schädigen konnte. Die Ähnlichkeit der psychosomatischen Reaktionsbildungen von Lagerüberlebenden und Menschen mit anderen Verfolgungsschicksalen, die ich bereits oben andeutete, scheinen diese Vermutung zu bestätigen.

Ein letztes Faktum soll an dieser Stelle nicht unerwähnt bleiben: Bei der Auswertung des dieser Arbeit zugrunde liegenden Fallmaterials war auffällig, daß einige Verfolgtengruppen nur selten psychische Folgeerkrankungen geltend machten, obwohl sie sonstige Entschädigungsanträge stellten (vgl. dazu Kapitel V.): Es gilt dies für diejenigen, die aufgrund ihrer politischen Gegnerschaft oder wegen ihrer religiösen Überzeugung als "Bibelforscher" verfolgt wurden. Ihnen wird in der - weni-

---

133    Zit. nach: Salomea Genin: "Wie ich in der DDR aus einer Kommunistin zu einer Jüdin wurde", in: Wolfgang Benz (Hrsg.): Das Exil der kleinen Leute. Alltagserfahrungen deutscher Juden in der Emigration, München 1991., S. 309.

134    Zit. nach: David Becker: Ohne Haß keine Versöhnung. Das Trauma der Verfolgten, a.a.O., S. 192 f. Becker beschreibt zwar in seiner Arbeit die posttraumatischen Konflikte und Erkrankungen von politischen Verfolgten in Chile; die literarischen Zeugnisse ehemaliger NS-Verfolgter legen aber die Vermutung nahe, daß eine solche autoaggressive Wendung erlebter Stigmatisierungen für alle Leidtragenden extremer Repressionserfahrungen kennzeichnend ist.

gen - einschlägigen Literatur unterstellt, Menschen mit klaren (politischen oder religiösen) Überzeugungen und stabilen peer-groups hätten Repressionserfahrungen besser bewältigen können als andere.[135] Im Angesicht des von mir oben vertretenen Standpunktes, die Zerstörung des Sozialen sei das zentrale Moment von Extremtraumatisierung gewesen, scheint diese These erst einmal plausibel: Menschen, die sich aufgrund ihrer politischen oder religiösen Einstellung in *bewußter* Opposition zum nationalsozialistischen Regime befanden, haben - so die Vermutung - erst einmal weniger unter der für die Verfolgung kennzeichnenden Fremd- und Selbstentwertung gelitten. Auf (wenn auch pervertierte) Weise wurde das Selbstwertgefühl politischer Gegner durch die Repressionserfahrungen zunächst gestärkt, fühlten sie sich doch als Gegner "ernstgenommen" und damit in ihren Überzeugungen gestärkt.

"Die politischen Gefangenen fühlten sich in ihrer Selbstachtung durch die Tatsache bestätigt, daß sie von der Gestapo offensichtlich für wichtig genug befunden wurden, um als Opfer ihrer Racheakte herzuhalten."[136]

Die innere Sicherheit, der "richtigen" Überzeugung oder dem "wahren" Glauben anzuhängen, dürfte - und hier stimme ich der genannten These zu - sowohl politischen Verfolgten als auch Bibelforschern erheblichen Halt gegeben haben, zumal sie sich durch ihr unmittelbares soziales Umfeld, und hier vor allem von Menschen mit gleichen Überzeugungen, gestützt sahen.[137] Ihre innere Einstellung und die Erfahrung, als Mitglied eines gleich oder doch ähnlich denkenden und handelnden Kollektivs (der Partei, der Glaubensgemeinschaft) und nicht etwa als verachtenswertes Einzelindividuum verfolgt zu werden, waren so zunächst ein innerer Schutz vor größeren psychischen Verheerungen.

Und doch mag eine solche Deutung, wie ich meine, nicht gänzlich zu überzeugen: Ob und in welcher Form Menschen extremtraumatische Erfahrungen bewältigen können, hängt, wie ich bereits mehrfach betonte, von ihren individuellen Grenzen und Möglichkeiten ab, wobei diese natürlich immer auch von Einstellungen, Werthaltungen und aktuellem sozialen Kontext mitbestimmt werden. Was David Becker in Anlehnung an Silvia Amati über südamerikanische Folteropfer ausführt, erscheint mir in diesem Kontext auch für NS-Verfolgte von Bedeutung:

"... das politische Engagement (ist) dann hilfreich, wenn es einer reifen Wahl entspricht; wenn es allerdings entstanden ist, um Bruchstellen der Identität zu verdecken,

---

135 So z.B. Bruno Bettelheim in seinem Aufsatz: Individuelles und Massenverhalten in Extremsituationen, in: ders.: Erziehung zum Überleben, a.a.O., S. 58-95.
136 Zit. nach: ebd. S. 67.
137 Falk Pingel beschreibt in seinem Buch: Häftlinge unter SS-Herrschaft. Widerstand, Selbstbehauptung und Vernichtung im Konzentrationslager, Historische Perspektiven 12, Hamburg 1978, den auffälligen Zusammenhalt von Häftlingen gleicher politischer Überzeugung oder gleichen Glaubens.

d.h. Produkt 'zwiespältiger und undifferenzierter Schichten der Persönlichkeit' ist, so hilft es den Betroffenen nicht - im Gegenteil: Da die Folter die Zerstörung der Persönlichkeit zum Ziel hat, kann sie genau an dieser Schwachstelle der Persönlichkeit ansetzen."[138]

Ohne an dieser Stelle nun den politisch oder religiös Verfolgten unterstellen zu wollen, daß sie auf jeden Fall psychische Schädigungen durch ihre Verfolgung hätten davontragen müssen und ohne zu glauben, daß jede(r), der/die unter der Verfolgung seelisch gelitten hat, bereits vorab psychisch instabil gewesen sei, scheint es mir notwendig, festzuhalten, daß es auch Ziel nationalsozialistischer Verfolgung war, die Persönlichkeit überzeugter NS-Gegner zu zerstören. Hier konnten Überzeugungen und intakte Sozialkontakte sicherlich wichtige Barrieren gegen die drohende Destabilisierung bilden; eine Garantie aber boten sie nicht. Wie die wenigen mir vorliegenden Fälle politisch und religiös Verfolgter zeigen (vgl. Kapitel VI.), gab es durchaus auch Individuen in diesen Gruppen, die die Destruktion der Verfolgung nicht bewältigen konnten, sondern unter massiven psychischen Störungen litten. An dieser Stelle ist nicht zu klären, inwieweit es individuelle Gründe aus der Vorverfolgungszeit waren, die bei diesen Personen wirksam wurden - festzuhalten bleibt aber, daß psychische Spätfolgen auch bei Menschen mit gefestigten politischen und religiösen Überzeugungen eintraten bzw. eintreten konnten.[139]

Der Umgang mit den psychischen Konflikten aller ehemals Verfolgten war und ist problematisch, gilt es doch, sich sowohl den Terror nationalsozialistischer Verfolgung zu vergegenwärtigen als auch die individuellen Bewältigungsmöglichkeiten der Einzelnen im Blick zu behalten. Wenn Bewältigung überhaupt möglich war, so konnte sie nur dann gelingen, wenn die (umfassende) Zerstörung des sozialen Miteinanders, die viele ehemals Verfolgte erlebt hatten, durch Empathie und Verständnis für ihre Erlebnisse zumindest in Teilen kompensiert werden konnte. Daß und warum sich dies aber in Entschädigungsverfahren und hier vor allem in der Konfrontation mit deutschen Ärzten und Psychiatern allzu oft als Illusion erwies, soll im folgenden näher erläutert werden.

---

138 Zit. nach: David Becker: Ohne Haß keine Versöhnung, a.a.O., S. 146.
139 Eine Mutmaßung möchte ich zumindest kurz anreißen: Möglich erscheint es mir, daß sich eine Vielzahl derer, die sich als "überzeugte Gegner" des nationalsozialistischen Regimes verstanden, psychische Folgekonflikte nicht eingestehen konnten, sondern statt dessen bemüht waren, diese zu kaschieren. Dies scheint mir besonders bei denjenigen möglich, die (z.B. als Mitglieder der KPD) die Überzeugung hatten (und haben), wesentliches zur Niederlage des NS-Regimes beigetragen zu haben. Hier dürfte die Stilisierung des eigenen Kampfes, der "siegreichen Idee" jeden inneren Verdacht, doch noch "Opfer" dieses Regimes geworden zu sein, zum Schweigen gebracht haben.

## II.3 Wahrnehmungsprobleme:
## Die Diagnostik bundesdeutscher Psychiater

Wenn es darum geht, die Wahrnehmungen bzw. Fehleinschätzungen psychischer Folgeerkrankungen durch bundesdeutsche Psychiater näher zu beleuchten, so gilt es, mehrere Anmerkungen voranzustellen: In der unmittelbaren Nachkriegszeit wurden die psychischen Störungen ehemals Verfolgter, obwohl sie laut Gesetz nicht explizit entschädigungswürdig waren, häufig ohne größere Probleme anerkannt und dementsprechend auch materiell entschädigt. Die Frage, warum die psychischen Symptome der Überlebenden erst einmal als solche wahrgenommen, bereits wenige Jahre später aber ignoriert bzw. mit z.T. diskriminierenden Diagnosen belegt wurden, läßt sich, wie ich meine, plausibel beantworten:

In den Jahren 1945 bis 1947 war die Konfrontation mit den Leiden der Opfer noch unmittelbar; die Bilder von Massenmord, fast Verhungerten und Gefolterten waren in der Öffentlichkeit ebenso präsent wie die Gerichtsverfahren gegen die Täter, in denen immer neue und erschreckende Informationen über das Terrorsystem nationalsozialistischer Konzentrations- und Vernichtungslager zu Tage traten. Die Leiden der Überlebenden konnten nicht übersehen und ignoriert werden, lösten sie doch (wenn auch häufig unbewußt) erhebliche Schuldgefühle und Gewissensnöte aus, die mit Hilfe materieller Unterstützung / Entschädigung erst einmal beruhigt werden konnten. Diese Phase der "Betroffenheit" war aber faktisch von kurzer Dauer - bereits Ende der 40er Jahre, als die Überlebenden die ärgsten Mangelerscheinungen überwunden hatten und sich die deutsche Bevölkerung zunehmend ihrer ökonomischen Restauration zugewandt hatte, wurden individuelle wie kollektive Abwehrmechanismen wirksam, die (scheinbar) Schuld und Leiden aus dem Bewußtsein tilgten.

Aus Sicht der involvierten Ärzte und Psychiater, die mit den Betroffenen direkt konfrontiert waren, erschienen die psychischen Störungen der Überlebenden unmittelbar nach ihrer Befreiung plausibel, entsprach es doch der bis dato gängigen Lehrmeinung, daß traumatische Erlebnisse kurzfristig zu massiven psychischen Störungen führen (konnten). Schwierig wurde es aber, als zu Beginn der 50er Jahre deutlich wurde, daß sich die psychischen Verletzungen vieler Überlebenden dauerhaft manifestierten. War schon allein die Vermutung irritierend, die traditionellen psychiatrischen Lehrsätze könnten sich als unzureichend oder gar falsch erweisen, so war der drohende Zwang, sich wieder und wieder mit den Greueln der nazistischen Ära befassen zu müssen, für viele Psychiater nicht nur störend, sondern mit erheblichen psychischen Kosten belastet (vgl. dazu meine weiteren Ausführungen).

Wie und mit welchen diagnostischen "Fehlgriffen" vor allem bundesdeutsche Psychiater zwischen 1950 und ca. 1965 psychischen Folgeerkrankungen ehemals Verfolgter begegneten, soll im folgenden näher beleuchtet werden: Es war dies die Phase, in denen eine Vielzahl derjenigen ehemals Verfolgten, die unter massiven psychischen Störungen litten, Entschädigungsanträge stellten[140] und deshalb von bundesdeutschen Psychiatern (und Ärzten) begutachtet werden mußten - wobei diesen Gutachten eine entscheidende Bedeutung zukam.[141]

Im Zentrum der diagnostischen Wahrnehmung bundesdeutscher Psychiater (und dies gilt bis weit in die 60er Jahre hinein) standen die *somatischen* Erkrankungen und Schädigungen nach Verfolgung: Daß Zustände lang anhaltender Mangelversorgung, chronischer Hunger und Unterernährung physische und psychische Langzeitschädigungen hervorrufen konnten, war - wie bereits beschrieben - Bestandteil des psychiatrischen Erfahrungsschatzes.[142] Die daraus abgeleitete Schlußfolgerung aber, psychische Störungen seien nur dann als verfolgungsabhängig einzuschätzen, wenn sich ein hirnorganisch-neurologischer Befund erheben ließe, basierte auf der Überzeugung, die menschliche Psyche sei als solche - zumindest im Erwachsenenalter - nicht strukturell verletzbar. Dies galt als psychiatrische Lehrmeinung und schien durch empirische Belege gestützt: Abgeleitet von Erfahrungen aus dem Ersten Weltkrieg und den dort auftretenden Kriegsneurosen gingen deutsche Psychiater davon aus, daß jedwedes Trauma nach Ende der traumatisierenden Einwirkung abklingen würde; psychische Störungen aufgrund traumatischer Erfahrungen also vorübergehende Kurzzeitphänomene seien.[143]

Die psychischen Störungen und Erkrankungen ehemals Verfolgter aber manifestierten sich, wie bereits dargestellt, nicht selten erst Jahre nach Kriegsende - und dies obwohl die traumatisierende Wirkung der Verfolgung abgeklungen und obwohl bei vielen kein Zusammenhang zwischen hirnorganischen Schädigungen und psychischen Leiden herzustellen war. Dennoch hielten psychiatrische Gutachter weiterhin an ihrer Überzeugung fest, die psychischen Störungen der Überlebenden seien "verfolgungsunabhängig": Dies vor allem, weil bei den Betroffenen keine sogenannten Brückensymptome nachgewiesen werden konnten, die es den begutachtenden Ärzten möglich gemacht hätten, einen kausalen Zusammenhang zwischen Verfolgung und manifestem Leiden zu rekonstruieren.[144] Daß es sich bei vielen so-

---

140 Vgl. dazu meine Auswertungsergebnisse in Kapitel V. Die Jahre 1953 und 1965 bilden die Eckdaten bundesdeutscher Entschädigungsgesetzgebung, wurde doch 1953 das (erste einheitliche) Bundesergänzungsgesetz, 1965 das Bundesentschädigungsschlußgesetz verabschiedet.
141 Vgl. dazu Kapitel IV.2.
142 Vgl. dazu eine frühe Arbeit, die auf den Erfahrungen in einem Klinikum für Überlebende basiert: A. Holtinger / O. Gsell / E. Uehlinger: Hungerkrankheit, Hungerödem, Hungertuberkulose. Historische, klinische, pathophysiologische und pathologisch-anatomische Studien und Beobachtungen an ehemaligen Insassen aus Konzentrationslagern, Basel 1948.
143 Vgl. dazu: William G. Niederland: Psychische Spätschäden nach politischer Verfolgung, in: Psyche 18 (1964/65), S. 891.
144 Der Nachweis eines solch kausalen Zusammenhangs war - wie in Kapitel III zu zeigen sein wird - eine Voraussetzung des Gesetzgebers, um überhaupt Entschädigung erhalten zu können.

matischen Symptomen ehemals Verfolgter aber um eben solche "Vorboten" psychischer Erkrankungen handeln konnte, blieb unerkannt.[145]

Vielfältig und aufschlußreich waren die "Diagnosen", die Ärzte und Psychiater im Angesicht von Krankheitsbildern stellten, die unter den Kanon traditioneller Lehrmeinungen nicht zu subsumieren waren - wobei drei Bewertungs"tickets" besonders häufig verwandt wurden:[146] In vielen Fällen - und damit anknüpfend an die Position, die Psyche von Erwachsenen sei quasi "unverletzbar" - wurde den Überlebenden bescheinigt, sie litten an "endogenen", d.h. anlagebedingten und von äußeren Einflüssen unabhängigen psychischen Störungen. "Anlagebedingte", d.h. konstitutionell verankerte, erblich bedingte Erkrankungen seien, so das Verständnis vieler Gutachter, zwangsläufig verfolgungsunabhängig und ebenso zwangsläufig kamen sie zu dem Schluß, für solche Erkrankungen, für die der Patient quasi selbst "Schuld" zu tragen hätte, habe niemand zu haften und zu zahlen. Erst einmal schien diese Folgerung in ihrer Einfachheit überzeugend, doch tatsächlich war bereits der Begriff "anlagebedingt" relativ inhaltsleer:

> "Was heißt denn anlagebedingt? Zunächst doch nicht mehr und nicht weniger, als daß eine bestimmte Erscheinung, in Gutachtenfällen eine Abartung, irgendwie aus Erbanlagen herkommt. Was jedoch kommt im menschlichen Leben nicht aus irgendwelchen derartigen Anlagen? ... Für die Beurteilung eventueller Schäden durch das Leben kommt es nicht auf die `Anlagen´ an, sondern darauf, was das Leben und seine Einwirkungen aus den Anlagen gemacht und wie sie den betreffenden Patienten damit geprägt haben."[147]

Was dieser Gutachter zur Recht anmerkte, stand jedoch in krassem Widerspruch zu der gängigen Begutachtungspraxis, in der der Hinweis auf konstitutionelle Defizite der Verfolgten jede weitere Auseinandersetzung mit den traumatischen Erlebnissen dieser Menschen überflüssig zu machen schien.

Daß die Beurteilung psychischer Erkrankungen von Überlebenden in der Bundesrepublik kaum vom Prozedere der Entschädigungsverfahren getrennt werden kann, wird bei einem zweiten diagnostischen "Ticket" noch deutlicher: Vielen ehemals Verfolgten wurde unterstellt, sie litten an sogenannten "Rentenneurosen". Hier wurde vermutet, daß diejenige Verfolgten, die ein Entschädigungsbegehren

---

145  Vgl. dazu: Reinhart Lempp: Psychische Spätschäden nach nationalsozialistischer Verfolgung bei Kindern, a.a.O., S. 10 f. Doch auch wenn solche Brückensymptome bzw. psychosomatischen "Vorboten" nicht bestanden, bedeutete dies nicht, daß die psychischen Erkrankungen der Betroffenen verfolgungsunabhängig waren. Vgl. dazu: Kurt R. Eissler: Die Ermordung von wievielen seiner Kinder muß ein Mensch symptomfrei ertragen, um eine normale Konstitution zu haben?, in: Psyche 17, Heft 5, 1963, S. 801 – 891.

146  Diese Positionen deutscher, aber auch ausländischer Psychiater beschreibt Kurt R. Eissler in einem Aufsatz unter dem bitteren Titel: Die Ermordung von wievielen seiner Kinder....., a.a.O., S. 241 – 291.

147  Zit. nach: Prof. Dr. Dr. K. Saller: Anlagebedingt, in: Wiedergutmachungs-Beilage der Allgemeinen Wochenzeitung der Juden in Deutschland, Mai 1960, S. 7.

geltend gemacht hatten, eine Neurosenform aufweisen würden, die nicht etwa mit den Verfolgungserlebnissen in Verbindung stünde, sondern - in der Anlage bereits vorhanden - lediglich ihre Hoffnung auf Entschädigung widerspiegele. Materielle Leistungen, so die Überzeugung vieler Psychiater, dürften an diese Menschen nicht gezahlt werden, da Zuwendungen an Rentenneurotiker ihre Krankheit verstärken und einen "Rentenkomplex" fixieren würden.[148]

Mit der dritten Diagnose "Repatriierungs- oder Flüchtlingsneurose" dagegen wurde unterstellt, daß die psychischen Erkrankungen eine Reaktion auf diejenigen Anforderungen seien, denen ehemals Verfolgte nach Ende des Zweiten Weltkrieges ausgesetzt waren. Diese Diagnose erscheint bemerkenswert, billigte sie doch den weniger gravierenden Anpassungsschwierigkeiten bei Milieuwechsel einen größeren Krankheitswert zu als den traumatischen Erfahrungen in Konzentrations- und Arbeitslagern, in Ghettos und Verstecken.

Das beharrliche Festhalten vieler (wenn auch nicht aller) deutscher Psychiater an solchen - durch bisherige Lehrsätze scheinbar gesicherten - Befunden bedarf einiger vertiefender Überlegungen: In medizinischen Lehrmeinungen formuliert sich der jeweilige Stand medizinischen (oder psychiatrischen) Wissens auf der Grundlage empirischer Erfahrungen, Vorurteile und theoretischer Modellbildung; wobei die Ätiologie gerade psychischer und/oder psychosomatischer Symptomausprägungen erhebliche Unsicherheiten beinhaltet. Zu Gunsten derjenigen Psychiater, die nach Ende des Zweiten Weltkrieges zur Begutachtung und Behandlung von Überlebenden nationalsozialistischer Verfolgung herangezogen wurden, ist festzustellen, daß sowohl das Ausmaß traumatisierender Erfahrungen, denen diese Menschen ausgesetzt waren, als auch die Vielschichtigkeit ihrer Erkrankungen eine bis dato unbekannte Form psychischer Beschädigung darstellten.

Versucht wurde deshalb, das psychische Erscheinungsbild ehemals Verfolgter damals bekannten bzw. bereits definierten Krankheitsbildern und deren Ätiologie zuzuordnen, wobei - und dies erscheint bemerkenswert - Schicksale und Erkrankungen ehemaliger Kriegsgefangener und Verfolgter weitgehend gleichgesetzt wurden. Wahrgenommen wurde, daß beide Gruppen Extrembelastungen während ihrer Inhaftierung ausgesetzt waren; Hunger, Seuchen und schwerste Zwangsarbeit zu Krankheiten, Entkräftung und Tod geführt hatten.[149]

---

148 Vgl. dazu: Ullrich Ventzlaff: Grundsätzliche Betrachtungen über die Begutachtung erlebnisbedingter seelischer Störungen nach rassischer und politischer Verfolgung, in: ebd. Die Diagnose einer "Rentenneurose" ist nicht immer diffamierend zu verstehen, sondern beschreibt eine - in der Tat - auftretende psychische Störung. Auf ehemals Verfolgte, die schwere und dauerhafte Traumata erlitten hatten, war und ist diese Diagnose aber i.d.R. nicht anzuwenden.

149 Vgl. dazu: Hans-Joachim Herberg: Vergleichende Untersuchungen bei Verfolgten, in: Hans Stoffels (Hrsg.): Schicksale der Verfolgten, a.a.O., S. 200 - 209 sowie die darin enthaltene Bibliographie.

Den Blick, wenn schon auf Verfolgte, dann aber immer auch auf Deutsche und deren Leiden zu richten, war (und ist) in der Bundesrepublik eine weit verbreitete Variante, jede intensivere Auseinandersetzung mit nationalsozialistischen Verbrechen abzuwehren.[150]. Dies galt auch für Ärzte und Psychiater, die, soweit sie in Entschädigungsverfahren involviert waren, jedoch zwangsläufig mit den Schilderungen nationalsozialistischer Greueltaten und ihren psychisch verheerenden Wirkungen konfrontiert waren. Nun ist es zwar Aufgabe eines Psychiaters, sich vom Gegenstand seiner Untersuchungen - dem Patienten und seiner individuellen Leidens- und Krankheitsgeschichte - soweit zu distanzieren, daß es ihm möglich wird, eine objektive Diagnose zu fällen. Gleichzeitig wird er aber darum bemüht sein müssen, den Patienten zu ermutigen und ihm das Gefühl des Verstandenwerdens zu vermitteln, um eine Atmosphäre der Erzählbereitschaft herzustellen, die eine Diagnose (und mögliche Weiterbehandlung) erst möglich macht. Ein solches Gleichgewicht zwischen Distanz und Empathie herzustellen, gestaltete sich unter Umständen für begutachtende Psychiater problematisch:

> "Es muß nun zugegeben werden, daß die Tage, an denen ich ein Opfer des Konzentrationslagers begutachten soll, schwarze Tage sind und ich das Schicksal dieser Menschen nicht mit jener Distanz, die in der Berufsarbeit bei aller Sympathie mit Kranken bewahrt werden soll, untersuchen kann"[151].

Was die Überlebenden berichteten (wenn sie etwas berichteten), schien psychotischen Erlebniswelten und Wahnbildungen zu entstammen und war doch erlebte, nachprüfbare Realität. Das Inferno hatte stattgefunden und Ärzte wie Psychiater waren mit Menschen konfrontiert, die dieses Inferno oft nur zufällig überlebt hatten. Registrieren zu müssen, daß auch die erschreckendsten Phantasien wahr werden können, daß Menschen in bestimmten Situationen keinerlei Einflußmöglichkeit mehr auf ihr Schicksal haben, konnte bei involvierten Psychiatern massive Ängste und Abwehrreaktionen auslösen.[152] Die Überlebenden traten den begutachtenden Psychiatern als Leidende entgegen; als Menschen, die ihrem Schicksal hilf- und wehrlos ausgesetzt (gewesen) waren. Sicherlich gab es nicht wenige Psychiater, die den Betroffenen mit Sympathie und Anteilnahme begegneten, aber eine solche Reaktion war nicht zwangsläufig: Vielmehr konnte das ohnmächtige Leiden der Verfolgten auch aggressive Impulse auslösen, die Ausdruck unbewußter Ängste und Schuldgefühle waren, vor allem bei denjenigen - deutschen - Psychiatern, die mit der Seite der Verfolger identifiziert blieben. Nicht selten schlugen den Betroffenen

---

150 Vgl. dazu: Alexander und Margarethe Mitscherlich: Die Unfähigkeit zu trauern. Grundlagen kollektiven Verhaltens, München 1990 (hier besonders S. 41 ff.).
151 Zit. nach: Kurt R. Eissler: Die Ermordung von wievielen seiner Kinder...., a.a.O., S. 283.
152 Abgewehrt wurde hier wohl vor allem die - angsterregende - Gewißheit, daß, wenn andere Menschen psychisch zerstört werden konnten, auch die eigene psychische Integrität verletzbar und unsicher ist. Vgl. dazu: Ilse Grubrich-Simitis: Extremtraumatisierung als kumulatives Trauma, a.a.O.

feindselige Gefühle entgegen, die sich auch in diagnostischen Befunden manifestierten, laut derer ihnen konstitutionelle Defizite oder neurotische Wünsche nach materieller Entschädigung unterstellt wurden.

Bezeichnenderweise gibt es nur wenige Untersuchungen, die sich mit der Frage beschäftigen, welches die unbewußten Motive von Psychiatern waren, die Leiden von Verfolgten zu bagatellisieren und/oder ihnen aggressiv zu begegnen.[153] Kurt R. Eissler, Psychoanalytiker und selbst aus Deutschland vertrieben, war und ist einer der wenigen seiner Zunft, der sich mit den psychischen Motivlagen seiner Kollegen befaßte. Er kam zu dem Schluß, daß die aggressive Feindseligkeit von Psychiatern gegenüber ehemals Verfolgten auf einer unbewußten Verachtung des leidenden Menschen beruhe.[154]

Auch wenn Eissler zuzustimmen ist, daß solche archaischen Impulse, leidende, behinderte und kranke Individuen zu verachten, zwar tabuisiert, aber dennoch fast allen Menschen eigen sind, so scheint mir dies als Begründung für das spezifische Verhalten begutachtender Psychiater doch zu begrenzt. Ergänzend stellt sich hier - wie ich meine - die Frage, ob es sich nicht vielmehr um eine (unbewußte) Verquikkung individueller Angst und spezifischer, weit über das Individuelle hinausweisender Vorurteile handelt, d.h. um Ressentiments, die auch und gerade zentrale Bestandteile nationalsozialistischer Ideologie waren.

Die nationalsozialistische Rassenpolitik richtete sich explizit gegen die jüdische Bevölkerung Europas, Angehörige anderer ethnischer Minderheiten, aber auch gegen Kranke und Behinderte, die als "Schädlinge am Volkskörper" diffamiert und schlußendlich vernichtet wurden. Bei allen Differenzen liegt der Ermordung von Kranken und dem Völkermord an Juden, "Zigeunern" und anderen ein gemeinsames rassistisches Deutungsmuster zugrunde: Sowohl Juden als auch Kranke und Behinderte wurden als "minderwertig", als ungleich begriffen, wobei ihre "Minderwertigkeit" an den Normen bzw. Selbststilisierungen der angeblich biologisch wertvolleren Gruppe - der Deutschen - gemessen wurde.[155] Die (angeblich) minderwertige biologische Konstitution der Opfer war Begründungsformel für jede

---

153 Wenn Psychiater von den "Unannehmlichkeiten" eines Konzentrationslagers sprachen; Entschädigungsansprüche für psychische Spätschäden mit der Begründung ablehnten, daß solche Schädigungen ja lediglich seelische Störungen seien, denen die "organische Würde" abgehe; ehemals Verfolgte als "hysterisch" und ihre Verfolgungsberichte als "übertrieben" gekennzeichnet wurden, dann ist es, so meine ich, statthaft, von feindseligen Reaktionen und unbewußten Aggressionen zu sprechen. Vgl. dazu: William Niederland: Die verkannten Opfer. Späte Entschädigung für seelische Schäden, in: Ludolf Herbst / Constantin Goschler (Hrsg.): Wiedergutmachung in der Bundesrepublik Deutschland, a.a.O., S. 351 – 359.
154 Vgl. dazu: Kurt R. Eissler: Pervertierte Psychiatrie?, a.a.O., S. 572 – 574.
155 Zu den mentalitäts- und institutionengeschichtlichen Dimensionen nationalsozialistischer Rassenpolitik vgl.: Gisela Bock: Krankenmord, Judenmord und Rassenpolitik, in: Frank Bajohr / Werner Johe / Uwe Lohalm (Hrsg.) Zivilisation und Barbarei. Die widersprüchlichen Potentiale der Moderne - Detlev Peukert zum Gedenken, Hamburg 1991, S. 285 - 306

Form der Verfolgung und Vernichtung, die als Akte der "Säuberung" dem Ziel dienen sollten, den "deutschen Volkskörper" rein und stark zu erhalten. Daß ein solch biologistisch begründeter Rassismus gerade auch von deutschen Ärzten und Psychiatern inhaltlich begründet und aktiv umgesetzt wurde, konnte in den letzten Jahren breit dokumentiert werden.[156] Doch auch diejenigen, die nicht aktiv an nationalsozialistischer Vernichtungspolitik partizipierten, hatten sich den Selektionskriterien zu unterwerfen:

"Selbst diejenigen Ärzte, die ihrer selektierenden Meldepflicht nicht nachkamen, waren Bestandteil der nationalsozialistischen Medizin: unter legalistischen Prinzipien konnte ihre Arbeit nur der arisch-deutschblütigen Bevölkerung, und hier wiederum nur der ausgesiebten erbgesunden Bevölkerung gelten. Damit ist bereits ein grundlegendes modernes Prinzip ärztlichen Handelns grundsätzlich ausgeschlossen: die universale Orientierung auf alle hilfsbedürftigen Kranken."[157]

Biologistisch determinierte Vorurteile und Ausgrenzungsmechanismen, die sowohl die Ausbildung als auch die Berufspraxis von Ärzten und Psychiatern zwischen 1933 und 1945 bestimmten, prägten zwangsläufig, wenn auch jetzt in versteckter, z.T. unbewußter Form, nach Ende des Zweiten Weltkrieges das Denken vieler Mediziner.[158] Ehemals Verfolgte, die "gestern" noch als "Volksschädlinge" galten, nun in ihren physischen und psychischen Leiden ernstzunehmen und diesen Menschen einfühlsam zu begegnen, hätte bedeutet, daß sich Ärzte und Psychiater mit internalisierten nationalsozialistischen Deutungsmustern hätten auseinandersetzen müssen - eine Bereitschaft, die enormen Mut erfordert hätte und dementsprechend oft fehlte.

Ebenso wenig wie in anderen Bereichen deutscher Gesellschaft war das Jahr 1945 für die Psychiatrie "Stunde Null": Sowohl personelle wie inhaltliche Kontinuitäten bestimmten die psychiatrische Forschung und Praxis. Weitgehend abgeschottet von den Entwicklungen der Psychiatrie außerhalb Deutschlands wurde hier noch immer an dem Grundsatz festgehalten, das "Gemeinwohl" habe unbedingten Vorrang vor individueller Unversehrtheit oder gar subjektivem Wohlbefinden.[159]

Dieser Grundsatz wirkte sich vor allem auch da fatal aus, wo er das Denken von Psychiatern bestimmte, die in Entschädigungsverfahren ehemals Verfolgter involviert waren und zwischen den psychischen Leiden der Betroffenen und den Gren-

---

156 Vgl. dazu z.B.: Götz Aly: Medizin gegen Unbrauchbare, in: Beiträge zur nationalsozialistischen Gesundheits- und Sozialpolitik, Band 1, Berlin 1985, S. 9-74.
157 Zit. nach: Alfons Labisch: Hitlers Gesundheitsbegriff und die Gestaltung des Gesundheitswesens im Dritten Reich (unveröffentliches Manuskript), Kassel 1990, S. 13.
158 Vgl. dazu: Renate Jäckle: Die Ärzte und die Politik. 1930 bis heute, München 1988.
159 Vgl. dazu: Reinhart Lempp: Psychische Spätschäden nach nationalsozialistischer Verfolgung bei Kindern, a.a.O.

zen gesetzlicher Bestimmungen abzuwägen hatten.[160] Dem "Gemeinwohl" Priorität einzuräumen, bedeutete hier oftmals, die psychischen Schädigungen der Einzelnen zu negieren oder zu bagatellisieren und damit "der" BRD Kosten für Renten und Heilbehandlungen "einzusparen". Einer Auseinandersetzung mit Ursachen und Ausprägungen psychischer Erkrankungen nach Verfolgung konnte so bereits im Vorfeld ausgewichen werden - und dies mit einer "guten", der Mehrheit der Befaßten einleuchtenden Begründung.

Für das direkte Verhältnis zwischen Psychiatern und Überlebenden von größerer Bedeutung aber war die Tatsache, daß die meisten deutschen Psychiater in der Tat an der Prämisse festhielten, andauernde psychische Störungen im Erwachsenenalter seien "anlagebedingt", d.h. erblich oder genetisch determiniert. Es war dies eine bequeme Entscheidung, ersparte sie es den betreffenden Psychiatern doch, sich mit der Tatsache auseinanderzusetzen, daß die psychische Integrität von Menschen (auch) von sozialen, exogenen Faktoren abhängig ist und deshalb physische wie psychische Gewalt schwere seelische Erkrankungen hervorrufen kann.

Ausbildungs- und Wahrnehmungsdefizite bestanden aber nicht allein in diesem Bereich, sondern vor allem da, wo es um die direkte Interaktion zwischen Patient und Psychiater ging: Von Erkenntnissen der Psychoanalyse und Psychotherapie weitgehend abgekoppelt,[161] hatten die meisten deutschen Psychiater keinerlei therapeutischen Selbsterfahrungen; wußten sie wenig über die spezifischen Probleme der Selbst- und Fremdwahrnehmung im Umgang mit psychisch gestörten Patienten. Unwissenheit, ideologische Bornierungen und mangelnde Selbstreflexion führten somit in vielen Fällen zu einer - für die betroffenen Patienten - gravierenden Verweigerung, sich auf ihre psychischen Konflikte einzulassen und damit die Defizite bisheriger Ätiologie und Diagnostik anzuerkennen.[162] Vielfältig sind die Belege in

---

160    Vgl. dazu Kapitel V. In der Auswertung des mir vorliegenden Fallmaterials wurde deutlich, daß der Grad der gesundheitlichen Beeinträchtigung ehemals Verfolgter, der die Höhe von Entschädigungsleistungen mitbestimmte, von begutachtenden Ärzten und Behörden mehrheitlich niedrig eingeschätzt wurde.

161    Das Verhältnis zwischen Psychiatrie und Psychoanalyse gestaltete sich auch nach 1945 kompliziert: "Überdies lehnte nicht nur die deutsche Psychiatrie, sondern auch die skandinavische und osteuropäische Psychiatrie die psychoanalytische Traumalehre ab, was zu einer Nichtanerkennung des Zusammenhangs zwischen Trauma und Spätfolgen aufgrund psychischer Mechanismen führte", Zit. nach: Paul Matussek: Methodische Probleme der Untersuchung von ehemaligen KZ-Häftlingen, in: Hans Stoffels: Schicksale der Verfolgten, a.a.O., S. 195.

162    Noch fataler aber gestaltete sich die Begutachtungs- und Behandlungssituation, wenn der involvierte Psychiater (oder Arzt) Anhänger der nationalsozialistischen Ideologie war und deshalb die Überlebenden als Angehörige einer "minderwertigen" Rasse oder als zu Recht inhaftierte "Asoziale" oder "Verbrecher" betrachtete. In den hier zugrundeliegenden Fällen hessischer Entschädigungsverfahren konnten solche Fälle nicht nachgewiesen werden; daß aber ehemalige Funktionsträger der NSDAP und SS nach dem Krieg als Gutachter in Entschädigungsverfahren auftraten, belegt Christian Pross: Wiedergutmachung. Kleinkrieg gegen die Opfer, a.a.O.

der einschlägigen Literatur, mit denen die Unkenntnis, Ignoranz und Gefühllosigkeit psychiatrischer Gutachter vor allem in der Bundesrepublik nachgewiesen werden konnten.[163]

Auch wenn dies nicht bagatellisiert werden darf, so soll doch nicht unerwähnt bleiben, daß es ebenfalls bundesdeutsche Psychiater waren, die engagiert - und gegen den mainstream ihrer Zunft - Forschungsprojekte über die Ursachen und Auswirkungen psychischer Traumata von Verfolgten initiierten und vorantrieben. Ihre Ergebnisse aber (und hier bewies sich die Unbeweglichkeit und Dogmatik ihrer Kollegen) wurden nur zögerlich akzeptiert und konnten sich demnach auch nur langsam als "neue" Richtlinien in den Entschädigungsverfahren durchsetzen. Dies wird auch dort deutlich, wo man den Kanon derjenigen Diagnosen untersucht, die von deutschen Psychiatern und Fachärzten noch Jahre später gefällt wurden: "Entwurzelungssyndrom", "allgemeiner Erschöpfungszustand", "vegetative Dystonie", "Psychasthenie", "neurovegetatives Syndrom" oder "chronifizierte seelische Fehlhaltung" - all das waren "Verlegenheitsdiagnosen", die deutlich machen, daß und in welchem Ausmaß die Erkenntnisse progressiver Psychiatrie ignoriert wurden.[164]

Und doch sollte es sich - zumindest auf lange Sicht - auch für die bundesdeutsche Entschädigungspraxis als bedeutsam erweisen, daß Ende der 50er Jahre erstmalig Psychiater mit der Erkenntnis an die Öffentlichkeit traten, psychische Spätschädigungen ehemals Verfolgter seien ausschließlich - und unabhängig von organischen Schädigungen - auf die Extremstbelastungen in Konzentrations- und Arbeitslagern zurückzuführen, die mit anderen Formen existentieller Belastung (wie z.B. der Kriegsgefangenschaft) nicht gleichgesetzt werden könnten.[165] (Daß dies nicht immer die Einsicht beinhaltete daß auch andere Verfolgungserfahrungen traumatisch wirken und posttraumatische Erkrankungen nach sich ziehen konnten, habe ich bereits ausführlich dargestellt.) Diese Erkenntnis basierte auf der Einsicht, daß es sich bei dem Terror nationalsozialistischer Verfolgung um eine völlig neue

---

163 Exemplarisch seien an dieser Stelle nur die Aufsätze von Kurt Eissler: Pervertierte Psychiatrie?, sowie Die Ermordung von wievielen seiner Kinder muß ein Mensch symptomfrei ertragen können, um eine normale Konstitution zu haben? a.a.O. genannt. Ähnliche Hinweise gibt aber auch Milton Kestenberg in seinem Aufsatz: Diskriminierende Aspekte der deutschen Entschädigungspraxis: Eine Fortsetzung der Verfolgung, in: Martin Bergmann / Milton E. Jucovy / Judith Kestenberg: Kinder der Opfer - Kinder der Täter, a.a.O., S. 74 -102.

164 Die genannten Diagnosen entstammen sämtlich dem dieser Arbeit zugrunde liegenden Fallmaterial. Den Begriff der "Verlegenheitsdiagnose" verwandte Reinhart Lempp in einem Beratungsgespräch im Oktober 1993.

165 Vgl. hierzu: Walter von Baeyer: Die Freiheitsfrage in der forensischen Psychiatrie mit besonderer Berücksichtigung der Entschädigungsneurosen, in: Der Nervenarzt 8 (1957). Die Zusammenfassung der Ergebnisse, die von Baeyer u.a. an der Universität Heidelberg in Reihenuntersuchungen ehemals Verfolgter gewonnen hatten, wurden 1964 unter dem Titel "Psychiatrie der Verfolgten", a.a.O. veröffentlicht. Erst mit dieser Publikation konnten sich die in Heidelberg gewonnenen Erkenntnisse in der deutschen Begutachtungspraxis - allmählich - durchsetzen.

Dimension von Extrembelastungen für die Betroffenen handelte, die tief und oftmals irreparabel in die vitale und moralische Existenz der Opfer eingegriffen und zu Umstrukturierungen der Persönlichkeit geführt hatte. Vermutet, und wenig später verifiziert, wurde auch, daß es sich bei den Spätschädigungen ehemals Verfolgter um einen dauerhaften "erlebnisbedingten Persönlichkeitswandel"[166], d.h. um eine psychische Umstrukturierung der Persönlichkeit mit hartnäckigen Dauerreaktionen handelte, die nicht als "rentenneurotische Wunschreaktion" verstanden werden durfte.

Die psychischen Konfliktlagen ehemals Verfolgter fanden so zumindest bei einer ganzen Reihe von Psychiatern Anerkennung - ob und in welchem Ausmaß sich dies aber auf die Ergebnisse ihrer Entschädigungsverfahren auswirkte, ist eine Frage, der an anderer Stelle nachzugehen sein wird (Vgl. dazu Kapitel VI).

Schlußendlich gilt es jedoch eines zu betonen: Ausgang und Ergebnisse der Entschädigungsverfahren psychisch erkrankter Verfolgter hingen nicht allein von den Befunden und Einschätzungen begutachtender Ärzte und Psychiater ab. Zwar waren sie de facto die einzigen, die Art und Ausmaß psychischer Erkrankungen ehemals Verfolgter fachlich beurteilen konnten - wie, nach welchen Maßgaben und innerhalb welcher Grenzen dies aber zu geschehen hatte, war in den einschlägigen Entschädigungsgesetzen festgelegt.

Im folgenden möchte ich mich deshalb mit diesen Gesetzen beschäftigen und dabei der Frage nachgehen, inwieweit ihre Bestimmungen geeignet waren, die psychischen Konflikte ehemals Verfolgter adäquat wahrnehmen und entschädigen zu können.[167]

---

166 Diesen Begriff prägte Ullrich Ventzlaff in seinem Buch: Die psychoreaktiven Störungen nach entschädigungspflichtigen Ereignissen, a.a.O.
167 Die politisch-gesellschaftliche Genese der Entschädigungsgesetzgebung oder die sie begleitenden Kontroversen werde ich im folgenden nicht untersuchen und darstellen. Die Vor- und Entwicklungsgeschichte bundesdeutscher "Wiedergutmachung" ist umfänglich dokumentiert in: Ludolf Herbst / Constantin Goschler: Wiedergutmachung in der Bundesrepublik Deutschland, a.a.O.

## III. Das Entschädigungsrecht

Wenn wir heute an die "Wiedergutmachung nationalsozialistischen Unrechts" denken und diese analysieren, so erscheint es uns als Selbstverständlichkeit, daß sie mit gesonderten, eigens für diesen Tatbestand konzipierten Gesetzen geregelt wurde und wird. Tatsächlich aber war es - juristisch betrachtet - keine unbedingte Zwangsläufigkeit, solche "Sondergesetze" zu konstituieren, existierte mit dem Bürgerlichen Gesetzbuch doch bereits ein Rechtskanon, der umfangreiche Schadensersatzoptionen für Geschädigte vorsah (und -sieht). Aus diesem Grund erscheint es mir notwendig, die Motive offenzulegen, die die Gesetzgeber bewegten, auf eine Anwendung eben dieses Bürgerlichen Rechtes zu verzichten; ist es doch nur so möglich, zu beurteilen, welche Abweichungen vom BGB politisch, fiskalisch oder auch verfahrenstechnisch notwendig und/oder gewollt waren.

Erst dann - in Kenntnis dieser Abweichungen bzw. Grundsatzentscheidungen - werde ich diejenigen Gesetzespassagen analysieren, in denen dezidiert bestimmt wurde, ob und welche körperlichen und gesundheitlichen Verfolgungsleiden zu entschädigen seien bzw. wie eine solche Entschädigung beziffert werden könne. Da diese gesetzlichen Bestimmungen aber nicht statisch waren, sondern bis 1965 wiederholt überarbeitet und verändert wurden, werde ich im folgenden auch der Frage nachgehen, ob und in welchem Maße solche Veränderungen die "Erfolgschancen" ehemals Verfolgter vergrößerten, "Wiedergutmachung" für ihre psychischen Leiden zu erhalten.

Erst die Kenntnis der gesetzlichen Regelwerke macht es möglich, die Spielräume bundesdeutscher Entschädigungsakteure genauer auszuleuchten - und damit die bundesdeutsche Entschädigungspraxis in denjenigen Fällen besser beurteilen zu können, in denen Menschen psychische Verfolgungsschäden geltend machten.

### III.1 Voraussetzungen und Grundsatzentscheidungen des deutschen Entschädigungsrechtes

Die "Wiedergutmachung" staatlichen Unrechts, d.h. die Zahlung von Entschädigungsleistungen an Menschen, die wegen ihrer politischen oder religiösen Überzeugungen verfolgt und unterdrückt worden waren, ist ein Rechtsprinzip mit langer Geschichte: Schon im Römischen Reich, aber auch in späteren Jahrhunderten erhielten Leidtragende staatlicher Repressionen Ausgleichszahlungen für erlittene materielle Schädigungen, wurden ihre Leiden öffentlich anerkannt und diskriminierende Verordnungen wie Gesetze aufgehoben.[168] Und auch in Deutschland war dieses Rechtsprinzip bereits vor 1945 gesetzlich verankert: Im Bürgerlichen Gesetzbuch, das im Jahr 1900 verabschiedet wurde und seitdem Gültigkeit besitzt, wurde bestimmt, daß jeder Mensch, der durch ein anderes Individuum oder aber einen Amtsträger geschädigt wird, Anrecht auf Schadensersatz hat:

> "Wer vorsätzlich oder fahrlässig das Leben, den Körper, die Gesundheit, die Freiheit, das Eigentum oder ein sonstiges Recht eines anderen widerrechtlich verletzt, ist dem anderen zum Ersatze des daraus entstandenen Schadens verpflichtet."[169]

Geregelt wurde im Bürgerlichen Recht aber nicht allein das prinzipielle Schuldverhältnis (zwischen Individuen, aber auch zwischen Individuen und Staat), festgelegt wurde zudem, in welcher Form mögliche Schädigungen "wiedergutzumachen" seien. So bestimmt das BGB, daß alle materiellen, d.h. vermögensrechtlichen Schädigungen per Schadensersatz zu kompensieren sind. Dabei ist die Höhe des zu zahlenden Schadensersatzes weder willkürlich, noch wird sie pauschalierend normiert: Verfahren wird statt dessen nach dem Prinzip der Naturalrestitution, d.h. die materielle Situation des Geschädigten muß entsprechend der vorherigen Situation "wiederhergestellt" werden.

Bewußt war den Autoren des Bürgerlichen Gesetzbuches jedoch, daß bei der Kompensation immaterieller Schädigungen an eine "Wiederherstellung des vorherigen Zustandes" nicht zu denken war: Irreversibel waren und sind (allzu oft) die physischen und psychischen Verletzungen, die Menschen durch (individuelle wie staatliche) Gewaltakte erleiden - irreversibel aber ist vor allem der Tod von Menschen, die Opfer von Repressionen und Gewalt wurden. Aus diesem Grund sieht das Bürgerliche Gesetzbuch vor, daß diejenigen, die an Leib und Gesundheit oder aber in ihrer persönlichen Freiheit geschädigt wurden bzw. den Tod von Angehörigen zu beklagen haben, das Recht zusteht, "eine billige Entschädigung in Geld", d.h. Schmerzensgelder, zu verlangen.[170]

Gültig ist das Bürgerliche Recht dort, wo ein deutscher Staat, seine Amts- und Funktionsträger politische und exekutive Macht ausüben, wobei die räumliche Gültigkeit des Gesetzes nicht zwangsläufig mit dem deutschen Staatsgebiet identisch sein muß. Prinzipiell können denn auch diejenigen Menschen "Wiedergutmachung" nach Bürgerlichem Recht einklagen, die in anderen Ländern Leidtragende deutschen Staatsunrechts werden - dies aber nur dann, wenn nachgewiesen

---

168    Vgl. dazu die von Rolf Theis aufgeführten historischen Beispiele, in: ders.: Wiedergutmachung zwischen Moral und Interesse, a.a.O.

169    Zit. nach: § 823 des Bürgerlichen Gesetzbuches, München 1996, S. 168. Zielte dieser Paragraph erst einmal auf die Regelung von Schuldverhältnissen zwischen Individuen, so bestimmte § 839 BGB, daß auch diejenigen zur Entschädigung verpflichtet werden, die ihre Amtspflicht vorsätzlich oder fahrlässig verletzt und damit die bereits genannten Schädigungen verursacht hatten, vgl. dazu: ebd., S. 171.

170    Zit. nach: § 847 BGB, a.a.O., S. 173.

werden kann, daß dieses Unrecht tatsächlich von Amts- und Funktionsträgern des deutschen Staates verübt wurde. Eben dies geschah vor und während des Zweiten Weltkrieges. Die Grenzen des Deutschen Reiches wurden mit militärischen Mitteln immer weiter ausgedehnt, immer mehr europäische Staaten wurden unter deutsche Verwaltung gestellt oder von deutschen Truppen besetzt. Für die Bürger dieser Staaten bedeutete dies zum einen, daß sie den Herrschaftsmechanismen, dem Terror nationalsozialistischer Machthaber ausgesetzt waren - es bedeutete aber auch, daß ihnen - zumindest prinzipiell - sämtliche Rechtsansprüche zuwuchsen, die sich aus dem deutschen Bürgerlichen Recht ergaben.

Es war also ein rechtliches Muß, daß jede Menschenrechtsverletzung, jedes (staatliche) Unrecht, das Menschen in Deutschland, aber auch in West- und Osteuropa zwischen 1933 und 1945 von deutschen Amts- und Funktionsträgern zugefügt wurde, von deutscher Seite "wiedergutzumachen" war. Für Millionen Verfolgte, die aus rassistischen, sozialen, politischen, religiösen oder weltanschaulichen "Gründen" unterdrückt und ihrer Freiheit beraubt worden waren, eröffnete dies die Möglichkeit, für ihre materiellen wie immateriellen Schädigungen umfängliche Schadensersatz- und Schmerzensgeldforderungen gegen einen deutschen Staat geltend zu machen.[171]

Betrachtet man jedoch die Situation im Frühjahr 1945, so wird offenbar, daß niemand - weder die Alliierten Besatzungsmächte, die am 8. Mai 1945 die oberste (und rechtsetzende) Regierungsgewalt in Deutschland übernommen hatten, noch deutsche Politiker und Juristen - daran dachte, die "Wiedergutmachung nationalsozialistischen Unrechts" mit Hilfe der Regelungen des Bürgerlichen Rechtes durchzuführen. Zwar war es - gerade auf Seiten der Westalliierten[172] - unumstritten, daß

---

171 Der Rechtsanspruch der Verfolgten richtete sich primär gegen das Deutsche Reich (nationalsozialistischer Prägung), waren sie doch von Amts- und Funktionsträgern eben dieses Reiches geschädigt worden. Da ihre Verfolgung, Unterdrückung und Ausrottung aber von dem nationalsozialistischen Staat befohlen (in Teilen sogar unrechtmäßig legalisiert) und exekutiert worden war, besaßen sie zwischen 1933 und 1945 keinerlei Möglichkeiten, einen solchen Rechtsanspruch geltend zu machen. De facto bedeutete dies, daß sich im Frühjahr 1945 (als das Deutsche Reich militärisch, politisch, finanziell und wirtschaftlich gescheitert war) Millionen Ansprüche ehemals Verfolgter aufgehäuft hatten und nun zu klären war, wie und unter welcher Ägide diese zu befriedigen seien.

172 Besonders die amerikanische Besatzungsmacht war bemüht, die Konzeption eines gesonderten Entschädigungsrechtes zu forcieren und bei der Ausgestaltung eines solchen Gesetzeskonzepts aktiv mitzuwirken. Vgl. dazu: Constantin Goschler: Wiedergutmachung. Westdeutschland und die Verfolgten des Nationalsozialismus 1945 – 1954, a.a.O., hier besonders: S. 48 - 62. In der sowjetisch besetzten Zone dagegen - wie auch in der späteren DDR - stieß das Thema "Wiedergutmachung" auf wenig Interesse. Ehemals Verfolgte, die in der SBZ bzw. DDR lebten, wurden deshalb auch nur marginal entschädigt: So wurden zwar noch vorhandene Vermögensgegenstände zurückgegeben, erhielten (ausschließlich) ehemals politisch Verfolgte Renten, Wohnraum, Hausrat und kostenlose Krankenfürsorge - die Majorität derer, die aus nicht-politischen "Gründen" verfolgt worden waren, blieb dagegen unberücksichtigt.

Deutschland seine (im bestehenden Recht ja bereits konstituierte) "Wiedergutmachungsverpflichtung" gegenüber den Verfolgten einzulösen habe. Weitgehend konsent war es jedoch, daß die Entschädigung materieller wie immaterieller Verfolgungsschäden mit Hilfe gesonderter, kodifizierter Gesetze zu regeln sei, die die Gültigkeit des Bürgerlichen Rechtes aufheben und statt dessen ein neues objektives Recht konstituieren sollten.[173]

Sieht man die Motive, die die Verantwortlichen bewegten, auf die Anwendung geltenden Rechtes zu verzichten, so werden unterschiedlich gelagerte, ja disparate Aspekte sichtbar:

Erst einmal galten die alliierten wie deutschen Bedenken den verfahrensrechtlichen Vorgaben des BGB's, deren Anwendung eine effiziente Entschädigung ehemals Verfolgter erschwert, wenn nicht gar unmöglich gemacht hätte. Im Bürgerlichen Recht war (und ist) bestimmt, daß alle Ansprüche auf Schadensersatz und Schmerzensgeld - und dies hätte auch für ehemals Verfolgte gegolten - nur von zuständigen ordentlichen Gerichten behandelt und beschieden werden können. Gerade dies aber war in der unmittelbaren Nachkriegszeit unmöglich, war doch der deutsche Justizapparat weder funktions-, noch leistungsfähig.[174] Darüber hinaus wäre es annähernd unmöglich gewesen, zu klären, welches Gericht für die Behandlung welchen individuellen Falles "zuständig" gewesen wäre - gab es doch keine historischen Vorbilder, wie man mit den Rechtsansprüchen von Millionen Ausländern institutionell umgehen könne. Beide Faktoren - sowohl die mangelnde Funktionsfähigkeit deutscher Gerichte als auch die fehlende Regelung einer gerichtlichen Zuständigkeit - widerlegten jede Hoffnung, die "Wiedergutmachungsverfahren" ehemals Verfolgter nach dem BGB könnten schnell und reibungslos durchgeführt werden. Zu befürchten war vielmehr, daß es in diesem Falle zu einem inakzeptablen "Stau" von Verfahren gekommen wäre, der die "gesamte Justiz verstopft (hätte) - verstopft bis heute."[175] Es war dies aber nicht der einzige verfahrenstechnische Grund, der gegen eine Anwendung des bestehenden Rechtes sprach: Unbillige Härten für die Betroffenen wären auch entstanden, weil das BGB den

---

173   Die deutsche "Wiedergutmachungsgesetzgebung" war tatsächlich ein Novum ohne historisches Vorbild, hatte man in früheren Zeiten doch Staatsunrecht immer mit Hilfe bereits bestehender Gesetze entschädigt. Neu konstituiert wurden die sogenannten Rückerstattungsgesetze, mit deren Hilfe die "Wiedergutmachung" für entzogene Vermögenswerte geregelt wurde, die sogenannten Individualentschädigungsgesetze, die sich auf die "Wiedergutmachung" für Schädigungen der Persönlichkeitsrechte konzentrierten und diejenigen Gesetze, die die Entschädigung für Angehörige des öffentlichen Dienstes zum Inhalt hatten.

174   Vgl. dazu: Franz Böhm: Reden und Schriften. Die Ordnung der freien Gesellschaft, einer freien Wirtschaft und über die Wiedergutmachung. In Gemeinschaft mit Freunden und Schülern herausgegeben von Ernst Joachim Mestmäcker, Karlsruhe 1960, S. 207. Hier stellt Böhm zu Recht fest, daß Deutschland "in der ersten Zeit nach dem Zusammenbruch gar keine funktionierenden Gerichte" besaß.

175   Zit. nach: ebd., S. 208.

Geschädigten die Aufgabe aufbürdet(e), ihre Schädiger konkret benennen, deren (individuelles) Verschulden beweisen oder durch Dokumente bzw. Zeugenaussagen plausibel machen zu müssen. Es war (und ist) dies eine Beweislast, die gerade ehemals Verfolgte nicht tragen konnten:

> "In der Mehrzahl aller Fälle wäre die Durchsetzung des Anspruchs (nach dem BGB) entweder an der Unkenntnis über die Person des Schädigers, seiner Unauffindbarkeit, der Vernichtung von Urkunden, der Verschollenheit der Zeugen und Opfer... gescheitert..."[176]

Doch nicht allein aus Sicht der Verfolgten gab es gute Gründe, auf eine Nutzung des BGB's zu verzichten. Auch die deutsche Seite vertrat die Ansicht, daß sie durch bestehendes Recht in eine bedrohliche Zwangslage gebracht würde: Wie bereits oben beschrieben, hatten nach bürgerlichen Recht alle Verfolgten einen "Wiedergutmachungsanspruch", die sich während der nationalsozialistischen Herrschaft im deutschen Machtbereich aufgehalten und dort geschädigt worden waren. Wäre also diesem Recht gefolgt worden, so hätten Millionen Menschen in ganz Europa deutsche Entschädigungsleistungen erhalten - hätte jeder materielle wie immaterielle Schaden ausgeglichen werden müssen. Erschwerend kam hinzu, daß ein solcher Ausgleich - folgte man dem BGB - tatsächlich "umfassend" hätte ausfallen müssen, wären doch eigentums- und vermögensrechtliche Schäden komplett zu ersetzen, Schäden an Leib, Leben und beruflichen wie sozialen Perspektiven mit angemessenen Schmerzensgeldzahlungen zu kompensieren gewesen. Eben dies aber war (vor allem) in der Nachkriegszeit eine Vorstellung, die alle finanziellen Potenzen Deutschlands zu sprengen schien. Zwar bestand die Hoffnung, daß sich die katastrophale Finanz- und Wirtschaftssituation, die bis 1948 in allen deutschen Ländern herrschte, sukzessive verbessern würde[177] - kaum zu erwarten aber war, daß in Deutschland jemals ökonomische Verhältnisse herrschen würden, die eine Befriedigung *aller* möglichen "Wiedergutmachungsansprüche" möglich machen würden.[178]

Daß die "Wiedergutmachung nationalsozialistischen Unrechts" nicht mit Hilfe bestehenden Rechts, sondern statt dessen qua "Sondergesetzen" geregelt wurde, war also eine wohlbegründete Entscheidung - zum Teil für die Verfolgten, vor allem aber (wie zu zeigen sein wird) von dem und für den deutschen Schuldner. Betrachtet man nun die Entschädigungsgesetze - das Entschädigungsgesetz der US-amerikanischen Besatzungszone (1949), das Bundesergänzungsgesetz (1953), das

---

176   Zit. nach: Georg Blessin: Wiedergutmachung, Bad Godesberg 1960, S. 16.
177   Zur wirtschaftlichen Situation der Nachkriegszeit vgl.: Werner Abelshauser: Wirtschaftsgeschichte der Bundesrepublik Deutschland 1945-1980, Frankfurt a. M. 1983.
178   Unvorstellbar erscheint die Summe, die aufzubringen gewesen wäre, wenn jede(r) Verfolgte, jede(r) Hinterbliebene für seine/ihre materiellen und immateriellen Schädigungen im umfänglichen Sinne hätte entschädigt werden müssen, waren die Verheerungen, die das nationalsozialistische Regime in ganz Europa angerichtet hatte, doch kaum noch zu beziffern.

Bundesentschädigungsgesetz (1956) und das Bundesentschädigungsschlußgesetz (1965) - so wird offenbar, daß sich die Gesetzgeber bemühten, all jene Vorschriften der BGB's abzuwandeln, die gegen eine erfolgreiche oder auch nur machbare "Wiedergutmachung nationalsozialistischen Unrechts" sprachen.[179]

In einem ersten Schritt wurde der Primäranspruch auf Entschädigung, der den Verfolgten nach Bürgerlichem Recht zustand und der sich gegen den deutschen Staat als Ganzen richtete, in einen spezifischen "Entschädigungsanspruch" umgewandelt, dessen Schuldner nicht mehr Deutschland als Gesamtstaat, sondern die (west)deutschen Länder waren. Gleichzeitig wurde der Grundsatz des BGB's aufgehoben, daß Entschädigungsverfahren grundsätzlich vor ordentlichen Gerichten zu verhandeln seien. Statt dessen wurden in den einzelnen Ländern gesonderte Entschädigungsämter eingerichtet, deren ausschließliche Verwaltungsaufgabe es war, sich mit der "Wiedergutmachung" individueller Schädigungen zu befassen.

Die Hauptarbeit, die sich bei der Abwicklung von Entschädigungsanträgen ergab, sollte (und mußte) von diesen landeseigenen Entschädigungsämtern geleistet werden. Sie hatten zu prüfen, ob die jeweiligen Anträge zulässig waren; sie hatten aber ebenso zu kontrollieren, inwieweit die Angaben der Antragsteller zu ihrem Verfolgungsschicksal zutreffend waren und schlußendlich mußten sie einen positiven oder negativen Behördenbescheid erstellen. Wiesen die Entschädigungsämter einen Antrag auf Entschädigung ab, so besaßen die ehemals Verfolgten nach dem Entschädigungsrecht die Möglichkeit, Klage bei Gericht einzureichen.

Und auch hier entschieden die Gesetzgeber, seien neue (Teil)Instanzen einzurichten: Sowohl bei den jeweiligen Landgerichten wie auch bei den Oberlandesgerichten wurden deshalb gesonderte Entschädigungskammern etabliert, die - als Tatsacheninstanzen - damit beauftragt waren, all jene Tatbestände genauer zu klären, die von den Entschädigungsbehörden bis dato vernachlässigt worden waren. Wie im Bürgerlichen Recht bereits vorgesehen, bestand bei Entschädigungsverfahren die Option, den Bundesgerichtshof, hier allerdings einen gesonderten Entschädigungssenat, anzurufen. Dies allerdings nur dann, wenn die Entschädigungskammer eines Oberlandesgerichts die Revision zugelassen und damit festgestellt hatte, daß "eine Rechtsfrage von grundsätzlicher Bedeutung zu entscheiden war, oder wenn es um die Fortbildung des Rechts ging".[180] Bei der Besetzung aller Entschädigungskammern sahen die Gesetzgeber vor, daß zumindest einer der berufenen Richter

---

179  In ihrem Kern wurden die im folgenden darzustellenden Strukturveränderungen bereits in dem Entschädigungsgesetz der US-amerikanischen Besatzungszone festgeschrieben - in den bundeseinheitlichen Gesetzen dann, mit wenigen Abweichungen, übernommen. Dennoch werde ich im folgenden alle wichtigen Gesetzespassagen im Wortlaut des Bundesentschädigungsgesetzes (BEG, 1956) zitieren, erscheint mir dieses Gesetz doch am präzisesten formuliert.

180  Zit. nach: Walter Schwarz: Die Wiedergutmachung nationalsozialistischen Unrechts durch die Bundesrepublik Deutschland. Ein Überblick, a.a.O., S. 49.

selbst verfolgt gewesen sein mußte - hoffte man doch, daß dies die Bereitschaft der Kammern erhöhen würde, die spezifischen Interessen und Nöte ehemals Verfolgter in ausreichendem Maße zu würdigen.[181]

Daß die Durchführung der Entschädigungsverfahren in die Kompetenz der Länder verlagert und von dortigen Sonderverwaltungsbehörden und -kammern zu bearbeiten waren, war ein wichtiger (auch räumlicher) Strukturierungsschritt: Entlastet wurde zum einen die deutsche Justiz, die - wie bereits erwähnt - durch die Abwicklung unzähliger Entschädigungsverfahren völlig überlastet worden wäre; geregelt wurde aber vor allem, an welche konkreten Personen und Instanzen sich ehemals Verfolgte wenden konnten, wenn sie denn ihr Entschädigungsbegehren geltend machen bzw. gerichtlich durchsetzen wollten. Verfahrenstechnische Erleichterungen wurden jedoch nicht allein dort geschaffen, wo es um die Einsetzung neuer Behörden und Gerichtsinstanzen ging. Korrigiert wurden auch diejenigen Verfahrensvorschriften des Bürgerlichen Rechtes, die sich definitiv zu Ungunsten der Verfolgten ausgewirkt hätten.

Obliegt es - wie ich bereits erwähnte - im BGB noch den Geschädigten selbst, ihre Verfolger konkret zu benennen, ihren Schaden mit Dokumenten und Zeugenaussagen stichhaltig zu "beweisen", so wurden die Betroffenen im Entschädigungsrecht von solchen Pflichten weitgehend entlastet. Da davon ausgegangen wurde, daß es sich bei dem nationalsozialistischen Terror um systemische, organisierte Gewalt, also um kollektives Unrecht gehandelt hatte[182], wurden die Verfolgten von der Pflicht entbunden, ihre Peiniger namentlich benennen, deren schuldhaftes Verhalten nachweisen zu müssen. Beibehalten wurde der Grundsatz, daß das Verfolgungsschicksal jedes Einzelnen zu belegen oder zumindest zu bestätigen war. Hier jedoch kehrten die Gesetzgeber die rechtlich fixierte Beweislast um: Nicht die Verfolgten selbst, sondern statt dessen die Entschädigungsbehörden hatten alle wesentlichen Informationen, Urkunden und Aussagen zusammenzutragen, die für eine Entscheidung des jeweiligen Falles notwendig waren. Wenn auch die Entschädigungsorgane nicht in der Lage waren, alles Notwendige zu eruieren, so räumte ih-

---

181 Vgl. dazu: § 208 (2) des Bundesentschädigungsgesetzes. Zwar wurden in den Entschädigungsbehörden wie in den zuständigen Kammern erfahrene Verwaltungsfachleute und Juristen eingesetzt - die Komplexität der Materie aber überforderte viele dieser Fachleute. Dies vor allem, weil sie einen schwierigen rechtlichen Stoff zu bearbeiten hatten und sich zudem differenzierte zeitgeschichtliche und psychologische Kenntnisse aneignen mußten.

182 So heißt es in § 2 (1 u.2.) des Bundesentschädigungsgesetzes: "Nationalsozialistische Gewaltmaßnahmen sind solche Maßnahmen, die ... auf Veranlassung oder mit Billigung einer Dienststelle oder eines Amtsträgers des Reiches, eines Landes, einer sonstigen Körperschaft, Anstalt oder Stiftung des öffentlichen Rechts, der NSDAP, ihrer Gliederungen oder ihrer angeschlossenen Verbände gegen den Verfolgten gerichtet worden sind. Der Annahme nationalsozialistischer Gewaltmaßnahmen steht nicht entgegen, daß sie auf gesetzlichen Vorschriften beruht haben oder in mißbräuchlicher Anwendung gesetzlicher Vorschriften gegen den Verfolgten gerichtet worden sind." Zit. nach: H.G. van Dam / Heinz Loos. Bundesentschädigungsgesetz - Kommentar, a.a.O., S. 78.

nen der Gesetzgeber die Option ein, dennoch zugunsten der Antragsteller zu entscheiden.[183] Offenbar wird bei diesen Regelungen, in welchem Maße sich die Gesetzgeber bemühten, der besonderen historischen Situation gerecht zu werden. Kreiert wurden verfahrensrechtliche Richtlinien, die zwar noch deutlich dem Bürgerlichen Recht entlehnt waren (wie z. B. an dem gerichtlichen Instanzenweg zu sehen) - die aber die Verfahrensmodalitäten deutlich flexibilisierten. Zielte die Bereitstellung gesonderter Verwaltungs- und Justizressourcen vor allem darauf ab, die Durchführung von Entschädigungsverfahren zu beschleunigen, so sollten es alle weiteren Verfahrenserleichterungen möglich machen, die besondere Notsituation ehemals Verfolgter zu berücksichtigen.

Bewußt war den Gesetzgebern, daß es sich bei den ehemals Verfolgten um entwurzelte, in ihrer Integrität zutiefst verletzte Menschen handelte, denen es kaum möglich war, ihr Verfolgungsschicksal akribisch und detailgenau nachzuzeichnen. Dieses Unvermögen sollte sich aber nicht - so der Wille der Gesetzgeber - gegen die Betroffenen selbst richten, sondern durch die Vorarbeiten der Entschädigungsorgane kompensiert werden. Sie hatten nicht nur die Beweislast zu tragen, sondern zugleich auch - in jedem individuellen Fall - zu entscheiden, ob sie dem/der Betroffenen auch dann Entschädigung zukommen lassen wollten, wenn wichtige Dokumente und Zeugenaussagen fehlten, die das jeweilige Verfolgungsschicksal hätten bestätigen können. Vor allem in dieser Klausel manifestierten sich die Bemühungen der Gesetzgeber, dem Prinzip des "in dubio pro" zu folgen und damit die Erfolgschancen ehemals Verfolgter, Entschädigungsleistungen zu erhalten, zu erhöhen.[184]

Auf der anderen Seite aber entbanden die Gesetzgeber die westdeutschen Länder von der Pflicht, allen Verfolgten, die im Machtbereich des Deutschen Reiches gelebt hatten, vollen Schadensersatz für ihre materiellen wie immateriellen Schädigungen zahlen zu müssen. Statt dessen verfügte man, daß nur einem Teil der ehemals Verfolgten ein Rechtsanspruch auf "Wiedergutmachung" zustehen solle und die staatlichen Schuldner nur im Rahmen ihrer "eigenen finanziellen Leistungsfä-

---

183  In § 176 BEG (1) heißt es: "Die Entschädigungsorgane haben von Amts wegen alle für die Entscheidung erheblichen Tatsachen zu ermitteln und alle erforderlichen Beweise zu erheben. (2): Kann der Beweis für eine Tatsache infolge der Lage, in die der Antragsteller durch nationalsozialistische Gewaltmaßnahmen geraten ist, nicht vollständig erbracht werden, so können die Entschädigungsorgane diese Tatsache unter Würdigung aller Umstände zugunsten des Antragstellers für festgestellt erachten...". Zit. nach: ebd., S. 728.
184  Die Rede ist hier von den "rechtlichen Vorgaben" - nicht aber von der Realität konkreter Entschädigungsverfahren. Wie in späteren Kapiteln zu zeigen sein wird, beanspruchten die Entschädigungsverfahren trotz neuer Verwaltungs- und Justizkapazitäten sehr viel Zeit; machten Behörden und Gerichte allzu oft keinen Gebrauch von der Option, "im Zweifel für" die Verfolgten zu entscheiden.

higkeit"[185] zu verpflichten seien. De facto bedeutete dies, daß der im Bürgerlichen Recht fixierte Grundsatz, daß all jenen Menschen ein Anrecht auf Entschädigung zustehe, die in ihren Grundrechten verletzt worden waren, aufgegeben wurde. Statt dessen wurde verfügt, daß nur bestimmten Verfolgten(gruppen) ein Rechtsanspruch auf Entschädigung zuzubilligen - anderen aber jedes Recht auf "Wiedergutmachung" abzuerkennen sei. Betrachtet man nun die verschiedenen Entschädigungsgesetze, die zwischen 1949 und 1965 erlassen wurden, so wird offenbar, daß die Gesetzgeber bei ihrer Definition eines "anspruchsberechtigten Verfolgten" verschiedenen, aber dennoch grundsätzlichen In- bzw. Exclusionskriterien folgten:

Zentral - und bis zum heutigen Tag Anlaß heftiger Kontroversen[186] - war und ist die Bestimmung aller Entschädigungsgesetze, daß eine Verfolgung nur dann als "genuin nationalsozialistisch" anzuerkennen sei, wenn sie durch bestimmte (im Gesetz wiederum definierte) Motive der Verfolger begründet gewesen sei. Eben dies unterstellten die Gesetzgeber dort, wo die Verfolgungshandlungen auf "politischen, rassischen, religiösen und weltanschaulichen" Motiven basiert hatten.[187]

Es war dies einerseits eine plausible Definition, war doch die überwältigende Mehrheit aller Verfolgungshandlungen tatsächlich rassistisch, politisch oder religiös-weltanschaulich begründet gewesen. Andererseits jedoch vernachlässigte dieser Kanon all jene Menschen, die aus anderen - biologistischen oder autoritaristischen - "Gründen" ausgegrenzt und mißhandelt worden waren: Zwangsläufig unberücksichtigt mußten so all jene bleiben, die aufgrund von psychischen Erkrankungen

---

185 Zit. nach: Hans Giessler: Die Grundsatzbestimmungen des Entschädigungsrechts, in: Die Wiedergutmachung nationalsozialistischen Unrechts durch die Bundesrepublik Deutschland, Band IV, a.a.O., S. 2.
186 Der Protest gegen die in den Gesetzen formulierten Selektionskriterien ist vor allem in der Dokumentation parlamentarischer Initiativen der Grünen in Bonn und der Fraktion der Alternativen Liste Berlin: Anerkennung und Versorgung aller Opfer nationalsozialistischer Verfolgung, a.a.O. dokumentiert; gleiches gilt für die Streitschrift der Hamburger Initiative "Anerkennung aller NS-Opfer": Wiedergutgemacht? NS-Opfer - Opfer der Gesellschaft noch heute, Hamburg 1986.
187 Nicht alle Verfolgten, die unter eine dieser Kategorien zu subsumieren gewesen wären, erhielten tatsächlich Entschädigungsleistungen: So wurde z.B. Mitgliedern anarchistischer Gruppierungen der Status der "politisch Verfolgten" ebenso verwehrt wie Angehörigen nationaler Widerstandsbewegungen aus Polen, Frankreich, Tschechien oder der Sowjetunion - wurden Sinti und Roma, die vor 1942 verfolgt worden waren, nicht als "rassisch Verfolgte" anerkannt. Vgl. dazu die Begründungen von H.G. van Dam und Heinz Loos, in: Bundesentschädigungsgesetz -Kommentar, a.a.O., S. 50 ff. Den entschädigungsberechtigten Verfolgten gleichgestellt wurden jedoch - zumindest nach Verabschiedung des Bundesentschädigungsgesetzes 1956 - all jene, die sich aktiv gegen die Mißachtung der Menschenwürde und die Vernichtung von Menschenleben eingesetzt hatten; Menschen, die deshalb verfolgt worden waren, weil sie eine vom Nationalsozialismus abgelehnte künstlerische oder wissenschaftliche Richtung vertreten oder einem Verfolgten nahegestanden hatten. Ebenfalls miteinbezogen wurden Hinterbliebene von Verfolgten sowie Geschädigte, die irrtümlich einer bestimmten Verfolgtengruppe zugerechnet worden waren. Vgl. dazu § 1 des BEG, in: ebd., S. 48 f.

und Behinderungen Leidtragende von Verfolgung (und Vernichtung) geworden waren.[188] Unberücksichtigt blieben aber auch diejenigen, die - obwohl sie nicht dezidiert als politische Gegner des nationalsozialistischen Regimes bezeichnet werden konnten - von ihrem Recht auf freie Meinungsäußerung Gebrauch gemacht oder sich resistent verhalten hatten und deshalb verfolgt worden waren.

Aber auch in anderen Fällen wird sichtbar, wie problematisch die Entscheidung der Gesetzgeber war, sich ausschließlich auf die (spezifischen) "Verfolgungsgründe" des NS-Regimes zu berufen und nur diese zum Entscheidungskriterium zu machen, ob Verfolgte entschädigungsberechtigt seien oder nicht. Da lediglich diejenigen Verfolgungstatbestände als spezifisch nationalsozialistisch galten, die auf ideologisch begründeten Bestimmungen und Dekreten beruht hatten, wurden all jene Tatbestände (bewußt) vernachlässigt, die durch ein Strafrecht legitimiert schienen, das bereits in der Weimarer Republik Gültigkeit besessen hatte oder in den Strafrechtskatalog der Bundesrepublik übernommen worden war.

Ignoriert wurde dabei, daß es ebenfalls Intention nationalsozialistischer Verfolgungspolitik gewesen war, die Exekution bestehenden Rechts zu radikalisieren, bei der Verhängung von Strafen jedes rechtsstaatliche Maß außer Acht zu lassen.[189] Statt dessen beharrten die Gesetzgeber der Entschädigungsgesetze darauf, daß die Sanktionen des nationalsozialistischen Regimes als reguläre Justizakte zu betrachten seien. Im Umkehrschluß bedeutete dies, daß sogenannte Asoziale und Kriminelle, aber auch Homosexuelle und Wehrmachtsdeserteure keine "Entschädigung" erhielten - auch dann nicht, wenn sie in Konzentrationslager deportiert, mißhandelt, gedemütigt und gequält worden waren.[190]

Die "Verfolgungsgründe" der nationalsozialistischen Machthaber waren jedoch nicht das einzige Selektionskriterium, dessen sich die Gesetzgeber bei dem Ver-

---

188 So all jene, die Opfer des nationalsozialistischen "Euthanasieprogramms" oder Leidtragende von Zwangssterilisationen geworden waren.
189 Wie Constantin Goschler zeigt, war es eine durchaus bewußte Entscheidung der Gesetzgeber, all jenen Menschen jede "Wiedergutmachung" zu verweigern, die gegen geltendes - d.h. nicht von nationalsozialistischer Ideologie geprägtes - Recht verstoßen hatten und deshalb verfolgt worden waren. Unterstützt wurde diese Position von den Verbänden ehemals rassistisch und politisch Verfolgter, die sich - in der Frühphase des Gesetzgebungsprozesses 1946 - 1948 - massiv dagegen verwehrten, daß Personen Entschädigung erhalten sollten, denen es (nach ihrer Meinung) schon während der Verfolgung an "moralischer Integrität" gemangelt habe. Vgl. dazu: Constantin Goschler: Wiedergutmachung. Westdeutschland und die Verfolgten des Nationalsozialismus 1945 - 1954, a.a.O., S. 134 f.
190 Notwendig wäre es gewesen, den Kreis der sogenannten Straffälligen genauer zu differenzieren. Nachvollziehbar erscheint es, daß denjenigen jede "Wiedergutmachung" verwehrt wurde, die zwar als "Kriminelle" in Konzentrationslager deportiert wurden, dort aber zu Mittätern und Profiteuren des nationalsozialistischen Lagerregimes mutierten. Diese Gruppe (die auch nicht alle "Kriminellen" umfaßte) ist jedoch nicht gleichzusetzen mit Homosexuellen, "Asozialen" und Deserteuren, die nur deshalb inhaftiert und mißhandelt wurden, weil sie gegen gesellschaftliche Normsetzungen verstießen.

such bedienten, die Anzahl der entschädigungsberechtigten Verfolgten zu begrenzen. Als zweites Trennkriterium galt und gilt ein "subjektiv-persönliches Territorialitätsprinzip",[191] das im Grunde darauf abzielte, vor allem und vorrangig jenen das Anspruchsrecht auf Entschädigung zuzubilligen, die die deutsche Staatsbürgerschaft besaßen (oder besessen hatten) bzw. sich dauerhaft in einem der deutschen Länder aufgehalten hatten. Betrachtet man den Werdegang des Entschädigungsrechtes so wird jedoch offenbar, daß dieses "Territorialitätsprinzip" keine statische Größe war, sondern sukzessive zu Gunsten der Verfolgten ausgeweitet wurde.

Die engste Definition einer räumlichen Anbindung an Deutschland enthielt das Entschädigungsgesetz der amerikanischen Besatzungszone: Hier wurde bestimmt, daß all jene Anspruch auf Entschädigung haben sollten, die entweder die deutsche Staatsbürgerschaft besessen oder aber am 1.1.1947 in einem deutschen Land (der amerikanischen Besatzungszone) gewohnt bzw. sich dort ständig aufgehalten hatten. Erweitert wurde dieser Personenkreis - allerdings erst nach längeren Kontroversen - um solche "Displaced Persons", die sich am 1.1.1947 in einem Land der amerikanischen Besatzungszone aufgehalten hatten.[192]

Deutlich wird hier, wie sehr die Gesetzgeber in der Frühphase der Entschädigungsgesetzgebung darum bemüht waren, sich von den Grundsatzbestimmungen des Bürgerlichen Rechtes abzukoppeln: Aufgehoben wurde das Verursacherprinzip, demzufolge alle zu entschädigen gewesen wären, die sich vormals im Machtbereich des Deutschen Reiches befunden hatten und dort geschädigt worden waren. Statt dessen verordneten die Gesetzgeber nun, die Verfolgten hätten eine klare Beziehung zum Territorium der "staatlichen Schuldner" des Jahres 1949 nachzuweisen - also den deutschen Ländern unter amerikanischer Besatzung.

Als 1953 das erste bundeseinheitliche Entschädigungsgesetz (das Bundesergänzungsgesetz) verabschiedet wurde, mußte dieser räumliche Bezug zwangsläufig auf alle Länder der Bundesrepublik ausgeweitet werden – im Bundesentschädigungsgesetz von 1956 wurde er dann auf das Terriroium des Deutschen Reiches in den Grenzen vom 31.12.1937 erweitert. Betrachtet man jedoch alle weiteren Klauseln dieses und späterer Entschädigungsgesetze, in denen das genannte "Territorialitätsprinzip" geregelt bzw. umdefiniert wurde, so wird offenbar, daß man sich nach

---

191 Zit. nach: Hans Giessler: Die Grundsatzbestimmungen des Entschädigungsrechts, a.a.O., S. 52.
192 Wie Constantin Goschler nachweist, waren die deutschen Gesetzgeber aus finanziellen Gründen erst einmal nicht bereit, den in der amerikanischen Besatzungszone lebenden "Displaced Persons" einen Anspruch auf Entschädigung zuzubilligen. Erst als die amerikanische Besatzungsmacht drohte, dem deutschen Gesetzentwurf die Zustimmung zu verweigern, wurde dieser Personenkreis als "anspruchsberechtigt" mitaufgenommen. Vgl. dazu: ders.: Wiedergutmachung, a.a.O., S. 144 ff.

und nach wieder dem Geltungsbereich des Bürgerlichen Rechtes annäherte:[193] 1953 erhielten diejenigen ein Anspruchsrecht auf Entschädigung, die als "verfolgte Heimkehrer, Vertriebene und Sowjetzonenflüchtlinge"[194] erst nach dem 1.1.1947 ihren Wohnsitz oder dauerhaften Aufenthalt in einem Land der Bundesrepublik genommen hatten. Als besondere Gruppe miteinbezogen wurden aber auch jene, die sich als Vertriebene nicht in Westdeutschland angesiedelt hatten, sondern in einen anderen Staat ausgewandert waren bzw. als Staatenlose oder Flüchtlinge im Ausland lebten.[195]

War damit bereits angedeutet, daß sich die Bundesrepublik auch denjenigen Verfolgten zuwenden würde, die aus dem Ostteil Deutschland bzw. den vormaligen deutschen Ostgebieten stammten, so wurde dies in einer weiteren Gesetzesänderung 1956 noch deutlicher: Mit Verabschiedung des Bundesentschädigungsgesetzes erhielten nun auch diejenigen Verfolgten einen umfassenden Rechtsanspruch auf Entschädigung, die aus dem ehemaligen Gebiet des Deutschen Reiches (also auch aus dem Gebiet der DDR und den ausgegliederten Ostgebieten) ausgewiesen oder deportiert worden waren bzw. es geschafft hatten, zu emigrieren.[196] Und schlußendlich fanden auch solche Verfolgte Berücksichtigung, die aus Danzig stammten oder aber nach dem 1.10.1953 aus dem Ostblock geflüchtet waren - dies allerdings erst, als das Bundesentschädigungsschlußgesetz 1965 verabschiedet worden war.

Auch wenn die gesetzlichen Bestimmungen bezüglich der territorialen Anbindung ehemals Verfolgter an die Bundesrepublik immer weiter gelockert wurden,[197] so blieb dennoch ein Grundsatz bestehen: Keine Individualentschädigung von der

---

193 Notwendig wurde dies, weil die Bundesrepublik die Rechtsnachfolge des Deutschen Reiches angetreten hatte und sich damit weitgehend verpflichtet hatte, dessen Rechtspflichten zu übernehmen.

194 Zit. nach: Hans Giessler. Die Grundsatzbestimmungen des Entschädigungsrechts, a.a.O., S. 51. Einschränkend wurde jedoch bestimmt, daß als Vertriebene nur jene anzuerkennen seien, die vormals dem deutschen Sprach- und Kulturkreis angehört hatten. "Beweisen" konnten die Verfolgten eine solche Zugehörigkeit, wenn sie sich einem aufwendigen Sprachtest unterzogen. Vgl. dazu: H. G. van Dam / Heinz Loos: Bundesentschädigungsgesetz - Kommentar, a.a.O., S. 658.

195 Sie galten als "besondere Verfolgtengruppen", die zwar einen prinzipiellen Anspruch auf Entschädigung hatten - aber nicht in vollem Umfange: Sie konnten keine eigentums- und vermögensrechtlichen Ansprüche geltend machen und erhielten auch geringere Leistungen für ihre immateriellen Schädigungen.

196 Verändert wurden auch die Stichdaten, zu denen die Verfolgten ihren räumlichen Bezug zu Deutschland nachweisen mußten. Galt z.B. im US-EG - wie beschrieben - noch der 1.1.1947 als maßgeblich, so wurde im Bundesentschädigungsgesetz 1956 der 31.12.1952 als Stichdatum festgesetzt.

197 Zu berücksichtigen ist jedoch, daß diese Lockerungen erst Jahre nach Ende des Zweiten Weltkrieges verabschiedet wurden. Für viele ehemals Verfolgten bedeutete dies, daß sie - als ihnen endlich ein Anspruchsrecht zugebilligt wurde - bereits alt und krank waren; für viele kamen die gesetzlichen Änderungen zu spät.

Bundesrepublik erhielten Verfolgte, die nach dem Krieg in einem Staat lebten, zu dem die Bundesrepublik keine diplomatischen Beziehungen unterhielt. Ausgeschlossen blieben aber auch jene, die sich dauerhaft in einem Staat aufhielten, mit dem die Bundesrepublik entweder ein Globalabkommen zur Entschädigung bzw. ein Reparationsabkommen geschlossen und der dabei zugesichert hatte, die ehemals Verfolgten in seinem Staatsgebiet selbsttätig zu entschädigen.[198] Alle Legaldefinitionen, mit deren Hilfe der Kreis derer umrissen wurde, die Entschädigungsansprüche gegen die deutschen Länder stellen konnten, zielten im Grunde darauf ab, die zu erwartenden Finanzbelastungen für die Bundesrepublik zu reduzieren. Nach Ansicht der Gesetzgeber reichte dies jedoch nicht aus: Sie gingen davon aus, daß - hätte man sich weiterhin an den Maximen des Bürgerlichen Rechtes orientiert und allen (anspruchsberechtigten) Verfolgten umfängliche Schadensersatz- und Schmerzensgeldleistungen zukommen lassen - die Finanzkapazitäten deutscher Haushalte auf Dauer überlastet gewesen wären. Ihre Konsequenz war es deshalb, die Leistungen selbst zu staffeln und damit die Beträge zu reduzieren, die den (anspruchsberechtigten) Verfolgten ausgezahlt werden sollten. In den Gesetzen wurde demzufolge definiert, welche verfolgungsbedingten Schädigungen und Verletzungen als entschädigungsrelevant zu erachten seien und darüber hinaus die Modalitäten festgeschrieben, wie und innerhalb welcher Grenzen diese - definierten - Schädigungen zu kompensieren seien.

Operationalisiert wurde dies durch einen Katalog von typisierten "Schadenstatbeständen", unter die die Majorität aller tatsächlichen Schädigungen subsumiert werden konnten. Betrachtet man Inhalt und Umfang dieser Kategorien, so wird offenbar, daß sich die Gesetzgeber zumindest in diesem Punkt weitestgehend an die Vorgaben des Bürgerlichen Rechtes anlehnten.

Wie dort wurden auch in die Entschädigungsgesetze aufgenommen: Schäden an Leben (gemeint sind hier Leistungen für Hinterbliebene getöteter bzw. verstorbener Verfolgter); Schäden an Freiheit, an Körper und Gesundheit (worunter die in dieser Arbeit relevanten psychischen Folgeschäden zu subsumieren wären) und an Eigentum. Wurden im Bürgerlichen Recht alle weiteren denkbaren Schädigungen als "Verletzung sonstigen Rechts" summarisch zusammengefaßt, so wurden diese im Entschädigungsrecht ebenfalls kategorial differenziert. Aufgenommen wurden hier: Schäden an Vermögen, im beruflichen wie wirtschaftlichen Fortkommen (wobei

---

[198] Globalabkommen zur Entschädigung schloß die Bundesrepublik Deutschland zwischen 1959 und 1964 mit elf westeuropäischen Staaten sowie mit Österreich; die Gesamtsumme ihrer Leistungen betrug 1 Milliarde DM. Reparationsabkommen wurden mit der Sowjetunion und Polen im Rahmen des Londoner Schuldenabkommens getroffen. Beide Staaten erklärten sich bereit, ihre (ehemals Verfolgten) Bürger selbsttätig zu entschädigen bzw. zu versorgen. Tatsächlich aber erhielten Verfolgte in diesen Ländern - wenn überhaupt - nur marginale Entschädigungsleistungen, die weit unter dem Niveau lagen, das ihnen - bei einer direkten Antragstellung in der Bundesrepublik - hätten zugebilligt werden müssen.

sogenannte Ausbildungsschäden gesondert behandelt wurden) sowie Schäden durch Zahlungen von Sonderabgaben, Geldstrafen, Bußen und sonstigen (Zwangs)Kosten.

Voraussetzung, für einen oder mehrere dieser Schäden Kompensationsleistungen zu erhalten, war es, daß der/die Schäden tatsächlich und vor allem originär durch nationalsozialistische Verfolgung zustande gekommen war. So bestimmten die Gesetzgeber, daß "nationalsozialistische Gewaltmaßnahmen" jene Aktionen seien, die

> "auf Veranlassung oder mit Billigung einer Dienststelle oder eines Amtsträgers des Reiches, eines Landes, einer sonstigen Körperschaft, Anstalt oder Stiftung des öffentlichen Rechtes, der NSDAP, ihrer Gliederungen oder ihrer angeschlossenen Verbände gegen den Verfolgten gerichtet worden sind."[199]

Auf den ersten Blick erscheint diese Klausel ebenso allgemein gehalten wie einleuchtend. In der Praxis war es jedoch oftmals schwierig, den Nachweis zu erbringen, daß ein Schaden tatsächlich nur und ausschließlich durch nationalsozialistische Gewaltakte verursacht worden war. Problematisch war es z.B. zu klären, ob Hunderttausende polnischer Juden, die sich zu Beginn des Zweiten Weltkrieges aus Angst vor deutschen Terrorakten in sowjetisch besetztes Gebiet geflüchtet hatten und dort inhaftiert worden waren, tatsächlich Verfolgte des NS-Staates gewesen waren oder nicht eher als Leidtragende sowjetischer Verfolgungspolitik zu betrachten seien.[200] Doch nicht nur die Frage, wie mit Menschen zu verfahren sei, die (auch) in anderen Staaten verfolgt worden waren, war strittig. Schwierigkeiten ergaben sich zudem bei Menschen, die infolge nationalsozialistischer Verfolgung körperliche und gesundheitliche Schädigungen erlitten hatten: Die Ursachen somatischer und psychischer Erkrankungen waren und sind - wie ich im nächsten Kapitel ausführlicher darstellen werde - nur selten monokausal zu erklären und so gab es in vielen Entschädigungsverfahren heftige Kontroversen, ob und in welchem Umfange die Leiden ehemals Verfolgter auf nationalsozialistischer Verfolgung beruhten (vgl. dazu die Fallbeispiele in Kapitel VI).

---

199 Zit. nach: § 2 des Bundesentschädigungsgesetz, in: H. G. van Dam / Heinz Loos: Bundesentschädigungsgesetz - Kommentar, a.a.O., S. 78.

200 Tatsächlich wurden diese Fälle in der Praxis sehr unterschiedlich behandelt: Polnische Juden, die sich aus dem von den Deutschen besetzten Teil ihres Landes in den sowjetischen Teil geflüchtet hatten und dann deportiert worden waren, erhielten (ab Mitte der 60er Jahre) Entschädigungsleistungen, wurde doch akzeptiert, daß der nationalsozialistische Terror Ausgangspunkt ihrer Verfolgung gewesen war. Verworfen dagegen wurden die Entschädigungsansprüche jener polnischer Juden, die bereits in sowjetisch besetztem (polnischen) Territorium gelebt hatten und sich von dort - ebenfalls aus Angst vor deutscher Verfolgung - in das Innere der Sowjetunion geflüchtet hatten. Wenn diese Menschen sich dann in der Sowjetunion Schädigungen zuzogen, so galten diese als von der Sowjetunion verursacht. Vgl. dazu: Hans Giessler: Die Grundsatzbestimmungen des Entschädigungsrechts, a.a.O., S. 35.

Die Gesetzgeber bestimmten jedoch nicht nur, welche Voraussetzungen zu erfüllen waren, um Entschädigungsansprüche geltend zu machen, sie legten ebenso fest, in welcher Form Verfolgungsschäden zu entschädigen seien. Verworfen wurde dabei jede summarische Lösung, die für alle Schädigungen übereinstimmende Leistungen vorgesehen hätte. Statt dessen wählten die Gesetzgeber das Enumerationsprinzip: In jeweils separaten Titeln wurde jede Schadenskategorie gesondert behandelt und zugleich festgeschrieben, wie der jeweilige Schaden nachzuweisen, in seiner Höhe bestimmt und qua welcher Geldleistungen in welchem Zeitraum "wiedergutzumachen" sei. Prämisse war dabei, daß all jene Schäden, die ein bestimmtes - vom Gesetzgeber wiederum definiertes - Maß unterschritten, als irrelevant und deshalb als nicht entschädigungswürdig zu erachten seien.[201]

Betrachtet man jedoch die Bestimmungen des Entschädigungsrechtes, mit denen die Zumessung der tatsächlich zu zahlenden Leistungen geregelt wurde, so wird noch einmal offenbar, daß und in welchem Maße die Gesetzgeber von den Vorgaben des Bürgerlichen Rechtes abrückten. Bei den dort vorgesehenen Schadensersatz- und Schmerzensgeldleistungen handelt es sich prinzipiell um Fixsummen, die sich ausschließlich nach der Höhe bzw. der Schwere des tatsächlichen Schadens bemessen.

Das Entschädigungsrecht dagegen orientierte sich an dem Grundsatz *"Entschädigung in Grenzen und in beschränkter Höhe"*.[202] Deshalb mußten weitaus flexiblere Finanzierungsmodalitäten konzipiert werden, mit deren Hilfe die staatlichen Leistungen begrenzt und der Zeitraum gedehnt werden konnte, innerhalb dessen diese Leistungen auszuzahlen waren.[203] Konzipiert wurden also standardisierte Mindest-Soll- und Höchstgrenzen, innerhalb derer die Entschädigungszahlungen zu bemessen waren. Unterschieden wurde aber auch zwischen Kapitalentschädigungssummen - also begrenzten Pauschalbeträgen -, die sofort nach Anerkennung des Entschädigungsanspruchs ausgezahlt wurden, und fortlaufenden Rentenzahlungen, die monatlich zu erbringen waren. Um aber die Belastungen deutscher Haushalte auf Dauer so gering wie möglich zu halten, bestimmten die Gesetzgeber zudem, daß

---

201   Scheint es auf den ersten Blick einleuchtend, sogenannte Bagatellschäden aus dem Entschädigungsprozedere auszugliedern, so erweist sich dieser Grundsatz im Konkreten doch oftmals als fragwürdig: Problematisch wird diese Regelung dort, wo sie nicht nur auf materielle, sondern auch auf immaterielle Schädigungen angewendet wird. So wirkt es z.B. prekär, daß nur diejenigen Freiheitsschäden geltend machen konnten, die mindestens 30 Tage inhaftiert gewesen waren oder aber nur diejenigen fortlaufende Leistungen erhalten konnten, die wenigstens zu 25% in ihrer körperlichen und gesundheitlichen Leistungsfähigkeit verletzt worden waren - all jene aber unberücksichtigt blieben, die diese "Mindestschäden" nicht erreichten. Die Bemessungsgrenzen für körperliche und gesundheitliche (d.h. auch psychische) Schädigungen werde ich im folgenden noch ausführlich kommentieren.
202   Zit. nach: Georg Blessin: Wiedergutmachung, a.a.O. S. 75.
203   Alle Bestimmungen des Entschädigungsrechtes aufzuführen, die sich der Berechnung und zeitlichen Begrenzung von Entschädigungsleistungen widmen, würde den Rahmen dieser Arbeit sprengen. Genannt werden deshalb an dieser Stelle nur einige Grundprinzipien.

Renten nur dann auszuzahlen seien, wenn der/die Verfolgte in "erheblichem Maße" immateriell geschädigt sei - wobei auch hier das Richtmaß gesetzlich fixiert wurde. In diesen verschiedenen - von mir beschriebenen - Grundsatzentscheidungen deutscher Entschädigungsgesetzgebung wird, wie ich meine, ein Dilemma deutscher "Wiedergutmachung" deutlich: Die unfaßbaren Greuel, die zwischen 1933 und 1945 von Deutschen an Menschen in ganz Europa begangen worden waren, evozierten eine moralisch-ethische (Selbst)Verpflichtung der deutschen Nachkriegsgesellschaft, all jene Menschen umfassend zu entschädigen, die von den NS-Machthabern beraubt, unterdrückt, mißhandelt, inhaftiert oder ermordet worden waren.[204] Wenn auch das Leid von Millionen Menschen nicht "wieder gut", d.h. ungeschehen, gemacht werden konnte, so schien es doch ein ethisches Gebot der Gerechtigkeit zu sein, zumindest den Überlebenden angemessene, d.h. großzügige materielle Ausgleichszahlungen zukommen zu lassen. Doch gerade weil sich das Ausmaß der Verbrechen, die Vielzahl der Verletzungen und Schädigungen ehemals Verfolgter jeder Dimensionierung entzog, konnte ein solcher Anspruch, "umfängliche Wiedergutmachung" zu leisten, nicht eingelöst werden. Tatsächlich standen die Gesetzgeber vor einer schwierigen Aufgabe: Sie mußten gesetzliche Bestimmungen konzipieren, die es den staatlichen Schuldnern erlaubte, ihre eigene finanzielle Leistungsfähigkeit nicht zu überschreiten[205] - sie mußten aber zudem Regelungen finden, die die rechtlichen Ansprüche, die sozialen Bedürftigkeiten ehemals Verfolgter nicht außer Acht ließen.

Betrachtet man die oben genannten Grundsatzentscheidungen der Gesetzgeber noch einmal kritisch, so wird offenbar, daß es ihnen nur in Teilen gelang, den Widerspruch zwischen solch unterschiedlichen Interessen aufzulösen. Durchaus im Sinne der Verfolgten war es, daß neue administrative und judikative Instanzen geschaffen wurden, die mit der Erledigung von Entschädigungsverfahren beauftragt und zur aktiven Hilfestellung verpflichtet wurden. Nur so war es möglich, möglichst viele Verfahren innerhalb überschaubarer Zeiträume durchzuführen und auch in den Fällen zu positiven Entscheidungen zu kommen, die - qua Beweislage - erst einmal aussichtslos erschienen. Weitaus komplizierter aber waren die Regelungen,

---

204 Der erste Bundeskanzler Konrad Adenauer beschrieb diese moralisch-ethische Selbstverpflichtung in seiner Grundsatzerklärung vor dem Deutschen Bundestag am 27. September 1950 als "sittliche Pflicht zur "Wiedergutmachung", als "Ehrenschuld des Deutschen Volkes", zit. nach: Ernst Feaux de la Croix: Vom Unrecht zur Entschädigung: Der Weg des Entschädigungsrechts, in: Die Wiedergutmachung nationalsozialistischen Unrechts durch die Bundesrepublik Deutschland, Band III, a.a.O., S. 5.

205 Die Potenz staatlicher Leistungsfähigkeit ist jedoch keine statische Größe: Bis zur Mitte der 60er Jahre war die finanzielle Belastung durch die Individualentschädigung von Bund und Ländern erheblich – in den 80er Jahren jedoch waren die Entschädigungsausgaben der Bundesrepublik auf 0,5% der Staatsausgaben herabgesunken. Vgl. dazu: Karl Heßdörfer: Die finanzielle Dimension, in: Ludolf Herbst / Constantin Goschler (Hrsg.): Wiedergutmachung in der Bundesrepublik Deutschland, a.a.O., S. 59.

mit deren Hilfe bestimmt werden sollte, wem Westdeutschland Entschädigung zu zahlen bereit bzw. wem dieses Recht zu verweigern sei und wie schlußendlich Entschädigungsleistungen zu berechnen seien. Grundsätzlich wurde mit der Entscheidung, all jenen einen Anspruch auf Entschädigung zuzubilligen, die aus rassischen, politischen, religiösen und weltanschaulichen Gründen verfolgt worden waren und zudem einen (persönlichen) räumlichen Bezug zu den Ländern der Bundesrepublik nachweisen konnten, ein durchaus relevanter Anteil aller ehemals Verfolgten in die "Wiedergutmachung" miteinbezogen. Qua Exclusion wurde jedoch all jenen Entschädigung verwehrt, die schon vor der Machtübernahme des nationalsozialistischen Regimes Leidtragende gesellschaftlicher Stigmatisierung gewesen waren: Homosexuelle, Deserteure, "Asoziale", Straffällige, psychisch Kranke, aber auch Sinti und Roma. Es war dies in der Tat eine sehr problematische Entscheidung: Unhinterfragt übernommen wurden tradierte Vorurteile gegen sozial Schwache, akzeptiert wurde aber auch die Ausgrenzung all derer, deren Verhalten einer "gesellschaftlichen Norm" entgegenzulaufen schien. Und schlußendlich suggerierte der Ausschluß dieser Verfolgtengruppen, bei den nationalsozialistischen Strafrechtsverschärfungen habe es sich um ein "rechtsstaatliches" Prozedere gehandelt, das nicht als Unrecht zu begreifen sei.

Auf der anderen Seite bewiesen die Gesetzgeber selbst, daß die Vorgaben des Entschädigungsrechts nicht zwangsläufig starr und unveränderbar sein mußten. Zwar blieb die Definition entschädigungsrelevanter "Verfolgungsgründe" bis zur Verabschiedung des Bundesentschädigungsschlußgesetzes in ihren Grundzügen unverändert - flexibler aber zeigten sich die Gesetzgeber dort, wo es um die Bestimmung des "subjektiv-persönlichen Territorialitätsprinzips" ging. In jeder Neufassung der Entschädigungsgesetzgebung in den Jahren 1951 bis 1965 wurde die geforderte räumliche Beziehung der Verfolgten zu den Ländern der Bundesrepublik weiter gefaßt und schlußendlich das Deutsche Reich in den Grenzen von 1937 zum Maßstab erklärt und damit vielen ehemals Verfolgten die Chance zugebilligt, (wenn auch Jahre nach Ende der Verfolgung) Entschädigungsansprüche geltend machen zu können.

Das Dilemma, den Leiden ehemals Verfolgter gerecht werden und gleichzeitig die eigene finanzielle Leistungsfähigkeit nicht überlasten zu wollen, wurde und wird dort besonders sichtbar, wo sich die Gesetzgeber bemühten, das Prozedere der Entschädigungsverfahren, die Form der Entschädigungsleistungen zu modifizieren bzw. zu normieren:[206]

---

206    Genaueres dazu im folgenden Kapitel, in dem ich mich auch dem Spannungsverhältnis zwischen Entschädigungsorganen und begutachtenden Ärzten einerseits und denjenigen Verfolgten zuwenden werde, die Entschädigungsansprüche wegen psychischer Folgeschäden geltend machten.

Betrachtet man die materiellen wie immateriellen Schäden, die in den Entschädigungsgesetzen aufgeführt und als relevant erachtet wurden, so wird das Interesse der Gesetzgeber sichtbar, einen möglichst umfassenden Katalog zu kreieren, der möglichst viele denkbare Schädigungen ehemals Verfolgter umfaßte.

Weitaus komplexer bzw. für einen Laien kaum noch zu durchschauen waren die gesetzlichen Regelungen aber dort, wo es um Art und Umfang der zu zahlenden Entschädigungsleistungen ging. Um die zu erwartenden Leistungen so überschaubar wie möglich zu halten, mußte jeder Schaden exakt bemessen und auf seine Relevanz überprüft werden; mußten Mindest-, Soll- und Höchstgrenzen eingehalten werden, die weder unter- noch überschritten werden durften; mußten Kapitalentschädigungs- und Rentenzahlungen getrennt behandelt und ggfls. zeitlich gestaffelt werden. Beinahe zwangsläufig war es denn auch, daß - inmitten solch verflochtener Berechnungsmodalitäten - die konkreten Leiden, Verletzungen und Verluste ehemals Verfolgter zumindest scheinbar in Vergessenheit gerieten und sich der Eindruck aufdrängte, das finanzpolitische Kalkül Deutschlands habe schlußendlich doch über jede "Wiedergutmachungsbereitschaft" obsiegt.

Eben diese Frage aber, inwieweit die gesetzlichen Vorgaben Spielraum boten, die Leiden ehemals Verfolgter wahrzunehmen und adäquat zu entschädigen, möchte ich im nächsten Kapitel noch einmal genauer behandeln, werde ich mich hier doch - ausschließlich - mit denjenigen Passagen der verschiedenen Entschädigungsgesetze befassen, unter die die Entschädigung psychischer Folgeschäden zu subsumieren war.

### III.2 "Schäden an Körper und Gesundheit"

Wie im vorigen Kapitel bereits deutlich wurde, war das deutsche Entschädigungsrecht eine Neuschöpfung der unmittelbaren Nachkriegszeit, die jedoch im Laufe der Jahre immer wieder überarbeitet und verändert wurde. Zwar wurden viele Grundsatzentscheidungen, die die Gesetzgeber bereits im Entschädigungsgesetz der US-amerikanischen Besatzungszone getroffen hatten, auch in die späteren bundeseinheitlichen Entschädigungsgesetze übernommen - in Einzelaspekten mußten die gesetzlichen Vorgaben aber immer wieder modifiziert werden. Geschuldet war dies nicht zuletzt der Entschädigungspraxis: In der unmittelbaren Konfrontation mit ehemals Betroffenen erhielten die Entschädigungsorgane (und damit auch die Gesetzgeber) immer neue Informationen über bis dato unbekannte Verfolgungsdetails - erweiterte sich der Wissensstand über die verschiedenartigen Erscheinungsformen verfolgungsbedingter Schädigungen.[207] Und so war es zwangsläufig, daß bei

---

207 So erweiterte sich beispielsweise der zeitgeschichtliche Kenntnisstand über Haftstätten im Osten Europas, in die ehemals Verfolgte deportiert worden waren; es änderte bzw. vergrö-

jeder Novellierung der Entschädigungsgesetze die Erfahrungen der Praxis mitberücksichtigt, die gesetzlichen Vorgaben erweitert oder doch zumindest (teil)korrigiert werden mußten. Wenn ich also im folgenden die zentralen gesetzlichen Vorgaben vorstellen und analysieren werde, unter die die Entschädigung psychischer Folgeschädigungen subsumiert wurden, so gilt es hier, zum einen diejenigen Grundsatzentscheidungen aufzugreifen, mit denen bestimmt wurde, wie ein "verfolgungsbedingter (psychischer) Schaden" zu definieren und zu entschädigen sei - zum anderen aber auch jene Modifikationen der Bundesgesetzgebung darzustellen, mit denen sich die Chancen ehemals Verfolgter erhöhten, ihre Entschädigungsansprüche durchzusetzen. Da jedoch diese gesetzlichen Bestimmungen sehr komplex und in ihrer sprachlichen Umsetzung schwer verständlich sind, bedürfen sie sowohl der Erklärung als auch der Auslegung und Kommentierung. Daher werde ich in einem ersten Schritt alle wesentlichen Grundsatzbestimmungen und Modifikationen vorstellen (ohne sie jedoch immer in ihrem Wortlaut zu zitieren) und mich erst in einem zweiten Schritt ihrer Interpretation zuwenden.

Der Katalog "wiedergutmachungsrelevanter" Schädigungen, den die Gesetzgeber bereits im Entschädigungsgesetz der US-amerikanischen Besatzungszone zusammenstellten, umfaßte die Majorität aller denkbaren Verletzungen, Leiden und Verluste, die ehemals Verfolgte erlitten hatten. Erstaunlich ist es jedoch, daß die psychischen Folgeschädigungen, unter denen viele der Betroffenen litten, in keinem der einschlägigen Gesetze gesondert aufgeführt oder gar mit einem "Einzeltitel" bedacht wurden. Statt dessen wurden alle psychischen (aber auch psychosomatischen) Folgeerkrankungen unter die Kategorie der "Schäden an Körper und Gesundheit" subsumiert. Innerhalb dieser Kategorie wurde global bestimmt, wie "körperliche und gesundheitliche" Leiden zu bemessen und zu entschädigen seien - unabhängig von der Frage, ob es sich um somatische oder aber psychische Leiden handelte. Aus diesem Grund waren die gesetzlichen Bestimmungen sehr allgemein gehalten, mußten mit ihnen doch sämtliche Erkrankungen, die in Folge nationalsozialistischer Repressionen aufgetreten waren, bedacht werden.

Zentrale Aufgabe der Entschädigungsgesetze war es, diejenigen Schäden näher zu definieren, die als entschädigungsrelevant erachtet wurden. Wie ich bereits im vorigen Kapitel beschrieb, war es eine wesentliche Voraussetzung, um Entschädigung erhalten zu können, daß ein (wie auch immer gearteter) Schaden tatsächlich und nachweisbar durch die Verfolgung verursacht worden war. Für die Begründung eines körperlichen und gesundheitlichen Leidens bestimmten die Gesetzgeber dementsprechend, daß nur jene Erkrankungen und Verletzungsfolgen relevant seien, bei denen ein (zumindest wahrscheinlicher) ursächlicher Zusammenhang mit

---

ßerte sich aber auch - wie ich im folgenden zeigen werde - das Wissen bezüglich verfolgungsbedingter, vor allem psychischer Erkrankungen.

der Verfolgung zu rekonstruieren sei.[208] Interpretiert werden mußte ein solch "ursächlicher Zusammenhang" in zweierlei Weise: Zum einen mußte hinreichend plausibel gemacht werden, daß zwischen der Verfolgung und dem "konkreten schädigenden Ereignis"[209] (so z.B. der Deportation und Haft, der Auswanderung etc.) ein Zusammenhang bestand. In einem zweiten Schritt aber mußte nachgewiesen werden, daß eben dieses konkrete "schädigende Ereignis" einen körperlichen und gesundheitlichen Schaden verursacht (oder zumindest mitverursacht) hatte. Gefordert war also, daß die Verfolgten nachweisen konnten, daß sich ihre Leiden monokausal aus dem konkreten Verfolgungsgeschehen ableiten ließen - und dies durch einen begutachtenden Arzt anamnestisch bestätigt wurde.

Meinten die Gesetzgeber im Entschädigungsgesetz der US-amerikanischen Besatzungszone jedoch noch, ein solch ursächlicher Zusammenhang sei nur dann gegeben, wenn er auch "unmittelbar" gewesen sei, so wurde diese Forderung bereits im Bundesergänzungsgesetz 1953 relativiert: Akzeptiert wurden nun auch diejenigen (körperlichen und psychischen) Schädigungen, die in einem mittelbaren, aber dennoch ursächlichen Zusammenhang zu der Verfolgung standen. De facto bedeutete dies, daß auch dann davon ausgegangen wurde, daß die Betroffenen durch die Verfolgung, die ihnen auferlegten Strapazen geschädigt worden waren, wenn man einen solchen Zusammenhang nur vermuten, nicht aber abschließend beweisen konnte. Darüber hinaus aber schufen die Gesetzgeber des Bundesergänzungsgesetzes eine generelle Ausnahmeregelung: Daß eine kausale Verbindung zwischen Verfolgung und einem (späteren) Leiden bestand, unterstellten sie immer dann, wenn ein Verfolgter vor 1945 deportiert und/oder inhaftiert worden war. Es zielte dies vor allem auf ehemals Verfolgte, die die Konzentrationslagerhaft überlebt hatten: Sie mußten nun nicht mehr beweisen, daß ihre Erkrankungen "verfolgungsbedingt" waren, sondern nur noch den Zeitpunkt nachweisen, an dem sich ihre Leiden manifestiert hatten.

Daß die Erkrankungen der Betroffenen tatsächlich auf nationalsozialistischer Verfolgung beruhten und nicht anderweitig begründet waren, war jedoch nur ein Faktum, das die Gesetzgeber geklärt sehen wollten. In einem zweiten Schritt bestimmten sie, daß bei allen somatischen wie psychischen Krankheiten aufzuschlüsseln sei, ob sie tatsächlich schwerwiegend (und damit "entschädigungsrelevant")

---

208  Galten bis zur Verabschiedung des Bundesentschädigungsgesetz nur diejenigen Erkrankungen als "verfolgungsbedingt", die zwischen 1933 und 1945 verursacht worden waren, so wurden ab 1956 auch jene Leiden miteinbezogen, die auf nationalsozialistischen Verfolgungsmaßnahmen beruhten, die vor dem 1.1.1933 stattgefunden hatten.

209  Zit. nach: Karls Weiss: Schaden an Körper und Gesundheit aus rechtlicher Sicht, in:. Die Wiedergutmachung nationalsozialistischen Unrechts durch die Bundesrepublik Deutschland, Band IV: Das Bundesentschädigungsgesetz, a.a.O., S. 225. Den kausalen Zusammenhang zwischen Verfolgung und schädigendem Ereignis bezeichnet Weiss als "haftungsbegründende Kausalität", den zwischen dem schädigenden Ereignis und dem später beklagten Leiden als "haftungsausfüllende Kausalität".

oder aber als Bagatellschäden zu vernachlässigen seien. In diesem Kontext interessant ist jedoch, daß in allen Entschädigungsgesetzen nur diejenigen Leiden konkret definiert wurden, die als geringfügig galten:

> "Als unerheblich gilt eine Schädigung, die weder die geistige noch die körperliche Leistungsfähigkeit des Verfolgten nachträglich beeinträchtigt hat und voraussichtlich auch nicht beeinträchtigen wird."[210]

Im Umkehrschluß bedeutete dies, daß die Gesetzgeber immer dann von einem essentiellen (körperlichen oder psychischen) Leiden ausgingen, wenn ein Verfolgter in seiner Leistungsfähigkeit tatsächlich beeinträchtigt worden war (oder dies in absehbarer Zeit sein würde). Betrachtet man nun einschlägige juristische Erläuterungen, was unter "individuellen Leistungsfähigkeit" zu verstehen sei, so wird offenbar, daß es sich hier nicht um eine Umdefinition des Gesundheitsbegriffes handelte. Statt dessen galten - summarisch - "alle Möglichkeiten eines Verfolgten zu einer seiner individuellen Verfassung entsprechenden Ausübung körperlicher und geistiger Funktionen..." als Leistungsfähigkeit, die dann beeinträchtigt sei, wenn sich konkrete Leiden "auf die berufliche, persönliche und soziale Entwicklung des Verfolgten real ausgewirkt" hatten.[211]

Realiter bedeutete dies, daß nur jene Krankheiten als entschädigungsrelevant angesehen wurden, die die Verfolgten in ihrer individuellen Entwicklung hemmten und sich negativ auf ihre soziale wie berufliche Situation auswirkten. Ob und in welchem Maße dies zutraf, hatten ärztliche Gutachter zu entscheiden, deren Aufgabe es war, die Leiden ehemals Verfolgter mit eindeutigen Diagnosen benenn- und objektiv nachweisbar zu machen.[212]

Bei der Definition von Krankheiten und Störungen, die als entschädigungswürdig akzeptiert werden sollten, waren die Gesetzgeber jedoch mit einer ganzen Reihe von Problemen konfrontiert: Gerade für die Entschädigung psychischer Folgeschädigungen relevant war einmal die Frage, wie mit sogenannten anlagebedingten Erkrankungen (und als solche galten die psychischen Störungen ehemals Verfolgter lange Zeit) umzugehen sei, die sich während der Verfolgung manifestiert hatten oder aber durch diese verschlimmert worden waren. Zu klären war jedoch auch, wie mit (psychischen) Spätschäden umzugehen sei, die erst Jahre nach der Verfolgung virulent wurden. In beiden Fällen entschieden sich die Gesetzgeber, das Prinzip eines kausalen Zusammenhangs weiterzuverfolgen: So forderten sie im Falle der "anlagebedingten Leiden", daß nachgewiesen werde müsse, daß sich diese

---

210 Zit. nach: H.G. van Dam / Heinz Loos: Bundesentschädigungsgesetz - Kommentar, a.a.O., S. 215.

211 Zit. nach: Karl Weiss: Schaden an Körper und Gesundheit aus rechtlicher Sicht, a.a.O., S. 218.

212 Generell bestimmten die Entschädigungsgesetze, daß der "deutsche medizinische Wissensstand" maßgeblich für die Beurteilung und Anerkennung somatischer wie psychischer Erkrankungen sei; vgl. dazu Kapitel III.3.

durch die Verfolgung "richtungsgebend" verschlimmert, d.h. progredient verschlechtert haben mußten. Bei psychischen Spätschäden dagegen mußte der Beweis angetreten werden, daß zwischen der Verfolgung und der Manifestation eines Leidens fortlaufend "Brückensymptome" aufgetreten waren, die einen Zusammenhang zwischen Verfolgung und Erkrankung zumindest plausibel erscheinen ließen.[213]

All diese Bestimmungen galten erst einmal und vorrangig für die unmittelbar Verfolgten selbst. Daß jedoch auch ein Mensch geschädigt worden sein konnte, der nicht aus "politischen, rassischen, religiösen oder weltanschaulichen" Gründen, sondern allein deshalb verfolgt worden war, "weil er einem Verfolgten nahegestanden hat"[214], war eine Einsicht, die erst in das Bundesentschädigungsgesetz aufgenommen wurde. Infolge dieser Gleichstellung konnten nun auch all diejenigen Ansprüche wegen körperlicher und gesundheitlicher Leiden geltend machen, die nur deshalb geschädigt worden waren, weil sie als Familienangehörige, Verwandte, Freunde oder auch nur Bekannte persönliche Kontakte zu einem Verfolgten gehabt hatten.[215]

In den Entschädigungsgesetzen wurde also zum einen bestimmt, daß nur diejenigen körperlichen und gesundheitlichen Leiden entschädigt werden sollten, die genuine Folge nationalsozialistischer Repressionen waren; zum anderen aber, daß nur solche Krankheiten zu bedenken seien, die die Verfolgten in ihrer persönlichen, vor allem aber sozialen und beruflichen Entwicklung erheblich beeinträchtigten. Zwangsläufige Konsequenz dieser Prämissen war es, daß sich die Gesetzgeber bemühen mußten zu definieren, was unter einer solch "erheblichen Beeinträchtigung" zu verstehen sei. Gewählt wurde ein Grundsatz des Unfallversicherungsrechtes, der da lautete, daß nur derjenige Anspruch auf Geldleistungen habe, dessen Erwerbsfähigkeit nicht unerheblich gemindert sei. Doch auch eine solche "nicht unerhebliche" Minderung der Erwerbsfähigkeit mußte definiert und bemessen werden: Im Entschädigungsgesetz der US-amerikanischen Besatzungszone wie auch im Bundesergänzungsgesetz wurde dementsprechend bestimmt, daß nur derjenige Anspruch auf (dauerhafte) monetäre Leistungen habe, der in seiner Erwerbsfähigkeit um mindestens 30 von Hundert beeinträchtigt sei; im Bundesentschädigungsgesetz wurde dieser Bemessungsgrad dann auf 25 von Hundert herabgesetzt.

---

213 Vgl. dazu: den Kommentar von H.G. van Dam / Heinz Loos: Bundesentschädigungsgesetz - Kommentar, a.a.O., S. 219 f. Auf einzelne gesetzliche Bestimmungen und richterliche Entscheidungen, die es möglich machten, diese Vorgaben zu durchbrechen, werde ich dann eingehen, wenn ich die gesetzlichen Grundsatzbestimmungen ausführlicher kommentieren werde.
214 Zit. nach: § 1 des BEG, in: ebd., S. 48.
215 Gleiches galt selbstverständlich auch für Hinterbliebene eines Verfolgten, wobei jedoch zu beachten ist, daß dieser Personenkreis bereits nach dem Bundesrückerstattungsgesetz von 1953 anspruchsberechtigt war.

Die Prozentuierung der (möglichen) Erwerbsminderung oblag einem begutachtenden Arzt, der - nach bestem Wissen - zu klären hatte, inwieweit ein Verfolgter - zum derzeitigen Zeitpunkt wie auch unmittelbar nach der Verfolgung - körperlich und/oder psychisch gehindert (gewesen) war, seine Leistungsfähigkeit im allgemeinen Erwerbsleben zu nutzen.[216] Eine prozentuale Bestimmung hatten aber auch die Entschädigungsorgane vorzunehmen, die ihrerseits prüfen mußten, in welchem Maße der Betreffende bei der Ausübung seines bisherigen (oder erwünschten) Berufes oder einem beruflichen Aufstieg beeinträchtigt sei.

Nur diejenigen Verfolgten, die an einer 30 bzw. 25 prozentigen Erwerbsminderung litten oder gelitten hatten, erhielten - so die gesetzliche Regel - ihre Entschädigungsleistungen in Form von fortlaufenden Rentenzahlungen; alle jene aber, deren Beeinträchtigungen durch Ärzte und Behörden niedriger beziffert wurden, blieben von jedweder dauerhaften monetären Entschädigung ausgeschlossen.[217]

Intention der Gesetzgeber war es, gerade ehemals Verfolgte, die aufgrund ihrer gesundheitlichen Leiden nur noch schwerlich in der Lage waren, ihren wirtschaftlichen Status rekonstruieren oder halten zu können, so zu versorgen, daß sie ihre (aktuellen) sozio-ökonomischen Probleme kompensieren konnten. Doch obwohl der Ausgleich ökonomischer Einbußen, die Versorgung und Unterstützung der Geschädigten ein wichtiger Leitgedanke bundesdeutscher Entschädigung war, so war es doch nicht der einzige: Interesse der Legislative war es auch, solche fortlaufenden Unterstützungsleistungen - also Renten - so zu begrenzen, daß sie das finanzielle Leistungsvermögen der Bundesrepublik nicht übermäßig belasteten. Bei der Bemessung der Renten wurde deshalb darauf verzichtet, bestimmte Fixsummen festzulegen, die sich allein an dem Grad der (prozentuierten) Erwerbsminderung (MdE) orientiert hätten. Gezahlt wurden statt dessen Beträge, die sich durch die jeweilige MdE der Verfolgten und ihrer Einstufung in eine "vergleichbare Beamtengruppe einer Besoldungsgruppe mit aufsteigenden Gehältern" errechneten.[218]

Eine solche Einstufung - und auch das hatten die Gesetzgeber vorgeschrieben - hatte zwei Kriterien zu folgen: Erstens war bei der Beurteilung die soziale wie wirtschaftliche Stellung des jeweiligen Verfolgten zu berücksichtigen, die dieser vor Verfolgungsbeginn innegehabt hatte. Dabei war jedoch von Seiten der Ent-

---

216 Lediglich das Bundesentschädigungsschlußgesetz kennt hier eine Ausnahme: Von einer 25%igen MdE wurde hier - unabhängig von einer ärztlichen Begutachtung - immer dann ausgegangen, wenn ein Verfolgter mindestens ein Jahr in einem Konzentrationslager inhaftiert gewesen war. Vgl. dazu: Drucksachen der Bundesregierung Nr. 264/63 (Art.I Nr. 15a).
217 Bestimmt wurde in den bundeseinheitlichen Gesetzen, daß fortlaufende (progrediente), monatliche Zahlungen erst ab dem 1.11.1953 zu beginnen hätten und alle vor diesem Zeitpunkt anfallenden Kompensationsleistungen in Form einer pauschalen Kapitalentschädigung zu leisten seien. Eben diese Kapitalentschädigung konnten ebenfalls nur diejenigen erhalten, die zu 30 bzw. 25% in ihrer Erwerbsfähigkeit gemindert waren.
218 Zit. nach: Karl Weiss: Schaden an Körper und Gesundheit aus rechtlicher Sicht, a.a.O., S. 275.

schädigungsorgane darauf zu achten, daß die soziale Stellung - d.h. das gesellschaftliche Ansehen, das ein Verfolgter genossen, den Lebensstil den er gepflegt hatte - nur subsidiäre Bedeutung hatte, war doch erst einmal die wirtschaftliche Stellung des Betroffenen maßgebend[219]. Sein sozialer Rang dagegen wurde nur dann miteinbezogen, wenn es zwischen früherem Einkommen und gesellschaftlicher Selbstrepräsentation deutliche Differenzen gab.

Zugleich aber sollte eine solche Zuordnung nur "in Anlehnung an" eine vergleichbare Beamtengruppe geschehen: So hatten die Gesetzgeber zwar bestimmt, daß generell das Beamtenbesoldungsrecht anzuwenden sei; zugleich aber einschränkend festgehalten, daß die Verfolgten außer dem Ortszuschlag keine weiteren finanziellen Vergünstigungen erhalten sollten, die Beamten prinzipiell zugebilligt wurden.[220] Zudem hatten man es zur Maßgabe gemacht, daß bei jeder Laufbahngruppe - des einfachen, mittleren, gehobenen und höheren Dienstes - ein Durchschnittsbetrag zur Anwendung kommen mußte, der für die Berechnung der jeweiligen monatlichen Rente maßgeblich war.[221]

Tatsächlich aber erhielten die Verfolgten nun nicht etwa diesen Durchschnittsbetrag, sondern lediglich einen "weniger als 100 v. H. betragenden Hundertsatz dieses Diensteinkommens, und zwar in einem Rahmen zwischen 15 und 70 v.H."[222] Konsequent wurden hier diejenigen Einschränkungen übernommen, die bereits im Beamtenrecht festgeschrieben waren: Da Beamte, die ganz oder teilweise erwerbsunfähig geworden waren, ihr Diensteinkommen nicht mehr in voller Höhe erhalten konnten, sollten auch Verfolgte, die in ihrer Erwerbsfähigkeit beeinträchtigt waren, den Durchschnittsbetrag "ihrer" jeweiligen Beamtengruppe nicht gänzlich, sondern nur in Form eines begrenzten Hundertsatzes erhalten.

---

219 Die Einschätzung der wirtschaftlichen Verhältnisse wurde in der Regel nach den Einkommen bzw. Gehältern bestimmt, die ein Betroffener vor Verfolgungsbeginn erhalten hatte. Schwierig war eine solche Bewertung jedoch dann, wenn ein Verfolgter selbständig gewesen war und - wie z.B. bildende Künstler - nicht über laufende Einkünfte verfügt hatte. In diesen Fällen mußte zwangsläufig die soziale Stellung des Betreffenden zum entscheidenden Richtmaß werden.
220 So erhielten die Verfolgten weder die - für Beamten üblichen - Urlaubsgeldzahlungen, noch vermögenswirksame Leistungen oder aber ein dreizehntes Monatsgehalt.
221 Vgl. dazu: § 31 (2) und (3) des Bundesentschädigungsgesetzes, in: H.G. van Dam / Heinz Loos: Bundesentschädigungsgesetz - Kommentar, a.a.O., S. 230. All jene Verfolgten, deren Gehalt bzw. Einkommen unter dem Minimalbetrag des einfachen Dienstes gelegen hatte, wurden dem einfachen Dienst zugeordnet; alle weiblichen Verfolgten, die bei Verfolgungsbeginn ausschließlich im Haushalt tätig gewesen waren, erhielten Rentenzahlungen, die sich an der wirtschaftlichen (bzw. sozialen) Stellung ihres Ehemannes orientierten; die Rentenzahlungen von Minderjährigen dagegen bemaßen sich nach der Stellung ihrer Eltern bzw. Großeltern.
222 Zit. nach: Karl Weiss: Schaden an Körper und Gesundheit aus rechtlicher Sicht, a.a.O., S. 288.

Die Zahlung fortlaufender Rentenzahlungen (bzw. die summarische Auszahlung einer Kapitalentschädigung, mit der rückwirkende Rentenansprüche befriedigt wurden) war jedoch nur eine Form der Entschädigung für körperliche und gesundheitliche Schädigungen.[223] In den Entschädigungsgesetzen bestimmt wurde zudem, daß all jene Verfolgte Ansprüche auf Heilbehandlungen hatten, deren körperliche und somatische Leiden als erheblich galten. Als verfolgungsbedingte Krankheiten wurden hier diejenigen Leiden verstanden, die durch die Verfolgung entstanden, verursacht bzw. wesentlich mitverursacht worden waren - aufgenommen wurden aber auch jene bereits vor der Verfolgung existenten Krankheiten, die durch die Repressionen verschlimmert worden waren.[224]

Als Heilbehandlung galten alle Leistungen, die zur Genesung, zur Besserung oder Linderung von Krankheitsfolgen erforderlich waren: So z.B. notwendige ärztliche Behandlungen, Kuren in Heilanstalten oder Bädern, ambulante Pflege[225], Medikamente, Körperersatzstücke, orthopädische Hilfsmittel - aber auch psychotherapeutische Behandlungen. Gewährt werden konnte eine solche Heilbehandlung auch jenen Verfolgten, deren Minderung der Erwerbsfähigkeit unter der im Gesetz fixierten Rentenschwelle von 30 bzw. 25 % lag. Bedingung war jedoch, daß ein begutachtender Arzt bestätigte, daß z.B. eine Kur oder psychotherapeutische Behandlung tatsächlich geeignet war, den Zustand des Betreffenden zu verbessern oder seine Leistungsfähigkeit wiederherzustellen. Wurde dies bezweifelt, so konnten die Heilbehandlungsansprüche des Verfolgten in Gänze abgelehnt werden.

Die Anerkennung eines solchen Anspruches dagegen hatte zur Folge, daß das jeweilige Land erstattungspflichtig war: Getragen werden mußten alle Kosten, die bei einer ärztlichen Behandlung, Kur, Therapie oder Medikamentierung anfielen, wobei die Entschädigungsbehörden lediglich zu prüfen hatten, ob ärztliche Indikationen ordnungsgemäß umgesetzt wurden.[226] Eben diese Anerkennung galt jedoch nur einmalig - wollte ein ehemals Verfolgter mehrere Heilbehandlungen finanziert bekommen, so hatte er bei jeder Kur, jeder Therapie u.ä. einen gesonderten Neuantrag zu stellen, über den die Behörden gesondert zu entscheiden hatten.

---

223 Erwähnt werden soll an dieser Stelle auch, daß ehemals Verfolgte, die aufgrund ihrer körperlichen und gesundheitlichen Schädigungen nicht mehr in der Lage waren, ihren früheren Beruf auszuüben, monetäre Beihilfen für eine Umschulung erhalten konnten.
224 Heilbehandlung wurde aber auch dann gewährt, wenn eine Krankheit zwar verfolgungsunabhängig war, durch ihre Behandlung aber ein anderes verfolgungsbedingtes Leiden nachhaltig günstig beeinflußt wurde.
225 Eine dauerhafte ambulante Pflege wurde nur jenen gewährt, die in keiner Weise zu den Verrichtungen des täglichen Lebens in der Lage waren; Personen jedoch, die nur einzelner Hilfeleistungen bedurften, erhielten keine Pflegeleistungen (vgl. dazu den Fall von Herrn K. in Kapitel VI).
226 In der Regel wurden Kuren nur im jährlichen Rhythmus genehmigt, d.h. zwischen der Beendigung der letzten und dem Beginn einer erneuten Kur mußten mindestens 12 voll Kalendermonate verstrichen sei. Vgl. dazu: Karl Weiss: Schaden an Körper und Gesundheit aus rechtlicher Sicht, a.a.O., S. 271.

Alle gesetzlichen Maßgaben, die ich bislang beschrieb, waren "Muß-Bestimmungen" der Gesetzgeber, deren Grenzen von den Entschädigungsorganen nicht überschritten werden durften. Und doch konstituierten die Gesetzgeber im Bundesentschädigungsschlußgesetz eine Klausel, die es den Entschädigungsbehörden und -kammern möglich machte, sich bei ihrer Entscheidung von Ermessenserwägungen leiten zu lassen. Erweitert wurde hier ein Paragraph des Bundesentschädigungsgesetzes, mit dem bestimmt worden war:

> "Zur Milderung von Härten kann Personen, deren Schädigung auf die Verfolgungsgründe des §1 zurückzuführen ist... ein Härteausgleich gewährt werden. Als Leistungen kommt in Betracht Beihilfen zum Lebensunterhalt, zur Durchführung eines Heilverfahrens, zur Beschaffung von Hausrat, zum Existenzaufbau und zur Berufsausbildung."[227]

Eine solche Härte vermuteten die Gesetzgeber dort, wo ein ursächlicher Zusammenhang zwischen dem Verfolgungsgeschehen und einer Erkrankung nur deshalb nicht verifiziert werden konnte, weil die Entstehung des betreffenden Leidens im medizinisch-naturwissenschaftlichen Sinne als ungewiß galt.[228] Deshalb räumten sie den Entschädigungsorganen die Option ein, Verfolgten, die an einer solchen Krankheit litten, die oben genannten Leistungen zu gewähren. Doch auch hier fixierten die Gesetzgeber eine Einschränkung: Mit Hilfe von Härteleistungen entschädigt werden sollten nur diejenigen Krankheiten, die während der Verfolgung manifest geworden waren oder aber sich verschlimmert hatten. Wurde eine solche "zeitliche Verbindung" nachgewiesen, so forderten die Gesetzgeber darüber hinaus, daß ein krankheitsbegründender Zusammenhang zwischen dem Leiden und dem Verfolgungsgeschehen durch wissenschaftliche Arbeitshypothesen zumindest plausibel gemacht werde. De facto bedeutete dies, daß Erkrankungen und Störungen, deren Genese noch unbekannt war (oder ist), nur dann qua Härteleistungen entschädigt wurden, wenn es die Mehrheit der begutachtenden Ärzte für wahrscheinlich hielt, daß eine solche Krankheit durch das Verfolgungsgeschehen ausgelöst oder doch zumindest verschlimmert worden war. Vertraten nur einzelne Gutachter eine solche Position, so wurde dies in der Regel als nicht wissenschaftlich untermauerte Einzelmeinung verworfen.[229]

---

227 § 171 BEG, zit. nach: H.G. van Dam / Heinz Loos: Bundesentschädigungsgesetz - Kommentar, a.a.O., S. 710.
228 Vgl. dazu: § 171 Absatz 2 des BEG-Schlußgesetzes.
229 Problematisch war dies vor allem, weil alle Abweichungen von einer "herrschenden medizinischen Lehrmeinung" in der Regel von Entschädigungsorganen nicht akzeptiert wurden. Und so ist denn auch festzustellen, daß es vor allem somatische Erkrankungen, wie z.B. Multiple Sklerose, Leukämie, Muskelatrophien u.ä. waren, die im Härteausgleich berücksichtigt wurden - unspezifische psychische Erkrankungen aber, die von der Mehrheit begutachtender Ärzte schon allein deshalb oft als "verfolgungsunabhängig" bezeichnet wurden, weil sie nicht naturwissenschaftlich "begründet" werden konnten, negiert wurden.

## III.3 Die Entschädigung psychischer Folgeschädigungen im Spannungsfeld zwischen gesetzlichen Vorgaben und psychiatrischer Praxis

Nachdem ich die zentralen Bestimmungen der Entschädigungsgesetze dargestellt habe, mit denen geregelt wurde, wie die körperlichen und gesundheitlichen Schädigungen ehemals Verfolgter identifiziert, bemessen und "wiedergutgemacht" werden sollten, stellt sich die Frage, ob diese tatsächlich geeignet waren, gerade die (im Gesetz nicht erwähnten) psychischen Leiden ehemals Verfolgter adäquat berücksichtigen und entschädigen zu können.

Bei der Beantwortung dieser Frage aber ist eines zu beachten: Gesetze - und dies gilt auch für das Individualentschädigungsrecht - sind Konstrukte, die das Rechtsverhältnis zwischen Individuen bzw. zwischen Individuen und Staat regeln sollen. In der Regel - so auch in den Entschädigungsgesetzen - bedienen sich die Gesetzgeber dabei einer abstrahierend-generalisierenden Methode, die es erlaubt, eine unbestimmte Vielzahl von Anwendungsfällen unter klar umrissene Begriffsinhalte zu subsumieren. De facto bedeutet dies, daß Normen aufgestellt und Ordnungskriterien konzipiert werden, die "auf alle (in dem Rechtsraum des jeweiligen Gesetz virulenten) Sachverhalte anwendbar" sein sollen.[230] Oft aber sind die im Gesetz verwandten Normen und Begriffe nicht eindeutig, sondern "wertausfüllungsbedürftig"[231], d.h. interpretationsbedürftig. Eben diese Interpretation ist Aufgabe der Rechtsprechung, die im konkreten Fall zu klären hat, ob ein bestimmter Fall unter eine von Gesetzgeber "weich" formulierte Norm fällt bzw. wie eine solche (Norm) zu werten sei. Daß gesetzliche Normierungen nicht immer apodiktisch gesetzt sind, sondern statt dessen der praxisorientierten Auslegung bedürfen, ist von den Legislative intendiert: Wenn ein Rechtskanon dauerhafte Gültigkeit beanspruchen will, so ist es Voraussetzung, daß Veränderungen innergesellschaftlicher Wertvorstellungen berücksichtigt und integriert, d.h. Gesetze flexibilisiert werden.[232]

Betrachtet man nun die Entschädigungsgesetze - und hier besonders die Kategorie der "Schäden an Körper und Gesundheit" -, so wird offenbar, daß die Gesetzgeber hier eine Fülle von "wertausfüllungsbedürftigen" Definitionen und Regularien formulierten. Jene zu deuten und dann auf den Einzelfall anzuwenden, war in die-

---

230    Zit. nach: Niklas Luhmann: Das Recht der Gesellschaft, Frankfurt a.M. 1995, S. 72.
231    Eben diesen juristischen Kunstbegriff verwendet Helmut Köhler in seiner Einführung zum Bürgerlichen Gesetzbuch, a.a.O., S. XII.
232    Dies ist ein Rechtsgrundsatz der - wie die Geschichte zeigt - durchaus Risiken birgt: So wurden "wertausfüllungsbedürftige Begriffe" des Bürgerlichen Gesetzbuches während der NS-Zeit von Richtern so interpretiert, daß sie der ideologischen Zielsetzung des Regimes entsprachen. In der Bundesrepublik aber bekennt sich die Judikative zu der "Herrschaft des Grundgesetzes" - d.h. daß uneindeutige Begrifflichkeiten und Normen entsprechend der dort fixierten Wertvorstellungen ausgelegt werden müssen.

sen Gesetzen aber nicht primär Aufgabe der zuständigen Gerichte (Entschädigungskammern), sondern der zuständigen Entschädigungsbehörden, die - im Falle körperlicher und gesundheitlicher Schädigungen - gehalten waren, die Stellungnahmen ärztlicher Gutachter mitzuberücksichtigen.[233] Erst wenn die Bescheide der Behörden von den Betroffenen angefochten, die ärztlichen Befunde abgelehnt worden waren, oblag es den Entschädigungsgerichten, über den jeweiligen Antrag neu zu befinden und ggfls. neue ärztliche Gutachten in Auftrag zu geben.

Bei der Auslegung solch "weicher" Normen und Begrifflichkeiten waren den involvierten Instanzen - und dies gilt sowohl für die Entschädigungsbehörden, als auch für ärztliche Gutachter und Entschädigungskammern - Grenzen gesetzt: Zumindest die grundsätzliche Marge, wie uneindeutige Definitionen und Regelungen zu verstehen seien, wurde in den einschlägigen Gesetzeskommentaren vorgegeben. In der Praxis jedoch war gerade der Interpretationsspielraum der ärztlichen Sachverständigen erheblich, konnten doch nur sie die gesetzlichen Vorgaben, aber auch die juristischen Erläuterungen - wie ich im folgenden zeigen werde - fachlich und wissenschaftlich fundieren bzw. umsetzen.[234] Meine Anfangsfrage also, ob die gesetzlichen Bestimmungen geeignet waren, die psychischen Schädigungen ehemals Verfolgter adäquat zu bedenken, läßt sich nur beantworten, wenn man mitberücksichtigt, daß und wie diese interpretiert wurden, wie groß die Interdependenzen zwischen gesetzlicher Vorlage und medizinischer Deutung war.

Zentrale Aufgabe der medizinischen Gutachter und Psychiater im Entschädigungsverfahren war es, zu klären, ob zwischen der psychischen Erkrankung eines Verfolgten und dem Verfolgungsgeschehen ein ursächlicher Zusammenhang (zumindest) wahrscheinlich und wie eine solche Erkrankung zu beurteilen und zu beziffern sei. In direktem (oder zumindest mittelbarem[235]) Kontakt zu den Betroffenen hatten sie die Ätiologie eines Krankheitsbildes zu eruieren, die jeweilige Erkrankung diagnostisch einzuordnen und schlußendlich ihren Schweregrad zu bestimmen.

Um eine Komparabilität der Einzeldiagnosen so weit wie möglich sicherzustellen, wurde den Gutachtern auferlegt, sich an der "herrschenden Lehrmeinung" in

---

233  In § 175 (1) des Bundesentschädigungsgesetzes heißt es: "Für die nach diesem Gesetz zu treffenden Entscheidungen sind die Entschädigungsorgane zuständig". Vgl. dazu: H.G. van Dam / Heinz Loos: Bundesentschädigungsgesetz - Kommentar, a.a.O., S. 726.

234  In dem Kommentar von van Dam / Loos heißt es denn auch: "Für die Frage des Kausalzusammenhanges zwischen der Verfolgung und einem Schaden an Körper und Gesundheit ist die Stellungnahme eines ärztlichen Sachverständigen regelmäßig unentbehrlich.", zit. nach: ebd., S. 217.

235  Medizinische Gutachten, die von den Entschädigungskammern in Auftrag gegeben wurden, waren zumeist reine Aktengutachten, die einen unmittelbaren Kontakt zwischen Verfolgten und Ärzten nicht voraussetzten.

der Bundesrepublik zu orientieren.[236] Dementsprechend hatte ein Arzt bzw. Psychiater, der sich bereit erklärte, als Gutachter zu fungieren, "nach objektiven Gesichtspunkten, nach bestem medizinischen Fachwissen, nach allgemeinen sittlichen Grundsätzen und nach den im Bundesentschädigungsgesetz festgelegten Normen" zu handeln.[237]

Eben diese Maxime aber sollte sich lange Jahre zu Ungunsten der ehemals Verfolgten auswirken: Bis in die 60er Jahre hinein galt als herrschende Lehrmeinung, als Lehrsatz medizinischen Fachwissens in der Bundesrepublik die These, daß "die Ausgleichsfähigkeit des menschlichen Organismus nach psychischen Belastungen ... praktisch unbegrenzt" sei.[238] Undenkbar schien es, daß Erwachsene an psychischen Störungen leiden könnten, die nicht physisch-organisch begründet seien - es sei denn, bei ihnen seien anlagebedingte, d.h. genetische Defekte oder aber "rentenneurotische Wünsche" zu identifizieren (vgl. dazu Kapitel II.3).[239] Gestützt schien diese These durch die Tatsache, daß viele ehemals Verfolgte unmittelbar

---

236 "Die Entschädigungsorgane sind gehalten, alle Antragsteller gleich zu behandeln... Hierbei bestehen jedoch deshalb große Schwierigkeiten, weil in der medizinischen Wissenschaft über die Ätiologie und die Pathogenese einzelner Gesundheitsstörungen oft sehr unterschiedliche Auffassungen vertreten werden. Würde also die jeweilige persönliche Auffassung des einzelnen Gutachters unbesehen als Grundlage der zu treffenden Entscheidung hingenommen werden, so wäre die Folge, daß häufig trotz gleichen Sachverhaltes der eine Antragsteller Entschädigung erhält, der andere dagegen leer ausgeht. Zur Vermeidung solcher gegensätzlicher Entscheidungen wurde im Zivil- wie im Sozialrecht der Grundsatz aufgestellt, daß nur solche Lehrmeinungen der Beurteilung zugrunde gelegt werden dürfen, die allgemein anerkannt oder zumindest in der medizinischen Wissenschaft überwiegend oder von einer Reihe namhafter Kapazitäten vertreten werden. Man spricht von der 'vorherrschenden medizinischen Lehrmeinung'". Zit. nach: Allgemeine Gutachterrichtlinien, in: Akten des RP-Kassel, 3w12-03A, 1.3.1966-31.12.1966, S. 507 f.
237 Zit. nach: ebd., S. 505.
238 Zit. nach: Willibald Maier: Entschädigung für Schaden an Körper und Gesundheit aus medizinischer Sicht, in: Die Wiedergutmachung nationalsozialistischen Unrechts durch die Bundesrepublik Deutschland, Band IV, a.a.O., S. 413.
239 Diese "Fehldiagnosen" hatten dort erheblichen Einfluß auf die Entschädigungsverfahren ehemals Verfolgter, wo die Gutachter zu entscheiden hatten, ob das jeweilige psychische Leiden eines Verfolgten in wahrscheinlich ursächlichem Zusammenhang mit der Verfolgung stünde: Grundsätzlich wurden "Rentenneurosen" als verfolgungsunabhängig bezeichnet und darüber hinaus darauf verwiesen, daß Entschädigungszahlungen bei solchen Neurosen kontraindiziert seien. Sogenannte anlagebedingte Leiden, d.h. Erbkrankheiten, konnten schon qua Definition nicht Ergebnis nationalsozialistischer Verfolgung sein - sie wurden aber zumindest dann als entschädigungsrelevant erachtet, wenn sie sich durch Extrembelastungen manifestiert oder aber verschlimmert hatten. Galten die psychischen Symptome ehemals Verfolgter aber als Auswirkungen organischer Erkrankungen und Verletzungen, so wurden sie nur dann als "vorübergehende" Folgeerscheinung entschädigt, wenn die zugrundeliegende Gebrechen auf die Verfolgung zurückzuführen waren. Vgl. dazu noch einmal : Ullrich Ventzlaff: Grundsätzliche Betrachtungen über die Begutachtung erlebnisbedingter seelischer Störungen nach rassischer und politischer Verfolgung, a.a.O. Daß solche Diagnosen in der Praxis häufig erstellt wurden, kann ich nur der einschlägigen Literatur, nicht aber dem mir vorliegenden Fallmaterial entnehmen.

nach Kriegsende keine psychischen (Brücken)Symptome gezeigt hatten, die auf einen "ursächlichen Zusammenhang" mit der Verfolgung verwiesen, sondern scheinbar erst nach Jahren erkrankt waren.

Aus diesem Grund kam die Majorität der ärztlichen bzw. psychiatrischen Gutachter zu dem Ergebnis, ein Verbindung zwischen den psychischen Störungen Überlebender und ihren Verfolgungserfahrungen sei nicht wahrscheinlich. Die Entschädigungsorgane, die schlußendlich zu entscheiden hatten, ob sie einen ärztlichen bzw. psychiatrischen Befund bejahen oder diesen durch ein Zweitgutachten revidiert sehen wollten, stimmten solch negativen Diagnosen zumeist zu: Ihnen galten die ablehnenden medizinischen Urteile hinreichend durch bisherige "theoretische und empirische Gesetzmäßigkeiten"[240] gestützt und damit als bewiesen.

Zwei Sichtweisen ergänzten sich hier in - für die Betroffenen - problematischer Weise. Es war dies zum einen die juristische, die bestimmte, daß nur solche Gutachten anzuerkennen seien, die auf tradierte medizinisch-psychiatrische Erkenntnisse und Erfahrungen rekurrierten und schlüssige Beweisketten für ihre Diagnosen liefern konnten. Eine solche Position entsprach aber zum anderen auch dem fachlichen Selbstverständnis konservativer bundesdeutscher Psychiater, deren Ziel es war, die Vielzahl (z.T. diffuser) psychischer Symptome bereits bekannten und klar umrissenen Krankheitsbildern zuzuordnen, an bekannten Interpretationsmustern festzuhalten - nicht aber, sich unvoreingenommen mit den spezifischen Leiden ehemals Verfolgter auseinanderzusetzen:

> "Der Hauptstrom zielte auf eine Objektivierung und Klassifizierung psychisch abnormen Verhaltens und Erlebens... Auf der Strecke blieb eine genaue phänomenologische Rekonstruktion psychischen Leids, vor allem eine Rekonstruktion der subjektiven Bedeutungen, die psychische Devianzen für die Person selbst, ihre Angehörigen... haben."[241]

Es wäre jedoch, wie ich in Kapitel II.3 bereits beschrieb, falsch, anzunehmen, alle bundesdeutschen Psychiater seien diesem "Hauptstrom" gefolgt[242]: Vielmehr gab es auch hier Fachleute, denen in der unmittelbaren Konfrontation mit ehemals Ver-

---

240    Zit. nach: Willibald Maier: Entschädigung für Schaden an Körper und Gesundheit aus medizinischer Sicht, a.a.O., S. 373.

241    Zit. nach: Heiner Keupp: Psychosoziale Probleme aus sozialwissenschaftlicher Perspektive, in: Psychiatrie im Wandel. Erfahrungen und Perspektiven in Ost und West, Bonn 1990, S. 77 f.

242    Für das Entschädigungsprozedere von entscheidender Bedeutung war es, daß viele Erstbzw. Vertrauensgutachter nicht aus der Bundesrepublik, sondern aus anderen europäischen Staaten, aus den USA, Mittelamerika und Israel kamen. Auch für sie galt die Maxime, sich an die "deutsche Lehrmeinung" zu halten und nur solche Diagnosen zu erstellen, die mit hiesigen Erfahrungen komparabel schienen. Tatsächlich aber kamen wichtige, ja entscheidende Impulse, die psychischen und psychosomatischen Symptome ehemals Verfolgter als eigenständiges Krankheitsbild wahrzunehmen, aus dem europäischen Ausland und den USA.

folgten bewußt wurde, daß sich deren psychische Störungen nicht unter den bisherigen Erfahrungsstand psychiatrischen Wissens subsumieren ließen bzw. diesen grundsätzlich in Frage stellten. Deutlich wurde ihnen zum einen, daß "der seelischen Trag- und Belastungsfähigkeit"[243] von Individuen dort enge Grenzen gesetzt sind, wo sie permanenter physischer und/oder psychischer Gewalt ausgesetzt sind. Wenn sich aber die psychische Integrität von (erwachsenen) Menschen als fragil und zerstörbar erwies, dann mußte die gängige psychiatrische Doktrin korrigiert werden, derzufolge seelische Fehlhaltungen zumeist Ausdruck somatischer Leiden seien. Statt dessen galt es zu akzeptieren, daß es sich bei den Störungen Überlebender um einen fundamentalen "Persönlichkeitswandel" handelte, der zwar von psychosomatischen Krankheitszeichen begleitet wurde, nicht aber von organischen Krankheiten ausgelöst worden war. Wann und unter welchen Bedingungen sich ein solcher Persönlichkeitswandel sicht- und spürbar in Symptomen manifestierte, hing von der individuellen Konstitution des Einzelnen, aber auch von äußeren Anforderungen und dem Grad seiner sozialen, familiären Integration ab. Dies hatte zur Folge, daß der Lehrsatz berichtigt werden mußte, daß nur solche Erkrankungen ursächlich auf die Verfolgung zurückzuführen seien, die sich durch Brückensymptome quasi angekündigt hätten.

Es waren dies in der Tat neuartige Erkenntnisse, die quer zu allen Erfahrungen standen, auf die sich die bundesdeutsche Psychiatrie - und damit auch die Entschädigungsbehörden - bislang berufen hatten. Schwierig war es deshalb auch, Gutachter und Behörden davon zu überzeugen, solche Untersuchungsergebnisse als "neue Lehrmeinung" zu akzeptieren und damit die psychischen Folgeschädigungen der Überlebenden als - im Sinne des Gesetzes - "verfolgungsbedingt" anzuerkennen. Bis in die 60er Jahre hinein verhielt sich die Majorität begutachtender Psychiater "gegenüber dieser Entwicklung sehr zurückhaltend"[244] - lehnten die Behörden viele Anträge ehemals Verfolgter mit der Begründung ab, es sei nicht in hinreichendem Maße "bewiesen", daß ihre Leiden auf die Verfolgung zurückzuführen seien.[245]

---

243 So die Formulierung von Ullrich Ventzlaff in seinem Buch: Die psychoreaktiven Störungen nach entschädigungspflichtigen Ereignissen, a.a.O. Eine öffentliche Fachdiskussion solcher Positionen begann 1957 (also erst nach Verabschiedung des Bundesentschädigungsgesetzes) in der Zeitschrift "Der Nervenarzt", in der bundesdeutsche wie ausländische Psychiater ihre Untersuchungsergebnisse vorstellten.
244 Zit. nach: Willibald Maier: Entschädigung für Schaden an Körper und Gesundheit aus medizinischer Sicht, a.a.O., S. 415.
245 Wie mir Reinhart Lempp in einem Gespräch mitteilte, präsentierten viele Verfolgte in den Begutachtungsgesprächen vor allem ihre somatischen Erkrankungen und Verletzungsfolgen und verschwiegen ihre psychischen Probleme. Dies vor allem deshalb, weil es sich unter den Verfolgten herumgesprochen hatte, daß nur diejenigen Entschädigung erhalten würden, die somatische Erkrankung geltend machten - aber auch, weil es sich für die Überlebenden als äußerst schwierig erwies, ihre psychischen Konflikte zu verbalisieren.

Eine Trendwende zeichnete sich erst 1965 ab: Zwanzig Jahre nach Ende des Zweiten Weltkrieges lagen nun umfangreiche Studien und Reihenuntersuchungen deutscher und ausländischer Psychiater vor, die stichhaltig belegen konnten, daß die psychischen Störungen ehemals Verfolgter Reaktionen auf ihre extremtraumatischen Verfolgungsbelastungen waren.[246] Solchen Erkenntnissen konnten sich die Gesetzgeber nicht verschließen und so wurde im Bundesentschädigungsschlußgesetz 1965 bestimmt, daß *generell* davon auszugehen sei, daß zwischen nationalsozialistischer Verfolgung und psychischen Schädigungen ein kausaler Zusammenhang bestehe. Es war dies ein Beschluß, der nicht nur prospektive Bedeutung erhalten sollte, wurde doch all denen ein Recht auf ein "Zweitverfahren" eingeräumt, deren Antrag auf Entschädigung ihrer psychischen Schädigungen schon einmal "aus medizinischen Gründen" abgelehnt worden war.[247] Solche gesetzlichen Neuregelungen konnte auch die Majorität der psychiatrischen Gutachter nicht ignorieren, deshalb erhielten nun jene Überlebenden Entschädigung für ihre psychischen Leiden, die sich überwinden konnten, noch einmal das Prozedere eines Entschädigungsverfahrens zu durchlaufen.

War es lange Zeit den psychiatrischen Gutachtern anzulasten, daß sie kaum in der Lage waren, die psychischen Erkrankungen ehemals Verfolgter als Reaktionen auf extremtraumatische Erfahrungen, auf die Destruktionsgewalt nationalsozialistischer Verfolgung zu erkennen, so war dies nicht das einzige Problem bei der "Wiedergutmachung" psychischer Folgeschädigungen. Als äußerst prekär sollte es sich auch erweisen, daß die Gesetzgeber verbindlich bestimmt hatten, daß nur solche Erkrankungen als entschädigungsrelevant zu erachten seien, die die körperliche und geistige "Leistungsfähigkeit" eines Verfolgten nachhaltig beeinträchtigten oder sich negativ auf seine berufliche, persönliche und soziale Entwicklung ausgewirkt hatten (oder in absehbarer Zeit auswirken sollten).

Auf den ersten Blick erscheint diese Definition sehr weitgehend, fanden hier doch sowohl die körperlichen und geistigen Fähigkeiten eines Individuums Berücksichtigung, als auch seine persönlichen Entwicklungspotentiale. Tatsächlich aber galten Einschränkungen solch individueller Fähigkeiten und Potentiale nur dann als relevant, wenn sie sich negativ auf das "allgemeine Erwerbsleben", d.h. die ökonomische Reproduktionsfähigkeit der Betreffenden auswirkten.

---

246 So z.B. Walter von Baeyer u.a.: Psychiatrie der Verfolgten, a.a.O.; Leo Eitinger: Concentration Camp survivors in Norway and Israel, Oslo - Den Haag, 1964; Ullrich Ventzlaff: Die psychoreaktiven Störungen nach entschädigungspflichtigen Ereignissen, a.a.O.

247 Vgl. dazu: Otto Küster: Über das Zweitbescheidverfahren, in: Rechtsprechung zum Wiedergutmachungsrecht, 24. Jahrgang, Heft 2, 1973, S. 41 - 48. In diesem Artikel macht Küster deutlich, daß ein solches Zweitbescheidverfahren nur dann Aussicht auf Erfolg hatte, wenn dem Antragsteller an keinem Punkt des früheren Verfahrens nachgewiesen werden konnte, daß er wichtige Unterlagen nicht beschafft, wesentliche Aussagen nicht gemacht oder sich in irgend einer anderen Weise unkooperativ gezeigt hatte.

Daß die Gesetzgeber sich entschieden, nicht etwa den (medizinischen) Terminus der "Krankheit" selbst,[248] sondern statt dessen den Begriff der "Erwerbsfähigkeit" zugrunde zu legen, um die Schädigungen ehemals Verfolgter definieren und schlußendlich bemessen zu können, war verschiedenen - disparaten - Interessen geschuldet: Gewählt wurde dieses (versicherungsrechtliche) Kriterium zum einen, weil es sich - so die Erfahrung aus Zivilprozessen - bei der Entschädigung objektiv feststellbarer körperlicher Schädigungen als ziemlich zuverlässig erwiesen hatte.[249] Für diese Wahl entscheidend waren aber nicht allein solch positive Vorerfahrungen. Aus deutscher Sicht war es zudem von vitalem Interesse, eine Regelung zur Anwendung zu bringen, mit deren Hilfe das Finanzvolumen künftiger Entschädigungsleistungen reduziert, die Zahl derer, die laufende Entschädigungsleistungen beanspruchten, begrenzt werden konnte. Und auch unter diesem Gesichtspunkt bot es sich an, die "Minderung der Erwerbsfähigkeit" zum entscheidenden Maßstab zu erklären: Berechnet wurde hier lediglich, ob und in welchem Ausmaß ein verfolgungsbedingtes Leiden zu wirtschaftlichen und ökonomischen Einbußen geführt hatte - nicht aber wie sehr sich ein Verfolgter durch Krankheit, Verletzung und Beschwerden in seinem Alltag, seiner sozialen Existenz beeinträchtigt fühlte. Daß nur objektivierbare Folgeerscheinungen, nicht aber der subjektive Krankheitswert eines Verfolgungsleidens "wiedergutgemacht" wurde, reduzierte die zu erwartenden Kosten erheblich, mußten doch all jene Verfolgten nicht (oder nur in geringerem Ausmaße) entschädigt werden, die in jedweder Form in den Arbeitsmarkt integriert waren. Tatsächlich aber wurde so auch die Zahl derer reduziert, die umfängliche "Wiedergutmachungszahlungen" erhalten mußten: Einen Anspruch auf fortlaufende Rentenzahlungen hatten nur diejenigen, bei denen eine (mindestens) 25 % Erwerbsminderung konstatiert werden konnte.

Durchaus bewußt war den Gesetzgebern, daß die Erwerbsfähigkeit von Individuen "nach Beruf, Alter, Geschlecht und allen sonstigen persönlichen Voraussetzungen... außerordentlich verschieden" war (und ist) - und deshalb die jeweilige Minderung der Erwerbsfähigkeit nur unter Berücksichtigung der Gesamtpersönlichkeit bestimmt werden konnte.[250] Um den begutachten Ärzten aber bei der Würdigung einer solchen "Gesamtpersönlichkeit" nicht allzu viel individuellen Interpretationsspielraum einzuräumen, galt hier die Maxime, daß auf tradierte Instrumentarien zurückzugreifen sei, mit deren Hilfe "objektive" Untersuchungsergebnisse ermittelt werden sollten. Dementsprechend kamen verschiedene psychologi-

---

248 Im medizinischen Sinne gilt als "Krankheit": Das "Vorhandensein von subjektiv empfundenen bzw. objektiv feststellbaren körperlichen, geistigen bzw. seelischen Veränderungen bzw. Störungen." Zit. nach: Pschyrembel. Klinisches Wörterbuch, a.a.O., S. 900.
249 Zit. nach: Reinhart Lempp: Psychische Spätschäden nach nationalsozialistischer Verfolgung bei Kindern, a.a.O., S.1.
250 Zit. nach: Willibald Maier: Entschädigung für Schaden an Körper und Gesundheit aus medizinischer Sicht, a.a.O., S. 382.

sche Testverfahren zum Einsatz, mit deren Hilfe verifiziert werden sollte, ob und in welchem Maße ein Überlebender unmittelbar nach der Verfolgung wie zum Zeitpunkt der Untersuchung) "leistungs-", d.h. erwerbsfähig war.

Tatsächlich aber war die Minderung der Erwerbsfähigkeit ein Maß, daß sich bei der Würdigung psychischer Folgeschädigungen als äußerst problematisch erweisen sollte. Dies vor allem deshalb, weil (wie ich in Kapitel II.2. bereits beschrieb) viele ehemals Verfolgte nach Kriegsende durchaus in der Lage waren, sich in ihnen unbekannten Ländern einzuleben, ihren Alltag zu strukturieren, sich beruflich zu orientieren und soziale Beziehungen aufzubauen. In dieser "posttraumatischen Periode", die bei den Einzelindividuen von unterschiedlicher Dauer sein konnte, verdrängten die Betroffenen ihren Schmerz, ihre Hilflosigkeit und Ängste, um einer erneuten Konfrontation mit den Schrecken der Verfolgung auszuweichen. Solche "Coping-", d.h. Bewältigungsstrategien ermöglichten es ihnen - trotz hoher psychischer Kosten - ihr Leben äußerlich erfolgreich zu bewältigen und dabei u.U. erhebliche soziale und berufliche Leistungen zu vollbringen. Kaum zu bemerken war, daß es sich bei solchen Coping-Strategien der Betroffenen um den verzweifelten Versuch handelte, ein "normales Leben" zu rekonstruieren und den quälenden Erinnerungen an Leid und Unterdrückung auszuweichen. Und so erstaunt es wenig, daß viele ärztliche und psychiatrische Gutachter der Meinung waren, daß die Integrationserfolge der Verfolgten als Indiz angesehen werden könnten, daß deren Erwerbsfähigkeit zwar möglicherweise eingeschränkt, nicht aber gravierend beeinträchtigt sei. Konsequenz dieser Fehleinschätzung war es, daß bis Mitte bzw. Ende der 50er Jahre die psychischen Störungen der Überlebenden "mit einer niedrigen Minderung der Erwerbsfähigkeit bemessen wurden, im allgemeinen nur mit dem niedrigsten Satz, mit etwa 25%."[251]

Für viele Verfolgte wahrnehmbar und quälend wurden die psychischen Konfliktlagen, als sie ihre berufliche und soziale Reintegration bewältigt hatten und mit alltäglicher "Normalität" konfrontiert wurden:[252] Nur noch mit größter Anstrengung gelang es ihnen dann, soziale oder gar berufliche Anforderungen zu bewältigen, litten sie doch an nächtlichen Angstträumen, an Schlafstörungen und schweren Depressionen. Eben diese Symptome und depressiven Stimmungslagen bestimmten die Selbstwahrnehmung der Einzelnen; sie bestimmten aber auch ihre Perzeption der Welt, die ihnen als bedrohlich und gefährlich, als wenig lebenswert erschien.

---

251 Zit. nach: Reinhart Lempp: Psychische Spätschäden nach nationalsozialistischer Verfolgung bei Kindern, a.a.O., S. 13.

252 Betrachtet man den Zeitpunkt, zu dem die meisten Verfolgten ihre Ansprüche wegen körperlicher und gesundheitlicher Schädigungen geltend machten, so wird offenbar, daß zwischen der eigentlichen Verfolgung und der Manifestation (auch) psychischer Leiden eine auffällige Zeitspanne lag: In der mir vorliegenden Fallgruppe stellten 65,3% aller Betroffenen ihren Erstantrag auf Entschädigung gesundheitlicher Leiden erst zwischen 1957 und 1972 - also nach Verabschiedung des Bundesentschädigungsgesetzes (vgl. dazu Kapitel V.).

Inmitten ihrer sozialen Umwelt blieben die Überlebenden einsam und isoliert, wurden sie doch von Bildern und Erinnerungen gepeinigt, die sie anderen kaum mitteilen konnten.

Für die ärztlichen Gutachter und Entschädigungsbehörden hieß dies, daß sie nun - Jahre oder Jahrzehnte nach Verfolgungsende - massiv mit den psychischen Traumafolgen der Betroffenen konfrontiert wurden und zu entscheiden hatten, ob und in welchem Maße sie diese als Minderung der individuellen "Leistungs- und Erwerbsfähigkeit" anzuerkennen bereit waren. Zwangsläufig wurde jetzt in den konkreten Entschädigungsverfahren deutlich, welcher "Schule" ein ärztlicher bzw. psychiatrischer Gutachter angehörte.

All jene, die negierten, daß es sich bei der Erkrankung ehemals Verfolgter um ein Krankheitsbild neuer Qualität handelte, das sich mit dem Formalkriterium geminderter Erwerbsfähigkeit nur sehr unvollkommen beschreiben oder gar beziffern ließ, votierten i.d.R. für einen sehr niedrigen MdE-Satz von 25-30%.[253] Wem aber bewußt war, daß die psychischen Leiden nicht "nur" die Erwerbsfähigkeit der Betroffenen gemindert hatten, sondern sie auch jeglicher Lebensfreude beraubt und ihr Vertrauen in eine soziale Umwelt zerstört hatte, der mußte sich anders entscheiden: Da das Gesetz den Gutachtern keine Option einräumte, die gravierenden Einbußen an Lebensqualität und -freude benennen oder gar bemessen zu können, mußten die psychischen Leiden der Überlebenden weiterhin als Minderung der Erwerbsfähigkeit deklariert und beziffert werden. Daher bemaß die Majorität der eher empathisch gestimmten Gutachter die Minderung der Erwerbsfähigkeit deutlich höher - auch wenn nicht vorrangig die Reproduktionsfähigkeit der Verfolgten beeinträchtigt, sondern statt dessen ihr Lebensmut zerstört, ihr emotionales Gleichgewicht destabilisiert war.[254]

Wie unangemessen die Entscheidung war, den Grad der jeweiligen Erwerbsminderung zum Bemessungsmaßstab künftiger Entschädigungsleistungen zu machen, offenbarte sich auch dort, wo es um die Begutachtung von Menschen ging, die als Kinder bzw. Jugendliche Leidtragende nationalsozialistischer Verfolgung

---

253 Es war dies keine Seltenheit, wurde doch in der mir vorliegenden Fallgruppe 30,4% aller Betroffenen bestätigt, ihre Erwerbsminderung sei mit 25-30% zu beziffern. Reinhart Lempp, der in seiner gutachterlichen Praxis ebenfalls feststellte, daß ein relevanter Teil aller psychisch geschädigten Verfolgten mit einer sehr niedrigen MdE abgefunden wurde, bemerkt denn auch zu Recht: "Es ist grotesk, wenn ein Mensch wegen einer Arm- oder Beinamputation, trotz welcher er sich ungehindert seines Lebens freuen kann, mit 60% oder 70% erwerbsgemindert eingestuft wird, dagegen jemand mit einer chronischen Depression, für den jeder Tag grau in grau gefärbt bleibt, nur mit 20% bis 25%: Das kann nur von jemand angenommen werden, der selbst noch nie depressiv war..." Zit. nach: ders.: Psychische Spätschäden nach nationalsozialistischer Verfolgung bei Kindern, a.a.O., S. 13.

254 Innerhalb meiner Fallgruppe wurde 17,7% aller Antragsteller bestätigt, sie litten an einer MdE ≥ 50%. Zu berücksichtigen ist dabei jedoch, daß jede MdE, die von den Behörden als gültig bestimmt wurde, eine Summenformel aller bei dem jeweiligen Verfolgten festgestellten Schädigungen war.

gewesen waren. Zwar hatten die Gesetzgeber weder im Bundesergänzungs- noch im Bundesentschädigungsgesetz bindend bestimmt, wie mit den Schädigungen Minderjähriger umzugehen sei - in der Rechtsprechung aber setzte sich (bis Mitte der 60er Jahre) eine Interpretationslinie durch. Die Majorität der Richter befand, bei Kindern und Jugendliche sei schon allein deshalb keine Minderung der Erwerbsfähigkeit anzuerkennen, weil im BEG bestimmt worden sei, daß nur derjenige in seiner Reproduktionsfähigkeit beeinträchtigt (gewesen) sei, der seine Arbeitskraft zum Zeitpunkt der Verfolgung bereits habe nutzen können. Zudem stellten die Richter noch einmal klar, wie die "Wiedergutmachung" körperlicher und gesundheitlicher Leiden zu interpretieren sei: Nicht als Schmerzensgeldleistungen sollten die Entschädigungszahlungen verstanden werden, sondern lediglich als Ausgleich derjenigen wirtschaftlichen Einbußen, die ein Verfolgter durch seine verfolgungsbedingten Erkrankungen und Verletzungsfolgen erlitten hatte.

All dies aber traf auf Minderjährige nicht zu. Sie waren zum Zeitpunkt der Verfolgung nicht in der Lage gewesen, sich selbständig zu reproduzieren und hatten dementsprechend auch keine (eigenen) ökonomischen Nachteile erlitten, die nun zu kompensieren gewesen wären. Deshalb wurde ihnen - unabhängig vom Schwergrad ihrer psychischen Verletzungen - jeder Anspruch auf fortlaufende Rentenzahlungen verwehrt und bestenfalls das Recht auf Heilbehandlungen zugestanden.[255] Tatsächlich jedoch hatten die schwerwiegenden Verfolgungstraumata bei Kindern und Jugendlichen zu erheblichen psychischen Entwicklungsdefiziten geführt; hatten ihre Fähigkeit, sich in ein familiäres, soziales und berufliches Leben zu integrieren, ebenso nachhaltig wie negativ beeinflußt. Zu beobachten war und ist bei diesen Menschen, daß sie erhebliche Schwierigkeiten hatten, eine Ausbildung zu beenden oder sich längerfristig in einem Beruf zu engagieren. Tiefgreifende Ängste, Unsicherheit und fehlendes Selbstbewußtsein destabilisierten sie und machten solche Verfolgte in hohem Maße abhängig von - wenn auch geringfügigen - Unterstützungsleistungen.[256]

Daß ehemals verfolgten Kindern und Jugendlichen nicht das Recht abgesprochen werden könne, fortlaufende Entschädigungsleistungen für ihre (somatischen wie) psychischen Störungen zu erhalten, befand 1964 der Bundesgerichtshof. Er stellte fest, daß auch bei solchen Verfolgten eine Minderung der Erwerbsfähigkeit vorliegen und bemessen werden könne, da sie durch die Verfolgung in ihrer kör-

---

255 Interessanterweise gab es bereits 1953 einzelne Abweichungen von dieser "Mehrheitsmeinung". So wurde bereits in einem Kommentar zum Bundesergänzungsgesetz festgestellt, nicht die "konkrete Erwerbsmöglichkeit" eines Menschen sei zu überprüfen, sondern statt dessen seine "allgemeine Erwerbsfähigkeit". Sei letztere gemindert, so könne diese Beeinträchtigung auch als MdE beziffert, eine Rente ausgezahlt werden. Vgl. dazu: Karl Weiss: Schaden an Körper und Gesundheit aus rechtlicher Sicht, a.a.O., S.221.

256 Vgl. dazu die Beispiele und Erläuterungen von Reinhart Lempp in seinem Buch: Extrembelastungen im Kindes- und Jugendalter, a.a.O.

perlichen und geistigen "Leistungskraft im allgemeinen Erwerbsleben" beeinträchtigt worden seien.[257] Dieser Position schlossen sich dann 1965 die Gesetzgeber an und bestimmten im Bundesentschädigungsschlußgesetz ausdrücklich, daß bei Kindern und Jugendlichen eine Minderung der Erwerbsfähigkeit ebenso zu bemessen sei wie bei Erwachsenen. De facto war damit - allerdings erst 20 Jahre nach Kriegsende - die Benachteiligung jüngerer Verfolgten aufgehoben. Das hieß aber nicht, daß ihre psychischen Erkrankungen und Störungen adäquater bemessen worden wären als dies bei erwachsenen Verfolgten der Fall (gewesen) war. Auch das Ausmaß ihrer psychischen Leiden wurde von vielen begutachtenden Ärzten und Psychiatern unterschätzt und fehlbewertet. Sie hielten sich streng an die gesetzlichen Vorgaben, bezifferten die Verlustquoten der Erwerbsfähigkeit und bemerkten nicht, daß es weitaus wichtiger war, das psychische Elend der Betroffenen in seiner Destruktionskraft wahrzunehmen.

### III.4 Summarische Abschlußüberlegungen

Kennzeichnend für das Regelwerk der Entschädigungsgesetze war es, daß sich ihm ein juristischer Universalismus artikulierte, der nach Subsumtion aller Einzelfälle unter identische Normen strebte und damit das Ziel verfolgte, "Gerechtigkeit" für all jene zu schaffen, die als antragsberechtigt galten. Deshalb sollte das Kriterium der "Erwerbsminderung", das maßgeblich für die Bemessung gesundheitlicher - d.h. auch psychischer - Schädigungen war, sicherstellen, daß alle somatisch wie psychisch erkrankten Verfolgten gleich behandelt würden. Lange Zeit schien dieses Verdikt auch durch die psychiatrische Fachwelt gestützt: Da man dort der Ansicht war, daß psychische Störungen zumeist auf organischen Ursachen basierten, erschien es den begutachtenden Ärzten sinnvoll, auf eine Bezifferung der "Erwerbsminderung" zurückzugreifen, hatte sich dieses Verfahren doch bei der Entschädigung somatischer Krankheiten und Verletzungsfolgen bereits hinlänglich bewährt.

Eine solche Kongruenz zwischen Gesetzgebern und begutachtenden Psychiatern löste sich jedoch Mitte der 60er Jahre auf, als umfängliche Reihenuntersuchungen bestätigten, daß es sich bei den Erkrankungen ehemals Verfolgter um ein ausschließlich psychisches Krankheitsbild posttraumatischer Reaktionsbildungen handelte. Nun offenbarte sich nicht allein, daß extremste Gewalterfahrungen von (vielen) Menschen nicht kompensiert und bewältigt werden können. Es wurde auch deutlich, daß schwerwiegende psychische Verletzungen zu einem Persönlichkeitswandel führen können, der sich in allen Bereichen der physo-psychischen Existenz manifestiert(e). An eben diesem Punkt aber manifestierte sich das zentrale Dilem-

---

257 Zit. nach: Karl Weiss. Schaden an Körper und Gesundheit aus rechtlicher Sicht, a.a.O., S. 221.

ma bundesdeutscher "Wiedergutmachung" psychischer Folgeschädigungen, kamen doch eine Reihe von Psychiatern zu der Einsicht, daß die gesetzlichen Bestimmungen mitnichten geeignet waren, das spezifische Krankheitsbild der Verfolgten angemessen würdigen und entschädigen zu können. So auch Reinhart Lempp, der diese Erkenntnis 1994 noch einmal sehr pointiert formulierte: "Tatsächlich ist die Minderung der Erwerbsfähigkeit ein für die Bewertung psychischer Leiden völlig ungeeignetes Maß."[258]

Geschuldet war diese Erkenntnis einem Paradigmenwechsel in der bundesdeutschen Psychiatrie, die sich sukzessive von der Position verabschiedete, psychische Erkrankungen als reine Funktionsstörungen zu begreifen, sondern statt dessen eine eher phänomenologische Sichtweise übernahm.[259]

In den Blick geriet nun der psychisch Kranke selbst in seinem sozialen Umfeld. Erkannt wurde, daß psychische Erkrankungen nur verstanden (und diagnostiziert) werden konnten, wenn der begutachtende Psychiater sich auf die ver-rückte Wahrnehmung seines Patienten einließ und verstehen lernte, wo dieser unfähig war, sich seine eigene Lebenswelt anzueignen. Es zwang dies zu einem ausschließlich auf das Individuum gerichteten Blick, galt es doch die Lebensgeschichte ehemals Verfolgter zu rekonstruieren und damit zu klären, an welchen Stellen sich die Grenzen individueller Belastbarkeit und das Ausmaß psychischer Desintegration sichtbar wurden:

"Die psycho-sozialen Dimensionen psychischer Erkrankungen lassen sich nur aus einem Subjektstandpunkt konsequent auf den Begriff bringen. Es gilt erstens meine Lebensbedingungen, zweitens meine erfahrene Bedeutung dieser Bedingungen, der Verhältnisse und Ereignisse meines Lebenszusammenhangs und drittens meine Verhaltensweisen und Handlungsgründe im Verhältnis dazu zu erschließen. Dann läßt sich meine Erkrankung als genuin subjektives Phänomen betrachten."[260]

Wer den Leidtragenden nationalsozialistischer Verfolgung in solcher Weise begegnete, für den wurde alsbald sichtbar, daß und in welchem Maße ein Mensch der Alltagswelt entrückt sein konnte. Nicht Einbußen in der Reproduktionsfähigkeit offenbarten sich dann, sondern schwerwiegende emotionale Störungen, in denen sich die Unfähigkeit der Betroffenen ausdrückte, zu einer eigenen Identität zurückzufinden zu können. Formal-rechtlich aber war eine solche "subjektbezogene", aus-

---

258  Zit. nach: Reinhart Lempp: Psychische Spätschäden nach nationalsozialistischer Verfolgung bei Kindern a.a.O., S. 13.
259  "Neu" im Wortsinne war eine solche Sichtweise nicht, hatte doch schon K. Ph. Moritz im 18. Jahrhundert gefordert, den Menschen ganzheitlich in seiner je spezifischen Individualität und Subjektivität zu betrachten und nicht auf seine "physikalischen" Funktionen zu reduzieren. Vgl. dazu: Ralf Seidel: Phänomenologische, daseinsanalytische und anthropologische Psychiatrie, in: Achim Thom / Erich Wulff: Psychiatrie im Wandel, a.a.O., S. 22 ff.
260  Zit. nach: Ole Dreier: Psychische Erkrankungen aus der Sicht der "Kritischen Psychologie", in: ebd., S. 55 f.

schließlich auf die Besonderheit des Einzelfalls gerichtete Vorgehensweise nicht umsetzbar, ging es doch in der Entschädigungsgesetzgebung nicht um eine ganzheitliche Würdigung der Verfolgten und ihrer psychischen Verletzungen, sondern um einen quasi über-individuellen, materiellen Schadensausgleich.

Nun ist es kennzeichnend für jedes Recht, das auf eine Vielzahl disparater Fälle angewendet werden soll, daß in ihm Normen und Ordnungskriterien formuliert sind, die für alle vom Gesetz Betroffenen Gültigkeit besitzen. Geschuldet ist ein solches Verfahren einem juristischen Gerechtigkeitsbegriff, der da lautet,

> "daß gleiche Fälle gleich und ungleiche Fälle ungleich zu entscheiden seien, und es dem Rechtssystem überläßt zu ermitteln, was und an Hand welcher Regeln etwas als gleich bzw. als ungleich anzusehen ist."[261]

Aus diesem Grund wurde in der Entschädigungsgesetzgebung, das Ordnungs- und Bemessungskriterium der "Erwerbsfähigkeit" eingeführt, nach dem sich ein materieller Schadensausgleich "gerecht" errechnen sollte. Wie ich nun oben aber versuchte deutlich zu machen, muß ein solch juristischer Gerechtigkeitsbegriff nicht immer deckungsgleich mit ethisch-moralischen Vorstellungen von Gerechtigkeit sein, sind Normen und Ordnungskriterien doch zwangsläufig nur Hilfskonstrukte, mit denen (kleine) Ausschnitte von Wirklichkeit, nicht aber deren Totalität erfaßt werden können. Im ethisch-moralischen (wie auch im medizinischen) Sinne war die Beurteilung psychischer Folgeerkrankungen nach dem Maßstab der "Erwerbsminderung" inakzeptabel und "ungerecht", da sie nur einen Bruchteil der Verluste und Beeinträchtigungen erfaßte, die die Betroffenen erlitten (hatten). Im juristischen Sinne jedoch war diese Kategorie die einzig gangbare (weil objektivierbare) Möglichkeit, die Schädigungen ehemals Verfolgter komparabel bewerten und bemessen zu können,. Im Angesicht von Hunderttausenden, die durch die nationalsozialistische Verfolgung materiell wie immateriell geschädigt worden waren, wäre es undenkbar gewesen, jeden Einzelnen in seiner spezifischen Besonderheit berücksichtigen oder gar nach individuellen Kriterien entschädigen zu wollen.

Das "man-made-desaster", dem die ehemals Verfolgten ausgesetzt gewesen waren, ihre schwerwiegenden psychischen Erkrankungen konnten also durch eine verrechtlichte "Wiedergutmachung" weder adäquat gewürdigt, noch angemessen entschädigt werden. Schlußendlich kann den bundesdeutschen Entschädigungsleistungen deshalb nur die Funktion zugebilligt werden, den Betroffenen bei der Bewältigung ihres Schicksals begrenzte materielle Hilfen zur Verfügung gestellt zu haben.

Auch wenn man akzeptieren muß, daß der rechtliche und materielle Rahmen der "Wiedergutmachung" eng gesteckt war, so heißt dies nicht, daß die Akteure der Entschädigungsverfahren von jedweder ethischen Verantwortung enthoben gewesen wären: Aufgabe der Entschädigungsorgane wie auch der begutachtenden

---

261 Zit. nach: Niklas Luhmann: Das Recht der Gesellschaft, a.a.O., S. 263 f.

Psychiater war und blieb es, den Verfolgten mit Empathie zu begegnen, ihre Erkrankungen und subjektiv empfundenen Leiden wahr- und ernst zu nehmen. Erst dann, wenn man den Überlebenden mit Akzeptanz und Mitgefühl begegnete, konnten diese das Gefühl entwickeln, wieder Teil einer menschlichen Gemeinschaft zu sein. Dies war - wie ich meine - der zentrale Auftrag bundesdeutscher "Wiedergutmachung", der allerdings (wie ich in Kapitel VI anhand von zehn Einzelfällen nachweisen werde) allzu oft nicht eingelöst wurde.

## IV. Ein verschobenes Abbild der Wirklichkeit "Wiedergutmachungsverfahren" in Entschädigungsakten

Die gesetzlichen Bestimmungen des Entschädigungsrechtes regelten - wie bereits ausführlich beschrieben - zum einen, welchen ehemals Verfolgten ein Antragsrecht auf Entschädigung zugebilligt, für welche Schädigungsarten Entschädigung gezahlt werden solle und wie diese zu berechnen sei. Zugleich aber wurde mit den Entschädigungsgesetzen festgeschrieben, welche Instanzen mit der Durchführung von Entschädigungsverfahren zu betrauen und wie solche Verfahren durchzuführen seien.[262]

Es würde nun den Rahmen dieser Arbeit sprengen, wollte ich alle im Gesetz fixierten Einzelbestimmungen zum administrativen und judikativen Verfahrensrecht gesondert darstellen oder gar das interdependente Verhältnis derer näher beleuchten, die in solche Verfahren eingebunden waren: Es waren dies nicht allein die Verfolgten selbst, ihre Anwälte und Interessenvertreter,[263] sondern auch Zeugen, weitere Fachbehörden (wie z.B. das Rote Kreuz, der Internationale Suchdienst u.a.m.), verschiedene ärztliche Gutachter und natürlich Entschädigungsbehörden wie unterschiedliche gerichtliche Instanzen. Auch wenn es also (in dieser Arbeit) kaum möglich scheint, die Kompetenzen, Entscheidungsrichtlinien und Spielräume aller Beteiligten zu erläutern, so bleibt es dennoch ein Ziel meiner Arbeit, das Prozedere solcher Entschädigungsverfahren transparenter zu machen und dabei der Frage nachzugehen, wie und mit welchem Erfolg die Anträge jener Verfolgten behandelt wurden, die psychische und psychosomatische Folgeschädigungen geltend machten. Gelingen kann dies nur, wenn konkrete Entschädigungsverfahren empirisch (d.h. quantitativ wie qualitativ) ausgewertet werden. Nur so ist es möglich, zu beurteilen, welche Verfolgten überhaupt "Wiedergutmachung" für ihre seelischen Leiden einforderten; wie Entschädigungsbehörden und -gerichte solche Schädigungen unterschiedlicher Personen behandelten (oder gar würdigten); wie bzw. ob die psychischen Erkrankungen der Überlebenden entschädigt wurden (vgl. dazu Kapitel V und VI).

---

262  Vgl. dazu z.B.: § 169 - § 241 des Bundesentschädigungsgesetzes.
263  Als größter Interessenvertreter trat die URO - United Restitution Organization - auf, eine Institution britischen Rechts. Sie stellte den ehemals Verfolgten Anwälte zur Verfügung, die ihre Interessen in den Entschädigungsverfahren vertraten, ihre Anträge und Widersprüche formulierten. Zu Funktion und politischer Rolle der URO vgl.: Hans Günter Hockerts: Anwälte der Verfolgten. Die United Restitution Organization, in: Ludolf Herbst / Constantin Goschler: Wiedergutmachung in der Bundesrepublik, a.a.O., S. S. 249 – 271.

Einer solchen qualitativen wie quantitativen Auswertung sind jedoch enge Grenzen gesetzt. Diese sind zum einen inhaltlich begründet: Sichtbar werden in den Entschädigungsverfahren immer nur Ausschnitte des Verfolgungsgeschehens, nur wenige (lebensgeschichtliche) Aspekte der konkreten Personen, ihrer individuellen Verfolgungserfahrungen und Erkrankungen. Geschuldet ist dies dem spezifischen Charakter bundesdeutscher "Wiedergutmachung": Wie ich bereits in den vorangegangenen Kapiteln deutlich machte, war es Maxime bundesdeutscher Entschädigung, daß nicht alle Verfolgten Kompensationsleistungen erhalten sollten, sondern nur diejenigen, die - als Angehörige spezifischer Verfolgtengruppen - nachweisbare Schädigungen (in bestimmter Höhe) erlitten hatten. Gegenstand der Verfahren war es denn auch lediglich, zu klären, ob ein solcher Schaden tatsächlich (und ausschließlich) auf die nationalsozialistische Verfolgung zurückzuführen und wie er zu bemessen und zu entschädigen sei. Die individuellen Nöte, die soziale wie familiale Situation der Betroffenen (vor und nach der Verfolgung) fand in dem Prozedere nur insofern Berücksichtigung, als sie die Höhe (möglicher) Entschädigungsleistungen mitbestimmte.

Zentraler Ausgangspunkt der behördlichen Arbeit waren die Eigenangaben der Verfolgten selbst. Diese waren - so der Auftrag der Gesetzgeber - durch die Entschädigungsbehörden auf ihren Wahrheitsgehalt zu prüfen und durch eigene Recherchen zu ergänzen bzw. zu korrigieren. Eine doppelte Prüffunktion kam dagegen den verschiedenen Gerichtsinstanzen zu: Sie hatten zum einen die strittigen Entscheidungsgründe der Behörden, noch einmal aber auch die Ausführungen der Überlebenden kritisch zu prüfen und zu würdigen.

Betrachtet man nun Art und Verlauf der Entschädigungsverfahren, so wird deutlich, daß es sich bei diesen um Artefakte, um synthetische Bilder der Wirklichkeit handelte: Sichtbar werden hier weder das gesamte Ausmaß nationalsozialistischer Destruktion noch die vielfältigen Leiden der Überlebenden, die diesen bis 1945 zugefügt worden waren. Statt dessen gerieten nur diejenigen Aspekte der Verfolgungsrealität in den Blick, die "bewiesen", d.h. mit Dokumenten und Zeugenaussagen verifiziert und zudem als "schadensverursachend" akzeptiert werden konnten. Diejenigen Repressionsformen aber, die entweder nicht nachgewiesen oder nicht als Ursache von Schäden und Leiden akzeptiert wurden, blieben in den Verfahren unberücksichtigt.[264]

---

264 Im Entschädigungsrecht fixiert war ein Amtsermittlungsgrundsatz, der besagte, daß die Entschädigungsorgane alle für die Entscheidung bedeutsamen Informationen zu ermitteln hätten. Zugleich aber bestand ein weiterer Grundsatz, der da lautete, daß die ehemals Verfolgten (die Antragsteller) zu einer Mitwirkung am Verfahren verpflichtet seien. De facto bedeutete dies, daß die Überlebenden alle ihnen zur Verfügung stehenden Informationen innerhalb bestimmter Fristen an die Entschädigungsorgane weiterzugeben hatten. Waren sie dazu nicht in der Lage oder aber nicht gewillt, den Behörden zuzuarbeiten, so wurden ihre Entschädigungsansprüche abgelehnt.

Doch nicht allein bei der Rekonstruktion der jeweils individuellen Verfolgung ergaben sich Probleme, die den Verfahrens- und Entscheidungsrichtlinien der Behörden und Gerichte geschuldet waren. Immanente Schwierigkeiten existierten sich auch da, wo es um die Feststellung und Verifizierung verfolgungsbedingter Schädigungen ging: Wie ich bereits im vorangegangenen Kapitel ausführlich darstellte, hatten bundesdeutsche Gutachter und Entschädigungsorgane lange Zeit erhebliche Probleme, die psychischen Probleme ehemals Verfolgter als Verfolgungsleiden anzuerkennen. Dieses Faktum blieb auch den ehemals Verfolgten und ihren Interessenvertretern nicht verborgen, deshalb versuchten viele, erst einmal nur ihre somatischen Verfolgungsschäden geltend zu machen, die – so die Erfahrung der Entschädigungspraxis – zumeist akzeptiert und entschädigt wurden.[265] Daß seelische Konfliktlagen "taktisch" verschwiegen oder aber erst Jahre später (als sich die Entschädigungspraxis gewandelt hatte) offenbart werden konnten, ist also eine Möglichkeit, die bei der Analyse solcher Entschädigungsverfahren einzukalkulieren ist: Die (frühen) Angaben der Betroffenen über Art und Charakter ihrer verfolgungsbedingten Erkrankungen sind daher ebenso mit Vorsicht zu betrachten wie medizinische Gutachten und Bescheide bzw. Urteile, in denen die angebliche Dauer, das angebliche Ausmaß seelischer Störungen festgeschrieben wurden.

## IV.1 Diesseits der Entschädigungsakten
## Methodische Probleme

Will man die Entschädigungsverfahren ehemals Verfolgter genauer analysieren, so stößt man neben den skizzierten inhaltlichen auch auf erhebliche methodische Probleme: Das einzige Quellenmaterial, das uns bei der Rekonstruktion von Entschädigungsverfahren zur Verfügung steht, sind die Einzelfallakten, die von kommunalen bzw. Landesentschädigungsämtern gesammelt und zusammengestellt wurden.[266]

---

265  Dieses Phänomen wurde mir von Herrn Prof. Lempp in einem Gespräch am 19.10.93 ausführlich geschildert. In diesem Gespräch vertrat er die Position, daß es unmöglich sei, aus den im Entschädigungsverfahren erwähnten psychischen Krankheitssymptomen Rückschlüsse auf das reale Krankheitsbild ehemals Verfolgter zu ziehen. Er war vielmehr der Ansicht, daß in Entschädigungsverfahren immer nur jene Symptome Erwähnung fänden, von denen die Verfolgten vermuteten, daß sie - in den Augen der Behörden und Gutachter - Entschädigungsrelevanz besäßen.

266  Wie bereits mehrfach erwähnt, waren es die Länder und Stadtstaaten der Bundesrepublik, die mit der Durchführung von Entschädigungsverfahren betraut waren: Dies hieß, daß die ehemals Verfolgten ihre Anträge bei kommunalen Entschädigungsbehörden einzureichen hatten (in Hessen waren dies die Behörden in Kassel, Darmstadt und Wiesbaden), die dann - im Streitfall - von Landesgerichten oder aber dem zuständigen Oberlandesgericht behandelt wurden.

*Im Prinzip* sollten hier alle wesentlichen Vorgänge der Verfahren dokumentiert sein: Sämtliche Anträge der Antragsteller in den einzelnen Schadenskategorien; Zeugenaussagen; eidesstattliche Erklärungen; Dokumente von Finanzbehörden; Schriftstücke der Anwälte und Interessenvertreter ehemals Verfolgter; alle Bescheide der Behörden; die Klageschriften ehemals Verfolgter gegen solche Behördenbescheide, die Urteile und Urteilsbegründungen involvierter Gerichtsinstanzen - und nicht zuletzt die verschiedenen ärztlichen Gutachten, ihre Anamnesen und diagnostischen Befunde.

In der Realität aber sind diese Akten zumeist unvollständig; fehlen doch häufig wichtige Dokumente - so z.B. Einzelanträge ehemals Verfolgter, ihre Aussagen über Art und Auswirkungen ihres Verfolgungsschicksals, aber auch Bescheide der Behörden und vor allem ärztliche Gutachten.[267] Betrachtet man also eine größere Anzahl von Entschädigungsakten, so wird offenbar, wie disparat sich dieses Material darstellt, wie wenig komparabel die Einzelfälle - zumindest in dieser Dokumentationsform - sind.

Offenbar wurde dies auch in den für meine Arbeit relevanten 213 Entschädigungsakten, die aus einer 1212 Individualakten umfassenden repräsentativen Stichprobe hessischer Entschädigungsakten ausgewählt wurden. Die Grundgesamtheit dieser Stichprobe wurde - in einem simple random sampling Verfahren - aus dem (eigenhändig durchgezählten) 107.037 Akten umfassenden Gesamtbestand hessischer Individualentschädigungsakten erhoben.[268]

Die Auswahl dieser 213 Fälle wurde von folgenden Kriterien bestimmt: Einbezogen wurden all jene Fälle, in denen ehemals Verfolgte selbst in ihren Entschädi-

---

267 Die Gründe für diese Lücken sind mir unbekannt; zu vermuten ist jedoch, daß z.B. die ärztlichen Gutachten gesondert verwahrt wurden und deshalb nicht als Bestandteil der regulären Verwaltungsakten auftauchen. Zu den Problemen dieser "Unvollständigkeit" werde ich mich aber im folgenden noch detaillierter äußern.
268 Diese Stichprobe wurde im Rahmen eines Forschungsprojektes der Universität Gesamthochschule Kassel unter Leitung von Prof. Dr. J. Kammler erhoben. Das Verfahren einer einfachen Zufallsstichprobe wurde gewählt, weil zu Beginn des Projektes keinerlei offizielle Daten vorlagen, wieviele Entschädigungsverfahren in Hessen durchgeführt, d.h. dokumentiert worden waren. Da der Gesamtbestand, der im hessischen Ministerium für Jugend, Familie und Gesundheit aufbewahrt wurde, keinerlei innere Ordnung hatte, mußte ein Verfahren gewählt werden, mit dessen Hilfe jedem Element (d.h. jede Akte) die gleiche Chance hatte, in die Auswahl miteinbezogen zu werden. Erst dann bestand die Aussicht, alle möglichen Verfolgtengruppen (politisch, "rassisch", weltanschaulich und religiös Verfolgter) in der Stichprobe berücksichtigt zu sehen. Anhand einer (computergestützt ermittelten) Liste von Zufallszahlen wurde also der Gesamtbestand hessischer Entschädigungsakten durchgezählt, wurden die relevanten Akten gezogen. Zur Methode vgl.: Jürgen Friedrichs: Methoden empirischer Sozialforschung, Reinbek bei Hamburg 1973, S. 139 f. Da auch heute noch "Wiedergutmachungsverfahren" anhängig sind, kann nicht ausgeschlossen werden, daß die Gesamtheit hessischer Entschädigungsverfahren höher ist als die von uns ermittelte Gesamtzahl von 107.037 Akten - konnten doch Akten, die sich noch im Umlauf befanden nicht mitgezählt werden.

gungsanträgen psychische Störungen und Erkrankungen benannt oder geltend gemacht hatten. Berücksichtigt wurden aber auch Akten, in denen keine Angaben ehemals Verfolgter über psychische Symptome zu finden waren. Sie wurden deshalb in die Auswahl mitaufgenommen, weil sich in Bescheiden der Entschädigungsbehörden, in gerichtlichen Urteilen und dort zitierten ärztlichen Gutachten Hinweise auf psychische Störungen ermitteln ließen.

Da sich jedoch auch diese Akten in ihren Bestandteilen und ihrem Umfang deutlich unterscheiden, habe ich mich bei der Auswertung lediglich auf die wichtigsten Aktenbestandteile konzentriert. Aufgenommen und bearbeitet wurden sämtliche Anträge ehemals Verfolgter für alle von ihnen geltend gemachten materiellen wie immateriellen Schädigungen, sämtliche Bescheide der Entschädigungsbehörden sowie die Gerichtsurteile aller involvierter Instanzen (soweit diese vorhanden waren).[269]

Eine solche Reduktion erschien mir sinnvoll und zwingend, bilden doch die von mir ausgewählten Dokumente quasi die Eckpfeiler der Individualentschädigungsakten: Hier finden sich - zumindest in der Mehrheit aller Fälle - die wesentlichen Informationen über die Antragsteller, ihre Herkunft, ihr Verfolgungsschicksal, ihre Schädigungen, ihren Lebensweg nach Ende des Zweiten Weltkrieges sowie ihren sozialen und wirtschaftlichen Status. Rekonstruiert werden können anhand dieser Materialien zumeist auch die verfahrensrelevanten psychischen Symptome und Erkrankungen ehemals Verfolgter; nachvollzogen werden können Art und Dauer des Entscheidungsprozesses von Entschädigungsorganen.

Nachvollziehbarer und transparenter werden die genannten methodischen und inhaltlichen Probleme, wenn man ein Entschädigungsverfahren, d.h. eine Entschädigungsakte genauer beleuchtet. Ausgewählt habe ich deshalb eine Akte aus dem Gesamtsample meiner Fallgruppe, anhand derer ich den Verlauf eines Entschädigungsverfahrens, zugleich aber auch die Lücken und Widersprüchlichkeiten des Aktenmaterials beleuchten werde.[270] Im folgenden werde ich zum einen die verfah-

---

269 Gemeint sind damit die vorläufigen Bescheide, Teilbescheide und (Schluß)Bescheide der Entschädigungsbehörden wie auch behördliche Vergleiche; unter den Oberbegriff des "Gerichtsurteils" fallen alle Urteile und Vergleiche von Landgerichten, Oberlandesgerichten und Bundesgerichtshof, wobei Zurückverweisungen an frühere Instanzen mitbedacht wurden.

270 Da jede Einzelfallakte sowohl in Form als auch Inhalt ein Unikat ist, lassen sich aus der im folgenden vorzustellenden Akte keine verallgemeinerbaren Rückschlüsse auf andere Entschädigungsverfahren und deren Dokumentation ziehen. Exemplarisch deutlich werden sollte aber, mit welchen Problemen die Auswertung solchen Materials konfrontiert wird. Ausgewählt wurde eine Einzelakte durchschnittlichen Umfangs, die ein mehrstufiges Verfahren dokumentiert: Das eigentliche Verfahren des Antragstellers erstreckte sich über 15 Jahre; zu einer Neubescheidung der Behörden kam es jedoch neun Jahre später, als der ehemals Verfolgte selbst an einem Gesundheitsschaden verstorben war. Nun mußte entschieden werden, ob seine Hinterbliebenen Anspruch auf weitere Entschädigungsleistungen haben sollten.

renstechnische Chronologie von Entschädigungsverfahren skizzieren und parallel - durch Absätze kenntlich gemacht - die Besonderheiten und dokumentarischen Leerstellen eben dieses Einzelfalls aufzeigen.

Generelle Voraussetzung für Entschädigungsverfahren war es, daß sie nur dann eröffnet wurden, wenn ein ehemals Verfolgter einen Entschädigungsanspruch gegenüber einem Bundesland geltend machte.[271] Dokumentiert wurde ein solcher Antrag zumeist in einem sogenannten "Globalantragsformular", in dem die ehemals Verfolgten Angaben zu ihrer Person, zum Verfolgungsgeschehen, über Art und Umfang des Anspruchs, über frühere Anträge und bereits erhaltene Leistungen machen mußten und zudem darlegen sollten, mit welchen Beweismitteln sie ihre Verfolgung belegen konnten.[272]

Zudem hatten die Verfolgten ihren Aufenthaltsort am 1.1.1947 nachzuweisen, mußten die Entschädigungsbehörden doch entscheiden, ob sich ein nicht-deutscher Verfolgter zu diesem Stichdatum in einem Land der späteren Bundesrepublik befunden hatte - und somit den Anforderungen des Territorialitätsprinzips gerecht wurde.[273] Diese Globalanträge waren also Kernstücke der Entschädigungsverfahren, enthielten sie doch (soweit vorhanden) alle wichtigen Informationen zur räumlichen wie sozialen Herkunft der Antragsteller sowie zu ihren beruflichen Positionen vor und nach der Verfolgung (mit Verabschiedung des Bundesergänzungsgesetzes wurden zudem der Familienstand der Verfolgten und die Anzahl ihrer Kinder abgefragt). Bedeutsam war an diesem Globalantrag aber vor allem, daß die ehemals Verfolgten schon hier deutlich machen mußten, welche immateriellen und materiellen Schädigungen sie während der Verfolgung erlitten hatten: Sie waren aufgefordert, kenntlich zu machen, ob sie einen Schaden an Leben, an Körper und Gesundheit, an Freiheit, an Eigentum und Vermögen, im wirtschaftlichen Fortkommen und/oder aber Versicherungs- und Rentenschäden erlitten hatten.

Für die Eröffnung eines Entschädigungsverfahrens war es jedoch nicht ausreichend, einen bestimmten Schaden "global" geltend zu machen, waren die Entschä-

---

271 Sowohl die Globalanträge als auch alle weiteren Einzelanträge konnten von den Verfolgten selbst oder aber von ihren Interessenvertretern gestellt werden. Delegierten die Verfolgten eine solche Aufgabe an Anwälte oder Hilfsorganisationen, so wurden sie von diesen i.d.R. im gesamten Verfahren vertreten.

272 Anfänglich - d.h. in den ersten Nachkriegsjahren, bevor die Entschädigungsgesetze der einzelnen Besatzungszonen verabschiedet worden waren - konnten ehemals Verfolgte Teilbeihilfen geltend machen: Es handelte sich dabei um "Beihilfen zur Abwendung eines Notstandes", die Geldzahlungen für Wohnraum, Einrichtung, Kleidung, Brennmaterial und Medikamente umfaßten. Nutznießer dieser Beihilfen waren deutsche Verfolgte, die sich an kommunale Betreuungsstellen wenden konnten.

273 Nachgefragt wurde auch, ob sich ein Antragsteller allen meldepflichtigen Auflagen bei Polizei, Flüchtlingsbehörden und in DP-Lagern unterzogen hatte bzw. ob er/sie Mitglied der NSDAP gewesen war.

digungsbehörden doch gehalten, von den ehemals Verfolgten eine Substantiierung - d.h. eine nähere Spezifizierung - ihrer Schädigungen zu fordern. In gesonderten (im Laufe der Zeit immer wieder variierten) Einzelformularen mußten die Überlebenden genauere Informationen über Haftorte und -zeiten (auch verstorbener Angehöriger); Erkrankungen und Symptome und eigene materielle Verluste liefern.[274]

Betrachtet man die von mir ausgewählte Akte von Herrn Z., so wird offenbar, daß es deutliche Differenzen zwischen den Angaben in einem Globalantrag und späteren Substantiierungen geben konnte[275]. Den Globalantrag von 1950 hatte nicht Herr Z. selbst ausgefüllt, sondern statt dessen ein von ihm bevollmächtigter Vertreter der United Restitution Organization (URO) in Frankfurt a.M., der sowohl einen Schaden an Leben (also den Verlust von Familienangehörigen) als auch einen Schaden an Freiheit geltend machte. Und auch die im gleichen Jahr erfolgte Substantiierung wurde nicht von Herrn Z. selbst vorgenommen, sondern wiederum von einem Fachbeauftragten der URO, der jedoch nur seinen Freiheitsschaden genauer spezifizierte. Dabei konnte sich der URO-Vertreter offensichtlich auf Aussagen von Herrn Z. berufen, enthielt der substantiierte Freiheitsschadensantrag doch Angaben über Zeugen (und deren Wohnort), die sein Verfolgungsschicksal beeiden konnten.

Den Angaben beider Formulare sind folgende Personenangaben zu entnehmen: Herr Z. wurde als Sohn einer jüdischen Familie 1932 in Polen geboren und lebte zum Zeitpunkt der Antragstellung in Israel, wo er als Bäcker beschäftigt war. Laut Substantiierung war er im September 1941 in ein Ghetto seiner Heimatstadt deportiert worden, in dem er sich bis November 1942 aufhalten mußte. Sein Entschädigungsantrag, in dem er einen Freiheitsverlust von vierzehn Monaten geltend machte, richtete sich an das Land Hessen (vertreten durch die Entschädigungsbehörde Darmstadt), hatte er sich doch am 1.1.1947 in einem hessischen Lager für Displaced Persons befunden.

Wenn ein ehemals Verfolgter seine Personalien angegeben, seine Schädigungen benannt und seine Verfolgung durch Orts- wie Zeitangaben verifiziert hatte (und zudem alle ihm zur Verfügung stehenden Beweismittel hinterlegt hatte), war es Aufgabe der zuständigen Entschädigungsbehörde, zu einer positiven oder auch negativen Entscheidung zu gelangen: Sie war verpflichtet, die Informationen des

---

274 In den B-Schadensformularen, mit denen Schäden an Körper und Gesundheit substantiiert wurden, waren die Verfolgten zudem ab 1956 aufgefordert, Angaben über die soziale und wirtschaftliche Situation ihrer Primärfamilie zu machen und sich dezidierter zum eigenen Bildungsweg zu äußern. Die Ansprüche ehemals Verfolgter, die ihrer Substantiierungsverpflichtung nicht nachkamen, wurden qua Aktenlage entschieden, was in der Regel bedeutete, daß sie mit einem deutlich negativeren Bescheid rechnen mußten.
275 Alle folgenden Ausführungen zu dem Entschädigungsverfahren von Herrn Z. wurden seiner Entschädigungsakte: D / 21433 / 32 A / DP / Za entnommen.

ehemals Verfolgten auf ihren Wahrheitsgehalt zu prüfen und ggfls. ergänzende Auskünfte bei Fachinstitutionen einzuholen.[276] Erst nach eingehender Kontrolle des gesamten Sachverhaltes hatten die Behörden dann einen Bescheid auszusprechen. Formalrechtlich war ein solcher Bescheid, mit dem über die Anerkennung, Teilanerkennung oder Ablehnung von Entschädigungsansprüchen entschieden und die Höhe der Leistungen festgelegt wurde, ein Verwaltungsakt, der schriftlich niedergelegt und dem Antragsteller übersandt werden mußte. Dokumentiert werden mußte hier zum einen die entscheidende Behörde, ihre Entscheidung (incl. etwaiger Leistungsvorbehalte) sowie Hinweise auf eine mögliche Klage. Erwünscht war zudem, daß ein Bescheid die Personalangaben des Antragstellers und die Feststellung des Sachverhaltes beinhalten sollte und die Entscheidungsgründe der Behörde transparent machte.[277]

In der Entschädigungsakte von Herrn Z. jedoch fehlt ein solcher Behördenbescheid, der sich mit der möglichen Kompensation seines Freiheitsschadens beschäftigt hätte. Statt dessen findet sich als nächstes Dokument ein Vergleichsurteil des Landgerichts Darmstadt vom 25. November 1953.

Klage bei einem Gericht, einer Entschädigungskammer, konnte nur dann eingereicht werden, wenn eine Entschädigungsbehörde die Ansprüche eines Verfolgten gänzlich abgelehnt oder seinem Antrag nur in Teilen entsprochen hatte. Das Gerichtsverfahren stand dann selbständig neben dem Verwaltungsverfahren, mußte in ihm doch der gesamte Sachverhalt - d.h. die Aussagen des Antragstellers wie auch die Entscheidungsgründe der Entschädigungsbehörden - noch einmal neu geprüft und beurteilt werden.[278]

---

276 Wurde ein Freiheitsschaden geltend gemacht, so hatten sich die Behörden zu vergewissern, daß die benannte Haftstätte in Listen des Roten Kreuzes verzeichnet war. Zudem hatte sie zu prüfen, ob der (oder die) Betreffende als Häftling eines Gefängnisses, Arbeits- oder Konzentrationslagers registriert worden war. Eben dieser letzte Aspekt barg jedoch erhebliche Probleme, erwiesen sich die Registraturen der nationalsozialistischen Verfolger doch oftmals als gefälscht bzw. unvollständig - und auch die Bestandsaufnahmen internationaler Hilfsorganisationen, die eigentlich alle Überlebenden der Lager verzeichnen sollten, waren lückenhaft. Bei der Verifizierung einer Ghettohaft dagegen mußten zeithistorische Dokumente geprüft werden, denen zu entnehmen war, ob an dem benannten Ort tatsächlich ein Ghetto bestanden hatte.
277 Vgl. dazu: Otto Gnirs: Das Verfahren bei der Entschädigungsbehörde, in: Die Wiedergutmachung nationalsozialistischen Unrechts durch die Bundesrepublik Deutschland, a.a.O., Band VI: Entschädigungsverfahren und sondergesetzliche Entschädigungsregelungen, S. 62 ff.
278 Wegen der Selbständigkeit der Gerichtsverfahren gegenüber behördlichen Verfahren durfte das Gericht den Fall nicht an die Behörde zurückverweisen. Wie im Zivilprozeß hatte die Kammer eigenständig durch ein Urteil zu entscheiden, ob der Klage ganz oder teilweise stattzugeben oder diese abzulehnen sei.

Im Falle von Herrn Z. einigten sich die Streitparteien (das Land Hessen vertreten durch den Regierungspräsidenten in Darmstadt als Entschädigungsbehörde und die Interessenvertreter der URO als Anwälte von Herr Z.) auf einen Teilvergleich, demzufolge ihm eine Entschädigung in Höhe von 1.500 DM für eine zehnmonatige Haftdauer zugestanden wurde. Beiden Parteien wurde in diesem Vergleich das Recht zugestanden, die getroffene Vereinbarung zu widerrufen, wobei Herrn Z. eine Frist bis Ende Januar 1954, der Behörde bis Mitte Februar 1954 zugestanden wurde.[279] Die Ansprüche wegen Schadens an Leben wurden in diesem Verfahren noch einmal erneuert, wobei aber beide Parteien übereinstimmend beantragten, daß die Entscheidung über diese erst einmal ruhen sollten.[280]

Ein solcher Teilvergleich war - im juristischen Sinne - ein "unechter Vergleich", handelte es sich bei ihm doch um eine gegenseitige Vereinbarung, in der dem Antragsteller Entschädigungsleistungen nach geltendem Recht und nach dem (dem Gericht bekannten) unstrittigen Sachverhalt zugestanden wurde. Anders als bei einem "echten" Vergleich, bei dem die beklagte Behörde Zugeständnisse an den Antragsteller machen mußte, basierte die Regelung eines Teilvergleichs auf den von der Entschädigungskammer festgestellten und von beiden Seiten anerkannten Tatbestand. Wurde ein solcher Vergleich angefochten, so mußte dies innerhalb der vom Gericht bestimmten Fristen geschehen. Ein Neuantrag auf Entschädigung eines bereits verhandelten Schadenstatbestands konnten die Verfolgten jedoch nur dann stellen, wenn sich die rechtlichen Grundlagen geändert hatten. Bei Freiheitsschäden wurde dies relevant, nachdem die Gesetzgeber im Bundesentschädigungsgesetz 1956 bestimmte Freiheitsbeschränkungen - wie z.B. das Tragen eines Judensterns oder das Leben in der Illegalität - einer Freiheitsentziehung (d.h. die Inhaftierung in einem Gefängnis, Zuchthaus, Konzentrations- oder Arbeitslager) gleichgestellt hatten. Erst wenn der Betreffende eine solche Freiheitsbeschränkung o.ä. geltend machen und beweisen konnte, war es möglich, einen Neuantrag zu stellen, der dann von den Entschädigungsbehörden zu prüfen und erneut zu bescheiden war.[281]

Die Entschädigungsakte von Herrn Z. enthält weder eine solche Vergleichsanfechtung, noch einen Neuantrag auf Entschädigung seiner Freiheitsschäden. Statt dessen beinhaltet sie eine eidesstattliche Erklärung aus dem Jahr 1955, in

---

279 Bedeutsam war dieses Widerrufsrecht vor allem für Herrn Z., mußte er - der der Verhandlung nicht beigewohnt hatte - doch der Vereinbarung zustimmen.
280 Warum Herr Z. bzw. seine Interessenvertreter sich darauf einließen, diese Ansprüche erst einmal nicht zu behandeln, ist mir unbekannt.
281 Vgl. dazu: Heinz Klee: Die Entschädigung wegen Schadens an Freiheit, in: Die Wiedergutmachung nationalsozialistischen Unrechts durch die Bundesrepublik Deutschland, Band IV: Das Bundesentschädigungsgesetz, a.a.O., S. 450.

der sich Herr Z. selbst noch einmal ausführlich zu seinem Verfolgungsschicksal äußerte. Offensichtlich wurde nun, daß Herr Z. nicht "nur" in einem Ghetto inhaftiert gewesen war, sondern zudem gezwungen wurde, ab 1941 einen Judenstern zu tragen. Gleichzeitig erklärte er in diesem Dokument erstmalig, daß er sich 1942 - als das Ghetto seiner Heimatstadt liquidiert wurde - mit seiner Familie auf einem Dachboden versteckt und sich anschließend bei einem Bauern, danach in einem Wald verborgen gehalten habe. Deutlich wurde auch, warum Herr Z. einen Antrag wegen Lebensschaden eingereicht hatte, sagte er doch aus, daß sein Vater bei der Flucht aus dem Ghetto von Deutschen erschossen worden sei. Erst im März 1944 - so die Aussage von Herrn Z. - sei er von der Roten Armee befreit worden. Ergänzend machte Herr Z. noch einige Bemerkungen zu der wirtschaftlichen und sozialen Situation, in der sich seine Familie vor Beginn der Verfolgung befunden hatte und seinem eigenen (durch die Verfolgung unterbrochenen) Bildungsweg. Als Zeugen für sein Verfolgungsschicksal benannte er zwei seiner Schwestern, die, wie er sagte, ein identisches Verfolgungsschicksal durchlitten hätten.

Bei dem nächsten Dokument seiner Entschädigungsakte handelt es sich um einen Vergleich zwischen Herrn Z. (vertreten wiederum durch die URO) und der Entschädigungsbehörde Darmstadt aus dem Jahr 1963. Dieser Vergleich - so der Schriftsatz der Behörde - wurde geschlossen, weil Herr Z. im November 1957 einen Neuantrag auf Haftentschädigung gestellt hatte, dem jetzt mit der Zahlung weiterer 3000.- DM entsprochen wurde. Mit dieser Summe waren - so die Entscheidung der Behörde - sämtliche Haftentschädigungsansprüche abgegolten.

Auch das Verfahren bei einer Entschädigungsbehörde konnte durch Vergleich zum Abschluß gebracht werden, wobei sich dieser entweder auf alle Schadensansprüche oder aber nur eine Schadenskategorie richtete. Formal handelte es sich dabei um einen öffentlich-rechtlichen Vertrag zwischen dem ehemals Verfolgten und dem entschädigungspflichtigen Land, in dem der grundsätzliche Anspruch anerkannt und/oder seine Höhe fixiert wurde. Wurde dem Vergleich die Klausel angefügt, daß mit dieser Regelung sämtliche Ansprüche endgültig abgegolten seien, so hieß dies, daß der ehemals Verfolgte kein Widerspruchsrecht mehr besaß und das Verfahren somit beendet war.[282]

---

282 Hatte ein solcher Vergleich lediglich einen spezifischen Schaden zum Gegenstand, so konnte ein Verfolgter keine weiteren Zahlungen für diese Schädigung beanspruchen. Umfaßte er jedoch alle Schadenskategorien, so beendete er das gesamte Entschädigungsprozedere. Ein (durch Vergleich) abgeschlossenes Verfahren konnte dann wieder aufgerollt werden, wenn erstens spätere Entschädigungsgesetze neue rechtliche Tatbestände schufen und damit die Option eröffneten, einen bestimmten Schaden noch einmal neu zu beantragen - oder zweitens deutlich wurde, daß sich der "Ursprungssachverhalt" (z.B. eine Erkrankung) maßgeblich geändert hatte. Vgl. dazu: Otto Gnirs: Das Verfahren bei der Entschädigungsbehörde, a.a.O., S. 67 f.

Erst im Februar 1964 meldete Herr Z. dann einen Schaden an Körper und Gesundheit an, den er - so suggeriert zumindest seine Entschädigungsakte - sofort substantiierte. In seinem ausführlichen Antrag verwies er jedoch immer wieder auf eine eidesstattliche Versicherung, die er im gleichen Monat abgegeben habe und die alle wesentlichen Informationen zu seinem Verfolgungsschicksal und seinen Erkrankungen beinhalten würde. Eben diese eidesstattliche Erklärung lag jedoch in der Akte nicht vor.

Mit dem Bundesentschädigungsgesetz führte man sogenannte B-Bögen ein, in denen ehemals Verfolgte ausführlich zu ihren psychischen wie somatischen Erkrankungen Stellung nehmen konnten. Neben einigen Personenangaben (Bildungsweg, Militärdienst, Beruf, Familienstand, Kinder u.a.) wurde in diesem Bogen gefragt, welche Leiden und Symptome die Betroffenen selbst auf die Verfolgung zurückführten, unter welchen Verfolgungsmaßnahmen sie besonders gelitten hatten, wann ihre Erkrankungen erstmalig manifest geworden und von welchen Ärzten sie seit Ende des Krieges behandelt worden waren. Anders als in den Antragsformularen früherer Entschädigungsgesetze bot dieser achtseitige Fragebogen hinreichend Gelegenheit, sich ausführlich und dezidiert zu der Genese und Symptomatik somatischer wie psychischer Krankheiten zu äußern und die eigene soziale und wirtschaftliche Situation darzustellen.

Wie Herr Z., so machte die Mehrzahl aller Verfolgten ihre psychischen Spätschäden erst in den 60er Jahren geltend (vgl. dazu Kapitel V): Geschuldet war dies - wie ich in den vorangegangenen Kapiteln bereits ausführlich darstellte - zum einen dem Charakter und der Dynamik dieser Schädigungen, die vielfach erst dann manifest wurden, als sich die Betroffenen konsolidiert, sich ihre ökonomische wie soziale Situation "normalisiert" hatten. Zum anderen aber waren jetzt die Chancen der Überlebenden, daß ihre seelischen Verletzungen als "verfolgungsbedingt" erkannt und entschädigt wurden, deutlich gestiegen. Ausgehend von den Erkenntnissen aufgeschlossener Ärzte und Psychiater, die die Relevanz posttraumatischer Erkrankungen bestätigten, wurden diese nun immer häufiger auch von den Entschädigungsorganen anerkannt.[283]

Daß sich auch das Leben von Herrn Z. erst einmal konsolidiert hatte, nun aber durch schwere psychische Konfliktlagen erschüttert wurde, ist seinem substantiierten Antrag zu entnehmen: Hier schilderte er, daß er in Israel Militärdienst geleistet und eine Familie gegründet habe und nunmehr Vater von zwei Kindern sei. Zwar äußerte er sich in diesem Antragsformular nicht mehr ausführlich zu seiner

---

283 Es floß dies 1965 auch in die Gesetzgebung ein, als bestimmt wurde, daß psychische Erkrankungen generell als "verfolgungsbedingte Schädigungen" anzusehen seien (vgl. dazu: Kapitel III.2).

derzeitigen Symptomatik und seinem Verfolgungsschicksal, doch auch seine wenigen Stichworte lassen die "klassischen" Anzeichen eines "Überlebendensyndroms" erkennen: "Kopfschmerzen, Schlaflosigkeit, leichte Reizbarkeit, Angstzustände, Depressionszustände, Gelenkschmerzen, Schwindelanfälle, Magenschmerzen." Als Ursache seiner Erkrankung bezeichnete er "... die schwere Verfolgungszeit, die ich als Kind durchgemacht habe, den Tod von Eltern und Geschwistern und die Entbehrungen meines "Lebens in der Illegalität ..."

Zudem gab Herr Z. an, er sei bereits unmittelbar nach seiner Befreiung von russischen Militärärzten, später dann von Ärzten des Jüdischen Komitees und der UNRRA behandelt worden.

Einem Antrag auf Entschädigung gesundheitlicher Leiden hatten die Betroffenen alle medizinischen Unterlagen beizufügen, die (soweit vorhanden) Aufschluß über bisherige Behandlungen und Diagnosen geben konnten. Beigelegt werden konnte auch ein vertrauensärztliches Gutachten, in dem ein Arzt Genese und Ausprägungen der geltend gemachten Erkrankungen aufschlüsselte und die jeweilige Minderung der Erwerbsfähigkeit bemaß.[284] All diese Belege wurden dann von der Entschädigungsbehörde an einen medizinischen Sachverständigen weitergegeben, der nun ein Aktengutachten zu erstellen hatte:[285] Seine Aufgabe war es, folgende Fragen - entsprechend seiner Fachkompetenz - zu beantworten:

"1. Liegen bei dem Antragsteller Gesundheitsschäden vor, die seine geistige oder körperliche Leistungsfähigkeit nachhaltig mindern? Welches sind diese Schäden?
2. Zu wieviel Prozent ist hierdurch die Erwerbsfähigkeit des Antragstellers, gemessen an der vollen Leistungsfähigkeit auf seiner Altersstufe, gemindert? Auf welche Dauer? 3. Welche der festgestellten Gesundheitsschäden gehen mit Wahrscheinlichkeit auf die Verfolgung zurück?

---

284 Die Majorität aller vertrauensärztlichen Gutachten wurde - zwangsläufig - im Ausland erstellt, befand sich doch nur die Minderheit aller Überlebenden in der Bundesrepublik. Eben diese ausländischen Gutachten bargen eine Reihe von Problemen für die Entschädigungsbehörden: Zum einen entsprachen sie zumeist nicht der "gängigen" bundesdeutschen Lehrmeinung, zum anderen aber auch nicht der hierzulande üblichen diagnostischen Praxis: Gerade Ärzte in den USA standen vielfach unter dem Druck, möglichst viele Patienten in überschaubaren Zeiträumen behandeln oder begutachten zu müssen. Ihre Befunde waren denn auch kürzer und weniger begründet als dies bei bundesdeutschen Ärzten und Psychiatern der Fall war.
285 Die medizinischen Sachverständigen wurden von den Entschädigungsbehörden in Rücksprache mit einem beratenden Arzt ausgewählt. Entscheidende Kriterien für ihre Wahl war zum einen ihre Kompetenz in dem jeweils relevanten Fachgebiet, zum anderen aber auch, ob sie die "herrschende bundesdeutsche Lehrmeinung" vertraten. Vgl. dazu: Hermann Ammermüller / Hans Wilden: Gesundheitliche Schäden in der Wiedergutmachung, a.a.O., S. 13 f.

4. Um wieviel Prozent ist durch den Verfolgungsschaden die Erwerbsfähigkeit des Antragstellers, gemessen an der vollen Leistungsfähigkeit auf seiner Altersstufe, gemindert? Auf welche Dauer? 5. Wann wird eine Nachuntersuchung für erforderlich gehalten?"[286]

War ein solches Gutachten erstellt und an die zuständige Behörde übersandt, so hatte diese dessen Plausibilität zu überprüfen. Prinzipiell besaß die Entschädigungsbehörde die Befugnis, ein solches Gutachten abzulehnen (falls z.B. die dort erstellten Diagnosen von dem "mainstream" ärztlicher Einschätzungen abwichen) - in der Praxis jedoch folgten die Behörden zumeist dem medizinischen Votum, seiner Diagnose wie auch der Bezifferung eines gesundheitlichen Schadens.

In der Entschädigungsakte von Herrn Z. - wie in dem gesamten, mir vorliegenden Fallmaterial - fehlen die verschiedenen medizinischen Gutachten ebenso wie die Nachweise über bereits erfolgte ärztliche Behandlungen. Dies ist sicher das entscheidendste Manko bei der Auswertung dieser Entschädigungsakten, ist es mir doch so weder möglich, die anamnestischen Beobachtungen von Medizinern und Gutachtern, noch ihre diagnostischen Befunde genauer zu beleuchten. In meiner Analyse kann ich deshalb nur auf diejenigen diagnostischen Kürzel zurückgreifen, die in Bescheiden aufgegriffen oder in Gerichtsverfahren näher erläutert wurden.

So auch im Falle von Herrn Z.: Seine Erkrankung wurde von dem medizinischen Sachverständigen als "psychoreaktive Störung im Sinne der Entstehung" diagnostiziert, die seine Erwerbsfähigkeit um 30% ab dem 1.4.1944 gemindert habe. Diesem Befund schloß sich auch die Entschädigungsbehörde Darmstadt an, die den Leistungsbeginn - d.h. die staatlichen Rentenzahlungen - auf den 1.6.1946 festsetzte und bestimmte, daß die Leistungshöhe nach der Einstufung in die vergleichbare Beamtengruppe des mittleren Dienstes zu bemessen sei.

Damit hatte die Behörde ihren gesetzlichen Auftrag erfüllt, war sie doch gehalten, in einem Bescheid schriftlich festzuhalten, ob eine Erkrankung originär auf die nationalsozialistische Verfolgung zurückzuführen oder von dieser zumindest wahrscheinlich verursacht oder befördert worden war. Zum anderen hatte sie dort aber auch zu bestimmen, ob und in welchem prozentuierten Maß die Betroffenen in ihrer Erwerbsfähigkeit gemindert waren und wie die Entschädigungsleistungen zu bemessen seien. Gerade der letztgenannte Aspekt barg jedoch einige Schwierigkeiten: Zum einen hatten die Behörden den Zeitpunkt festzuschreiben, ab dem die Verfolgten (wahrscheinlich) geschädigt gewesen seien - zum anderen hatten sie einen Zeitpunkt zu benennen, ab dem die Verfolgten materielle Entschädigungsleistungen erhalten sollten. Daß diese Zeitangaben erheblich differieren konnten

---

286  Zit. nach: ebd., S. 17.

(wurde im Falle von Herrn Z. doch festgestellt, er sei ab April 1944 leidend gewesen, könne aber erst ab Juni 1946 Entschädigungsleistungen beanspruchen), war der Tatsache geschuldet, daß Personen, die als Kinder und Jugendliche Leidtragende der Verfolgung gewesen waren, erst dann Entschädigungsleistungen erhalten konnten, wenn sie das 14. Lebensjahr vollendet hatten. Erst dann - so bis 1965 die Position der Entschädigungsbehörden und -gerichte - sei davon auszugehen, daß sie am Erwerbsleben teilnehmen und in ihrer Erwerbsfähigkeit beeinträchtigt sein konnten.

In einem Bescheid zu fixieren waren jedoch nicht allein der (wahrscheinliche) Krankheits- und faktische Leistungsbeginn, sondern auch die (je individuelle) Einstufung in eine vergleichbare Beamtengruppe, nach deren Bezügen die personengebundenen Entschädigungsleistungen (Renten) zu berechnen waren. War ein Verfolgter bei Verfolgungsbeginn noch nicht berufstätig gewesen, so wurde eine solche Einstufung "nach den Eltern", d.h. nach dem Vater, vorgenommen. Anhand der Eigenangaben eines Verfolgten und ergänzender Zeugenaussagen hatten die Behörden festzustellen, welchen sozialen wie wirtschaftlichen Status die Familie eines Betroffenen vor Verfolgungsbeginn besessen hatte - um dann eine Zuordnung zu einer Beamtengruppe des einfachen, mittleren, höheren oder gehobenen Dienstes vorzunehmen. In den Entschädigungsgesetzen war - wie ich bereits erwähnte - bestimmt, daß die Überlebenden bei einer (anerkannten) Erwerbsminderung von mindestens 25% fortlaufende Rentenzahlungen erhalten sollten. Schon im Bundesergänzungsgesetz von 1953 war festgelegt worden, daß solche Rentenleistungen erst ab dem 1.11.1953 ausgezahlt werden sollten - für den vorangegangenen Zeitraum jedoch, in dem die Betreffenden bereits in ihrer Erwerbsfähigkeit gemindert waren, eine summarische Kapitalentschädigung zu berechnen sei.[287] All diese Berechnungen mußten in einem Bescheid schriftlich fixiert und damit transparent gemacht werden.

Mit dem Bescheid von 1965 wurde Herrn Z. zum einen eine Kapitalentschädigung von DM 7.013,16, eine Rentennachzahlung vom 1.11.1953 bis 31.12.1964 von DM 18.116.- und zum anderen eine fortlaufende Rente (ab dem 1.1.1965) von DM 182.- zugestanden. Bei der Berechnung seiner Entschädigungsleistungen wurde - wie in den Entschädigungsgesetzen vorgeschrieben - seine eigene wirtschaftliche und soziale Situation miteinbezogen und berücksichtigt, daß er für seine Ehefrau und zwei minderjährige Kinder zu sorgen habe.

---

287 Diese Kapitalentschädigung berechnete sich pauschal für die vollen Monate vor dem 1.11.1953 - Berechnungsgrundlage war der Rentenbetrag (abhängig von dem Grad der Erwerbsminderung und der jeweiligen Einstufung in eine vergleichbare Beamtengruppe), der den Verfolgten am 1.11.1953 zugestanden hätte. Vgl. dazu: § 36 und 37 des Bundesentschädigungsgesetzes, in: H.G. van Dam / Heinz Loos: Bundesentschädigungsgesetz - Kommentar, a.a.O., S. 239 f.

Die von den Entschädigungsbehörden festgesetzten Rentenbeträge waren nicht statisch, sondern wurden - in Angleichung an sonstige gesetzliche Rentenerhöhungen - regelmäßig heraufgesetzt. Änderungen ergaben sich jedoch dann, wenn sich der Grad der Erwerbsminderung eines ehemals Verfolgten wandelte, wenn sich seine persönliche und wirtschaftliche Situation verschlechterte (oder verbesserte).

1969 wurde die Rente von Herrn Z. erhöht, da sich seine persönliche wie wirtschaftliche Situation durch die Geburt eines dritten Sohnes im August des gleichen Jahres gewandelt hatte. Tatsächlich aber muß sich die Entschädigungsbehörde Darmstadt bei der Berechnung der Rente verrechnet haben: Zu entnehmen ist dies einem Bescheid der Behörde vom Februar 1974, der auf ein Schreiben der URO rekurriert, in dem die Verfolgtenvertreter offensichtlich bemängelten, daß bei den Rentenerhöhungen von Herrn Z. die Geburt seines Sohnes nicht adäquat berücksichtigt worden sei. Nach einer Neuberechnung kam die Behörde selbst zu dem Ergebnis, daß Herr Z. Anspruch auf eine Nachzahlung in Höhe von DM 1.451.- habe. Er selbst jedoch dürfte nicht mehr von seiner nunmehr erhöhten Rente profitiert haben, ist doch seiner Entschädigungsakte zu entnehmen, daß Herr Z. am 17.3.1974, im Alter von 41 Jahren, verstarb. Seinen Abschluß findet dieses Entschädigungsverfahren (und damit die Entschädigungsakte) mit einem Bescheid der Entschädigungsbehörde vom November 1974, in dem der Witwe von Herrn Z. und den drei minderjährigen Waisen ein Gesamtbetrag von DM 1.613.- zugebilligt wurde: Dieser Betrag errechnete sich aus der oben genannten Rentennachzahlung und einer monatlichen Zahlung für März 1974, die der Familie noch zustand.[288]

Im Vergleich zu anderen (vgl. Kapitel V) kann das Entschädigungsverfahren von Herrn Z. als unproblematisch, ja erfolgreich bezeichnet werden, kamen die Entschädigungsorgane doch innerhalb überschaubarer Zeiträume zu durchaus positiven Entscheidungen. In vielen anderen Fällen erstreckte sich das Prozedere jedoch über lange Jahre: Unklarheiten über Zeit, Art und Ausmaß der Verfolgung, strittige ärztliche Diagnosen, ein zu geringes Maß der Erwerbsminderung, eine Einstufung in eine niedrige Beamtengruppe, nicht gewährte Heilbehandlungen, aber auch Lücken und Irrtümer der gesetzlichen Grundsatzbestimmungen - all dies konnten (u.a.) Gründe sein, daß ehemals Verfolgte einem Behördenbescheid widersprachen oder

---

288 In den Entschädigungsgesetzen war festgelegt, daß eine Gesundheitsschadenrente weder übertragbar, noch verblich sein sollte. Eine Ausnahme wurde jedoch in jenen Fällen gemacht, wo ein Verfolgter an den Folgen seiner körperlichen und gesundheitlichen Schädigungen verstorben war. In diesen Fällen hatten die Hinterbliebenen Anspruch auf Entschädigungsleistungen, die sich nach den Regularien eines "Schadens an Leben" bemaßen, Vgl. dazu: § 41 BEG, in: H.G. van Dam / Heinz Loos: Bundesentschädigungsgesetz - Kommentar, a.a.O., S.242 ff.

ein Urteil anfochten und eine nächst höhere Instanz angerufen werden mußte.[289] Ein Verfahren vor dem jeweils zuständigen Oberlandesgericht oder gar vor dem Bundesgerichtshof aber kostete Zeit; vor allem dann, wenn in einer solchen Gerichtsverhandlung erneut medizinische Sachverständige zu Rate gezogen und neue Gutachten erstellt werden mußten. Tatsächlich konnte es geschehen, daß ein Betroffener vor Ende seines Entschädigungsverfahrens verstarb, ohne daß er je entschädigt worden wäre. Betrachtet man die Entschädigungsakten, so wird deutlich, daß in der Majorität der Fälle die Urteile der verschiedenen Entschädigungskammern enthalten sind, denen die Gründe zu entnehmen sind, warum ein ehemals Verfolgter oder eine Behörde Widerspruch gegen eine frühere Entscheidung einlegte. Dies bedeutet jedoch nicht, daß jedes Entschädigungsverfahren bis zu seinem Ende dokumentiert wäre: Viele Entschädigungsakten enden scheinbar abrupt, ohne daß ablesbar wäre, warum ein Verfahren beendet oder dessen Dokumentation abgebrochen wurde (vgl. dazu: Kapitel V bzw. VI, hier das Verfahren von Frau S.R.)

### IV.2 Jenseits der Entschädigungsakten
### Inhaltliche Probleme der Entschädigungsverfahren

In den Entschädigungsakten ist - wenn auch mit erheblichen Lücken und Verzerrungen - das Prozedere der Entschädigungsverfahren dokumentiert: Ablesbar sind hier der Verlauf der Verfahren, d.h. der administrative und juristische Entscheidungsprozeß, sowie deren negativen wie positiven Ergebnisse. Will man aber den Charakter und die Dynamik dieser Verfahren besser verstehen, so reicht es nicht aus, ihren formalen Ablauf nachzuvollziehen. Vielmehr ist es dann notwendig, die (in der Tat schwierigen) Wechselbeziehungen zwischen den verschiedenen Akteuren - hier vor allem der ehemals Verfolgten, Sachbearbeitern der Entschädigungsbehörden und ärztlichen Gutachtern - sowie deren Aufgaben, Spielräume und Grenzen näher zu beleuchten.

Für die ehemals Verfolgten war das Entschädigungsprozedere mit erheblichen psychischen Belastungen verbunden. Gerade erst der deutschen Verfolgung entkommen, mußten sie gegenüber (wiederum) deutschen Behörden *beweisen*, daß sie tatsächlich Leidtragende nationalsozialistischer Verfolgung gewesen waren und materielle wie immaterielle Schädigungen erlitten hatten. Mit Hilfe von eidesstatt-

---

289 Gegen ein Urteil eines Landgerichtes konnten sowohl die ehemals Verfolgten wie auch das beklagte Land Berufung einlegen, wobei die Klage auch auf Ansprüche ausgeweitet werden konnten, die nicht Gegenstand des Verwaltungsverfahrens gewesen waren. Gegen das Urteil eines Oberlandesgerichtes war dann eine Revision möglich, wenn diese entweder vom Gericht als zulässig erklärt worden oder aber der Rechtsweg in der Sache unzulässig gewesen war. Vgl. dazu: Adolf Pentz: Das gerichtliche Verfahren, in: Die Wiedergutmachung nationalsozialistischen Unrechts durch die Bundesrepublik Deutschland, a.a.O., S. 145 ff.

lichen Erklärungen und (beeideten) Zeugenaussagen hatten sie zu belegen, wo und in welchen Zeiträumen sie verfolgt worden, welchen konkreten Gewaltakten sie ausgesetzt gewesen waren. Die Anforderung, die eigene Verfolgung räumlich wie zeitlich rekonstruieren zu müssen, brachte viele ehemals Verfolgte in eine Zwangslage, konnten sie sich doch an zuverlässige Daten und Augenzeugen nicht erinnern, Orte nicht benennen.[290] Zwangsläufig blieben ihre Angaben vage, oft ungenau oder erwiesen sich später gar als falsch.

Nun hatten die Gesetzgeber zwar versucht, diesem Problem Rechnung zu tragen, indem sie die Entschädigungsbehörden verpflichteten, ihrerseits alle notwendigen Beweise zu ermitteln - in der Praxis aber sollte sich dieser "Amtsermittlungsgrundsatz" als äußerst zweischneidig erweisen: Konnten die (zumeist unpräzisen) Angaben der ehemals Verfolgten durch Dokumente von Fachbehörden verifiziert werden, so wurden ihre Entschädigungsanträge anerkannt und positiv beschieden. Konnten ihre Aussagen jedoch nicht bestätigt werden oder erwiesen sich gar als unrichtig, so wurden ihre Anträge i.d.R. kategorisch zurückgewiesen.

Eine solche Ablehnung hatte für die Betroffenen selbst erhebliche psychische wie materielle Konsequenzen: Zum einen wurde ihnen jedwede Entschädigung (und damit eine soziale Grundsicherung) verwehrt. Zum anderen aber fühlten sie sich als Bittsteller und "Lügner" diskreditiert:

"Eine Urteilssprechung hängt immer davon ab, daß der Antragsteller wahrheitsgemäße Angaben über seine Verfolgung gemacht hat. Jeder Irrtum wiegt gleich schwer. Wenn man den Behörden ein falsches Alter nennt, büßt man seine Ansprüche für alle Zeiten ein. In gewissem Sinn wird man für unwürdig erklärt, Entschädigung zu empfangen, weil man ein Lügner und Betrüger ist, der dem deutschen Staat durch falsche Angaben Gelder abpressen will."[291]

Es war unbestreitbar eine schwere Bürde für ehemals Verfolgte, daß sie in den Entschädigungsverfahren verpflichtet waren, möglichst korrekte Angaben über Art und Dauer ihrer Verfolgung zu machen und bei Erinnerungslücken oder Irrtümern mit der Ablehnung ihrer Entschädigungsansprüche "bestraft" werden konnten. In Teilen der einschlägigen Literatur jedoch findet sich immer wieder die Behauptung, bundesdeutsche Entschädigungsbehörden hätten sich in strittigen Fällen generell abweisend und engherzig gezeigt und den Betroffenen jede Chance auf Ent-

---

290  Dies gilt im besonderen Maße für Überlebende der Konzentrations- und Vernichtungslager, die während ihrer extremtraumatischen Erfahrungen jede zeitliche und örtliche Orientierung verloren hatten und deshalb auch oft unfähig waren, Aussagen über die Einlieferung und Verlegung in ein anderes Lager zu machen.
291  Zit. nach: Milton Kestenberg: Diskriminierende Aspekte der deutschen Entschädigungspraxis: Eine Fortsetzung der Verfolgung, in: Martin Bergmann / Milton Jucovy / Judith Kestenberg (Hrsg.) Kinder der Opfer - Kinder der Täter, a.a.O., S. 79 f.

schädigung verweigert.[292] Auch wenn an dieser Stelle nicht bestritten werden soll, daß es solche Härten und Rigorismen gab, so ist es - wie ich meine - notwendig, anzuerkennen, daß sich auch die Sachbearbeiter der Entschädigungsbehörden in einer Zwangslage befanden, waren sie doch durch das Entschädigungsrecht verpflichtet, all jene Anträge abzulehnen, in denen Betroffene "vorsätzlich oder grob fahrlässig unrichtige oder irreführende Angaben" gemacht hatten.[293] In der Praxis erwies sich dieser gesetzliche Auftrag als äußerst schwierig: Er forderte von den Mitarbeitern der Entschädigungsbehörden, daß sie autonom zu entscheiden hatten, ob ein ehemals Verfolgter wissentlich oder leichtfertig "Falschaussagen" gemacht oder sich aufgrund seiner (oft verfolgungsbedingten) Erinnerungslücken nur geirrt hatte. De facto bedeutete dies, daß sie sich "mit der Glaubhaftigkeit" von Aussagen und Erklärungen ehemals Verfolgter "in nachprüfbarer Weise auseinanderzusetzen"[294] mußten - ohne diese jedoch tatsächlich verifizieren zu können.

Erschwert wurde eine solche Entscheidung durch die Tatsache, daß es einige wenige Verfolgte gab, die tatsächlich wissentlich und willentlich Falschaussagen über ihr Verfolgungsschicksal machten und die Behörden mit fingierten eidesstattlichen Erklärungen zu überzeugen suchten.[295] Durch solche Einzelfälle mißtrauisch geworden, neigten die Sachbearbeiter der Entschädigungsbehörden dazu, denjenigen ehemals Verfolgten, deren Angaben strittig waren, einen Ablehnungsbescheid zukommen zu lassen - die schlußendliche Klärung aber einer Entschädigungskammer zu überlassen (vgl. auch dazu den Fall von Frau S.R. in Kapitel VI).[296]

---

292 So z.B. bei Barbara Vogt-Heyder in ihrem Aufsatz: Einige Gedanken zur deutschen Wiedergutmachung, in: Dierk Jülich (Hrsg.):Geschichte als Trauma, Frankfurt a.M. 1991, S. 59-67 sowie bei dem oben zitierten Aufsatz von Milton Kestenberg: Diskriminierende Aspekte der deutschen Entschädigungspraxis, a.a.O.
293 Zit. nach: § 7 BEG, in: H.G. van Dam / Heinz Loos: Bundesentschädigungsgesetz - Kommentar, a.a.O., S. 125.
294 Zit. nach: Otto Gnirs: Das Verfahren bei der Entschädigungsbehörde, a.a.O., S. 58.
295 Die in der einschlägigen Literatur immer wieder geäußerte Behauptung, alle Angaben ehemals Verfolgter seien per se glaubhaft und richtig gewesen, erscheint mir zwar verständlich, aber auch problematisch: Sinnvoll und notwendig ist es sicherlich, diejenigen Fälle zu dokumentieren, in denen sich bundesdeutsche Behörden unerbittlich und wenig empathisch zeigten. Und doch gilt es festzuhalten, daß es auch unter den ehemals Verfolgten Personen gab, deren charakteristisches Format nicht eben vorbildlich war. Würde man davon ausgehen, daß die Leidtragenden von Terror und Unterdrückung "geläutert sein sollen oder um es sehr einfach auszudrücken,... sich besser benehmen sollen, als man es ihnen gegenüber getan hat", so schiene mir das eine ebenso unrealistische wie falsche Annahme. (So die Aussage von Leo Eitinger in seinem Aufsatz: Lebenswege und Lebensentwürfe von Konzentrationslager-Überlebenden, in: Hans Stoffels (Hrsg.): Schicksale der Verfolgten, a.a.O., S. 13).
296 Selbstverständlich gab es auch unter den Sachbearbeitern der Entschädigungsbehörden Personen, die den Verfolgten aggressiv und wenig einfühlsam begegneten und offensichtlich nicht begriffen, daß sie hier mit Menschen konfrontiert waren, denen kaum vorstellbares Leid zugefügt worden war.

In den Entschädigungsverfahren ging es jedoch nicht nur darum, die einzelnen Stationen eines Verfolgungsschicksals zu rekonstruieren, sondern zugleich auch zu klären, welche Geschehnisse bei den Überlebenden welche Schädigungen verursacht hatten: Die Klärung dieser Frage oblag - bei gesundheitlichen Schädigungen - den ärztlichen Gutachtern und hier vor allem den Erstgutachtern, die ihre Anamnesen in unmittelbarem Kontakt zu den Betroffenen erstellen mußten. Eben diese ärztlichen Untersuchungen konnten für die Überlebenden eine drückende Last sein - mit z.T. verhängnisvollen Konsequenzen.[297]

Wie ich in Kapitel II bereits beschrieb, versuchten die meisten ehemals Verfolgten, die unter psychischen Störungen litten (oder zukünftig leiden sollten), die Erinnerung an die Verfolgung zu verdrängen und damit zugleich "dem Bild (zu) entfliehen, das sie von sich selbst in den Lagern gewonnen" hatten.[298] Eine solche Abwehrreaktion war für das Weiterleben der Betroffenen notwendig und sinnvoll, stabilisierte sie doch ihre - äußerst fragile - psychische Situation. Als sie aber von den Entschädigungsbehörden und ärztlichen Gutachtern aufgefordert wurden, ausführlich und detailliert über ihre extremtraumatischen Erfahrungen zu sprechen, ihre Gewalterfahrungen und damit die Gefühle der Angst und Erniedrigung sprachlich wiederzubeleben, drohte vielen eine Re-Traumatisierung:

"Sobald Erinnerungen an die traumatische Vergangenheit in das bewußte Wahrnehmen aufsteigen, erfährt sich der Überlebende in seinem Ich zerbrochen. Er kann das Erfahrene weder in sich aufnehmen, noch strukturieren. Ein Gespräch über die Vergangenheit erweckt den Eindruck, als würden unverarbeitete Erinnerungsbruchstücke nochmals durchlebt."[299]

Mit ungefilterter Macht kehrten dann die Bilder von Mißhandlungen, Demütigungen und Vernichtung wieder und potenzierten die Symptome der Betroffenen, ihre Panik, Angst, Apathie und depressiven Verstimmungen. Nun hätten solche Berichte der eigenen, ganz individuellen Geschichte theoretisch auch einen therapeutischen Wert besitzen können: Dies aber nur dann, wenn die Verfolgten bei dem Prozeß der Erinnerung, der Zusammenführung fragmentarischer Gedächtnisfetzen von einem Menschen begleitet worden wären, den sie selbst als "gutes Objekt" erlebten. Die Untersuchung durch einen begutachtenden Arzt und seine anamnestischen Rückfragen aber entsprachen einem solch therapeutischen Setting keineswegs, besaßen die Gutachter doch weder die Zeit - noch in vielen Fällen die Fähig-

---

297 Nachgewiesen und beschrieben wurde das im folgenden skizzierte Phänomen der "Re-Traumatisierung" bei Überlebenden der Shoah. Inwieweit auch andere Verfolgte mit abweichenden Verfolgungsschicksalen unter ähnlichen psychischen "Rückfällen" litten, wurde - zumindest nach meiner Kenntnis - bislang nicht untersucht.
298 Zit. nach: Dori Laub / Nanette C. Auerhahn: Zentrale Erfahrung der Überlebenden: Die Versagung von Mitmenschlichkeit, in: Hans Stoffels (Hrsg.): Schicksale der Verfolgten, a.a.O., S. 263.
299 Zit. nach: ebd., S. 264.

keit und das Einfühlungsvermögen -, sich auf einen solch intensiven und vor allem dauerhaften Kontakt einzulassen.[300] In nicht wenigen Fällen konnten sich solche ärztlichen Untersuchungen, die den Verfolgten doch eigentlich dazu verhelfen sollten, ihre Entschädigungsanträge fachlich zu fundieren, als äußerst dysfunktional, weil krankheitsverschärfend erweisen:

> "In solchen Augenblicken hält der Lebensstrom mit seiner Kontinuität, Kreativität und seiner integralen Kraft völlig an. Die integrierenden Ich-Funktionen sind genauso gelähmt wie damals im Moment der traumatischen Erfahrung tiefster Verlassenheit."[301]

Wie ich bereits in den vorangegangenen Kapiteln ausführlich schilderte, wußten die begutachtenden Ärzte und somit auch die Entschädigungsorgane lange Zeit nicht, daß der nationalsozialistische Verfolgungsterror bei den Betroffenen zu schweren posttraumatischen Erkrankungen geführt hatte (bzw. führen konnte). Ebenso wenig wußten sie über die Gefahren einer Re-Traumatisierung, die immer dann drohte, wenn Überlebende wenig einfühlsamen, oft ignoranten Ärzten von ihren einzelnen Verfolgungserfahrungen berichten mußten.[302] Doch auch wenn dieses Phänomen bekannt gewesen wäre, so hätte dies - so ist zu vermuten - an dem Prozedere der Entschädigungsverfahren wenig geändert, waren die Entschädigungsorgane doch (laut Gesetz) verpflichtet, eine ärztliche Begutachtung einzufordern; die Ärzte gehalten, innerhalb kurzer Zeit zu sachlichen und möglichst präzisen Aussagen zu gelangen. Kaum zu vermeiden waren Härten und Ungerechtigkeiten, bestimmte doch das Diktat der Gesetzgeber, daß nur solche Schädigungen "wiedergutgemacht" werden dürften, deren Entstehungsgeschichte akribisch nachgewiesen, fachlich objektiviert und bemessen worden waren.

Solche Regeln sind sicherlich juristisch sinnvoll und begründbar - aber dennoch, wie die Entschädigungsverfahren psychisch kranker Verfolgter zeigen, viel zu eng und statisch, um den Folgen politischer Barbarei gerecht werden zu können.

---

300 Wie ich in Kapitel VI jedoch anhand von Einzelfällen zeigen werde, gab es auch ärztliche Gutachter, denen offensichtlich sehr bewußt war, unter welch traumatischen Erfahrungen Überlebende litten und die diesen Menschen mit Empathie begegneten (vgl. dazu den Fall von Herrn L.K.).
301 Zit. nach: Dori Laub / Nanette Auerhahn: Zentrale Erfahrung der Überlebenden: Die Versagung von Mitmenschlichkeit, a.a.O., S. 268.
302 In der einschlägigen Literatur wurde eine solche Re-Traumatisierung zum ersten Mal 1988 von Christian Pross in seinem Buch: Wiedergutmachung. Der Kleinkrieg gegen die Opfer, a.a.O., benannt, beschrieben und analysiert.

# V. Zur Auswertung des Fallmaterials

Wie ich im vorigen Kapitel zeigte, ist die Auswertung von Entschädigungsakten sowohl inhaltlich als auch methodisch problematisch, differieren die Einzelakten doch zum einen in ihrem Umfang, zum anderen aber auch in ihrer Aussagereichweite erheblich. So fehlen in den Einzelakten immer wieder wichtige Dokumente und Angaben der Überlebenden, tauchen - verfahrensbedingte - Widersprüchlichkeiten auf, die anhand des Materials weder aufgelöst noch verifiziert werden können. Obwohl das Volumen der Einzelakten durch Reduktion auf ihre wichtigsten Bestandteile - alle Anträge, Bescheide und Urteile - versucht wurde zu vereinheitlichen, charakterisieren solche Disparitäten auch meine Auswahl von 213 Entschädigungsakten, in denen die psychischen Folgeschädigungen ehemals Verfolgter Erwähnung fanden. Diese inhaltliche wie formale Heterogenität des Materials setzte einer empirischen Auswertung enge Grenzen.

Ursprüngliche Intention meiner Arbeit war es, nicht allein die "harten", d.h. sozio-demographischen und verfahrensrelevanten Daten der Entschädigungsakten quantifizierend auszuwerten, sondern auch der Frage nachzugehen, an welchen Symptomen und Erkrankungen die ehemals Verfolgten litten, welche dieser Erkrankungen von ärztlichen Gutachtern anerkannt und mit welchen diagnostischen Termini sie belegt wurden. Geplant war deshalb, sowohl die Eigenangaben der Antragsteller als auch ärztliche Diagnosen in Anlehnung an die Codierungspläne der "Internationalen Klassifikation der Krankheiten" aufzubereiten und durch Gruppenbildungen zu reduzieren.[303] In der Praxis jedoch erwies sich dieses Vorhaben als undurchführbar: Begründet lag dies zum einen in der Tatsache, daß die Angaben der Antragsteller, in denen sie ihre psychischen Symptome und Leiden umschrieben, sehr heterogen und vor allem uneindeutig formuliert sind.[304] Diese subjektiven Umschreibungen, mit denen die Betroffenen versuchten, in eigenen Worten ihre Symptome und ihr Leid zu schildern, machen zwar die inneren Nöte dieser Menschen transparent - sie lassen sich aber nicht differenzierten medizinischen Definitionskatalogen zuordnen, deren Aufgabe es ist, jedes Krankheitsbild durch eindeutige Symptombezeichnungen zu charakterisieren. Als methodisch sperrig erwiesen sich auch viele ärztliche bzw. psychiatrische Diagnosen, deren Befunde oft so

---

303 Vgl. dazu: Handbuch der Internationalen Klassifikation der Krankheiten, Verletzungen und Todesursachen (ICD) 1979, hrsg. vom Bundesminister für Jugend, Familie und Gesundheit, Wuppertal 1979.

304 Als "uneindeutige" Umschreibungen bezeichne ich Begrifflichkeiten wie "sehr nervös", deren alltagssprachlicher Sinngehalt zwar unmißverständlich ist, die sich aber jeder fachsprachlichen Klassifizierung entziehen.

vage und unspezifisch formuliert waren, daß sie sich jeder Zuordnung zu einem nuancierten System fachlicher Klassifikation entzogen.[305]

Es waren aber nicht allein diese methodischen Probleme, die mich dazu bewegten, auf eine quantifizierende Auswertung aller krankheitsbezogenen Daten zu verzichten: Deutlich wurde mir im Prozeß der Arbeit vielmehr auch, daß die extremtraumatischen Erfahrungen der Verfolgung wie auch ihre psychischen Folgen nur *individuell* zu erfassen, zu bemessen und darzustellen sind. Die jeweils spezifische Lebens- und Leidensgeschichte der Verfolgten, ihre konstitutionellen wie sozialen Dispositionen erschließen sich erst dann, wenn man sich im Rahmen qualitativer Einzelstudien um eine möglichst akkurate Rekonstruktion aller relevanten Informationen bemüht und den Versuch unternimmt, die subjektive Bedeutung posttraumatischer Erkrankungen für den Einzelnen aufzuschlüsseln und zu interpretieren. Erst wenn der individuelle lebensgeschichtliche Kontext, der Bedeutungsgehalt psychischer Konfliktlagen entschlüsselt worden sind, kann es m.E. gelingen, deutlich zu machen, ob und in welchem Ausmaß eben jene Erkrankungen in Entschädigungsverfahren adäquate Berücksichtigung fanden.[306]

Dennoch werde ich nicht gänzlich auf eine empirisch-quantifizierende Auswertung des Fallmaterials verzichten. Da sich diese Arbeit auf eine recht hohe Fallzahl von 213 Einzelfallakten stützen kann, bietet eine solche Auswertung die Chance, zu einigen empirisch fundierten (Tendenz)Aussagen über den Kreis derer zu gelangen, die psychische Folgeschädigungen geltend machten bzw. unter solchen Schädigungen zu leiden schienen. Gleiches gilt auch für die Entschädigungsverfahren jenes Personenkreises, deren Dauer und Ergebnisse so untersucht und bemessen werden können. Bleibt auch die Reichweite meiner Aussagen auf Häufigkeiten und Besonderheiten - d.h. auf reine Deskription - beschränkt, so geben solche Untersuchungsergebnisse doch m. E. wichtige Einblicke in die bundesdeutsche bzw. hessische Entschädigungspraxis - zumindest in jenen Fällen, in denen die psychischen Folgeschädigungen ehemals Verfolgter Gegenstand der Verfahren wurden.

Die zentralen Fragestellungen und Hypothesen, die meine Auswertung leiteten, möchte ich im folgenden kurz darstellen. Wie ich bereits mehrfach ausführte, handelt es sich bei den mir vorliegenden 213 Einzelfallakten um eine Auswahl aus einer weitaus größeren repräsentativen Stichprobe hessischer Entschädigungsakten, in der all jene Verfahren Berücksichtigung fanden, in denen psychische Schädigun-

---

305 So finden sich vor allem in Diagnosen der 50er und frühen 60er Jahre "Verlegenheitsdiagnosen", in denen es z.B. heißt, ein ehemals Verfolgter leide an "seelischen Beschwerden" oder "psychischer Müdigkeit". Geschuldet waren solche Befunde dem von mir bereits ausführlich dargestellten Unvermögen vieler Gutachter, den Charakter und die Bedeutung posttraumatischer Erkrankungen adäquat wahrnehmen und beurteilen zu können.

306 Zu danken habe ich an dieser Stelle Prof. Reinhart Lempp, der mich bestärkte, die quantifizierende Auswertung des Aktenmaterials auf sozio-demographische und verfahrensrelevante Daten zu beschränken.

gen thematisiert wurden.[307] Da diese Auswahl jedoch nur 17,5% der Gesamtstichprobe von 1212 Einzelfallakten umfaßt, stellt sich die Frage, welche Personen überhaupt psychische Folgeschädigungen geltend machten bzw. unter solchen Erkrankungen zu leiden schienen. Untersucht werden muß deshalb, ob bzw. welcher der antragsberechtigten Verfolgtengruppen - der rassisch, religiös, weltanschaulich und politisch Verfolgten - diese Menschen angehörten. Zu fragen ist darüber hinaus nach ihrem Geschlecht, Alter[308], Familienstand und sozialem Status (vor und nach der Verfolgung) sowie nach ihrer räumlichen Herkunft.

Neben einer rein sozio-demographischen Beschreibung dieser Personengruppe gilt es aber auch, die Verfolgungsschicksale der Betroffenen zumindest in groben Zügen nachzuvollziehen: Geprüft werden muß deshalb, ob sie z.B.: aus dem Berufsleben ausgegrenzt, vertrieben und in die Emigration getrieben, in Gefängnissen und Zuchthäusern inhaftiert, in Konzentrations-, Arbeits- und/oder Vernichtungslagern deportiert oder aber gezwungen waren, in der Illegalität zu überleben. Schlußendlich von Interesse ist die Frage, ob und in welchem Umfang die Überlebenden den Verlust von Familienangehörigen zu beklagen hatten.

Ziel solcher Untersuchungsschritte ist es nicht allein, die mir vorliegende Fallgruppe näher zu charakterisieren, ihre Verfolgungsschicksale und Verluste in Eckpunkten zu erfassen, sondern zudem, einige gängige Hypothesen der einschlägigen Literatur zu verifizieren bzw. zu relativieren: Wie ich bereits ausführlich darstellte, suggeriert die psychiatrische und psychoanalytische Literatur, daß es (ausschließlich) die Überlebenden der Shoah - und hier vor allem ehemalige Häftlinge der Konzentrations- und Vernichtungslager - gewesen seien, die unter schwerwiegenden psychischen Konflikten litten (oder leiden). In Anbetracht der Vielgestaltigkeit nationalsozialistischer Verfolgung, der unzähligen nicht-jüdischen Überle-

---

307 Noch einmal ist in diesem Kontext auf ein Problem der Aktenauswahl zu verweisen: Ausgehend von den Entschädigungsakten muß ich davon ausgehen, daß nur jene Verfolgten unter psychischen Konflikten litten, die entweder einen diesbezüglichen Antrag stellten oder denen in den Verfahren solche Erkrankungen attestiert wurden. Es heißt dies aber nicht, daß alle übrigen Antragsteller, in deren Akten solche Schädigungen keine Erwähnung fanden, psychisch "gesund" oder unbeeinträchtigt gewesen wären.

308 Immer wieder und zu Recht wird in der einschlägigen Literatur darauf hingewiesen, daß das Überleben gerade jüdischer Verfolgter ein "glücklicher" Zufall war, der von den nationalsozialistischen Verfolgern nicht gewollt war. Doch auch wenn diese Menschen permanenter willkürlicher Gewalt ausgesetzt, dauerhaft von Hunger, Seuchen und gezielter Vernichtung bedroht waren, so gab es doch scheinbar Faktoren, die ein Überleben zumindest wahrscheinlicher machten. Zwar machte Arbeit nicht frei (wie dies der zynische Leitspruch an den Eingangstoren von Konzentrationslagern behauptete) - doch tatsächlich räumte das NS-Regime all jenen eine (wenn auch kurze) Überlebensfrist ein, die sich als arbeitsfähig und damit ausbeutbar erwiesen. Daß es vor allem jüngere Erwachsene waren, die diese Kriterien erfüllten und deshalb dem Terror entkommen konnten, ist eine Feststellung, die sich in vielen Publikationen findet. Im Rahmen meiner Untersuchung möchte ich deshalb die Altersstruktur der mir vorliegenden Fallgruppe näher beleuchten und dabei der Frage nachgehen, ob sich (auch) hier besondere Häufungen feststellen lassen.

benden erscheint mir dies jedoch eine verengte Sichtweise. Überprüfen möchte ich deshalb, ob die Verfolgungserfahrungen der Stigmatisierung, Ausgrenzung und fortwährenden Repression nicht auch bei jenen Verfolgten zu psychischen Störungen und Erkrankungen führen konnten, die nicht in Konzentrationslagern inhaftiert und/oder als Juden drangsaliert wurden.

Jenseits der Frage, ob nicht jede Form der Ausgrenzung und Gewalt geeignet ist, Individuen in ihrer psychischen Integrität nachhaltig zu erschüttern, möchte ich dann der Frage nachgehen, ob es nicht doch sozio-demographische Gemeinsamkeiten zwischen denjenigen Verfolgten gab, die psychische Folgeschädigungen geltend machten. Geschuldet ist diese Untersuchungsperspektive u.a. der in der Literatur dokumentierten Erkenntnis, daß es bestimmte Gruppen gab, die in besonderem Maße Ziel der NS-Vernichtungspolitik wurden: Es gilt dies vor allem für die jüdische Bevölkerung Europas und hier vor allem für die Juden Osteuropas, deren Lebenswelten zerstört und z.T. gänzlich vernichtet wurden.[309] Deshalb werde ich in meiner Untersuchung gezielt der Frage nachgehen, in welchem Maße in der mir vorliegenden Gesamtgruppe der Antragsteller jüdische Verfolgte bzw. osteuropäische Juden vertreten sind, aus welchen Staaten sie stammten bzw. welchen Repressionsformen sie ausgesetzt waren.[310] Als Teil des Verfolgungsschicksals der Betroffenen verstehe ich auch ihre familiären Verluste, die Ermordung, den Tod von Angehörigen. Da in der psychoanalytischen Literatur überzeugend nachgewiesen werden konnte, daß es gerade die unbewältigte Trauer um Familienmitglieder und Freunde war, die die Überlebenden dauerhaft destabilisierte, möchte ich untersuchen, wieviele Personen meiner Fallgruppe solche Verluste zu beklagen hatten.

In einem zweiten Schritt werde ich mich dann dem Prozedere der Entschädigungsverfahren zuwenden. Anhand meines Datenmaterials möchte ich zwei zentrale Thesen überprüfen, die in der Literatur immer wieder geäußert - schlußendlich aber - wie ich meine - nicht hinreichend empirisch untermauert wurden: Die erste These bezieht sich auf die Dauer der Entschädigungsverfahren, die sich - so der Tenor - über einen langen Zeitraum erstreckt und deshalb zur Konsequenz gehabt hätten, daß Überlebende erst Jahre bzw. Jahrzehnte nach Ende der Verfolgung Entschädigungsleistungen erhalten hätten.[311] Die zweite These dagegen zielt in ihrem Gehalt noch weiter: In nicht wenigen Publikationen wird suggeriert, der Mehrzahl der ehemals Verfolgten sei entweder jedwede Entschädigung verweigert oder sie

---

309 Exemplarisch sei hier nur genannt: Dimension des Völkermordes. Die Zahl der jüdischen Opfer des Nationalsozialismus, hrsg. von W. Benz, München 1991.
310 Zu fragen ist in diesem Kontext auch, wieviele der osteuropäischen Verfolgten auch Leidtragende sowjetischer Repressionen waren (Vgl. dazu: Kapitel II.1.1).
311 So z.B. bei H. Ihrig / R. Schimmelpfennig: Die Entschädigung und Begutachtung psychischer Schäden nach NS-Verfolgung, a.a.O.

seien durch geringe Leistungen quasi "abgespeist" worden.[312] Verantwortlich für die Verzögerung der Verfahren als auch für ihre negativen Ergebnisse seien - so die Literatur - sowohl die Entschädigungsorgane als auch medizinische bzw. psychiatrische Gutachter. Gerade letzteren wurde und wird von fachkompetenter Seite zudem vorgeworfen, sie hätten den Grad der Erwerbsminderung bei psychischen Erkrankungen, der Art und Höhe späterer Entschädigungsleistungen bestimmte, häufig so niedrig angesetzt, daß eine adäquate "Wiedergutmachung" ausgeschlossen gewesen sei.

Verifizieren bzw. relativieren lassen sich solche "Globalurteile" nur, wenn man sowohl den Verlauf von Entschädigungsverfahren als auch ihre Ergebnisse in ihrer Binnendifferenzierung empirisch untersucht - wobei zu berücksichtigen ist, daß die Entschädigungsverfahren ein interaktiver Prozeß zwischen Verfolgten, Entschädigungsorganen und medizinischen Gutachtern waren. Dementsprechend sind die Zeitpunkte festzuhalten, an denen die ehemals Verfolgten selbst ihre Ansprüche formulierten: Wesentlich sind hier nicht allein die Globalanträge, mit denen ein Entschädigungsbegehren erstmalig angemeldet wurde, sondern auch die Einzelanträge der jeweiligen Schadenskategorien und - vor allem - die substantiierten Anträge, mit denen ein Schaden näher erläutert und begründet wurde. Wichtig ist dies zum einen deshalb, weil die Entschädigungsbehörden nur dann aktiv werden konnten, wenn die Betroffenen ihr Verfolgungsschicksal nachgewiesen und ihre Schädigungen belegt hatten. Zum anderen aber kann anhand dieser Zeitpunkte auch geklärt werden, nach welcher Fassung der Entschädigungsgesetze ein Antrag zu bescheiden war: Machte ein Verfolgter z.B. erst Mitte der 60er Jahre eine psychische Folgeschädigung geltend, so waren seine Chancen auf Anerkennung (im Vergleich zu früheren Anträgen) deutlich höher: Im Bundesentschädigungsschlußgesetz von 1965 galten psychische Spätschäden generell als verfolgungsbedingt, womit sich die Entschädigungschancen der Betroffenen deutlich erhöhten.

Zu untersuchen sind aber selbstverständlich auch die Zeiträume zwischen den Anträgen der Überlebenden und ihrer Bescheidung durch Entschädigungsbehörden, wird hier doch offenbar, wieviel Zeit die Fachverwaltung für eine Entscheidungsfindung benötigte. Da diese Bescheide jedoch vielfach nicht Endpunkt der Verfahren waren, sondern durch die Verfolgten oder ihre Interessenvertreter angefochten wurden, ist zu klären, wann eine Entschädigungskammer ihrerseits zu einem Urteil gelangte bzw. ob und wann weitere Instanzen (d.h. ein Oberlandesgericht oder der Bundesgerichtshof) tätig wurden. Erst wenn der Zeitpunkt des letzten Bescheides,

---

312  Genannt seien hier nur: Barbara Vogt-Heyder: Einige Gedanken zur deutschen Wiedergutmachung, in: Dierk Jülich (Hrsg.): Geschichte als Trauma, a.a.O., S. 59-67; Hamburger Initiative "Anerkennung aller NS-Opfer" (Hrsg.): Wiedergutgemacht? NS-Opfer - Opfer der Gesellschaft noch heute, a.a.O.

des letztendlich gültigen Urteils bestimmt ist, kann die Gesamtdauer der Verfahren bemessen werden.

Jede Auswertung, die das Ziel verfolgt, die Erfolge bzw. Mißerfolge von Entschädigungsanträgen zu identifizieren, muß sich mit den verschiedenen "Entschädigungsformen" beschäftigen: Zu untersuchen ist deshalb, wieviele Anträge anerkannt und qua Kapitalentschädigung und Renten entschädigt wurden bzw. wievielen Verfolgten ausschließlich Heilbehandlungskosten zugestanden wurden; zu quantifizieren ist aber ebenso, wieviele Entschädigungsanträge tatsächlich zurückgewiesen wurden. Zu überprüfen ist zudem, ob die Aussage einschlägig befaßter Psychiater, die Erwerbsminderung der Betroffenen sei generell sehr niedrig beziffert worden, zutreffend ist: Festzuhalten ist, bei wievielen ehemals Verfolgten der Mindestsatz von 25% unterschritten, eingehalten oder doch wurde.

Schlußendlich möchte ich aber auch der Frage nachgehen, ob sich in meinem Fallmaterial "gruppenspezifische" Besonderheiten nachweisen lassen: Deshalb gilt es zu untersuchen, ob Personen bestimmten Alters, bestimmter Herkunft und gleicher Zugehörigkeit zu einer Verfolgtengruppe zu ähnlichen Zeitpunkten Entschädigungsanträge stellten; zu klären ist aber auch, ob sich Personengruppen identifizieren lassen, deren Anträge mit größerem oder geringerem Erfolg beschieden wurden.

### V.1  Zentrale Auswertungsergebnisse

In einem ersten Schritt möchte ich nun einige wichtige Auswertungsergebnisse bezüglich der sozio-demographischen Zusammensetzung der mir vorliegenden Fallgruppe referieren und (mit Rückblick auf Forschungserkenntnisse und -hypothesen der einschlägigen Literatur) kommentieren. Erst dann werde ich mich der Auswertung der Entschädigungsverfahren zuwenden, deren Resultate am Ende dieses Kapitels zu interpretieren sind.

Analysiert man die sozio-demographische Zusammensetzung jener Gruppe von Antragstellern, die unter posttraumatischen Erkrankungen nach nationalsozialistischer Verfolgung litten (bzw. diese gegenüber hessischen Entschädigungsbehörden geltend machen), so wird offenbar, daß es lediglich zwei Merkmalsausprägungen gibt, bei denen nennenswerte Häufungen nachzuweisen sind: Daß es in erster Linie die jüdische Bevölkerung Europas war, die Leidtragende nationalsozialistischer Verfolgung war, ist ein in der Literatur hinlänglich dokumentierter Tatbestand. In der Auswertung des mir vorliegenden Fallmaterials wird jedoch zudem deutlich, daß auch unter jenen, die massiv an posttraumatischen Erkrankungen litten, Juden mit 93% (N=198) die Majorität stell(ten). Doch auch wenn diese Überproportionalität die These zu stützen scheint, daß es (allein) die Überlebenden der Shoah waren, deren psychische Belastungsfähigkeit durch Repressionsterror und die permanente Bedrohung mit dem Tod überschritten wurde, so gilt dies - wie die Analyse der mir vorliegenden Fallgruppe zeigt - nicht ausschließlich. Auch politisch Verfolgte (3,8%; N=8), religiös Verfolgte[313] (1,4%; N=3) und sogenannte Nationalgeschädigte[314] (0,5%; N=1) litten unter psychischen Störungen die durch die Verfolgung verursacht worden waren - ebenso wie Menschen, die keiner der "großen" und im Entschädigungsrecht dezidiert benannten Verfolgtengruppen angehörten (1,4%).

Untersucht man nun die räumliche Herkunft der Antragsteller (d.h. ihre Eigenangaben über ihre Staatsangehörigkeit, die sie vor der Verfolgung besessen hatten), so werden ebenfalls Ungleichverteilungen sichtbar: Lediglich 25,4% (N=54) aller Betroffenen waren deutscher Nationalität, eine Verfolgte besaß die schweizerische Staatsangehörigkeit - die Majorität aller Antragsteller, 74,2% (N=158), kamen dagegen aus Osteuropa, wobei unter diesen vormals polnische Staatsangehörige mit 83,5% (N= 132) dominierten. Daß es vor allem Osteuropäer und hier prioritär Menschen polnischer Herkunft waren, die Entschädigung für ihre psychischen Folgeschädigungen einforderten, dürfte einem Kennzeichen nationalsozialistischer Verfolgungspolitik geschuldet sein, das ich bereits im Vorspann dieses Kapitels erwähnte: Mit besonderer Brachialität hatte sich der Terror des NS-Regimes gegen die "Untermenschen" Osteuropas und hier vornehmlich gegen sogenannte "Ostjuden" gerichtet, die - so das Ziel - in ihrer Gesamtheit ausgerottet werden sollten. Betrachtet man nun die sozio-demographische Zusammensetzung der mir vorliegenden Fallgruppe genauer, so wird deutlich, daß tatsächlich *alle* osteuropäischen Antragsteller (unabhängig aus welchem Land sie stammten) Juden waren (oder sind).[315] Sichtbar werden die Auswirkungen der Shoah jedoch auch in der Gruppe der Antragsteller deutscher Staatsangehörigkeit, in der jüdische Verfolgte mit 74,1% (N=40) die deutliche Mehrheit stellen. Die Restgruppe umfaßt hier all jene, die aus politischen, religiösen oder sonstigen "Gründen" verfolgt worden waren. Auffällig im Gesamtsample der mir vorliegenden Fallgruppe ist, daß Männer und Frauen offensichtlich in annähernd gleicher Häufigkeit unter psychi-

---

313 Es waren dies Angehörige der Gemeinschaft deutscher Bibelforscher, d.h. der Zeugen Jehovas.
314 Als "Nationalgeschädigte" galten polnische Bürger, die sich z.B. in der polnischen Befreiungsarmee engagiert hatten bzw. Mitglieder polnischer (bürgerlich-nationaler) Exilparteien waren und von den nationalsozialistischen Regime als "Nationalisten" verfolgt worden waren. Ihnen zahlte die Bundesrepublik keine Entschädigungsleistungen, galt doch das ihnen zugefügte Unrecht nicht als genuin nationalsozialistisches, sondern als Bestandteil regulärer Kriegshandlungen. In meiner Auswertung habe ich den einzigen Fall eines Nationalgeschädigten nicht in die Kategorie "sonstiger Verfolgter" aufgenommen, weil das Schicksal dieser polnischen Bürger in den Entschädigungsgesetzen bzw. ihren Kommentaren besonders erwähnt und terminologisch gefaßt wurde.
315 Eine Ausnahme bildet hier der bereits genannte Einzelfall eines "Nationalgeschädigten", der ebenfalls aus Polen stammte.

schen Erkrankungen litten - und dies (mit geringen Schwankungen) unabhängig von der Frage, welches das Motiv der Verfolger gewesen war, die Betreffenden massivem Terror auszusetzen: Im Gesamtsample der Fallgruppe sind Frauen mit 55,9% (N=119), Männer mit 44,1% (N=94) vertreten. Betrachtet man nun die jüdischen Verfolgten noch einmal gesondert, so sind es hier 56,1% (N=111) Frauen, die einen Antrag auf Entschädigung stellten und 43,9% (N=87) Männer. Bei den aus anderen "Gründen" Verfolgten vervollständigt sich dieses Bild: Hier sind Frauen mit 53,3% (N=8) und Männer mit 46,7% (N=7) vertreten.

Um in einem nächsten Schritt die Altersstruktur der Betroffenen analysieren zu können, war es notwendig, die verschiedenen Geburtsjahrgänge zu gruppieren, um sie damit reduzieren zu können. Als zeitlichen Orientierungspunkt für die Definition bzw. die Bezeichnung der einzelnen Altersgruppen (als Kleinkinder, Kinder etc.) wurde das Jahr 1939 gewählt - der Zeitpunkt, zu dem die meisten der Betroffenen Leidtragende nationalsozialistischer Verfolgung geworden waren.[316] Betrachtet man die so ermittelte Altersstruktur der Gesamtgruppe, so wird offenbar, daß es vor allem jene Menschen waren, die als junge bzw. jüngere Erwachsene (mit einem Geburtsdatum zwischen 1901 und 1922) dem Verfolgungsterror ausgesetzt waren und nun psychische Folgeschädigungen geltend machten. Kleinkinder, Kinder, Jugendliche und ältere Menschen dagegen sind als Einzelgruppen deutlich unterrepräsentiert.

Tabelle 1: Altersstruktur

|  |  | Häufigkeiten | Prozent | kumulierte Prozent |
|---|---|---|---|---|
| Kleinkinder (1935-1943) | 1 | 5 | 2,3 | 2,3 |
| Kinder (1929-1934) | 2 | 7 | 3,3 | 5,6 |
| Jugendliche (1923-1928) | 3 | 28 | 13,1 | 18,8 |
| junge Erwachsene (1912-1922) | 4 | 88 | 41,3 | 60,1 |
| Erwachsene I (1901-1911) | 5 | 53 | 24,9 | 85,0 |
| Erwachsene II (1890-1900) | 6 | 22 | 10,3 | 95,3 |
| Ältere / Alte (1870-1889) | 7 | 10 | 4,7 | 100,0 |
| Total |  | 213 | 100,0 | 100,0 |

---

316 Daß die einzelnen Gruppen unterschiedlich viele Jahrgänge umfassen, entspricht entwicklungspsychologischen Modellen, die davon ausgehen, daß Menschen in ihrer psychosozialen Entwicklung verschiedene Stadien durchlaufen, in denen sie je spezifische Reifegrade und Kompetenzen erwerben (sollten). Vgl. dazu: Stavros Mentzos: Neurotische Konfliktbearbeitung, a.a.O., S. 90-104. Diese Stadien bei der Altersstrukturierung zu berücksichtigen, schien mir sinnvoll, um deutlich machen zu können, in welcher Entwicklungsphase die Betroffenen von extremtraumatischen Erlebnissen geprägt wurden.

Untersucht man nun jedoch gesondert diejenige Gruppe der Antragsteller, die aus Osteuropa stammten - und wie bereits oben ausgeführt, ausschließlich jüdischen Glaubens waren - so werden Differenzen sichtbar: Zwar wurden auch hier die meisten (48,4%; N=76) zwischen 1912 und 1922 geboren und können demnach der von mir gebildeten Gruppe der "jungen Erwachsenen" zugerechnet werden. Deutlich wird aber auch, daß all jene Überlebenden der gesamten Fallgruppe, die als (Klein)Kinder nationalsozialistischer Verfolgung ausgesetzt waren (7,7%; N=12) wie auch die Majorität aller Jugendlichen (14,6%; N=23) aus Osteuropa stammten. Im Vergleich zum Gesamtsample noch einmal deutlich schwächer vertreten sind dagegen jene, die zwischen 1870 und 1900 geboren wurden und somit als "Erwachsene II" oder "Ältere" bezeichnet werden können: Stellen sie in der Gesamtgruppe noch 15% (N=32), so sind es unter den osteuropäischen jüdischen Verfolgten nur noch 8,3% (N=13).

Will man diese Befunde - wenn auch vorläufig - deuten, so läßt sich zumindest konstatieren, daß es vor allem jüngere Menschen waren, die einen Antrag auf Entschädigung ihrer psychischen Leiden stellten. Daß Menschen, die bei Verfolgungsbeginn sehr jung oder bereits älter waren, im Gesamtsample aller Antragsteller so wenig vertreten sind, dürfte (u.a.) der Brutalität der Verfolgungsmaßnahmen geschuldet sein, denen die Betroffenen ausgeliefert waren (eben dies aber gilt es noch einmal zu überprüfen, wenn die Verfolgungsschicksale der Betroffenen näher beleuchtet sind): Wie bereits mehrfach erwähnt, zielten die nationalsozialistischen Repressionen (vor allem in Osteuropa) auf Ausbeutung und Vernichtung der jüdischen Bevölkerung, die in Konzentrations- und Arbeitslagern trotz mangelhafter Ernährung zu Schwerstarbeiten gezwungen wurde. Die größte (wenn auch höchst fragliche) Chance, die Strapazen der Verfolgung zu überleben, hatten deshalb auch diejenigen, die physisch gesund und widerstandsfähig waren - d.h. in der Regel eben jüngere Menschen.

Daß in der Gruppe osteuropäischer Juden aber dennoch einige Personen vertreten sind, die als Kleinkinder, Kinder und Jugendliche verfolgt wurden, muß dieser Deutung nicht widersprechen: Mit erbarmungsloser Konsequenz hatten die NS-Verfolger die Totalität osteuropäischer Juden, ganze Dörfer und Familien deportiert und inhaftiert. Es waren dies Millionen Menschen - Kinder, Erwachsene wie Greise, von denen die Mehrheit ermordet wurde. Die schlußendliche Vernichtung aller europäischen Juden aber gelang den Verfolgern nicht und so gehören diejenigen Antragsteller, die als Minderjährige verfolgt worden waren, denn auch zu der verschwindenden Minderheit der Überlebenden.

Sind die "Verfolgungsgründe", die räumliche Herkunft, Geschlecht und das Alter der Betroffenen problemlos aus den Entschädigungsakten zu rekonstruieren, so gilt dies nicht für weitere sozio-demographische Angaben wie den Familienstand der Antragsteller bzw. ihren sozialen Status. Hier - wie auch bei der Rekonstruktion ihres Verfolgungsschicksals, der Verluste von Familienangehörigen - bleibt das

Material, d.h. die Eigenangaben der Antragsteller, sehr lückenhaft. Methodische Schwierigkeiten offenbaren sich vor allem dort, wo es um den "sozialen Status" der Antragsteller geht, den diese vor der Verfolgung besessen hatten: Da die Angaben der Verfolgten selbst über ihre ökonomische Situation, ihren Lebensstandard (oder den ihrer Primärfamilie) vor der Verfolgung - wenn überhaupt - sehr karg und vage gehalten waren, konnten diese Daten nicht aufgenommen werden.[317] Da sich der soziale Status aber nicht allein über Einkünfte bestimmt, sondern auch durch das jeweilige Bildungsniveau oder einen ausgeübten Beruf, habe ich den Versuch unternommen, zumindest diese beiden Variablen genauer zu untersuchen.[318] Bei beiden sind jedoch erhebliche Ausfälle zu beobachten: So besteht die Bildungsvariable, in der der jeweils höchste Bildungsabschluß bzw. der Bildungsgrad der Verfolgten aufgenommen wurde, zu 43,2% (N= 92) aus fehlenden Werten; bei den Berufsangaben (vor Verfolgung) liegt die Ausfallquote bei 40% (N=85). Da diese Ausfälle aber keine Systematik (z.B. nach Alter, Geschlecht oder Herkunft) aufweisen, werde ich im folgenden lediglich die weiteren (aggregierten) Teilergebnisse vorstellen.[319]

Tabelle 2: Bildungsabschlüsse - Bildungsgrad

|  |  | Häufigkeit | Prozent | kumulierte Prozent |
|---|---|---|---|---|
| keine Schulbildung | 0 | 5 | 2,3 | 4,1 |
| Volksschule | 1 | 30 | 14,1 | 28,9 |
| Real-Handelsschule | 2 | 11 | 5,1 | 38,0 |
| Gymnasium | 3 | 15 | 7,0 | 50,4 |
| Lehre | 4 | 45 | 21,1 | 87,6 |
| Universität / FH | 5 | 15 | 7,0 | 100,0 |
| keine Angaben | 99 | 92 | 43,2 | fehlende Werte |
| Total |  | 213 | 100,0 | 100.0 |

---

317 Und auch Rückschlüsse von der Einstufung in eine vergleichbare Beamtengruppe, die die Behörden bei der Zumessung von Entschädigungsleistungen für gesundheitliche Schädigungen vornehmen mußten, erweisen sich bei näherem Hinsehen als unzulässig, handelte es sich bei einer solchen Einstufung doch nicht um reale Statusbeschreibungen, sondern um administrative Ermessensentscheidungen.
318 Zu den unterschiedlichen Komponenten sozialer Schichtung vgl.: Karl Bolte / Stefan Hradil: Soziale Ungleichheit in der Bundesrepublik Deutschland, Opladen 1984.

Tabelle 3: Beruf vor Verfolgung

|  | Häufigkeit | Prozent | kumulierte Prozent |
|---|---|---|---|
| zu jung für Beruf | 1 | 12 | 5,6 | 9,4 |
| Fertigungsberufe | 30 | 39 | 18,3 | 39,8 |
| Technische Berufe | 40 | 10 | 4,7 | 47,7 |
| Dienstleistung | 50 | 14 | 6,6 | 58,6 |
| Büro/Verwaltung | 60 | 12 | 5,6 | 68,0 |
| Ordnungs/Sicherheitskräfte | 70 | 3 | 1,4 | 70,3 |
| Künstler u.ä. | 90 | 2 | ,9 | 71,9 |
| Gesundheitsberufe | 100 | 4 | 1,9 | 75,0 |
| Sozial/Erziehungsberufe | 110 | 4 | 1,9 | 78,1 |
| Hausfrauen | 120 | 5 | 2,3 | 82,0 |
| Sonstige Arbeitskräfte | 130 | 9 | 4,2 | 89,1 |
| Kaufleute | 140 | 14 | 6,6 | 100,0 |
|  | 99 | 85 | 40,0 | fehlende Werte |
| Total |  | 213 | 100,0 | 100,0 |

Sichtbar wird bei diesen Merkmalsausprägungen, daß der Kreis derer, die psychische Folgeschädigungen geltend machten (und sich dabei über ihre Schulausbildung äußerten), sehr heterogen war, sind doch alle möglichen Schul- und Ausbildungsstufen vertreten. Gleiches gilt auch für die Berufsstruktur der Antragsteller, wo sowohl handwerkliche, kaufmännische, künstlerische als auch akademische Berufe vertreten sind.

Daß die Verfolgungs"gründe", die räumliche Herkunft die entscheidenden diskriminierenden Variablen sind, anhand derer Differenzen zwischen den Antragstellern verifiziert werden können, wird auch dort sichtbar, wo es um das Verfolgungsschicksal der Betroffenen geht. Zwar gilt es festzuhalten, daß alle Antragsteller unter verfolgungsbedingten psychischen Störungen litten - bei den Ursachen dieser Störungen aber werden deutliche Unterschiede sichtbar: Den extremsten Verletzungen persönlicher Menschenwürde waren diejenigen Menschen ausgesetzt, die ihrer Freiheit beraubt, deportiert und inhaftiert wurden. Aber auch jene, die in ihrer Freiheit "beschränkt" wurden, d.h. einen "Judenstern" tragen und/oder Zwangsarbeiten außerhalb eines Arbeitslagers leisten mußten bzw. in der Illegalität versuchten zu überleben, waren alltäglich mit der Angst um ihr Überleben kon-

---

319 Zusammengefaßt wurden in der folgenden Tabelle sowohl Angaben über eine (Schul-) Ausbildung, die abgebrochen wurde, als auch über Bildungswege, die erfolgreich abgeschlossen worden waren.

frontiert. Im folgenden werde ich deshalb erst einmal jene Untersuchungsergebnisse vorstellen, die sich auf diese extremsten Verfolgungserfahrungen - der "Freiheitsberaubung" und "Freiheitsbeschränkung" - beziehen:

Im Gesamtsample aller Antragsteller gaben 33,3% (N=71) der Betroffenen an, in ihrer Freiheit nicht beschränkt gewesen zu sein, wobei jedoch zu beachten ist, daß weitere 23,9% (N=51) keine Angaben über eine solche Freiheitsbeschränkung machten. Nach ihrer möglichen Inhaftierung befragt, gaben 23,9% (N=51) an, nicht inhaftiert gewesen zu sein und nur in 3,8% (N=8) aller Fälle fehl(t)en diesbezügliche Angaben.[320] Untersucht man nun die unterschiedlichen Verfolgtengruppen gesondert, d.h. nach ihrer Herkunft bzw. den Verfolgungs"gründen" getrennt, so wird offenbar, daß 85,2% aller deutschen Verfolgten keinen Freiheitsbeschränkungen unterworfen waren, 9,3 (N=5) gezwungen waren, einen "Judenstern" zu tragen und 5,6% (N=3) keine Aussagen über mögliche Freiheitsbeschränkungen machten.

Ganz anders dagegen die Gruppe der osteuropäischen Juden: Hier waren es lediglich 15,8% (N=25), die weder einen Stern getragen hatten, noch zur Zwangsarbeit verpflichtet oder in die Illegalität getrieben worden waren; 53,8% (N=85) dagegen erklärten, entweder einer oder mehrerer dieser Repressionen ausgesetzt gewesen zu sein (die Ausfallquote liegt hier bei 30,4%; N=48). Auf eine mögliche Haft befragt, erklärten lediglich 8,9% (N=14) dieser Menschen, während der Verfolgung nicht in Zwangsarbeits- und Konzentrationslagern bzw. Gefängnissen inhaftiert gewesen zu sein und nur 3,8% (N=6) machten zu diesem Teil ihres Verfolgungsschicksals keine Aussagen.

In der Tat waren es vor allem osteuropäische Juden, die dem Verfolgungsterror, dem unbedingten Vernichtungswillen ihrer Verfolger schutzlos ausgesetzt waren. Dies macht nicht allein die hohe Rate (87,3%) derer deutlich, die bestätigten, während der Verfolgung inhaftiert gewesen zu sein, sondern auch ein Blick auf die spezifischen Haftstätten, in denen diese Menschen inhaftiert gewesen waren: 47,8% (N=66) der Betroffenen wurden ausschließlich in einem Ghetto, Gefängnis oder Zwangsarbeitslager gefangengehalten bzw. direkt in ein Konzentrationslager deportiert. 52,1% (N=72) dieser Antragsteller aber waren an verschiedenen Orten inhaftiert, wobei die Mehrheit (N=65) schlußendlich in ein Konzentrationslager deportiert wurde. Diese Überlebenden der Shoah waren den extremsten Belastungen ausgesetzt, die einem Menschen zugefügt werden können: Sie wurden isoliert, nur mangelhaft ernährt, mißhandelt und gedemütigt und permanent mit dem Tod bedroht.

---

320 Die hohe Ausfallquote bei den Angaben zur Freiheitsberaubung mag der Tatsache geschuldet sein, daß diese erst nach dem Bundesentschädigungsgesetz als entschädigungsrelevant galten. Zu vermuten - wenn auch anhand der Datenlage nicht zu verifizieren - ist, daß viele Verfolgte gegenüber den Behörden vor allem ihre Haftzeiten in Lagern, Ghettos und Gefängnissen geltend machten - weitere Angaben über eine erlittene Freiheitsberaubung aber zurückstellten oder aber als weniger relevant erachteten.

Tabelle 4: Haftorte von Osteuropäern

|  | | Häufigkeit | Prozent | kumulierte Prozent |
|---|---|---|---|---|
| keine Freiheitsentziehung | 0 | 14 | 8,9 | 9,2 |
| Zwangsarbeitslager (ZAL) | 1 | 23 | 14,6 | 24,3 |
| KZ | 2 | 3 | 1,9 | 26,3 |
| Gefängnis/Zuchthaus | 3 | 2 | 1,3 | 27,6 |
| Ghetto | 4 | 38 | 24,1 | 52,6 |
| ZAL und KZ | 5 | 10 | 6,3 | 59,2 |
| ZAL und Ghetto | 7 | 15 | 9,5 | 69,1 |
| KZ und Ghetto | 9 | 28 | 17,7 | 87,5 |
| Gefängnis und Ghetto | 10 | 1 | ,6 | 88,2 |
| ZAL, KZ und Ghetto | 12 | 13 | 8,2 | 96,7 |
| KZ, Gefängnis und Ghetto | 13 | 2 | 1,3 | 98,0 |
| ZAL, Gefängnis und Ghetto | 15 | 3 | 1,9 | 100,0 |
| keine Angabe | 99 | 6 | 3,8 | fehlende Werte |
| Total |  | 158 | 100,0 | 100,0 |

Bei der Auswertung dieser Daten, d.h. der Eigenangaben der Antragsteller, gilt es, eines zu beachten: Die ehemals Verfolgten, die sich in ihren Entschädigungsanträgen über erlittene Freiheitsschäden äußerten, taten dies unabhängig von der Frage, wo sie solche Schädigungen erlitten hatten. So sind denn z.B. 13,3% (N=21) aller osteuropäischen Antragsteller, die Freiheitsschäden benannten, Menschen, die von den Entschädigungsbehörden später als sogenannte "Rußlandfälle" bezeichnet wurden: Bei ihnen handelt(e) es sich um polnische Juden, die sich aus Angst vor weiterer deutscher Unterdrückung und Mißhandlung auf sowjetisches Territorium geflüchtet hatten und dort rassistischen Repressionen ausgesetzt waren. Ihre Verfolgungserfahrungen unterschieden sich - wie ich in Kapitel VI deutlich machen möchte - nicht von denen jener Menschen, die in deutschen Lagern gefangengehalten wurden: Auch sie wurden mißhandelt, durch Schwerstarbeiten physisch erschöpft, weder ausreichend ernährt, noch medizinisch behandelt.

Betrachtet man die Gruppe osteuropäischer Juden, die zwischen 1939 und 1945 inhaftiert bzw. deportiert worden waren, noch einmal genauer, so wird offenbar, daß es nicht "nur" Erwachsene waren, die ein solches Schicksal zu durchleiden hatten: Vielmehr befanden sich unter ihnen 22,2% (N=35) Kinder und Jugendliche, die in ihrer Mehrheit (47,5%; N=20) in mehreren Lagern und/oder Ghettos gefangengehalten wurden. Dies ist eine bestürzende Quote, macht sie doch deutlich, daß 85% all jener Menschen, die als Minderjährige verfolgt worden waren und später unter psychischen Folgeschädigungen litten, einen Teil ihrer Kindheit und Jugend in Haft und unter menschenunwürdigsten Bedingungen verbracht hatten.

Ohne die Verfolgungserfahrungen der Überlebenden hierarchisierend bewerten zu wollen, gilt es doch festzuhalten, daß sich die Schicksale deutscher Juden deutlich von denen osteuropäischer Verfolgter unterschieden: Von den Betroffenen deutscher Staatsangehörigkeit erklärten immerhin 75% (N=30), nicht inhaftiert gewesen zu sein (nur 5%; N=2) machten keine diesbezüglichen Angaben). Und auch der Leidensweg derer, die einen Freiheitsschaden geltend machten, unterscheidet sich von dem osteuropäischer Juden, waren doch lediglich 5% (N=2) aller deutschjüdischen Verfolgten in mehreren Haftstätten arretiert, die übrigen dagegen wurden ausschließlich in einem Zwangsarbeitslager (2,5%; N=1), einem Konzentrationslager (7,5%; N=3), oder einem Ghetto (5%; N=2) gefangengehalten.[321]

Betrachtet man hingegen die Gruppe der 14 deutschen, nicht-jüdischen Verfolgten, so verschiebt sich das Bild noch einmal: Hier erklärten 42,9% (N=6) der Betroffenen, keine Freiheitsentziehung erlitten zu haben. Die übrigen machten geltend, in einem Gefängnis (28,6%; N=4), sowohl im Gefängnis als auch in einem Zwangsarbeitslager (7,1; N=1) oder in einem Gefängnis und einem Konzentrationslager (21,4%; N=3) inhaftiert gewesen zu sein.

Der Freiheit beraubt, gedemütigt und gepeinigt zu werden, waren extreme und traumatogene Verfolgungserfahrungen. Für die Verfolgten besonders schmerzhaft und psychisch destabilisierend aber war es (zudem), wenn sie während der Verfolgung Familienangehörige - Eltern, Geschwister, Ehepartner und/oder Kinder - verloren. In der mir vorliegenden Fallgruppe machten jedoch 68,5% (N=146) aller Betroffenen zu diesem Thema keine Aussage, die übrigen gaben an, Angehörige ihrer Primär- oder ihrer eigenen Familie bzw. Angehörige beider Familien verloren zu haben.[322] Differenziert man diese Angaben nun nach "Ver-folgungsgrund" und "räumlicher Herkunft" aus, so wird offenbar, daß es abermals die osteuropäischen (und damit die Majorität der jüdischen Verfolgten) waren, die von der Destruktionsgewalt nationalsozialistischer Verfolgung besonders getroffen wurden: 36,2% (N=58) dieser Menschen gaben an, daß Angehörige von ihnen während der Verfolgung ermordet worden waren. Deutlich geringer dagegen ist der Anteil deutscher

---

321 Zwei weitere jüdische Verfolgte deutscher Staatsangehörigkeit machten keine Angaben über einen möglichen Freiheitsentzug.
322 Wie bereits bei der Altersstruktur, so habe ich auch bei der Variablen "Familienverlust" die unterschiedlichen Angaben der Antragsteller gruppiert und reduziert: Hatten die Betreffenden den Verlust von Eltern und/oder Geschwistern zu beklagen, so galt mir dies als Verlust der "Primärfamilie", der Tod von Ehepartnern und/oder Kindern als Verlust der "eigenen Familie". hatten die Überlebenden Angehörige aus beiden Familien verloren, so wurde dies besonders gekennzeichnet.

Juden, die die Ermordung von Familienangehörigen zu beklagen hatten, machten doch lediglich 20% (N=10) diesbezügliche Aussagen gegenüber den Entschädigungsbehörden. Unter den deutschen nicht-jüdischen Verfolgten gab nur eine Betroffene an, ihr Ehemann sei von den Nationalsozialisten getötet worden.[323]

Betrachtet man das Spektrum nationalsozialistischer Verfolgungsmaßnahmen, so waren das Leben in der Illegalität, Zwangsarbeit, Haft - vor allem aber die Deportation in ein Konzentrationslager und damit die permanente Konfrontation mit dem Tod -, die brutalsten Eskalationspunkte der Repression. Doch auch Verfolgte, die nicht inhaftiert wurden und deren Familien von physischer Gewalt verschont blieben, sahen sich mit einem Maß von Stigmatisierungen und sozialer Ausgrenzung konfrontiert, das sie in ihrer psychischen Integrität nachhaltig erschüttern konnte.

Nicht wenige deutsche Verfolgte (in diesem Falle 12,7%; N= 27 Personen der mir vorliegenden Fallgruppe) versuchten sich der Verfolgung, der Inhaftierung und Deportation durch Flucht zu entziehen. Es waren dies fast ausschließlich jüdische Bürger (96,3%, N=26); lediglich ein deutscher Staatsbürger, der aus religiösen Gründen verfolgt wurde, flüchtete ebenfalls vor nationalsozialistischen Repressionen. Betrachtet man die Altersstruktur dieser Menschen, so wird offenbar, daß sich einige Jugendliche (11,1%, N=3), in erster Linie aber "junge Erwachsene" und "Erwachsene I" (d.h. diejenigen, die zwischen 1901 und 1911 geboren worden waren) entschieden, ihr Heimatland zu verlassen (62,9%, N=17). Von denjenigen, die zwischen 1890 und 1900 geboren wurden, flüchteten 18,5% (N=5); ältere bzw. alte Menschen dagegen sind innerhalb der Emigrantengruppe mit 7,4% (N=2) unterrepräsentiert.[324] Bemerkenswert erscheinen die Zeitpunkte, zu denen die Betroffenen Deutschland verließen: 14,8% (N=4) reisten bereits 1933 aus und reagierten damit schnell und unmittelbar auf die Machtergreifung der Nationalsozialisten. 25,9% (N=7) flüchteten zwischen 1934 und 1936; die Majorität aber suchte in den Jahren 1937 bis 1939 (55,5%; N=15) dem zunehmenden nationalsozialistischen Terror zu entkommen. Einem jungen deutschen Juden gelang es sogar, sein Heimatland noch 1943, d.h. inmitten heftigster Kriegswirren, zu verlassen. Daß die Mehrheit deutscher Juden zwischen 1937, vor allem aber 1938 und 1939 flüchteten, dürfte der angespannten Situation in Deutschland geschuldet sein, wurde die jüdische Bevölkerung hier doch aus dem Berufsleben ausgeschlossen und sukzessive jedweder sozialen Absicherung beraubt. Nach dem Novemberpogrom des Jahres 1938 und

---

323   Dieser Fall ist in der Gesamtheit aller Antragsteller eine Besonderheit, handelt es sich hier doch um eine Deutsche, die mit einem Juden verheiratet war und mit diesem ein Kind hatte - von den deutschen Behörden aber gezwungen wurde, ihre Ehe zu beenden. Diese Erfahrung - wie auch der spätere Tod ihres Ehemannes - lösten bei ihr heftige psychische Konflikte aus, unter denen sie noch Jahre nach Ende des Krieges litt.
324   Die jugendlichen Emigranten wurden auf Beschluß ihrer Familien in andere Länder verschickt - so z.B. mit einem sogenannten Kindertransport nach England.

im Angesicht der sich zuspitzenden Kriegsgefahr wurde den meisten offensichtlich bewußt, daß es zwingend geboten war, sich in andere Staaten zu retten und damit einer weiteren Stigmatisierung und Verfolgung zu entkommen. Tatsächlich aber sollte es nicht allen Emigranten gelingen, sich in Sicherheit zu bringen: Zwei Personen, die noch 1939 das Land verlassen hatten, flüchteten sich in europäische Staaten, die wenig später von der deutschen Wehrmacht okkupiert wurden: Dort wurden sie dann in einem Ghetto bzw. einem Zwangsarbeitslager arretiert.

In dem mir vorliegenden Fallmaterial wird (trotz vieler Lücken) sichtbar, wie viele der Betroffenen ihre Freiheit, ihre Familien, ihre Heimat und damit jedes Gefühl von Sicherheit und Geborgenheit verloren, daß für psychische Stabilität unabdingbar ist. Sichtbar wird aber auch - und damit möchte ich den Teil meiner Ausführungen beenden, der sich mit den Verfolgungsschicksalen der Überlebenden beschäftigt -, daß viele Verfolgte durch nationalsozialistische Repressionen ihren Beruf verloren, an der Beendigung ihrer Ausbildung oder einem beruflichen Aufstieg gehindert wurden. Daß solche Schädigungen im "beruflichen Fortkommen" (so der entschädigungsrechtliche Terminus) psychisch destabilisierend wirken konnten, erscheint verständlich. Ohne Einkommen, ohne soziale Anerkennung und eine Chance auf (berufliche) Anerkennung leben zu müssen, hieß für die Betroffenen, aus jedem gesellschaftlichen Sozialgefüge herauszufallen und die Stigmatisierung der eigenen Person schmerzhaft erleben zu müssen.

Von der Gesamtheit aller Antragsteller, die psychische Spätschäden geltend machten, erklärten 40,8% (N=87), in ihrem beruflichen Fortkommen gehindert worden zu sein, d.h. ihre Anstellung verloren zu haben oder an einer Ausbildung gehindert worden zu sein. Unterscheidet man hier jedoch wiederum zwischen Verfolgten deutscher bzw. osteuropäischer Herkunft, so wird deutlich, daß Deutsche weitaus häufiger von solchen Schädigungen betroffen waren: Nur 14,8% (N=8) gaben an, in ihrem Fortkommen nicht gehindert worden zu sein - 85,2% (N=46) dagegen beklagten Berufs- und Ausbildungsschäden. Noch etwas eindeutiger sind die Ausprägungen bei nicht-jüdischen Verfolgten, von denen lediglich 13,3% (N=2) ohne berufliche Nachteile geblieben waren, 86,7% (N=13) jedoch solche Schäden geltend machten. Diametral entgegengesetzt ist allerdings das Bild bei osteuropäischen Verfolgten: Hier gaben 74,1% (N=117) an, keine beruflichen Einbußen erlitten zu haben und nur 25,9% (N=41) sahen sich in ihrem beruflichen bzw. schulischen Werdegang behindert.

Für eine sozio-demographische Beschreibung der Fallgruppe relevant sind jedoch nicht allein jene Informationen, die sich auf Alter, Herkunft, Verfolgtenstatus und Verfolgungsschicksal beziehen, sondern auch jene, die Hinweise auf die Lebenssituation der Betroffenen nach 1945 geben. Eben hier aber erweist sich das Datenmaterial (wieder einmal) als äußerst lückenhaft: Die Angaben der Antragsteller über ihre Nachkriegsberufstätigkeit und ökonomische Situation zeigten sich als so unvollständig bzw. diffus, daß auf ihre Auswertung verzichtet werden mußte.

Referieren möchte ich deshalb nur jene Angaben, die die Betroffenen über ihren Familienstand und ihren Aufenthalt (beides zum Zeitpunkt des Entschädigungsantrages) machten: Untersucht man das Gesamtsample aller Antragsteller, so fällt auf, daß diese Menschen offensichtlich ein ausgeprägtes Bedürfnis nach familiärer Geborgenheit und Sicherheit hatten. Bei einer Quote von 7,5% fehlender Werte gaben allein 73,7% (N=157) der Betroffenen an, verheiratet zu sein; lediglich 1,4% (N=3) waren geschieden und weitere 7,5% verwitwet. Unverheiratet waren 21% (N=21), wobei hier diejenigen mit 52% (N=11) die Mehrheit stellten, die als (Klein)Kinder und Jugendliche verfolgt worden waren. Noch größer scheint der Wunsch nach familiärer Einbindung bei jenen gewesen zu sein, die in Osteuropa den Exzessen nationalsozialistischen Verfolgungsterrors ausgesetzt gewesen waren: Sie waren zu 77,8% (N=123) verheiratet; 8,2% (N=13) erklärten, verwitwet zu sein und nur 7% waren (bislang) ledig geblieben - die Ausfallquote beträgt hier 7%.

In der Literatur immer wieder beschrieben wurde das Phänomen, daß Überlebende, die ihren Ehepartner, ihre Kinder während der Verfolgung verloren hatten, nach Kriegsende bemüht waren, alsbald eine neue Familie zu gründen und damit ein "normales" Leben zu rekonstruieren. Da innerhalb der mir vorliegenden Fallgruppe nur wenige Verfolgte (30,5%; N=65) überhaupt Angaben über ihre Familienverluste machten, kann ich keine verallgemeinerbaren Aussagen über solche familialen Rekonstruktionsversuche machen. Beleuchte ich aber das kleine Segment jener 26 Verfolgten näher, die angegeben hatten, Angehörige ihrer eigenen Familie verloren zu haben, so ergibt sich ein leicht divergierendes Resultat, liegt doch die Rate derer, die nach Kriegsende erneut heirateten mit 54% (N=24) unter der Verheiratetenquote der Gesamtgruppe. Höher dagegen ist die Quote derjenigen, die den Schritt in eine neue Familie nicht gingen und statt dessen verwitwet blieben (34%; N=9); je ein(e) Verfolgte(r) gab an, ledig oder geschieden zu sein. Wenn die Betroffenen eine neue Familie gründeten, so geschah dies vielfach in einem Land, das nicht das Herkunftsland der Betroffenen war - und dies gilt sowohl für diejenigen, die bereits vor 1945 emigriert waren wie auch für jene, die nach 1945 zu entscheiden hatten, wo sie sich niederlassen wollten. Diejenigen deutschen Juden, die bereits vor 1945 Deutschland verließen, lebten nach dem Krieg vorrangig in den USA (33,3%, N=9) und in Israel (25,9%; N=7) - nur wenige (11,1%; N=3) kehrten nach Deutschland zurück.[325]

Untersucht man jedoch, wo sich alle übrigen Überlebenden nach 1945 aufhielten bzw. ansiedelten, dann wird offenbar, daß es (erneut) deutliche Unterschiede zwischen osteuropäischen und deutschen Verfolgten gab. Auffällig ist vor allem, daß nur 5,7% (N=9) aller osteuropäischen Juden nach Kriegsende in ihren Heimatländern lebten oder dorthin zurückkehrten: Offensichtlich erschien es der

---

325  Die übrigen 29,6% (N=8) lebten in Frankreich, in den Niederlanden, der Schweiz, England und Argentinien.

Mehrheit der Überlebenden unmöglich, in Länder "heimzukehren", in denen die jüdische Lebenswelt der Vorkriegszeit vollständig zerstört, Ortschaften ausradiert, Familien und Freunde vernichtet worden waren. Statt dessen bemühten sich die Betroffenen, in Länder zu gelangen, in denen Juden (und vor allem die Überlebenden der Shoah) anerkannt oder doch zumindest toleriert wurden. Gesichert schien dies vor allem in Palästina bzw. Israel, wohin allein 45,6% (N=72) der osteuropäischen Verfolgten ausreisten - aber auch in den USA, wohin 27,8% (N=44) auswanderten. Die übrigen verstreuten sich in unterschiedliche Länder und Kontinente: 10,1% (N=16) ließen sich in Deutschland nieder, 7% (N=11) in Kanada, je zwei Personen und Frankreich und Argentinien und je eine Person in Österreich und Australien.

Ganz anders dagegen verhielten sich deutsche Nicht-Emigranten. Sie blieben mehrheitlich in Deutschland (75%; (N=21) und nur wenige reisten in die USA aus (14,3%; N=4). Nur jeweils eine Person entschied sich, in England, Frankreich oder Südafrika zu leben. Separiert man nun noch einmal die Gruppe derjenigen Verfolgten, die nicht-jüdischer Herkunft waren, so ist das Ergebnis noch eindeutiger: Sie alle blieben nach Ende der Verfolgung in Deutschland.[326]

Betrachtet man die bisherigen Untersuchungsergebnisse summarisch, so wird zweierlei deutlich: Leidtragende der brachialsten Formen nationalsozialistischer Verfolgung wurden Juden und hier vor allem die jüdische Bevölkerung Osteuropas: Sie wurden systematisch verfolgt, inhaftiert und/oder in Konzentrationslager deportiert und hatten vielfach den Tod von (mehreren) Familienangehörigen zu beklagen. Hatten deutsche Juden noch die Chance, sich der Verhaftung und Deportation durch Flucht zu entziehen, so galt dies für osteuropäische Juden nicht. Sie, deren Länder durch das Deutsche Reich okkupiert wurden, waren dem Verfolgungs- und Vernichtungsterror wehrlos ausgesetzt und auch eine Flucht in die Sowjetunion vermochte sie nicht in Sicherheit zu bringen. Bei der Gruppe der Verfolgten deutscher Staatsangehörigkeit gilt es, zwischen jüdischen und nicht-jüdischen Personen zu unterscheiden: Diejenigen Juden, die in Deutschland verblieben bzw. denen eine rechtzeitige Auswanderung nicht gelang, wurden in ähnlicher Weise mißhandelt wie Menschen aus Osteuropa, galten sie doch ebenso als "Untermenschen". Jene aber, die sich in andere Staaten absetzten, waren, trotz aller Strapazen, erst einmal in Sicherheit - dies aber nur dann, wenn sie sich in ein "ungefährdetes" Land begeben hatten.

Unterschiede zwischen den verschiedenen Verfolgtengruppen werden dort sichtbar, wo es um "materielle", d.h. berufliche Einbußen geht: Die meisten Deut-

---

326 Eine Besonderheit bildet derjenige Verfolgte, der von den Entschädigungsbehörden als "Nationalgeschädigter" bezeichnet wurde. Er lebte vor dem Krieg in Polen, wurde in Polen verhaftet und wohnte auch nach dem Kriege in seinem Heimatland.

schen - und dies gilt für Juden wie für Nicht-Juden - mußten die Erfahrung machen, daß sie ihre Arbeitsstelle verloren, aus dem Berufs- und Ausbildungsleben ausgegrenzt wurden. Warum osteuropäische Verfolgte solche Schäden im "beruflichen Fortkommen" nur selten geltend machten, ist dem Fallmaterial nicht zu entnehmen. Vermutet werden kann aber, daß es ihnen weitaus schwerer gefallen wäre, solche Schädigungen qua Dokumente und Steuerbescheinigungen nachzuweisen und sie sich deshalb vorrangig darum bemühten, wenigstens Entschädigung für ihre extremen Gewalterfahrungen zu erhalten.[327]

Die sozio-demographische Auswertung des Fallmaterials macht aber auch transparent, daß ganz unterschiedliche Menschen an psychischen Schädigungen nach nationalsozialistischer Verfolgung leiden konnten: Es waren dies Männer wie Frauen; Kinder, Erwachsene und ältere Menschen; Personen mit differierenden Ausbildungswegen und Berufen; Individuen, die über Jahre inhaftiert und gequält, aber auch Emigranten und Menschen, die sozial diskriminiert wurden. All diese Verfolgten wurden durch die durchlittenen Repressionen, durch Stigmatisierungen und Ausgrenzung in ihrer psychischen Integrität erschüttert, verletzt oder gar zerstört. Deutlich machen die referierten Auswertungsergebnisse, daß die Grenzen psychischer Belastungsfähigkeit immer dann überschritten werden können, wenn Individuen einem "man-made-desaster" ausgesetzt werden, das ihnen jede Menschenwürde nimmt.

Will man nun die Entschädigungsverfahren dieser Menschen näher beleuchten, so gilt es - wie ich bereits in meiner Einleitung erläuterte -, mehrere Aspekte zu untersuchen: Die Dauer der Verfahren vom ersten Mantelantrag bis zur letztgültigen Bescheidung, aber auch die Ergebnisse der Verfahren bezüglich einer Anerkennung bzw. Ablehnung von Entschädigungsanträgen, möglicher Entschädigungsarten und Einstufungen.

Erwies sich schon bei der sozio-demographischen Auswertung der Entschädigungsakten die Unvollständigkeit des Fallmaterials als methodische Hürde, so gilt dies in noch stärkerem Maße für die Analyse der Entschädigungsverfahren selbst: Da in einer relevanten Anzahl der Einzelfallakten sowohl die Anträge der Verfolgten selbst fehlen (und dies gilt sowohl für die einleitenden Mantelanträge als auch

---

327 Ob und inwieweit die Angaben über berufliche Einbußen auch der Sozialstruktur der unterschiedlichen Verfolgtengruppen geschuldet ist, vermag ich nicht zu sagen: Da ich weder über hinreichende Informationen über den Bildungsgrad der einzelnen Verfolgtengruppen, noch über genaue Berufsangaben verfüge, wäre es voreilig, zu vermuten, die deutschen Verfolgten hätten größere oder relevantere berufliche Schädigungen erlitten als osteuropäische Verfolgte. Festzuhalten ist aber, daß sowohl das deutsche Ausbildungs- und Sozialversicherungssystem als auch der deutsche Arbeitsmarkt so "perfektioniert" organisiert waren, daß Schäden im beruflichen Fortkommen unkomplizierter zu "beweisen" waren als dies in Osteuropa der Fall war.

für die substantiierten wie nicht substantiierten Einzelanträge wegen körperlicher und gesundheitlicher Schädigungen), wie auch die behördlichen Erstbescheide und Urteile der involvierten Gerichtsinstanzen, muß der Aussagewert meiner Auswertungsergebnisse zwangsläufig beschränkt bleiben. Zwar ist es mir möglich, die vorliegenden und gesicherten Informationen zu referieren und zu interpretieren - solche Interpretationen bleiben aber dort "Tendenzaussagen", wo sie sich lediglich auf eine geringe Fallzahl stützen können.

Eingeleitet wurden Entschädigungsverfahren durch sogenannte "Mantelanträge", in denen die Verfolgten erste Angaben zu ihrer Person und jenen Schädigungen machen mußten, für die sie Entschädigungsleistungen erhalten wollten.[328] Betrachtet man nun das Gesamtsample aller Antragsteller, so ist bemerkenswert, daß bzw. wieviele der Betroffenen zu einem sehr frühen Zeitpunkt ein grundsätzliches Entschädigungsbegehren anmeldeten: 39,9% (N=85) reichten ihren Mantelantrag bereits zwischen 1949 und 1953 ein, d.h. in einer Zeitspanne, in der das erste Entschädigungsgesetz der US-amerikanischen Besatzungszone Gültigkeit besaß. Nachdem das erste bundeseinheitliche Gesetz (das Bundesergänzungsgesetz 1953) verabschiedet worden war, stellten 19,2% (N=41) einen Mantelantrag; im Geltungsbereich des Bundesentschädigungsgesetzes 1957-1965 waren es 28,2% (N=60) und nach Verabschiedung des Bundesentschädigungsgesetzes, also zwischen 1966 und 1972 nochmals 5,2% (N=11).[329] In 7,5% (N=16) aller Fälle beinhaltete die Entschädigungsakte keinen Mantelantrag. Daß fast 40% aller ehemals Verfolgten schon in jenen Jahren globale Entschädigungsansprüche geltend machten, in denen es noch keine bundesgesetzlichen Regelungen gab, dürfte auch in einer demographischen Besonderheit begründet liegen: Allein 80,3% (N=127) aller osteuropäischen Verfolgten hielten sich in den unmittelbaren Nachkriegsjahren in Lagern für Displaced Persons in der US-amerikanischen Besatzungszone auf und erhielten so Kenntnis von der Möglichkeit, Entschädigungsansprüche geltend machen zu können. Dementsprechend waren unter denjenigen, die bis 1953 einen solchen Globalantrag einreichten, auch 71,6% (N=61) osteuropäische DP's. Doch auch von den deutschen Verfolgten machten viele (40,7%; N=22) bereits vor 1954

---

328 Betrachtet man solche Mantelanträge genauer und vergleicht sie mit späteren Angaben der Antragsteller, so wird deutlich, daß diesen Globalanträgen bestenfalls registratorische Bedeutung zukam, stimmten die hier getroffenen Aussagen ehemals Verfolgter doch selten mit jenen Informationen überein, die im späteren Verfahren gemacht wurden.

329 Zwar wurde das Bundesergänzungsgesetz 1953, das Bundesentschädigungsgesetz 1956 und das Bundesentschädigungsschlußgesetz 1965 verabschiedet - für die Bestimmung der Zeiträume, in denen Entschädigungsanträge gestellt wurden, erschienen mir diese Jahreszahlen jedoch von geringer Trennschärfe: Festzustellen ist vielmehr, daß die Majorität der Anträge Monate nach Verabschiedung der jeweiligen Gesetze gestellt wurde, hatten die Betroffenen doch - so zumindest meine Vermutung - erst dann von den Neuregularien der Gesetzestexte erfahren.

globale Entschädigungsansprüche geltend - vor allem jene, die nicht aus rassistischen Gründen verfolgt worden waren (78,6%; N=11 aller Nicht-Juden). Für den weiteren Gang der Entschädigungsverfahren relevant aber waren solche Globalanträge nicht, signalisierten sie doch lediglich ein prinzipielles Entschädigungsbegehren. Nur wenn ein Einzelschaden ausdrücklich qua Sonderformular geltend gemacht und vor allem substantiiert - d.h. näher erläutert - worden war, konnten die Behörden tätig werden: Erst dann wurden ärztliche Gutachter beauftragt, die Krankenunterlagen der Betroffenen zu prüfen und (per Aktengutachten oder eigener Untersuchung) eine Bewertung eines verfolgungsbedingten Leidens abzugeben.

Betrachtet man nun die Zeitpunkte, zu denen die ehemals Verfolgten ihre körperlichen und gesundheitlichen Probleme erstmalig in einem Sonderformular benannten, so wird offenbar, daß lediglich 12,7% (N=27) aller Antragsteller bereits zwischen 1949 und 1953 einen solchen Schaden (dezidiert) geltend machten. Zwischen 1954 und 1956 waren es dann 13,1% (N=28) - die Majorität mit 58,7% (N=127) dagegen beantragten erst nach Verabschiedung des Bundesentschädigungsgesetzes Kompensationsleistungen für ihre Leiden. Nur noch 6,6% (N=14) der Verfolgten machten ihre gesundheitlichen Probleme nach 1965 geltend. In 8,9% aller Entschädigungsakten (N=19) fehlte ein solcher Erstantrag gänzlich.

Für den weiteren Verfahrensverlauf aber war maßgeblich, wann die Betroffenen ihre Leiden substantiierten, d.h. genaue (von Medizinern bestätigte) Angaben über Art, Ausprägung und Dauer ihrer psychischen und somatischen Erkrankungen und Symptome machten. Tatsächlich waren dies zwischen 1949 und 1953 lediglich 9,9% (N=21); zwischen 1954 und 1956 nur noch 1,4% (N=3); zwischen 1957 und 1965 aber 49,3% (N=105) und - nach Verabschiedung des Bundesentschädigungsschlußgesetzes - noch einmal 26,3% (N=56). In den übrigen 13,1% der Entschädigungsakten fehlen solche genaueren Angaben.[330] Diese Untersuchungsergebnisse machen eines deutlich: Die Mehrheit aller Betroffenen setzte die Entschädigungsbehörden bis 1965 von der Tatsache in Kenntnis, daß sie unter körperlichen und

---

330 Unterscheidet man zwischen den verschiedenen Gruppen, so wird deutlich, daß es vor allem osteuropäische Juden waren, die ihre gesundheitlichen Probleme spät spezifizierten: Lediglich 1,2% (N=2) reichten ihre Substantiierung zwischen 1949 und 1956 ein; 53,2% (N=84) dagegen zwischen 1957 und 1965 und gar 31,6% (N=50) erst zwischen 1966 und 1972 (die Ausfallquote beträgt hier 13,9% (N=22)). Diametral entgegengesetzt war das Antragsverhalten der nicht-jüdischen deutschen Verfolgten: Bei einer Ausfallquote von 7,1% (N=1) spezifizierten sie in ihrer Mehrheit (78,5%; N=11) ihre Gesundheitsprobleme zwischen 1949 und 1956 und nur 14,3% erklärten sich zwischen 1957 und 1965. Nach Verabschiedung des Bundesentschädigungsschlußgesetzes kam aus dieser Gruppe keine Substantiierung mehr. Und auch die Gruppe der deutschen Juden legten ihre Substantiierungen früher vor als dies bei osteuropäischen Verfolgten der Fall war: 27,5% (N=11) bereits zwischen 1949 und 1956; 45% (N=18) zwischen 1957 und 1965 und 15% (N=6) zwischen 1966 und 1972 (12,5%; N=5 ohne Angaben).

gesundheitlichen Problemen litten, die sie auf die erlittene Verfolgung zurückführten. Exakter spezifiziert wurden diese Erkrankungen jedoch - mehrheitlich - ab 1957, wobei viele ihre (psychischen) Symptome erst nach 1965 erläuterten und belegten. Diese zeitliche Diskrepanz dürfte mehrere Gründe gehabt haben: Zum einen mußten die Verfolgten für eine Substantiierung eines Antrages alle ärztlichen Unterlagen zusammenstellen, die ihren Gesundheitszustand seit Ende der Verfolgung belegten. Zugleich aber galt es, sich einer ersten vertrauensärztlichen Untersuchung zu unterziehen, in der der akute Gesundheitszustand geprüft, somatische wie psychische Symptome benannt und spezifiziert wurden. Beides - die Beschaffung und Sammlung ärztlicher Unterlagen wie auch eine erste vertrauensärztliche Untersuchung - kostete Zeit und erheblichen Aufwand, so daß es vielen der Betroffenen de facto nicht möglich war, ihre Entschädigungsanträge schnellstmöglich zu spezifizieren. Zu vermuten ist aber auch, daß die bundesdeutsche Begutachtungs- und Entscheidungspraxis nicht ohne Einfluß auf die Verfolgten blieb: Seit Beginn der 60er Jahre begann sich in der Bundesrepublik die Erkenntnis durchzusetzen, daß gerade psychische Erkrankungen genuine Reaktionen auf die Extrembelastungen der Verfolgung waren - eine Einsicht, die dann auch in das Bundesentschädigungsschlußgesetz (von 1965) übernommen wurde (vgl. dazu Kapitel III). Größere Chancen Entschädigungsleistungen zu erhalten hatten dementsprechend jene Personen, die ihre verfolgungsbedingten Leiden zu einem späten Zeitpunkt differenzierten - und damit das offizielle Begutachtungs- und Entscheidungsverfahren eröffneten.[331]

Untersucht man die Zeiträume zwischen einem Erstantrag wegen Körper und Gesundheit und der Substantiierung eines solchen Schadens noch einmal in der Gesamtheit der Einzelfälle, so wird deutlich, daß die Betroffenen (willentlich oder ungewollt) z.T. erhebliche Zeitspannen verstreichen ließen, bis sie sich näher über ihre somatischen wie seelischen Probleme äußerten. 38% (N=81) aller Verfolgten substantiierten ihren Gesundheitsschaden im gleichen Jahr, in dem sie diesen erstmalig beantragt hatten; weitere 15% (N=32) lieferten ihre Substantiierung innerhalb von zwei Jahren nach. Zwischen drei und sieben Jahre benötigten 15,5 % (N=33) aller Antragsteller und 13,5% (N=29) der Betroffenen brauchten gar zwischen acht und zwölf Jahren, bis sie den Entschädigungsbehörden einen substantiierten Antrag zukommen ließen. In den übrigen 17,8% aller Fälle konnte ein sol-

---

331 Wie in der Literatur hinlänglich beschrieben, litten viele der Überlebende erst Jahre nach Ende der Verfolgung an massiven psychischen Problemen, war doch erst jetzt ihr familiärer wie ökonomischer Konsolidierungsprozeß abgeschlossen. Dementsprechend waren unter jenen, die erst Jahre nach ihrem Erstantrag auf Schaden an Körper und Gesundheit denselben substantiierten, auch einige, die ihre gesundheitlichen Probleme erst dann erläuterten, als sie unter spürbaren seelischen Konflikten und psychosomatischen Symptomen litten.

cher Zeitraum nicht eruiert werden, fehlte in ihnen doch entweder ein Erstantrag oder die Substantiierung des jeweiligen Gesundheitsschadens.[332]

Wie bereits mehrfach ausgeführt: Erst wenn den Entschädigungsbehörden substantiierte Anträge vorlagen, konnten diese einen medizinischen Sachverständigen beauftragen, ein Gutachten zu erstellen, in dem dieser die Verfolgungsrelevanz einer Erkrankung prüfen und deren Schwere (d.h. den Grad der Erwerbsminderung) einzuschätzen hatte. Lag ein solches Gutachten vor, dann hatte die Entschädigungsbehörde einen Bescheid auszusprechen, in dem ein Antrag anerkannt oder (teil)verworfen wurde und ggfls. die Höhe und Art der Entschädigungsleistungen festgesetzt wurden. Für die ehemals Verfolgten von prioritärer Bedeutung war natürlich, ob ihr Entschädigungsantrag anerkannt oder abgelehnt bzw. welche "Wiedergutmachungsleistungen" ihnen zuerkannt wurden. Relevant war aber auch, *wann* ein solcher Bescheid ausgesprochen wurde, erhielten sie doch erst dann Klarheit, ob und wie die Bundesrepublik mit ihren Schädigungen umzugehen gedachte.

Betrachtet man nun die Differenz zwischen dem Zeitpunkt, an dem die Überlebenden ihren substantiierten Antrag eingereicht hatten und jenem, an dem die Behörden ihren Bescheid erließen, so ergibt sich folgendes Ergebnis: In 4,7% (N=10) aller Fälle erging der Bescheid der jeweiligen Entschädigungsbehörde im gleichen Jahr, in dem ein Entschädigungsantrag spezifiziert worden war. In weiteren 62,4% (N= 133) lag ihre Entscheidung innerhalb von vier Jahren vor. 9,4% (N=20) aller Anträge wurden nach fünf bis sieben Jahren entschieden und 4,7% (N=10) nach acht bis sechzehn Jahren. (Die Ausfallquote liegt hier bei 18,8% (N=40); existieren in diesen Entschädigungsakten doch weder die Substantiierungen der Antragsteller noch die Erstbescheide der Behörden.)

Auch wenn also konstatiert werden kann, daß die Majorität aller Anträge (67,1%) innerhalb von vier Jahren nach ihrer näheren Erläuterung beschieden wurden, so irritiert an dem oben referierten Ergebnis doch, daß die Behörden in mehr als einem Viertel aller (bekannten) Fälle mehr als fünf Jahre benötigten, um zu einer Entscheidung zu gelangen. Welches die Gründe für solch erhebliche Verzögerungen waren, kann ich anhand des mir vorliegenden Aktenmaterials bedauerlicherweise nicht klären. Zu bedenken ist jedoch, daß nicht ausschließlich behördeninterne Probleme für eine solche Verschleppung verantwortlich sein mußten: Möglich war es auch, daß die ärztlichen Sachverständigen übermäßig lang für die Erstellung ihrer Gutachten benötigten; mehrere Sachverständige unterschiedlicher Fachgebiete herangezogen werden mußten (was zwangsläufig zu Terminschwierigkeiten und damit zu Verzögerungen führen mußte) oder aber die Verfolgten selbst

---

332 Die Majorität (82,6%; N= 24) derjenigen, die mehr als sieben Jahre nach ihrem Erstantrag ihre gesundheitlichen Probleme näher erläuterten, stammte aus Osteuropa; überproportional vertreten sind darüber hinaus Frauen mit 69% (N=20).

darauf bestanden, von unterschiedlichen Gutachtern untersucht zu werden. Festzuhalten aber bleibt, daß nicht wenige ehemals Verfolgten mehrere Jahre warten mußten, bis ihnen ein Bescheid der Entschädigungsbehörden zuging. Es war dies eine Zeit, die für die Betroffenen sehr belastend war, konnten sie doch weder auf die Art noch die Dauer der behördlichen Entscheidungsfindung Einfluß nehmen. Statt dessen mußten sie machtlos abwarten, ob sie von deutschen Behörden als Leidende anerkannt, ob sie materielle Unterstützungsleistungen erhalten würden. Eben dies war jedoch für jene besonders schwierig, die der finanziellen Hilfe dringend bedurften - sei es, weil sie wegen ihrer gesundheitlichen Probleme nicht mehr arbeitsfähig waren oder aber mit ihren Familien in einen ökonomischen Notstand geraten waren.

Betrachtet man nun die Ergebnisse der Erstbescheide, so ergeben sich folgende Resultate: In 50,7% (N=108) aller Fälle wurden die Entschädigungsanträge der Betroffenen per Erstbescheid positiv beschieden, d.h. ihr gesundheitlicher Schaden anerkannt und entschädigt. In 5,6% (N=12) kam es zu einer Teilanerkennung (d.h. nur ein Teil der von den Verfolgten beklagten Schädigungen wurden als verfolgungsbedingt akzeptiert) und bei 8,5% (N=18) aller Fälle schlossen die Behörden mit den Antragstellern einen Vergleich, in dem den Betroffenen einmalige pauschalisierte Entschädigungssummen zugestanden wurden.[333] Tatsächlich zurückgewiesen, d.h. abgelehnt wurden 28,2% (N=60) aller Entschädigungsanträge; in 7% der Entschädigungsakten fehlt jeder behördliche Erstbescheid.

Interessant ist dieser Befund in seiner Binnendifferenzierung: Prüft man nämlich, welche Verfolgtengruppen mit eher positiven oder negativen Bescheiden bedacht wurden, so werden - wieder einmal - deutliche Differenzen zwischen jüdischen und nicht-jüdischen Verfolgten sichtbar. Die Anträge osteuropäischer Überlebender wurden zu 58,2% (N=92) positiv beschieden, in weiteren 12,6% (N=20) der Fälle wurden Teilanerkennungen oder Vergleiche ausgesprochen bzw. geschlossen. 22,2% (N=35) ihrer Anträge wurden abgelehnt; in 7% (N=11) aller "osteuropäischen Akten" fehlt der behördliche Erstbescheid. Anders dagegen der Charakter der Behördenbescheide bei deutschen Verfolgten: Waren es bei deutschen Juden noch 34,1% (N=14), deren Anträge anerkannt wurden und 22% (N=8), bei denen es zu einer Teilanerkennung oder einem Vergleich kam, so erhielten lediglich 14,3% (N=2) der nicht-jüdischen Verfolgten einen positiven Bescheid bzw. 7,1% (N=1) eine Teilanerkennung ihrer Ansprüche. Mit 39% (N=16) bei deutschen Juden und 64,3% (N=9) bei nicht-jüdischen Deutschen aber liegt die Ablehnungsquote deutlich höher als bei osteuropäischen Verfolgten.[334]

---

333 Solche Vergleiche wurden zumeist dann abgeschlossen (wie in Kapitel IV bereits erläutert), wenn einzelne Angaben der Antragsteller über den Verlauf ihres Verfolgungsschicksals umstritten, der generelle Anspruch eines Betroffenen aber als erwiesen galt.

334 Die Ausfallquote bei deutschen Juden beträgt 4,8 % (N=2) - bei nicht-jüdischen Deutschen dagegen 14,3% (N=2).

Offenbar wird hier, daß die Entschädigungsbehörden vor allem jüdische Verfolgte positiv beschieden, wobei die Anerkennungsrate bei osteuropäischen Juden noch einmal deutlich höher lag. Zu fragen ist nun, aus welchen Gründen die jeweiligen Anträge anerkannt, andere dagegen abgelehnt wurden. Hinweise zur Beantwortung dieser Frage finden sich dort, wo man den Zusammenhang zwischen dem Charakter (dem Urteil) eines Erstbescheids und den möglichen Haftangaben der Verfolgten näher beleuchtet: Die Entschädigungsanträge jener, die angegeben (und nachgewiesen) hatten, daß sie während der Verfolgung inhaftiert gewesen waren (N=144)[335], wurden zu 77,8% (N=112) bereits im Erstbescheid gänzlich bzw. durch Teilanerkennung oder Vergleich anerkannt. Betrachtet man nun jedoch die Anerkennungsquote derer, die nicht inhaftiert gewesen waren (N=48), so liegt diese bei nur 41,7% (N=20). Signifikant sind auch die Differenzen der jeweiligen Ablehnungsbescheide: Wurden die Anträge von ehemaligen Häftlingen zu 22,2% (N=32) zurückgewiesen, so lag die Quote bei Verfolgten, die nicht arretiert gewesen waren, bei 56,2% (N=27)[336] Noch deutlicher werden die Selektionskriterien der Entschädigungsbehörden, wenn man - gesondert - die Gruppe derjenigen Antragsteller betrachtet, die u.a. in Konzentrationslagern inhaftiert gewesen waren (in 64 Fällen liegen hier die Erstbescheide vor): Ihre Anerkennungsquote liegt bei 87,5% (N=56), d.h. in nur acht Fällen wurde diesen Menschen die Anerkennung verweigert.

Diese Untersuchungsergebnisse erhärten den Verdacht, daß hessische Entschädigungsbehörden eher geneigt waren, den Anträgen jener stattzugeben, die Leidtragende des gezielten Verfolgungs- und Vernichtungsterrors gegen die jüdische Bevölkerung Europas (und hier besonders Osteuropas) gewesen waren. Daß diese Menschen, die jahrelang unter extremsten Repressionen zu leben hatten, nun an psychischen (Folge)Schädigungen litten, war eine Einsicht, der sich offensichtlich auch die Behörden und begutachtenden Ärzte nicht entziehen konnten. Wer aber nicht durch die Hölle der Konzentrations- und Arbeitslager gegangen war, sondern sich dem nationalsozialistischen Terror durch Flucht entzogen hatte, der besaß schon weitaus geringere Chancen auf Erstbewilligung seines Entschädigungsantrages: So wurden 43,8% (N=18) aller Gesuche emigrierter Juden im Erstbescheid zwar (teil)anerkannt oder durch Vergleich geregelt, 48,8% aber abgelehnt (die Ausfallquote beträgt 4,9%(N=2)). Daß jedoch auch Menschen an verfolgungsbedingten psychischen Störungen leiden konnten, die nicht jüdischer Herkunft und nicht in Konzentrations- und Arbeitslagern oder Ghettos eingesperrt gewesen waren, son-

---

335 Zwar liegen in 154 Akten Angaben über eine erlittene Haft vor - in zehn dieser Akten ist jedoch kein behördlicher Erstbescheid zu finden. Aus diesem Grund kann ich nur Aussagen über die verbleibenden 144 Fälle machen. Ähnliche Einschränkungen gelten auch für alle weiteren Aussagen, die sich auf Bescheide und Gerichtsurteile beziehen.
336 Die Ausfallquote (bedingt durch fehlende Angaben über die erlittene Haft als auch durch fehlende Erstbescheide) liegt hier bei 4% (N=8).

dern durch Gefängnishaft oder berufliche und soziale Ausgrenzung in ihrer psychischen Integrität verletzt wurden, scheint den Entschädigungsbehörden und begutachtenden Ärzten - wie oben referiert - weit weniger bewußt gewesen zu sein.[337]

Immer wieder habe ich im Verlauf meiner Arbeit darauf hingewiesen, daß die Begutachtungspraxis (bundesdeutscher) ärztlicher Sachverständiger bis zum Beginn der 60er Jahre durch Unkenntnis, ja Ignoranz gegenüber den psychischen Verletzungen ehemals Verfolgter gekennzeichnet war. Daher möchte ich anhand des mir vorliegenden Fallmaterials der Frage nachgehen, ob es einen Zusammenhang zwischen dem Zeitpunkt eines behördlichen Erstbescheides und dem Charakter seiner Entscheidung (die sich immer auf ein ärztliches Gutachten stützen mußte) gibt. Beleuchtet man jene Bescheide näher, die zwischen 1945 und 1956 ergingen (N=22), so wird deutlich, daß in dieser Zeitspanne tatsächlich die Majorität der Anträge (72,7%; N=16) abgelehnt wurden; die übrigen anerkannt bzw. teilanerkannt wurden. In keinem der mir vorliegenden Fälle kam es in diesen Jahren zu einem Vergleich zwischen Entschädigungsbehörden und Antragstellern. Weitaus bessere Chancen auf Entschädigung hatten jene ehemals Verfolgten, deren Anträge zwischen 1957 und 1965 entschieden wurden: Hier lag die Anerkennungsquote bei 68,8% (N=64), die der Teilanerkennungen bei 5,4% (N=5) und Vergleiche wurden in 14% (N=13) abgeschlossen.

De facto waren dies Jahre, in denen - zumindest den Auswertungsergebnissen meines Fallmaterials zufolge - die meisten Anträge (teil)akzeptiert wurden. Dies ist ein durchaus bemerkenswerter Befund, hätte man doch vermuten können, daß nach Verabschiedung des Bundesentschädigungsschlußgesetzes 1965, in dem psychische Schädigungen erstmals dezidiert als Verfolgungsschäden benannt wurden, die Majorität aller noch zu verhandelnden Fälle positiv beschieden wurden. Die Untersuchungsergebnisse der mir vorliegenden Entschädigungsakten bestätigen eine solche Vermutung jedoch nicht: Von jenen 83 Entschädigungsanträgen, die zwischen 1966 und 1980 per Erstbescheid entschieden wurden, wurden 49,3% (N=41) anerkannt, 4,8% (N=4) teilanerkannt und 6% (N=5) durch Vergleich geregelt.[338]

Mit einem Erstbescheid einer Entschädigungsbehörde mußte ein Verfahren nicht zwangsläufig abgeschlossen sein, besaßen die Verfolgten doch die Möglichkeit, gegen einen solchen Bescheid zu klagen. Als erste Instanz fungierten die Landge-

---

[337] Betrachtet man die einzelnen Entschädigungsbehörden des Landes Hessen differenzierter, so werden deutliche Unterschiede offenbar: Die Entschädigungsbehörde Wiesbaden, von der 91 Fälle bearbeitet wurden, entschied sich in 49,5% positiv (d.h. für eine (Teil)Anerkennung oder einen Vergleich), die übrigen Anträge wurden zurückgewiesen. Die zuständige Behörde in Darmstadt dagegen, die 83 Fälle zu bearbeiten hatte, entschied in 90,4% im Sinne der Antragsteller und lehnte lediglich acht Anträge ab. Weit weniger als diese beiden wurde die Entschädigungsbehörde in Kassel frequentiert: Sie entschied in nur sieben Fällen, von denen vier positiv und drei negativ beschieden wurden.

[338] Zu berücksichtigen ist hier - wie oben bereits erwähnt - daß 7% (N=15) aller mir vorliegenden Entschädigungsakten keinen Erstbescheid enthalten.

richte (in diesem Falle des Landes Hessen), die über den Widerspruch eines Verfolgten zu entscheiden hatten. Aus der mir vorliegenden Gesamtheit aller Antragsteller reichten jedoch lediglich 55 Personen (d.h. 25,9%) Klage bei einem Landgericht ein, wobei jedoch zu berücksichtigen ist, daß es sich dabei in der Mehrheit (58,2%; N=32) um Menschen handelte, deren Antrag durch die Entschädigungsbehörden anerkannt, teilanerkannt oder durch Vergleich geregelt worden war.[339]
Differenziert man zwischen jenen, die gegen einen Ablehnungsbescheid klagten und jenen, die einer positiven (bzw. günstigeren) Behördenentscheidung widersprachen, so werden Unterschiede sichtbar. Wenig Erfolg hatten diejenigen Verfolgten (N=36), die bei einer Entschädigungskammer gegen die generelle Abweisung ihrer Ansprüche fochten: In 69% (N=25) wurden ihre Ansprüche auch hier zurückgewiesen; 27,8% (N=10) schlossen einen Vergleich; die Ansprüche eines Verfolgten wurden teilanerkannt (in einem weiteren Fall lag kein Urteil eines Landgerichtes vor). In der Gruppe derer, die gegen einen (teilanerkennenden) Bescheid einer Entschädigungsbehörde klagten (N=19), wurden dagegen "nur" 42,1% (N=8) wiederum negativ beschieden, die gleiche Anzahl einigte sich aber mit dem Gericht auf einen Vergleich und zwei Verfolgte (10,5%) gelangten zu einer Teilanerkennung ihrer Ansprüche.

Unterscheidet man nun auch hier zwischen den unterschiedlichen Verfolgtengruppen meiner Fallgruppe, so fällt auf, daß unter jenen, die von den Behörden einen ablehnenden Bescheid erhalten hatten und nun Klage einreichten, zu 69,5% (N=25) Osteuropäer vertreten waren - die übrigen waren deutscher Herkunft. Die Klagen osteuropäischer Juden wurden zu 72% (N=18) zurückgewiesen; die Ablehnungsquote bei Deutschen (N=11) dagegen betrug 63,6% (N=7). In ihrer Gesamtheit negativ beschieden wurden dagegen die Klagen von drei Verfolgten, die nichtjüdischer Herkunft waren.

Fragt man nach der Zeitspanne, die zwischen dem behördlichen Erstbescheid und einem Landgerichtsurteil verstrich, so ist zu konstatieren, daß in der Majorität der Fälle (75,8%; N=41) die Landgerichte innerhalb von zwei Jahren nach Entscheidung der Entschädigungsbehörden zu einem Urteil kamen - in den übrigen Fälle sollte es bis zu sieben Jahren dauern, bis ein gerichtliches Urteil erging.[340]

Ohne diese Ergebnisse überbewerten zu wollen (handelt es sich doch um eine sehr geringe Fallzahl), lassen sich doch einige Tendenzen feststellen: Auffällig ist

---

339 Die Gründe einen - positiven - Bescheid anzufechten, konnten vielfältig sein: So ging es in den Verfahren vor Landgerichten zum einen um die ärztlichen Gutachten, deren Diagnosen und Zumessungen; um die Einstufungen in eine vergleichbare Besoldungsgruppe der Beamten, zum anderen aber um die Zeitpunkte, ab denen die Verfolgten als gesundheitlich geschädigt galten.

340 Die Majorität (70,9%; N=39) der Landgerichtsverfahren fand zwischen 1957 und 1972 statt; lediglich vier Verfahren wurden zwischen 1949 und 1953 abgeschlossen und nur ein Urteil erging in den Jahren 1954 bis 1956.

zum einen, daß sich die Landgerichte in keinem Fall zu einer vorbehaltlosen Anerkennung der Entschädigungsansprüche durchringen konnten, sondern entweder einen Vergleich mit den Klägern schlossen oder zum Mittel der Teilanerkennung griffen. Bemerkenswert ist aber auch, daß die Landgerichte vielfach (d.h. zu 60%) die Entscheidungen der Behörden bestätigten oder diese doch zumindest nur teilrevidierten.[341]

Ein ähnliches Bild ergibt sich, betrachtet man diejenigen Fälle, in denen ehemals Verfolgte auch einem Landgerichtsurteil widersprachen und das Oberlandesgericht Frankfurt a.M. anriefen: Es waren dies 24 Personen - davon 19 osteuropäische Juden, drei nicht-jüdische Verfolgte und zwei jüdische Emigranten. In 50% der Fälle schloß sich das OLG dem Urteil der vorherigen Instanz an und lehnte die Entschädigungsansprüche der Betroffenen ab. In zwei Fällen (den Klagen eines osteuropäischen und eines nicht-jüdischen Antragstellers) wurden die Anträge auf Entschädigung gesundheitlicher Leiden nunmehr anerkannt, in sechs Verfahren osteuropäischer Verfolgter kam es zu einem Vergleich, einem Emigranten wurde zumindest eine Teilanerkennung zuteil und in drei Fällen (einem Emigranten und zwei osteuropäischen Verfolgten) wurde die Entscheidung an das jeweils zuständige Landgericht zurückverwiesen. Die Entscheidungen des OLG's Frankfurt ergingen in ihrer Mehrheit (86,9% N=20) innerhalb von zwei Jahren nach Abschluß des Landgerichtsverfahrens; die übrigen Urteile wurden nach vier, fünf bzw. zehn Jahren gefällt.

Nur fünf Personen der mir vorliegenden Fallgruppe riefen schlußendlich den Bundesgerichtshof an, um ihre Ansprüche bzw. ihren Rechtsstatus als Verfolgte grundsätzlich überprüfen zu lassen. In all diesen Fällen kam der BGH innerhalb von vier Jahren, nachdem das Oberlandesgericht Frankfurt die jeweiligen Ansprüche dieser Verfolgten zurückgewiesen hatte, zu einer Urteilsfindung: Bis auf einen Fall, in dem ein Vergleich geschlossen wurde, fällte auch er durchgängig abschlägige Urteile. Die betroffenen Überlebenden, von denen drei aus Osteuropa und einer aus Deutschland stammten, hatten sich mit dem endgültigen Urteil abzufinden, daß ihnen jedwede Entschädigung zu verweigern sei.

Wie ich im Vorspann dieses Kapitels bereits deutlich machte, entzündet sich die Kritik an der bundesdeutschen Entschädigungspraxis (in jenen Fällen, in denen ehemals Verfolgte psychische Folgeschädigungen geltend machten) vor allem an zwei Punkten: Vorgeworfen wird den Entschädigungsorganen zum einen, sie hät-

---

341 Auch hier soll die Binnendifferenzierung zwischen den einzelnen hessischen Landesgerichten nachgetragen werden: Am häufigsten angerufen wurde das Landgericht Wiesbaden, das in 43 Verfahren zu entscheiden hatte. Von diesen wurden 60,5% zurückgewiesen, drei per Teilanerkennung und vierzehn qua Vergleich geregelt. Das Landgericht Darmstadt dagegen, das lediglich elf Verfahren durchzuführen hatte, entschied in sieben Fällen ablehnend und einigte sich mit vier Verfolgten auf einen Vergleich. Das Landgericht Kassel urteilte nur in einem einzigen Fall - und zwar ablehnend.

ten die Verfahren unbillig in die Länge gezogen und damit verhindert, daß die Betroffenen schnellstmöglich in den Genuß von Entschädigungsleistungen kamen. Zum anderen aber - und dies ist der weiterreichende Vorwurf - wäre der Mehrzahl der psychisch geschädigten Verfolgten jede Entschädigung verweigert worden. In meinen vorangegangenen Ausführungen habe ich nun versucht, die mir vorliegenden Entschädigungsverfahren hinsichtlich ihrer Dauer und ihres "Erfolges" zu untersuchen - zu verifizieren bzw. zu falsifizieren aber sind die oben genannten Vorwürfe erst, wenn die von mir referierten Einzelergebnisse summarisch ausgewertet werden.

In einem ersten Schritt gilt es deshalb festzuhalten, wieviele Personen der mir vorliegenden Fallgruppe überhaupt Entschädigungsleistungen für ihre psychischen Verfolgungsschäden erhielten. Dabei geht es mir (zumindest erst einmal) nicht darum, die einzelnen Entschädigungsformen (der Rente, Kapitalentschädigung und Heilkostenleistungen) differenziert darzustellen, sondern einen grobrastrigen Überblick zu gewinnen.

Tabelle 5: Erfolg der Entschädigungsanträge

|            |    | Häufigkeit | Prozent | kumulierte Prozent |
|------------|----|------------|---------|--------------------|
| kein Erfolg | 0 | 37 | 17,4 | 18,7 |
| Erfolg | 1 | 135 | 63,4 | 86,9 |
| Teilerfolg | 2 | 26 | 12,2 | 100,0 |
|  | 99 | 15 | 7,0 | fehlende Werte |
| Total |  | 213 | 100,0 | 100,0 |

Sichtbar wird hier - wobei jedoch zu berücksichtigen ist, daß 7% aller Entschädigungsakten ohne sichtbares Endergebnis abbrechen -, daß 75,6 (N=161) aller Antragsteller Entschädigungsleistungen durch die Bundesrepublik (resp. das Land Hessen) erhielten. Der Vorwurf also, die Majorität der Überlebenden, deren psychische Integrität durch die Verfolgung erschüttert oder gar zerstört worden war, sei durch die Bundesrepublik und ihre Länder nicht entschädigt worden, erweist sich - zumindest in der mir vorliegenden Fallgruppe als unhaltbar.

Zu fragen ist aber doch, welcher Art die Leistungen waren, die die Betroffenen erhielten: Waren es lediglich Heilkosten (d.h. Beihilfen zu Arzt-, Krankenhaus- und Therapiekosten) und/oder aber Kapitalentschädigungen, die summarisch für einen begrenzten Zeitraum nach Ende der Verfolgung gezahlt wurden? Oder aber erhielten die Verfolgten tatsächlich fortlaufende Rentenzahlungen (wobei jedoch gesondert zu berücksichtigen wäre, wie die jeweilige Minderung der Erwerbsfähigkeit festgesetzt wurde)?

Tabelle 6: Art der Entschädigungsleistungen

|  |  | Häufigkeit | Prozent | kumulierte Prozent |
|---|---|---|---|---|
| keine Entschädigung | 0 | 37 | 17,4 | 18,7 |
| Rente/MdE | 1 | 135 | 63,4 | 86,9 |
| Kapitalent. ausschl. | 2 | 14 | 6,6 | 93,9 |
| ausschl. Heilkosten | 3 | 6 | 2,8 | 97,0 |
| Kapitalent./Heilk. | 4 | 6 | 2,8 | 100,0 |
|  | 99 | 15 | 7,0 | fehlende Werte |
| Total |  | 213 | 100,0 | 100,0 |

Und auch hier bestätigt sich der oben gewonnene Eindruck: Die Mehrheit der Verfolgten wurden nicht durch einmalige Zahlungen und/oder Heilkostenerstattungen "abgespeist", sondern erhielt fortlaufende Rentenzahlungen, die sich nach der von begutachtenden Ärzten festgesetzten Minderung ihrer Erwerbsfähigkeit berechneten. In nur 6,6% aller Fälle entschieden Gutachter und Behörden, daß es sich bei den gesundheitlichen Problemen der Verfolgten um vorübergehende Erkrankungen bzw. Störungen gehandelt habe, die zwar zum Erhalt einer Kapitalentschädigung berechtigten - nicht aber zum Empfang einer Rente. Bei weiteren 2,8% wurde entschieden, den Überlebenden sei eine Kapitalentschädigung zu zahlen und weiterhin mit Heilkosten zu helfen: Dies war der Tatsache geschuldet, daß der begutachtende Arzt zwar konstatiert hatte, der/die Betreffende sei in seiner/ihrer Erwerbsfähigkeit bis 1953 zu mindestens 25% beschränkt gewesen - in der Folgezeit aber sei diese Minderung der MdE unter die 25%-Grenze gesunken. Wurde also ein verfolgungsbedingter Gesundheitsschaden prinzipiell anerkannt, aber als so geringfügig erachtet, daß er nicht zum Erhalt einer Rente oder Kapitalentschädigung ausreichte, so hatten die Behörden die Möglichkeit, den Betreffenden immerhin Heilkostenleistungen zuzugestehen - was in weiteren 2,8% der Betroffenen geschah.

Wie ich bereits zu Beginn dieses Kapitels erwähnte, wurde und wird in einer Reihe von medizinisch-psychiatrischen Publikationen beklagt, daß allzu viele ehemals Verfolgte, die unter psychischen Störungen litten, mit einer Mindest-MdE von 25% eingestuft worden seien - ein Bemessungsgrad, der der Schwere ihrer Beeinträchtigung mitnichten gerecht werde.[342] Anhand des mir vorliegenden Fallmaterials

---

342 So z.B. Reinhart Lempp, der konstatierte, daß sich die (medizinische) Unterbewertung psychischer Erkrankungen schon allein dort beweise, wo diese "im allgemeinen nur mit dem

läßt sich nun bedauerlicherweise nicht klären, wie gerade die psychischen Erkrankungen der Betroffenen bewertet wurden: Zu entnehmen wäre dies nur den - mir nicht präsenten - medizinischen Gutachten, in denen die unterschiedlichen somatischen wie psychischen Erkrankungen gesondert aufgeführt und ihr jeweiliger Beeinträchtigungsgrad gewichtet wurden. Ausgewertet werden können deshalb auch nur die Behördenbescheide und Urteile, in denen die Erwerbsminderung der Verfolgten summarisch (d.h. ggfls. in der Addition ihres somatischen wie psychischen Schädigungsgrades) benannt wurden. Eben diese summarischen Werte aber verzerren jeden Blick auf die psychischen Beeinträchtigungen der Überlebenden, litt doch die Majorität der Betroffenen nicht allein unter erheblichen psychischen Konflikten, sondern zudem an ernsthaften körperlichen Erkrankungen und Verletzungsfolgen, die ihre Erwerbsfähigkeit nachhaltig minderten.

Betrachte ich aber dennoch den (summarisch prozentuierten) Grad der Erwerbsminderung, der jenen zugestanden wurde, die in den Genuß fortlaufender Rentenzahlungen kamen, so wird eines deutlich: Ärztliche Gutachter, Behörden und/oder Gerichte bezifferten die Beeinträchtigung der Erwerbsfähigkeit dieser Menschen in der Regel niedrig - und dies unabhängig von der Frage, ob Verfolgte ausschließlich unter schweren psychischen Konflikten oder aber unter somatischen wie seelischen Mehrfachschädigungen litten. Bei der Mehrheit der Betroffenen (78,5%) hieß dies, daß ihnen lediglich eine Beeinträchtigung von unter 50% zugestanden wurde, wobei jedoch zu beachten ist, daß fast einem Drittel der Überlebenden nur jener Minderungsgrad von 25-30% zugebilligt wurde, der notwendig war, um überhaupt Rentenzahlungen zu erhalten.[343]

---

niedrigsten Satz, mit etwa 25%" bemessen werde. Zit. nach: ders.: Psychische Spätschäden nach nationalsozialistischer Verfolgung bei Kindern , a.a.O., S. 13.

343 An dieser Stelle ist R. Lempp nachdrücklich zuzustimmen, der feststellte, daß viele begutachtenden Ärzte offensichtlich nicht beurteilen konnten, wie sehr eine psychische Erkrankung die Lebensqualität eines Betroffenen zerstören oder doch zumindest beeinträchtigen konnte (und kann). Vgl. dazu: ebd. Es ist in der Tat bedenklich, daß ein Mensch, dessen rechte oder linke Hand nicht mehr funktionstüchtig, der aber ansonsten gesund ist, mit 55% erwerbsgemindert eingestuft wird (wie dies im bundesdeutschen Unfallversicherungsrecht festgeschrieben ist) - ein Mensch aber, der durch traumatische Erinnerungen gequält wird, in seinen sozialen Kontakten nachhaltig gestört und in chronischen Depressionen gefangen ist, mit einem Prozentsatz von unter 50% bedacht wird. Vgl. dazu: Allgemeine Unfallversicherungsbedingungen (AUB 88), §7, Hamburg (Nova-Versicherungen) 1988.

Tabelle 7: Grad der Erwerbsminderung bei Rentenempfängern

|  |  | Häufigkeiten | Prozent | kumulierte Prozent |
|---|---|---|---|---|
| 25-30 | 2 | 41 | 30,4 | 31,5 |
| 30-40 | 3 | 38 | 28,1 | 60,8 |
| 41-50 | 4 | 27 | 20,0 | 81,5 |
| 51-60 | 5 | 14 | 10,4 | 92,3 |
| 61-70 | 6 | 5 | 3,7 | 96,2 |
| 71-80 | 7 | 3 | 2,2 | 98,5 |
| 90-100 | 9 | 1 | ,7 | 99,2 |
| 100 | 10 | 1 | ,7 | 100,0 |
| keine Angaben | 99 | 5 | 3,7 | fehlende Werte |
| Total |  | 135 | 100,0 | 100,0 |

Eben diese Ergebnisse gilt es nun noch einmal differenzierter zu betrachten, stellt sich doch die Frage, ob auch hier signifikante Unterschiede zwischen einzelnen Verfolgtengruppen - osteuropäischer und deutscher Juden sowie nicht-jüdischer Verfolgter - festzustellen sind. Wie bereits ausgeführt, wurden die Entschädigungsanträge osteuropäischer Juden, die unter extremsten Repressionen gelitten hatten, von hessischen Entschädigungsorganen mehrheitlich anerkannt. Deutlich wird dies noch einmal, wenn man die Endergebnisse ihrer Entschädigungsverfahren untersucht: 75,1% (N=117) dieser Menschen hatten mit ihrem Entschädigungsbegehren Erfolg und erhielten demzufolge fortlaufende Renten von der Bundesrepublik Deutschland. Die Ansprüche von weiteren 7% (N=11) wurden zumindest teilanerkannt, so daß acht Personen eine Kapitalentschädigung und drei weitere Personen eine solche Pauschalsumme und/oder Heilkostenbeihilfen bekamen. 12,7% (N=20) aller Anträge von osteuropäischen Verfolgten wurden durch hessische Entschädigungsorgane gänzlich zurückgewiesen - diese Menschen blieben ohne jede Entschädigung für ihre psychischen und somatischen Leiden (die Ausfallquote beträgt hier 6,3% (N=10)). War auch die Anerkennungsrate hoch, so bedeutete dies nicht, daß die Erkrankungen der Betroffenen von Gutachtern und Entschädigungsorganen als besonders virulent erachtet worden wären: In 61,4% (N=97) dieser Fälle wurde der Grad ihrer Erwerbsminderung mit unter 50% festgesetzt, wobei allein 23,4% (N=37) mit nur 25-30% als erwerbsgemindert galten.[344]

---

344 Allerdings finden sich auch alle, deren Erwerbsminderung mit mehr als 60% beziffert wurde, in der Gruppe der osteuropäischen Antragsteller. Die Ausfallquote bei der Rekonstruktion einer Minderung der Erwerbsfähigkeit liegt bei osteuropäischen Antragstellern bei 40, d.h. bei 25,3%.

Anders dagegen das Bild bei jüdischen Verfolgten, die aus Deutschland stammten: Ihre - rentenberechtigende - Anerkennungsrate lag bei nur 39% (N=16); teilanerkannt dagegen wurden 29,3% (N=12). Von diesen Personen erhielten fünf eine Kapitalentschädigung und sieben eine Kapitalentschädigung und/oder Heilkostenbeihilfen. Zurückgewiesen wurden die Anträge von 26,8% (N=11) aller deutschen Juden - die Ausfallquote in diesem Segment beträgt 4,9% (N=2). Die Erwerbsminderung dieser Menschen wurde von hessischen Behörden, Gerichten und begutachtenden Ärzten deutlich niedriger eingeschätzt als dies bei osteuropäischen Juden der Fall war: So wurde bei 22% (N=9) der Grad der Beeinträchtigung mit 25-30% beziffert, bei 14,6% (N=6) mit 30-50% und bei vier Personen (9,8%) mit 50-60%.[345] Nicht-jüdische Verfolgte dagegen hatten offensichtlich deutlich schlechtere Chancen, im Entschädigungsprozedere erfolgreich zu sein: Nur 14,3% (N=2) dieser Menschen wurden anerkannt und erhielten eine Rente, 21,4% (N=3) bekamen zumindest eine Kapitalentschädigung und/oder Heilkostenbeihilfen - die Anträge von 42,9% (N=6) dieser Menschen wurden von hessischen Entschädigungsorganen verworfen.[346] In Anbetracht einer sehr hohen Ausfallquote von 78,6% (N=11), ist es mir nicht möglich, Aussagen darüber zu treffen, wie die somatischen und psychischen Erkrankungen nicht-jüdischer Verfolgter beurteilt wurden - in den drei Fällen jedoch, in denen eine Erwerbsminderung beziffert wurde, lagen die Prozentsätze nicht über 50%.[347]

Einen letzten Blick gilt es nun auf die Dauer der Entschädigungsverfahren zu richten und dabei - noch einmal - der Frage nachzugehen, ob die Verfolgten tatsächlich Jahre, ja Jahrzehnte auf Behördenbescheide und Urteile und damit auf mögliche Entschädigungsleistungen warten mußten. Zu überprüfen ist aber auch, ob es möglicherweise einen Zusammenhang zwischen der Dauer und dem Erfolg von Entschädigungsverfahren gab.

---

345 Zu beachten ist hier jedoch die Höhe der Ausfallquote - konnte doch bei 53,7% (N=22) nicht geklärt werden, wie ihr Gesundheitszustand von Entschädigungsorganen beurteilt worden war.

346 In 21,4% (N=3) konnte nicht geklärt werden, mit welchem Ergebnis die Entschädigungsverfahren abgeschlossen wurden.

347 Nur an dieser Stelle möchte ich die Kleingruppe der nicht-jüdischen Verfolgten noch einmal genauer beleuchten: Bei den religiös Verfolgten (N=3) - d.h. den sogenannten Bibelforschern bzw. Zeugen Jehovas – wurden die Rentenansprüche einer Person anerkannt; zwei Antragsteller bekamen zumindest eine Kapitalentschädigung bzw. Heilkostenbeihilfen. Entgegengesetzt dagegen die Situation der politisch Verfolgten (N=7): Ihre Anträge wurden mehrheitlich (N=5) abgelehnt, nur einer Person wurde eine Rente, einer weiteren Heilkosten zugebilligt.

Tabelle 8: Erfolg und Dauer der Entschädigungsverfahren

| ERFOLG | | Verfahrensdauer | | | | | |
|---|---|---|---|---|---|---|---|
| | | 0-5 | 6-10 | 11-15 | 16-20 | 21-26 | |
| | | 1 | 2 | 3 | 4 | 5 | Total |
| kein Erfolg | 0 | 13 | 9 | 10 | 1 | | 33 <br> 18,0 |
| Erfolg | 1 | 54 | 45 | 14 | 9 | 4 | 126 <br> 68,9 |
| Teilerfolg | 2 | 6 | 10 | 3 | 2 | 3 | 24 <br> 13,1 |
| Total | | 73 <br> 39,9 | 64 <br> 35,0 | 27 <br> 14,8 | 12 <br> 6,6 | 7 <br> 3,8 | 183 <br> 100,0 |
| Zahl der fehlenden Werte: 30 | | | | | | | |

Betrachtet man nun diese Tabelle, so wird eines deutlich: Die Mehrheit aller Verfahren (zumindest in der mir vorliegenden Fallgruppe) wurde innerhalb von zehn Jahren zum Abschluß gebracht (74,9%; N=137), wobei über die Hälfte der behördlichen und/oder gerichtlichen Schlußentscheidungen innerhalb von fünf Jahren getroffen wurden. Die übrigen Verfahren dauerten jedoch deutlich länger - konnte es doch bis zu 26 Jahren dauern, bis die Entschädigungsorgane zu einem abschließenden Urteil gelangten.[348] Ein Zusammenhang zwischen der Dauer und dem Erfolg von Entschädigungsverfahren ist nicht ersichtlich: Zwar wurde die Mehrheit der abschlägigen Bescheide und Urteile innerhalb von zehn Jahren erteilt - gleiches aber gilt auch für die positiven wie teilanerkennenden Entscheidungen der Behörden und Gerichte.

Wie ich bereits zu Beginn dieses Kapitels erläuterte, war und ist es Ziel meiner empirischen Untersuchung, anhand des mir vorliegenden Fallmaterials einige in der Literatur geäußerte Positionen und Einschätzungen bezüglich psychisch erkrankter Verfolgter und ihrer Entschädigung zu überprüfen: Eines des zentralen Ergebnisse meiner Untersuchung ist, daß es zwar vor allem, aber eben nicht ausschließlich Überlebende der Shoah waren, die aufgrund traumatischer Verfolgungserlebnisse unter psychischen Folgeschädigungen litten. Auch politisch oder religiös Verfolgte, sogenannte Nationalgeschädigte und andere Menschen, die we-

---

348  Zu berücksichtigen ist hier jedoch, daß ein Verfahren erst dann als abgeschlossen galt, wenn die letzte Klage positiv oder negativ beschieden war. Da eine ganze Reihe der Betroffenen z.B. gegen ihre Einstufung in eine vergleichbare Beamtengruppe oder aber ihre MdE-Einstufung klagten, konnte sich ein Verfahren hinziehen, auch wenn der eigentliche Bescheid der Behörden längst vorlag.

gen angeblicher Verhaltensauffälligkeiten Leidtragende der Verfolgung gewesen waren, klagten über psychische wie psychosomatische Erkrankungen. Dies macht deutlich, daß systematischer Terror und Repressionen die psychische Integrität von Individuen nachhaltig belasten können - und dies unabhängig von Geschlecht, Alter, Bildung und sozialem Status der Betroffenen. Daneben aber bestätigt sich in dem mir vorliegenden Fallmaterial die (auch in der Literatur referierte) Tatsache, daß es vor allem jüdische Bürger Osteuropas waren, die von nationalsozialistischer Verfolgungs- und Vernichtungspolitik in besonderem Maße betroffen waren. Sie wurden mehrheitlich in Ghettos, Zwangsarbeitslagern und/oder Konzentrationslagern inhaftiert, mißhandelt und nicht wenige hatten zudem den Tod naher Angehöriger zu beklagen. Tatsächlich war und ist es ein wenig erstaunliches Ergebnis meiner Auswertung, daß gerade diese Menschen besonders häufig unter massiven psychischen Traumata litten und diese gegenüber hessischen Entschädigungsbehörden geltend machten.

Betrachtet man nun die Ergebnisse der Entschädigungsverfahren, so wird deutlich, daß sich eine (in Politik wie Literatur vertretene) These nicht bestätigen läßt: Unrichtig ist es nämlich, daß vielen Verfolgten jede Entschädigung verweigert oder doch zumindest nur geringfügige Teilentschädigungsleistungen gezahlt worden seien. Festzuhalten ist vielmehr, daß die am Entschädigungsprozedere Beteiligten (d.h. Behörden, medizinische Gutachter und Gerichte) offensichtlich bereit waren, der Mehrzahl aller psychisch erkrankten Verfolgten "Wiedergutmachungsleistungen" - und zwar fortlaufende Renten - zuzubilligen.

Dies ist ein (erst einmal positiver) Befund, der jedoch durch einige Einschränkungen relativiert wird: Die Bereitschaft der Entschädigungsorgane (und medizinischen Gutachter), die Leiden der Verfolgten anzuerkennen, hing wesentlich von der Frage ab, welcher "Verfolgtengruppe" die Betreffenden angehörten. Jüdische Verfolgte und vor allem jene, die die Mordexzesse in Osteuropa überlebt hatten, wurden von bundesdeutschen (in diesem Falle hessischen) Behörden und Gerichten weitaus häufiger anerkannt (und angemessener entschädigt) als dies bei anderen Verfolgten der Fall war. Daß ehemalige Konzentrations- und Arbeitslagerhäftlinge, Menschen deren Lebenswelten zerstört, Familienangehörige ermordet worden waren, unter schweren psychischen Schädigungen leiden konnten, erschien den Behörden und Gutachtern häufig (wenn auch nicht immer) plausibel. Doch schon bei deutschen Juden, denen es gelungen war, sich dem nationalsozialistischen Terror durch Flucht zu entziehen, nahm die Entschädigungsbereitschaft deutlich ab - um bei jenen, die aus politischen oder religiösen Gründen, aufgrund ihrer Nationalität oder wegen angeblicher Verhaltensauffälligkeiten verfolgt worden waren, fast gänzlich zum Erliegen zu kommen.

Doch auch wenn die Ansprüche der Verfolgten bestätigt, ihre Anträge positiv beschieden wurden, so hieß dies noch nicht, daß sie besonders großzügige Leistungen erhalten hätten. Beleuchtet man den verfolgungsbedingten Grad der Erwerbsminderung genauer, der den Verfolgten zugestanden wurde und die Höhe ihrer Leistungen mitbestimmte, so fällt auf, daß sich Ärzte und Entschädigungsorgane oftmals für eine niedrige Bemessung entschieden, die der Situation zumeist somatisch wie psychisch geschädigter Verfolgter wohl kaum gerecht wurde. Hier drängt sich der Eindruck auf, daß die Entschädigungsorgane zwar gewillt waren, möglichst viele (vor allem jüdische) Überlebende zu entschädigen - zugleich aber bemüht blieben, den Kostenaufwand der Entschädigungsleistungen möglichst gering zu halten.

Für die Betroffenen äußerst belastend war es, daß die Behörden, Ärzte und Gerichte Jahre, manchmal sogar Jahrzehnte benötigten, um zu einem abschließenden Urteil über einen Entschädigungsantrag zu gelangen. Fragt man nach den Ursachen für solche Verzögerungen, so erscheint es mir jedoch zweifelhaft (wie in einigen Veröffentlichungen geschehen), die "Schuld" einseitig bei Entschädigungsorganen (und medizinischen Gutachtern) zu suchen:[349] Sowohl das Prozedere der Entschädigungsverfahren als auch die Art der Urteilsfindung wurden durch die einschlägigen Gesetze geregelt, die die Entschädigungsorgane (und Gutachter) umzusetzen hatten. Es war dies eine schwierige Aufgabe, waren die Behörden doch per Gesetz gehalten, die Verfolgungsschicksale der Betroffenen akribisch zu rekonstruieren, auf genaue Zeit- und Ortsangaben zu bestehen und fehlende Angaben eigenständig zu vervollständigen. Und auch die Gutachter waren angewiesen, exakte anamnestische Erhebungen durchzuführen und ihre Urteile ausführlich zu begründen. All dies konnte erhebliche Zeit kosten - vor allem dann, wenn Behörden und Ärzte durch eine Vielzahl von Anträgen und Gutachten überlastet waren.[350]

Doch auch wenn es erklärbare verfahrenstechnische Zwänge gab - für die Überlebenden selbst dürfte dies wenig geändert haben: Sie waren jahrelang gezwungen, sich immer wieder mit ihren traumatischen Verfolgungserlebnissen auseinanderzusetzen, diese wieder und wieder zu berichten und erläutern zu müssen - ohne zu wissen, ob sie in ihrem Leiden je anerkannt werden würden. Und nicht vergessen werden sollte auch, daß zwar die "Leistungsbilanz" der Entschädigungsverfahren nicht so negativ war, wie die (oben zitierte) Literatur suggeriert - daß aber dennoch einer ganzen Reihe von Verfolgten schlußendlich jede Entschädigung für ihre psychischen Schädigungen verweigert wurde.

---

349 So z.B. Milton Kestenberg in seinem Aufsatz: Diskriminierende Aspekte der Entschädigungspraxis, a.a.O., hier besonders: S. 93-95.

350 Nun soll an dieser Stelle nicht behauptet werden, auf Seiten der Behörden und Gutachter hätte es keine Probleme, Rigiditäten und Starrheiten gegeben - ganz im Gegenteil. Doch auch wenn in verschiedenen Studien immer wieder das Fehlverhalten von Sachbearbeitern und Gutachtern aufgedeckt wurde, so gilt es doch - wie ich meine - zu bedenken, daß sich alle am Entschädigungsprozedere Beteiligten zuerst und vor allem dem engen (in Teilen allzu detaillierten) Bestimmungsgeflecht der gesetzlichen Vorgaben zu unterwerfen hatten.

# VI. Die Überlebenden
## Zehn Verfolgungsschicksale - zehn Entschädigungsverfahren

Kennzeichnend gerade für die Entschädigungsverfahren psychisch geschädigter Verfolgter war es, daß sich in ihnen ein erhebliches Spannungsfeld aufbaute: Auf der einen Seite standen die Verfolgten mit ihren extremtraumatischen Erfahrungen, Erinnerungen und subjektiv empfundenen Leiden - auf der anderen Seite Entschädigungsorgane und medizinische Gutachter, die gehalten waren, die gesetzlichen Bestimmungen zu realisieren und psychisches Leid in "objektive" Tatbestände zu übersetzen. Sicht- und nachvollziehbar wird dieses Spannungsfeld, wenn man - in einer qualitativen Analyse von Einzelfällen - die Eigenangaben der Antragsteller (über ihr Leben vor der Verfolgung, ihre traumatischen Erlebnisse und psychischen Symptome) mit jenen Befunden kontrastiert, zu denen die Entschädigungsorgane gelangten.

Im folgenden werde ich zehn Entschädigungsakten einer solchen qualitativen Einzelfallanalyse unterziehen: In einem ersten Schritt heißt dies, alle wesentlichen Informationen über die Situation der Betroffenen vor Beginn der Verfolgung und ihre extremtraumatischen Erfahrungen während der Verfolgung zusammenzutragen - soweit dies den Entschädigungsakten zu entnehmen ist. Auf dieser Grundlage werde ich dann der Frage nachgehen, welche psychischen Auswirkungen solche Belastungen gehabt haben dürften und welche subjektive Bedeutung sie für die Betroffenen selbst hatten. Bewußt und gezielt orientiere ich mich dabei an jenen Auskünften, die die Verfolgten selbst in den Verfahren erteilten: Nur wenn diese berücksichtigt und ausgewertet werden, erscheint es mir möglich, zu rekonstruieren, welche Erlebnisse den Verfolgten (entschädigungs)relevant erschienen - bzw. auf welcher Informationsgrundlage Behörden, Gerichte und Mediziner zu entscheiden hatten. In einem zweiten Schritt werde ich dann das eigentliche Prozedere der Entschädigungsverfahren nachzeichnen und beleuchten, in welcher Form Entschädigungsorgane (und medizinische Gutachter) die gesetzlichen Bestimmungen umsetzten und die psychischen Konflikte der Überlebenden bewerteten und ggfls. entschädigten. Erst dann, wenn deutlich ist, wie die psychischen Folgeschädigungen ehemals Verfolgter thematisiert und "objektiv übersetzt" wurden, werde ich die Typik, den Verlauf und das Ergebnis eines jeden Entschädigungsverfahren noch einmal kritisch resümieren.

(Sowohl bei meiner Darstellung der psychischen Konfliktlagen ehemals Verfolgter wie auch bei der Analyse der Entschädigungsverfahren werde ich die gebotene Vorsicht walten lassen, mangelt es mir doch – im strengen Sinne - sowohl bei der psychoanalytischen Deutung von Traumafolgen als auch bei der Bewertung ärztlicher Diagnosen an umfassender Fachkompetenz. Danken möchte ich an dieser Stelle aber noch einmal R. Lempp, dessen fachliche Beratung mir eine unentbehrliche Hilfe bei der Erstellung dieser Fallvignetten war.)

Die Auswahl der konkreten Einzelfälle und Entschädigungsverfahren orientiert sich an den in Kapitel V referierten sozio-demographischen wie verfahrenstechnischen Auswertungsergebnissen: Jeder Einzelfall repräsentiert eine bestimmte Verfolgtengruppe; jedes Entschädigungsverfahren ein in Verlauf, Dauer oder Ergebnis spezifisches Prozedere. Wie ich bereits im vorigen Kapitel ausführte, waren es vor allem Juden bzw. Juden osteuropäischer Herkunft, die Entschädigung für psychische Folgeschädigungen beantragten - deshalb werde ich in meinen Einzelfalldarstellungen mehrheitlich die Verfolgungsschicksale und Entschädigungsverfahren dieser "Verfolgtengruppe" näher beschreiben. Berücksichtigen werde ich dabei, daß - und dies lehnt sich gleichermaßen an meine bisherigen Untersuchungsergebnisse an - diese Menschen unterschiedlichen Repressionsformen ausgesetzt waren: Behandeln und kommentieren werde ich deshalb sowohl die Schicksale derer, die in deutschen Konzentrationslagern oder sowjetischen Arbeitslagern inhaftiert gewesen waren, als auch jener, die sich dem nationalsozialistischen Terror durch Flucht zu entziehen suchten.[351]

Ein weiteres wichtiges Ergebnis meiner empirischen Untersuchung war und ist, daß es nicht allein Überlebende der Shoah waren, die offensichtlich unter psychischen Schädigungen litten, sondern ebenso Menschen, die wegen ihrer politischen (oder religiösen und weltanschaulichen Überzeugungen) oder aufgrund angeblichen Fehlverhaltens verfolgt worden waren. Daß und in welchem Maße diese Menschen in ihrer psychischen Integrität beschädigt wurden und wie die Entschädigungsorgane mit ihren Anträgen umgingen, möchte ich deshalb anhand zweier Beispiele deutlich machen.

Jenseits der "Verfolgungsgründe" bzw. der räumlichen Herkunft erwies sich die mir vorliegende Fallgruppe als sehr heterogen. So sind Frauen und Männer in (fast) gleichem Maße vertreten, beantragten Menschen unterschiedlicher Altersgruppen, sozialer Herkunft und Bildung Entschädigung für ihre psychischen Konflikte. Eben diese Heterogenität möchte ich in meinen Einzelfalldarstellungen transparent machen. Darstellen werde ich deshalb die Schicksale und Verfahren von sechs Männern und vier Frauen unterschiedlicher Bildung und sozialer Herkunft; berücksichtigen werde ich aber auch Personen, die als (Klein)Kinder, Jugendliche, Erwachse-

---

351 Da - wie in Kapitel V bereits erläutert - 13,2% aller osteuropäischen Juden Leidtragende deutscher und sowjetischer Verfolgung wurden, werde ich auch das Schicksal einer solchen Person darstellen.

ne und ältere Menschen Leidtragende nationalsozialistischer Verfolgung gewesen waren. Doch nicht allein die spezifische sozio-demographische Zusammensetzung der mir vorliegenden Fallgruppe bestimmte meine Auswahl von zehn Einzelfallakten, sondern auch die - disparaten - Ergebnisse bzw. die unterschiedliche Dauer der hier dokumentierten Entschädigungsverfahren.

Berücksichtigung finden dementsprechend Verfahren, an deren Ende die Ansprüche der Betreffenden anerkannt und durch Rentenzahlungen entschädigt wurden; berücksichtigt werden aber ebenso jene, die mit der Ablehnung aller Entschädigungsansprüche oder aber nach Jahren mit dem Tod eines Verfolgten - unerledigt - endeten. Bedacht wird selbstverständlich auch, daß solche Verfahren durch Behörden entschieden, oder durch Landgerichte, Oberlandesgerichte oder den Bundesgerichtshof abgeschlossen werden konnten - daher finden sich in meiner Auswahl die Bescheide und Urteile aller beteiligten Instanzen. Daß der Charakter dieser letztendlichen Bescheide und Urteile wesentlich von ärztlichen Gutachtern begründet und (mit)bestimmt wurde, habe ich im Verlauf meiner bisherigen Ausführungen immer wieder betont. Aus diesem Grund werde ich in meiner Auswahl die ganz unterschiedlichen Voten begutachtender Ärzte dokumentieren und damit versuchen, den Einfluß und das Spektrum medizinischer Begutachtungspraxis deutlich zu machen.

Wie im Verlauf meiner Arbeit mehrfach beschrieben, sind die Entschädigungsakten ehemals Verfolgter Dokumentensammlungen, deren Unvollständigkeit eine vollständige Rekonstruktion der Verfolgungsschicksale, der individuellen Krankheitsgeschichten und Entschädigungsverfahren erschweren. Zwangsläufig finden sich auch in den von mir ausgewählten Einzelfallakten z.T. erhebliche Informationslücken - die ich zwar im folgenden nicht füllen, aber wenigstens benennen kann und werde.

**Herr O.B.:** "Die... Erkrankungen setzten einige Tage nach meiner Entlassung ein...."

Herr B. wurde 1876 in Frankfurt/Oder geboren, wo er auch die Volksschule besuchte. Danach absolvierte er eine Lehre als Maschinenbauer und qualifizierte sich nach erfolgreichem Abschluß dieser Lehre im technischen Selbststudium weiter. Zwischen 1896 und 1924 arbeitete er - erst als Techniker und Konstrukteur, dann als Abteilungs- bzw. Betriebsleiter - in verschiedenen Betrieben für Landmaschinen- und Lokomotivbau. 1924 siedelte er nach K. über, wo er die kommenden vier Jahre in einer großen Lokomotivbaufirma als Gruppenführer beschäftigt war. Im Jahr 1929 wechselte Herr B. dann sein Stelle und arbeitete in der Folgezeit als Arbeitsvermittler im Außendienst beim Arbeitsamt, wo er für den Bereich der technischen Berufe zuständig war.

Im Frühjahr 1933 wurde das "Gesetz zur Wiederherstellung des Berufsbeamtentums erlassen": Herr B. wurde als Gewerkschaftsmitglied - er war stellvertretender Vorsitzender des "Bundes der technischen Angestellten und Beamten" in der Region - am 30.4.1933 fristlos entlassen. In den folgenden drei Jahren war Herr B. arbeitslos und mußte mit seiner Frau von einer geringen Arbeitslosenunterstützung leben. Erst im Mai 1936 fand sich eine Kesselbaufirma, die bereit war, Herrn B. als Konstrukteur zu beschäftigen. Dieser Betrieb beschäftigte Herrn B. auch über den Zeitpunkt seiner offiziellen Verrentung - im Jahr 1941 - hinaus; erst 1945 schied er aus dem aktiven Berufsleben aus.

1949 - nachdem er als politisch Verfolgter anerkannt worden war - beantragte Herr B. bei der Betreuungsstelle Kassel Unterstützungsleistungen zur Behebung eines Notstandes, war er doch weder in der Lage, seine Miete, ausreichend Lebensmittel und Brennstoffe noch notwendige ärztliche Behandlungen zu bezahlen.[352] Im Jahr 1950 stellte er einen Entschädigungsantrag für wirtschaftliche bzw. Versicherungs- und Rentenschäden; im Jahr 1953 meldete er dann körperliche und gesundheitliche Schädigungen an, die er 1954 näher substantiierte.

Wie bereits erwähnt: Im Frühjahr 1933 - wenige Monate nach der Machtübernahme der Nationalsozialisten - wurde das Gesetz zur "Wiederherstellung des Berufsbeamtentums" erlassen; ein Gesetz, das in seiner Umsetzung darauf abzielte, das Staats-, Rechts- und Bildungswesen des Deutschen Reiches von all denjenigen zu "säubern", die als Demokraten und/oder Juden identifiziert werden konnten. Abrupt und unvorhergesehen wurden die Betroffenen aus ihren Ämtern entlassen und ihrer ökonomischen Grundlagen beraubt, ohne daß sie Hoffnung haben konnten, erneut eine adäquate Anstellung zu finden. Erschwerend kam hinzu, daß den Entlassenen erst einmal jede Arbeitslosenfürsorge verweigert wurde, so daß sie - wenn sie nicht über größere finanzielle Rücklagen verfügten - gänzlich mittellos waren. So auch Herr B., der in seinem Entschädigungsantrag angab, plötzlich entlassen worden zu sein

> "mit der Begründung, daß ich stellvertretender Vorsitzender des Bundes der techn. Angestellten, Berlin, Bezirk Kassel sei. Anschließend sechs Wochen Sperre. Einsprüche... wurden abgelehnt."[353]

Vergegenwärtigt man sich die persönliche und vor allem gesundheitliche Situation von Herrn B. im Jahre 1933, so wird deutlich, in welchem Maße ihn seine Kündi-

---

352 Tatsächlich bewilligte ihm die Betreuungsstelle Kassel im Januar bzw. Juli 1949 jeweils 100.--DM für Lebensmittel, Heizmaterialien und ausstehende Mietzahlungen. Vgl. dazu: Entschädigungsakte von Herrn B., Entschädigungsbehörde Kassel, Az.:K-00690-76-j-Ba; Anträge auf Gewährung einer Beihilfe zur Abwehr eines Notstandes vom 26.1.1949 und 19.Juli 1949.
353 Zit. nach: Substantiierter Antrag von Herrn B. auf Entschädigung wegen Schaden an Körper und Gesundheit vom 24. Oktober 1954, S. 2.

gung, die daraus resultierenden materiellen Nöte, und die Perspektivlosigkeit seiner beruflichen wie wirtschaftlichen Lage getroffen haben mußte: Herr B., der zu diesem Zeitpunkt 57 Jahre alt war, litt seit dem Ersten Weltkrieg an erheblichen rheumatischen Beschwerden, die im Jahr 1932 zu einer - temporären - halbseitigen Lähmung geführt hatten; ab 1934 litt er an Kreislaufstörungen, die auch in den nächsten Jahren nicht nachließen. Nicht nur sein eigener Gesundheitszustand war angegriffen, sondern auch seine Frau war erkrankt und behandlungs- wie unterstützungsbedürftig:

> "Meine zuckerkranke Frau blieb unberücksichtigt. Azeton im Blut durch Insulinbehandlung wurde um einige Wochen verzögert. Fettreiche Nahrung zur Behandlung der Erkrankung mußte ich selbst tragen".[354]

Daß die Krankheit seiner Frau dann lebensbedrohlich werden konnte, wenn sie nicht mit Hilfe von Medikamenten und einer krankheitsgerechten Ernährung behandelt wurde, war Herrn B. allzu gut bekannt: In den Jahren seiner Arbeitslosigkeit erlitt er mehrere Nervenzusammenbrüche, weil er - wie er in seinem Entschädigungsverfahren angab - nicht in der Lage gewesen war, die finanziellen Mittel für eine notwendige Diät seiner Frau aufzubringen.[355] Offensichtlich waren die Jahre bis 1936 für Herrn B. und seine Frau eine Zeit der Entbehrung und psychischen Belastung, konnten sie sich doch noch nicht einmal die notwendigsten Lebensmittel und Heizmaterialien leisten. In seinem Entschädigungsverfahren gab Herr B. an, er sei in diesen Jahren häufig erkältet gewesen und habe erheblich an Gewicht verloren. Nach seinen aktuellen Krankheiten befragt, gab Herr B. an, er leide an - den bei Verfolgten häufig auftretenden psychosomatischen Leiden - "Herzerkrankung, Magenerkrankung, Nervenerkrankung" und fügte hinzu: "die Erkrankungen setzten einige Tage nach meiner Entlassung ein, und sind niemals ganz behoben worden."[356]

Will man den psychischen Streß, die Überforderung näher beleuchten, denen Herr B. in den Jahren zwischen 1933 und 1936 ausgesetzt war, so scheint es mir erst einmal notwendig, zu klären, welche Bedeutung für ihn die erzwungene Arbeitslosigkeit hatte. Mit großem persönlichen Engagement hatte sich Herr B. eine

---

354 Zit. nach: ebd. Frau B. litt unter Diabetes, einer Stoffwechselerkrankung, die nicht selten erhebliche Folgeschädigungen nach sich ziehen kann. Wesentlich für die Behandlung dieser Krankheit ist die exakte Einhaltung einer Diät und die regelmäßige Zufuhr von Insulin, um eine Überzuckerung des Blutes und damit einen möglichen Kollaps (Zuckerkoma) zu vermeiden. Vgl. dazu: Pschyrembel - Klinisches Wörterbuch, a.a.O., S. 348 ff.
355 Vgl. dazu: Bescheid der Entschädigungsbehörde Kassel vom 26. Mai 1956, Az.: K-00690-76-J-Bau, S. 1.
356 Genaueres führte Herr B. in seinem substantiierten Antrag wegen Schäden an Körper und Gesundheit nicht aus. Meine Informationen über seinen psychischen Zustand, die über die beklagte "Nervenerkrankung" hinausgehen, entstammen denn auch dem Entschädigungsverfahren selbst, in dem genauere Angaben von Herrn B. zitiert werden bzw. einem ärztlichen Gutachten, auf das die Entschädigungsbehörde Bezug nahm.

berufliche Position erarbeitet, in der er durchaus erfolgreich und ökonomisch abgesichert gewesen war. Nun - im Jahr 1933, nach 37 Jahren Berufstätigkeit - wurde er plötzlich und unerwartet entlassen, verlor er alle Bezüge und damit jedwede materielle Grundsicherung.

Anhaltende Arbeitslosigkeit löst(e) bei vielen Menschen - so auch bei Herrn B. - Gefühle der Demütigung und Verunsicherung aus, verlieren sie doch nicht "nur" eine Anstellung, sondern zugleich auch ihren bisherigen sozialen Status wie einen Teil ihres sozialen Umfelds. Dies vor allem deshalb, weil eine berufliche Tätigkeit nicht allein die Garantie zu ökonomischer Reproduktion bietet, sondern auch wesentlicher Bestandteil ihres individuellen Rollenverständnisses ist.[357]

Die Entlassung war für Herrn B. eine äußerst schmerzhafte Erfahrung sozialer Deklassierung, hatte er sich doch über Jahre um beruflichen Aufstieg bemüht und mit seinem politischen Engagement als Gewerkschaftsfunktionär für die Interessen seiner Kollegen, seines Berufstandes eingesetzt. Nun - wenige Jahre vor seiner möglichen Verrentung - verlor er nicht nur seine berufliche Anstellung, sondern mußte begreifen, daß sein bisheriges gewerkschaftliches Engagement jede weitere Anstellung im öffentlichen Dienst unmöglich machen würde. Er wurde Teil einer (immer größer werdenden) gesellschaftlichen Gruppe, der - wegen ihrer politischen Überzeugung oder aufgrund ihrer "Rasse" - das Recht auf Reproduktion, auf berufliche Selbstverwirklichung abgesprochen wurde. An den Rand der Gesellschaft gerückt, mußten sich diese Menschen "glücklich" schätzen, wenn sie nicht massiveren Gewaltmaßnahmen ausgesetzt waren.

Unsicherheit und massive Ängste waren die Folge, die von Herrn B. vor allem deshalb nicht zu bewältigen waren, weil er nicht absehen konnte, ob oder wann sich seine Situation noch einmal ändern würde. Die psychische Belastungssituation von Herrn B. wurde jedoch noch durch ein weiteres Faktum verschärft: Es war dies die Krankheit seiner Frau, die bis dato nur adäquat behandelt werden konnte, weil Herr B. in der Lage gewesen war, die notwendigen finanziellen Mittel für Medikamente und Diäten zur Verfügung zu stellen. Nachdem er nun aber kein Gehalt mehr bezog und ihm mittelfristig jede Arbeitslosenunterstützung verwehrt wurde, mußte er fürchten, die notwendigen Gelder für die Behandlung seiner Frau nicht aufbringen zu können. So stand Herr B. unter einem erheblichen Druck, drohte seine Verarmung doch ein Ausmaß anzunehmen, das sein wie auch das Leben seiner Frau existentiell bedrohte. Zwangsläufig mußte er so in einen Zustand permanenten

---

357 "Denn es ist die Arbeit, mit der die meisten Menschen ihren Lebenssinn ganz eng verknüpft haben... Sie haben in ihrer Vorstellungswelt ihre Bedürfnisse, Wünsche, Ansprüche, Gefühle und Interessen ganz eng mit ihrer Arbeit verbunden. Arbeit ist das Zentrum ihres Realitätsverständnisses und ohne Arbeit wird ihre Einbindung in die gesellschaftliche Wirklichkeit entscheidend gelockert." Zit. nach: Thomas Leithäuser / Birgit Volmerg: Psychoanalyse in der Sozialforschung. Eine Einführung. Opladen 1988, S. 61.

Stresses geraten, dem er psychisch kaum Stand halten konnte - deshalb manifestierte sich seine Verzweiflung in wiederholten Nervenzusammenbrüchen.

Nachdem Herr B. 1952 für die ihm entgangenen Versicherungsbeträge und im Januar 1956 für seine Schäden im wirtschaftlichen Fortkommen entschädigt worden war, entschied am 26. Mai 1956 die Entschädigungsbehörde Kassel über seinen Antrag bezüglich seiner körperlichen und gesundheitlichen Schädigungen. Dem Bescheid vorangegangen war eine eingehende ärztliche Untersuchung in einem Kasseler Krankenhaus, die klären sollte, ob die plötzliche Entlassung, die dreijährige Arbeitslosigkeit und die damit verbundenen psychischen Belastungen geeignet gewesen seien, eine nachhaltige Minderung seiner Leistungsfähigkeit herbeizuführen. In ihrer Bescheidsbegründung berief sich die Behörde zustimmend auf dieses ärztliche Gutachten und entschied: "Die Ansprüche wegen Schaden an Körper und Gesundheit werden abgelehnt."[358]

Betrachtet man das für das Verfahren von Herrn B. maßgebliche Gutachten, so ist festzuhalten, daß sich die Kasseler Ärzte detailliert mit seiner Krankengeschichte, seinen Symptomen wie seinem aktuellen Gesundheitszustand auseinandersetzten. In einem ersten Schritt beleuchtete das Gutachten die psychischen wie somatischen Probleme, unter denen Herr B. zwischen 1933 und 1936 gelitten hatte: Die von ihm beklagte Unterernährung wie auch die damaligen Erkältungskrankheiten seien - so der Gutachter - inzwischen behoben bzw. folgenlos abgeklungen; zu konstatieren aber sei, daß Herr B. damals unter einer "gewisse(n) seelische(n) Belastung"[359] gestanden habe, die sich vor allem in den von ihm beschriebenen Nervenzusammenbrüchen geäußert habe.

Ausführlicher widmete sich das ärztliche Gutachten denjenigen aktuellen Krankheiten, die Herr B. in seinem Entschädigungsantrag geltend gemacht hatte. Bezüglich seiner Magenprobleme wurde befunden, daß diese schon allein deshalb als verfolgungsunabhängig einzustufen seien, weil sie - wie Herr B. in einer Zusatzerklärung angegeben hatte - erstmalig im Jahr 1945 aufgetreten seien und sich erst 1946 in der Herausbildung eines Magengeschwürs manifestiert hätten. Hinsichtlich des beklagten Nervenleidens befand der begutachtende Arzt:

> "Für das Vorliegen einer im Antrag auf Entschädigung erwähnten Nervenkrankheit im engeren Sinne fanden sich keinerlei Anhaltspunkte, auch in den Befundsberichten der behandelnden Ärzte ist eine derartige Erkrankung nicht erwähnt."

Einem Zusammenhang zwischen den psychischen Belastungen der Verfolgungszeit und nachfolgenden Krankheiten versuchte der ärztliche Gutachter dort nachzuspüren, wo es um die von Herrn B. angegebene Herzerkrankung ging:

---

358  Zit. nach: Bescheid der Entschädigungsbehörde Kassel vom 26. Mai 1956, Az.: K-00690-76-J-Ba, S.1.
359  Dieses wie alle weiteren Zitate des ärztlichen Gutachtens entstammen dem Bescheid der Kasseler Entschädigungsbehörde, ebd., S. 2 und 3.

"Für einen Zusammenhang der obengenannten verfolgungsbedingten seelischen Belastungen mit den derzeitigen Gesundheitsstörungen besteht lediglich im Falle des Herzkranzgefässleidens eine theoretische Möglichkeit."

Voraussetzung für eine solches psychosomatisches Herzkranzgefäßleidens sei jedoch - so der ärztliche Gutachter - eine "anlagebedingte Labilität des vegetativen Nervensystems", die bei Herrn B. zum Zeitpunkt der Untersuchung nicht zu konstatieren sei:

"Ausserdem könnte ein derartiger Zusammenhang nur im Sinne einer einmaligen zeitlich begrenzten Verschlimmerung anerkannt werden, da vegetativ-nervös bedingte passagere Zusammenziehungen von Herzkranzgefässen nicht in der Lage sind, die schicksalsbedingte Weiterentwicklung der organischen Veränderungen an den Herzkranzgefässen richtunggebend zu beeinflussen. Diese Entwicklung kann bei dem Antragsteller im übrigen keineswegs rasch fortschreitend gewesen sein, da bei dem jetzigen Grad der Kranzgefässerkrankung trotz des hohen Alters von 79 Jahren von einer manifesten Kranzgefäss-Insuffizienz noch nicht gesprochen werden kann."

Maßgabe der Entschädigungsgesetzgebung war es, daß jene (konstitutionellen) Erkrankungen bei der Entschädigung zu berücksichtigen seien, die durch die Verfolgung verschlimmert und die Erwerbsfähigkeit eines Betreffenden in relevantem Maße beeinträchtigt hatten. Eben dies aber verneinte der ärztliche Gutachter im Falle von Herrn B. nachdrücklich:

"Weiterhin kann auch die... Minderung der Erwerbsfähigkeit... sicher nicht 30% erreicht haben, wenn sie überhaupt messbar ist und wenn man sich entschliesst, den oben erläuterten... Verfolgungszusammenhang überhaupt anzunehmen. Unseres Erachtens liegt für diesen Zusammenhang eine ausreichende Wahrscheinlichkeit nicht vor."

Diesem Befund schloß sich die Entschädigungsbehörde an und lehnte die Entschädigungsansprüche von Herrn B. ab.

"Nach dieser eingehenden wissenschaftlichen Beurteilung... ist der... Anspruch... unbegründet, da durch das Gutachten nachgewiesen ist, dass eine erhebliche verfolgungsbedingte Schädigung, die die geistige und körperliche Leistungsfähigkeit des Verfolgten nachhaltig gemindert hat, nicht festgestellt werden kann."[360]

Sichtbar wird in dem Entschädigungsverfahren von Herrn B., in welchem Maße die Entscheidungen von Behörden (und Gerichten) über die Entschädigung psychischer Folgeschädigungen von den Befunden ärztlicher Gutachter geprägt wurden: Zwar hatte die zuständige Entschädigungsbehörde grundsätzlich akzeptiert, daß es sich bei Herrn B. um einen politisch Verfolgten (im Sinne des Gesetzes) handelte, der im Zuge nationalsozialistischer Repressionen erhebliche materielle Verluste erlitten hatte, die nunmehr zu entschädigen seien. Der Antrag auf "Wiedergutmachung"

---

360   zit nach: ebd., S. 3.

seiner psychischen Schädigungen aber scheiterte, weil die begutachtenden Ärzte befanden, Herr B. litte nicht an einer diagnostizierbaren psychischen Störung und seine somatischen Erkrankungen könnten nicht mit hinreichender Sicherheit auf die Verfolgung zurückgeführt werden.

Betrachtet man den (negativen) ärztlichen Befund genauer, so wird deutlich, daß sich in diesem eine Haltung widerspiegelte, die für die Begutachtungspraxis der 50er Jahre kennzeichnend war: In jener Frühphase der "Wiedergutmachung" galt das besondere Augenmerk ärztlicher Gutachter den somatischen Auswirkungen der Verfolgung, die dann (qua Gesetz) als entschädigungsrelevant erachtet wurden, wenn sie die Erwerbsfähigkeit der Verfolgten um (wie im Bundesergänzungsgesetz vorgeschrieben) mindestens 30% gemindert hatte. Eben dies jedoch wurde im Falle von Herrn B. verworfen, kamen die ärztlichen Gutachter doch nach einer umfänglichen und akribischen Anamnese und Untersuchung zu dem Ergebnis, daß seine somatischen Probleme (im Angesicht seines fortgeschrittenen Alters) wenig erheblich seien.

Weniger detailliert und kenntnisreich aber waren die Untersuchungsergebnisse, die sich mit seiner psychischen Situation befaßten: So stellten die Gutachter lediglich fest, daß er während der Verfolgung unter einer "gewissen seelischen Belastung" gestanden hatte, die Ursache seiner Nervenzusammenbrüche gewesen war - um dann aber zu dem Ergebnis zu gelangen, daß eine solche "gewisse" Belastung nunmehr abgeklungen, eine "Nervenerkrankung" nicht zu diagnostizieren sei. Schon in dieser Formulierung wird deutlich, daß die ärztlichen Gutachter das Verfolgungsschicksal von Herrn B., den immensen Druck und die Entbehrungen, denen er ausgesetzt gewesen war, für wenig gravierend hielten und offenkundig nur wenig über die Charakteristika psychischer Folgeschädigungen wußten: Kennzeichnend für die psychischen Verletzungen ehemals Verfolgter war es nämlich, daß sie weder vorübergehend, noch marginal waren (wie der Ausdruck "gewisse Belastung" suggeriert), sondern die psychische Integrität und Selbstwahrnehmung der Betroffenen nachhaltig beeinträchtigen konnten. Eine solche Beeinträchtigung jedoch konnte nur dann festgestellt und bemessen werden, wenn sich ein ärztlicher Gutachter bemühte festzustellen, welche Bedeutung die psychischen Konflikte für den/die Betroffene besaßen - nicht aber den Versuch unternahm, diese in den Kanon bereits bekannter "Nervenerkrankungen" einzuordnen. Eben das aber geschah im Falle von Herrn B., wo die Gutachter feststellten, daß er nicht an einer diagnostizierbaren (und erheblichen) Nervenkrankheit "im engeren Sinne" leide und deshalb zu dem Schluß kamen, von einer psychischen Schädigung könne nicht die Rede sein.

Es war dies eine für den medizinisch-psychiatrischen Kenntnisstand der 50er Jahre symptomatische Schlußfolgerung (vgl. Kapitel III), die dementsprechend auch von der zuständigen Entschädigungsbehörde übernommen wurde: Sie bewer-

175

tete das Gutachten als exakt und wohlbegründet und lehnte den Antrag von Herrn B. auf Entschädigung seiner psychischen und somatischen Folgeschädigungen ab.

**Frau S.R.:** "**Ich war vollkommen verwahrlost, verkommen, von Ekzemen bedeckt...**"

Frau R. wurde 1896 in einer kleinen Gemeinde Ostpolens geboren, in der sie auch nach ihrer Heirat mit einem Tischlermeister lebte. Mit ihren vier Kindern lebte das jüdische Ehepaar - wie Frau R. angab - "ein gutbürgerliches Leben", besaß ihr Mann doch eine profitable Tischlerei, in der er zwei weitere Mitarbeiter beschäftigte. 1939 wurde Ostpolen - und damit auch der Heimatort von Frau R. - von der Sowjetunion annektiert. Zwei Jahre später, als die deutsche Armee nach Ostpolen vorrückte, beschlossen Frau R. und ihr Mann, gemeinsam mit ihren Kindern nach Rußland zu flüchten. Zwingend erschien ihnen jetzt die Flucht, hatten sie doch viel von deutschen Terrorakten gehört, die sich gegen die jüdische Bevölkerung Westpolens gerichtet hatten.

Tatsächlich aber erwies sich die Hoffnung, sich selbst und die Kinder retten zu können, als trügerisch, wurde die Familie doch von deutschen Truppen eingeholt. Sowohl Herr R. als auch die vier Kinder wurden von den Deutschen erschossen; nur Frau R. gelang es, über die russische Demarkationslinie zu flüchten.

Wie andere polnische Juden glaubte Frau R., sich mit einer Flucht in die Sowjetunion gerettet, in Sicherheit gebracht zu haben. Tatsächlich aber wurde sie nach ihrem Grenzübertritt von sowjetischen Behörden aufgegriffen und umgehend in ein Zwangsarbeitslager in der sibirischen Gemeinde Krosnojarsk verschleppt, wo sie die nächsten zweieinhalb Jahre schwerste Zwangsarbeiten zu verrichten hatte. Im Jahr 1943 wurde sie dann in das Lager Obakan überstellt, wo sie bis Ende 1945 inhaftiert blieb, auch dort zu Zwangsarbeiten gezwungen.

Erst im Winter 1945 gelang es Frau R., nach Polen zurückzukehren; ein Land, das für sie allerdings nur noch eine Zwischenstation auf ihrer weiteren Flucht in die amerikanische Besatzungszone war. Dort angekommen, fand sie Aufnahme in einem hessischen Lager für Displaced Persons in der Nähe von Kassel. 1949 - nunmehr 53 Jahre alt - wanderte Frau R. nach Israel aus, wo sie noch einmal heiratete. Verbunden mit einem Antrag auf Wiedereinsetzung in den vorigen Stand wegen Fristversäumnis stellte Frau R. im Jahr 1967, nunmehr 71jährig, einen substantiierten Antrag auf Entschädigung für Schäden an Körper und Gesundheit.[361]

---

361  Vgl. dazu: Entschädigungsakte von Frau S. R., VIII 2 D/51008/96 (A) DP/RO Entschädigungsbehörde Wiesbaden.

Frau R. wurde Leidtragende sowohl deutscher wie auch sowjetischer Machtpolitik: Ihre Familie wurde Opfer deutscher "Rassenpolitik", die auf die Vernichtung der jüdischen Bevölkerung Europas abzielte; sie selbst wurde von sowjetischen Behörden in Zwangsarbeitslager deportiert, wo polnische Juden gezielt durch Arbeit vernichtet werden sollten. Die Lebensbedingungen in solchen sibirischen Lagern unterschieden sich in ihrer Brutalität nur wenig von denen in deutschen Konzentrationslagern, waren doch auch die sowjetischen Machthaber daran interessiert, die physische wie psychische Integrität der Deportierten zu zerstören. In den Anmerkungen von Frau R., mit denen sie ihren Antrag auf Entschädigung ihrer körperlichen und gesundheitlichen Schädigungen begründete, wird deutlich, daß sie sowohl körperlichen als auch seelischen Extrembelastungen ausgesetzt war:

"Ich litt entsetzlich unter der Frost, bei der ich im Freien gezwungen war, schwere körperliche Zwangsarbeiten zu leisten, und ich erhielt nur Hungerrationen und im Lager war es ebenfalls fürchterlich kalt und nasse."[362]

Hunger, Unterkühlung und permanente körperliche Überforderung waren aber nur einige Faktoren, die die physische Konstitution von Frau R. nachhaltig schwächten, herrschten in den Zwangsarbeitslagern doch katastrophale sanitäre Bedingungen, die Ursache für die Ausbreitung von Seuchen und Hauterkrankungen waren. Demzufolge litt Frau R. an "... Ekzemen... fieberhaften Erkältungen, Schnupfen, Ohren-Halsschmerzen, hatte Lungenentzündung, Dysenterie[363], Magenkatarrhe..."[364]

Hunger, wiederholte Infektionskrankheiten (die in den Lagern nicht behandelt wurden) und körperliche Überforderung führten bei Frau R. zu einem Zustand physischer Erschöpfung, der sich auch nach 1945 als dauerhaft erweisen sollte. Für ihre psychische Gesamtsituation aber machte sie vor allem diejenigen Traumata verantwortlich, denen sie während ihrer Haftzeit ausgesetzt war.

"Im Gefängnis litt ich ebenfalls unter den dort herrschenden unbeschreiblichen Zuständen, den Quälereien, Demütigungen, Misshandlungen, Drohungen, ich lebte in ständiger Angst und Spannung."[365]

Die Erfahrungen, die Frau R. hier beschreibt, erinnern an traumatogene Erlebnisse, denen Konzentrationslagerhäftlinge ausgesetzt waren: Über Jahre war sie massiven

---

362 Dieses Zitat - wie auch alle weiteren - ist wörtlich den Eigenangaben der Antragstellerin entnommen; grammatikalische wie orthographische Fehler wurden deshalb übernommen. Wenn nicht anders gekennzeichnet, entstammen alle Eigenangaben von Frau R. ihrem substantiierten Antrag auf Schaden an Körper und Gesundheit vom 19.3.1976, S. 1 f.
363 "Dysenterie" ist die synonyme Bezeichnung für das Krankheitsbild der "bakteriellen Ruhr", die als anzeigepflichtige Seuche/Endemie gilt. Vgl. dazu: Pschyrembel - Klinisches Wörterbuch, a.a.O., S. 387.
364 Zit. nach: Substantiierter Antrag auf Schaden an Körper und Gesundheit vom 19.3.1976, S. 1.
365 Zit. nach: ebd. Was Frau R. hier irrtümlich als "Gefängnis" kennzeichnet, war das Zwangsarbeitslager Obakan in Sibirien.

Streß- und Angstsituationen ausgesetzt, ohne zu wissen, wann dieser Zustand enden würde. Hilf- und wehrlos ihren Verfolgern ausgeliefert, wurde sie körperlich mißhandelt, erniedrigt und bis zur Entmenschlichung entwürdigt. "Angst und Spannung" waren Gefühle, die Frau R. während ihrer Haft wahrzunehmen in der Lage war; zeigen jedoch durfte sie diese Gefühle nicht, wollte sie nicht Ziel weiterer Schikanen und Mißhandlungen werden. Auch sie mußte die Erfahrung machen, daß sie weder intellektuell noch körperlich in der Lage war, die ständigen (Todes)Drohungen abzuwenden, daß sie in einem Zustand der passiven Abhängigkeit und Demütigung verharren mußte, wenn sie überleben wollte. Wie ich bereits in Kapitel II erläuterte, konnten solche Zustände permanenter Angst und Hilflosigkeit, Demütigungen und Mißhandlungen zu einer psychischen Umstrukturierung führen: Es kam dann zu einer umfassenden Ich-Regression, in deren Folge die Betroffenen nur noch an der Peripherie ihres Selbst lebten, beschränkt auf die Befriedigung von Primärbedürfnissen, emotional gepanzert gegen alle Einbrüche einer sich als grausam erweisenden Außenwelt. Ständig mit dem Tode bedroht, mit dem Sterben anderer Häftlinge konfrontiert, mußten die Verfolgten bemüht sein, ihre rein physische Existenz zu retten - auch um den Preis äußerster psychischer Reduktion.

Auffällig an den Ausführungen von Frau R. ist, daß sie ihre psychischen wie psychosomatischen Beschwerden ausschließlich auf die Extremerfahrungen des Lagerlebens zurückführte. Tatsächlich aber dürften die Qualen dieser Haftzeit am Ende einer traumatischen Sequenz gestanden haben, die mit der Flucht aus ihrem Heimatort begann: Schon zu diesem Zeitpunkt wurde Frau R. aus ihrem soziokulturellen Umfeld herausgerissen, verlor sie jedwede Gewißheit, ob und unter welchen Umständen sie die Kriegszeit überleben würde. Traumatisierend aber wirkte vor allem, daß Frau R. auf der Flucht die Ermordung ihres Ehemannes und ihrer vier Kinder mit ansehen mußte. In ihrem Entschädigungsantrag erwähnte Frau R. den Tod ihrer Familie jedoch nur kurz: "Bei der Flucht verlor ich meinen 1. Ehemann und alle meine 4 Kinder." Und auch später, als sie noch einmal aufgefordert wurde, sich zu ihrer Flucht zu äußern, erklärte sie lediglich:

"Als der Krieg im Juni 1941 ausbrach, beschloß mein Mann und ich, mit den Kindern zusammen vor den Deutschen zu flüchten. Es gelang uns nicht, sehr weit zu kommen denn wir wurden von den deutschen Truppen überrascht und die russischen Truppen evakuierten tiefer in Richtung Rußland. Das war Anfang Juli 1941. Wir waren effektiv in der Frontgegend. Mein Mann und meine Kinder wurden von den Deutschen umgebracht, und mir gelang es zu flüchten auf die russische Seite..."[366]

Deutlich wird anhand dieses Berichtes, daß die Vielzahl extremer Erfahrungen, denen Frau R. ausgesetzt war, kaum noch angemessen zu verbalisieren oder gar zu bewältigen waren. Mit kargen Worten beschrieb sie die einzelnen Stationen ihres

---

366  Zit. nach: Eidesstattliche Erklärung von Frau R. vom 5.1.1972, in: Urteil des 8. Zivilsenats des Oberlandesgerichts Frankfurt vom 5. Februar 1974, Az.: 8 U 114/73 - E -.

Leidensweges: Ihre Flucht, die Ermordung ihrer Familie, ihre eigene Bedrohung (mußte sie doch "unter schwerem Geschützfeuer"[367] die sowjetische Demarkationslinie zu überschreiten), ihre Inhaftierung in einem sowjetischen Zwangsarbeitslager und die dort erlittenen Entbehrungen. Trotzdem jede dieser Erfahrungen geeignet gewesen wäre, die psychische Integrität von Frau R. nachhaltig zu erschüttern, war der Tod ihrer Angehörigen (und vor allem ihrer Kinder) sicherlich der schwerste und nachhaltigste Schock, den sie während ihrer Verfolgung erlitt - ein Verlust, der sich jeder Beschreibung und Kommentierung entzog.

Betrachtet man die psychischen wie psychosomatischen Symptome, unter denen Frau R. litt, so wird deutlich, in welchem Maße sie von diesen traumatischen Erlebnissen geprägt und gequält wurde:

> "Ich leide an: Hochgradige Nervositaet, Schlaflosigkeit, Kopfschmerzen, Schwindelanfaelle, Atemnot, Beklemmungen, innere Unruhe, Herzbeschwerden, Angst-Depressionszustaende, Schrecktraeume, Konzentrations-Gedaechtnisschwaeche; rheumatische Beschwerden, vor allem am Ruecken, oft anfallsartig mit Bewegungsbegrenzungen; sehr witterungsempfindlich. Heftige Magen-Bauchbeschwerden, haeufige Koliken, sehr schmerzhaft (Colitis chr.,) bis in die Rippen ausstrahlend, laestige Blaehungen, Verdauungsstoerungen, Zahnschaden u.a."

Es waren und sind dies die "klassischen" psychischen wie psychosomatischen Symptome eines posttraumatischen Krankheitsbildes; einer "Krankheit der Verzweiflung"[368], in der sich die Verluste eigener Identität, Sozialität und mitmenschlicher Geborgenheit manifestierten.

Wie bereits erwähnt, machte Frau R. ihre gesundheitlichen Schädigungen erst im Jahr 1967 geltend, als sie bereits 71 Jahre alt war. Daß ihr Antrag erst zu einem solch späten Zeitpunkt erfolgte, dürfte u.a. der Tatsache geschuldet gewesen sein, daß bundesdeutsche Entschädigungsbehörden und -kammern bis zum Jahr 1962 solche Fälle abschlägig beschieden, in denen Antragsteller angaben, sie seien aus Furcht vor deutscher Verfolgung auf sowjetisches Territorium geflohen und dort in Zwangsarbeitslager deportiert worden. Begründet wurde dies i.d.R. mit der Feststellung, alle Leiden, die Menschen in der Sowjetunion zugefügt worden waren, seien kein nationalsozialistisches, sondern russisches Unrecht; die Bundesrepublik sei daher auch nicht zu Entschädigungsleistungen verpflichtet. Im Jahr 1962 aber stellte der Bundesgerichtshof fest, daß zwischen nationalsozialistischer Verfolgung und denjenigen Gesundheitsschäden ein adäquater Ursachenzusammenhang bestehe, die sich ehemals Verfolgte bei ihrer Flucht in die Sowjetunion bzw. in sowjetischen Lagern zugezogen hatten - daß also den Betroffenen das Recht auf "Wieder-

---

367  Zit. nach: ebd.
368  So eine - wie ich meine - treffende Formulierung von Leo Eitinger in seinem Aufsatz: Lebenswege und Lebensentwürfe von Konzentrationslager-Überlebenden, in: Hans Stoffels (Hrsg.): Schicksale der Verfolgten, a.a.O., S. 10.

einsetzung in den vorigen Stand" zugebilligt werden müsse.[369] Im Jahr 1965 stellte Frau R. einen Erstantrag auf Entschädigung für ihre körperlichen und gesundheitlichen Schädigungen, den sie 1967 konkretisierte. Neben den oben bereits zitierten Schilderungen ihrer Verfolgung, ihrer psychischen wie somatischen Krankheiten erklärte Frau R. in diesem Antrag: "Ich war bis zur Verfolgung kerngesund" und legte darüber hinaus dar, daß sie sich seit 1945 fortwährend in ärztlicher Behandlung befunden hatte.[370]

Zuständig für die Abwicklung ihres Entschädigungsverfahrens war die Entschädigungsbehörde Wiesbaden, die am 20. April 1972 zu einer Entscheidung gelangte: Zwar wurde Frau R. die "Wiedereinsetzung in den vorigen Stand gegen Fristversäumnis" zugebilligt (was de facto bedeutete, daß ihr prinzipiell das Recht auf Antragstellung gewährt wurde); ihr konkreter Antrag auf Entschädigung ihrer körperlichen und gesundheitlichen Probleme aber wurde abgelehnt.

Begründet wurde die Ablehnung u.a. mit der Feststellung, die Aussagen von Frau R., mit denen sie den Hergang ihrer Flucht aus Ostpolen geschildert hatte, entbehrten jeder Plausibilität:

> "Wie die Antragstellerin selbst vorgetragen hat, ist sie von den schnell vorrückenden deutschen Truppen eingeholt worden. Es ist nicht ersichtlich, wie es der Antragstellerin nach der Ermordung ihrer Familienangehörigen nunmehr hätte gelingen sollen, zu Fuß die sich schnell nach Osten vorlagernde Frontlinie zu durchbrechen."[371]

Zugleich stellte die Behörde jedoch fest, daß das Unrecht, das Frau R. erlitten habe, ausschließlich von der Sowjetunion verursacht worden sei, in deren Machtbereich sie sich schließlich schon seit 1939 befunden habe:

> "Die Antragstellerin befand sich somit zu keinem Zeitpunkt im nationalsozialistischen Machtbereich und war damit auch nicht dem direkten Zugriff der NS-Verfolger ausgesetzt... Die Gefahr, sich sowjetischen Willkürmaßnahmen auszusetzen, ist für die Antragstellerin nicht erst durch ihre Flucht im Jahre 1941 entstanden, sondern war bereits mit der Besetzung ihrer ostpolnischen Heimat durch die sowjetische Armee im Jahr 1939 eingetreten."[372]

Negiert wurde hier, daß Frau R. in der Tat einem äußerst brutalen "Zugriff" der NS-Verfolger ausgesetzt gewesen war, hatten diese doch ihre gesamte Familie er-

---

369   Vgl. dazu: Rechtsprechung zum Wiedergutmachungsrecht 1962, Nr. 9. In der Entschädigungsakte von Frau R. liegen jedoch keine Dokumente vor, die belegen würden, wann und von wem Frau R. möglicherweise den Hinweis erhalten hatte, daß sie kaum Chancen auf Entschädigung hatte.
370   Laut Angabe von Frau R. war sie 1945 in Stettin von Ärzten einer sozialen Hilfsorganisation betreut worden und auch im DP-Lager Hasenhecke wurde sie von dort stationierten Ärzten versorgt.
371   Zit. nach: Bescheid der Entschädigungsbehörde Wiesbaden vom 20. April 1972, Az.: VIII 2 D/51008/96/A/DP/Ro., S. 3.
372   ebd., S. 3 f.

mordet. Negiert wurde aber auch, daß ihre Flucht hinter die sowjetische Frontlinie eine Reaktion auf diesen brachialen Gewaltakt gewesen war.

In Anbetracht der Tatsache, daß die Entschädigungsbehörde die Aussagen von Frau R. als unglaubwürdig bezeichnete und ihre Verfolgungserfahrungen ausschließlich auf sowjetischen Terror zurückführte, erscheint es wenig erstaunlich, daß die Frankfurter Anwälte von Frau R. unverzüglich Klage gegen diesen Bescheid einlegten. In ihrer Klageschrift beantragten sie, das Land Hessen zu verurteilen, Frau R. Heilverfahren für "hochgradige Nervosität, Angstdepressionen, Rheumatismus, Magen- Darmbeschwerden"[373] zu gewähren; darüber hinaus forderte sie eine Kapitalentschädigung für den Zeitraum vom 1.1.1945 bis 31.10.1953 sowie Rentenzahlungen ab 1.11.1953 bei einer Einstufung in den mittleren Dienst bei einer MdE von 25%.

Am 5.1.1973 wurde die Klage von Frau R. vor der 9. Zivilkammer des Landesgerichtes Wiesbaden verhandelt; ein Urteil wurde am selbigen Tag gefällt. Die Klage von Frau R. wurde abgewiesen. Wie bereits die Entschädigungsbehörde Wiesbaden so bezweifelte auch das Landgericht die Richtigkeit der Erklärungen von Frau R.:

"... Sie schildert aber nichts darüber, wie ihr das gelungen ist, wie im einzelnen sich die Flucht vollzogen hat. Diese allgemeinen Äußerungen der Klägerin ohne Orte, insbesondere Einzelheiten über den Tod ihrer Familie anzugeben, sind nicht geeignet, glaubhaft zu erscheinen... Es ist vielmehr anzunehmen, daß die Klägerin nach der Besetzung Ostpolens durch sowjetische Truppen von sowjetischen Dienststellen in das Innere der Sowjetunion gebracht worden ist..."[374]

Die Rechtsanwälte von Frau R. waren jedoch nicht bereit, ein solch abschlägiges Urteil zu akzeptieren und legten unverzüglich Berufung ein. Ihr Einspruch wurde zwei Jahre später vor dem Oberlandesgericht Frankfurt (Main) behandelt, das am 5. Februar 1975 entschied, das Urteil des Landesgerichtes Wiesbaden sei aufzuheben, der Rechtsstreit sei an eben dieses Landgericht zur Entscheidung zurückzuverweisen. Zur Begründung dieser Entscheidung führte das OLG aus:

"Wenn die Klägerin ihren Fluchtweg nicht mit Ortsangaben versehen hat, spricht das nicht gegen, sondern eher für die Glaubwürdigkeit der Darstellung: Es handelte sich ersichtlich um eine in letzter Minute geplante Flucht. Stellt man die allgemeinen Kriegswirren und die Angst und Kopflosigkeit der Flüchtenden in Rechnung, dann wird es verständlich, daß die Klägerin die vom Landgericht vermißten Details kaum wahrgenommen haben kann...

---

373 Zit. nach: Urteil des Landgerichts Wiesbaden vom 5.1.1973, Az.: 9a (Entsch) 113/72, S. 3.
374 Zit. nach ebd., S. 4.

Es ist danach festzustellen, daß die Klägerin im Sommer 1941 Ostpolen verlassen hat, um einer mit dem deutschen Einmarsch unmittelbar entstandenen Verfolgungsgefahr zu entgehen..."[375]

Mit diesem Urteil wurde Frau R. von dem Vorwurf befreit, sie habe die hessischen Entschädigungsbehörden wissentlich belogen. Statt dessen würdigte der Entschädigungssenat des Oberlandesgerichtes erstmalig, unter welch extremen Bedingungen sie bereits während ihrer Flucht in die Sowjetunion gelitten hatte - wahrgenommen und registriert wurden aber vor allem ihre damaligen Ängste, der traumatische Verlust ihrer Familie.

Dennoch bedeutete dies nicht, daß Frau R. nunmehr Entschädigungsleistungen für ihre psychischen und somatischen Leiden erhalten hätte: Aufgabe des Oberlandesgerichtes war es in diesem Fall lediglich, zu klären, ob Frau R. tatsächlich Leidtragende nationalsozialistischer Verfolgung geworden war. Mit der Feststellung, daß ihre Flucht eine direkte Reaktion auf eine drohende Verfolgungsgefahr durch deutsche Einheiten gewesen war, hatte das OLG zwar den Weg frei gemacht, zu einer (positiven) Entscheidung über die "Wiedergutmachung" der physischen wie psychischen Leiden von Frau R. zu gelangen. Eben diese Entscheidung aber sollte - so das Urteil des Oberlandesgerichtes - in einer erneuten Verhandlung von dem Landgericht Wiesbaden getroffen werden. Tatsächlich endet die Entschädigungsakte von Frau R. mit dem Urteil des Oberlandesgerichtes - ungeklärt bleibt also, ob sie jemals Entschädigung für ihre psychischen und somatischen Leiden erhielt.

In dem Entschädigungsverfahren von Frau R. offenbaren sich zwei grundlegende Probleme bundesdeutscher Entschädigungsgesetzgebung und -praxis: Lange Jahre wurde all jenen polnisch-jüdischen Verfolgten jedes Recht auf Entschädigung abgesprochen, die sich - aus Angst vor nationalsozialistischer Verfolgung - auf sowjetisches Territorium geflüchtet hatten und dort massivsten Repressionen ausgesetzt waren.

Erst zu Beginn der sechziger Jahre (nach einem Grundsatzurteil des Bundesgerichtshofes) wurden die gesundheitlichen Leiden, die sich diese Menschen in sowjetischen Lagern zugezogen hatten, von der Bundesrepublik prinzipiell als verfolgungsbedingte Schädigungen anerkannt - dies aber nur dann, wenn die Betroffenen ihre Verfolgung genau rekonstruieren und mit exakten Zeit- und Ortsangaben versehen konnten. Zwar waren die Entschädigungsbehörden verpflichtet, jene aktiv zu unterstützen, die zu einem solchen Beweis nicht in der Lage waren - zwingend war und blieb jedoch, daß der Verfolgungshergang detailliert nachgezeichnet oder doch zumindest plausibel gemacht werden konnte.

---

375 Zit. nach: Urteil des 8. Zivilsenates des Oberlandesgerichtes Frankfurt (Main) vom 5. Januar 1975, a.a.O., S. 6.

Frau R. aber war nicht in der Lage, ihren Fluchtweg akribisch zu beschreiben und konkrete Ortsangaben zu machen. Nur in groben Zügen konnte sie erklären, welchen traumatischen Erlebnissen sie auf der Flucht und in dem sowjetischen Lager ausgesetzt gewesen war - und schlußendlich darauf hoffen, daß Entschädigungsbehörde und Gerichte ihren Schilderungen Glauben schenkten.

Eben hier eröffnete sich ein erheblicher Ermessensspielraum der Entschädigungsorgane, oblag es ihnen doch zu entscheiden, ob sie dem Bericht einer Verfolgten als richtig (bzw. möglich) oder unglaubwürdig erachteten. Letzteres befanden im Verfahren von Frau R. sowohl die zuständige Entschädigungsbehörde als auch das Landgericht Wiesbaden: Sie unterstellten Frau R., sie habe den Hergang ihrer Verfolgung (bewußt) falsch dargestellt und damit versucht zu verschleiern, daß sie ausschließlich Leidtragende sowjetischer Verfolgung gewesen sei. Eine solche "Falschaussage" aber sei Anlaß genug, ihr jedwede Entschädigung durch die Bundesrepublik zu verweigern.

Dies war ein Standpunkt, der durch das Entschädigungsrecht abgesichert schien, hatten die Gesetzgeber doch bestimmt, daß Verfolgte, die fälschliche Angaben über ihr Verfolgungsschicksal machten, aus dem Entschädigungsprozedere auszuschließen seien. Frau R. bzw. ihre Anwälte aber akzeptierten eine solche Negativunterstellung nicht, sondern forderten eine erneute Überprüfung durch das Oberlandesgericht Frankfurt. In seinem Urteil machte das OLG deutlich, was die früheren Instanzen unberücksichtigt gelassen hatten. Nachdrücklich betonten die Richter nun, daß die - unkonkreten - Angaben von Frau R. zwangsläufiges Ergebnis der Wirren und Extrembelastungen seien, denen sie auf ihrer Flucht ausgesetzt gewesen war. Mit Verständnis und Empathie wiesen sie darauf hin, daß eine Frau, die die Ermordung ihres Mannes und ihrer Kinder miterleben mußte, die ihr eigenes Leben nur unter Mühen hatte retten können, von jeder Chronistenpflicht zu entbinden sei. Die zentrale Bedeutung dieses Urteil lag in der Tatsache, die Glaubwürdigkeit von Frau R. wiederhergestellt und damit den Weg frei gemacht zu haben, über die Entschädigung ihrer psychischen Erkrankung neu zu entscheiden. Laut Verfahrensrecht aber mußte das OLG diese Entscheidung an das zuständige Landgericht zurückverweisen - was zwangsläufig zu einer weiteren Verzögerung bei der Urteilsfindung führte. Eine solche Verzögerung jedoch konnte sich bei den sogenannten Rußlandfällen als fatal erweisen. Sie, die erst (fast) zwanzig Jahre nach Ende der Verfolgung auf eine Anerkennung ihrer gesundheitlichen Leiden hoffen durften, hatten vielfach nicht mehr die (Lebens)Zeit, auf ein endgültiges Urteil der Entschädigungsorgane zu warten. Zu vermuten ist, daß auch Frau R. verstarb, bevor über die Höhe ihrer möglichen "Wiedergutmachungsleistungen" entschieden werden konnte - war sie doch bereits 78 Jahre alt, als sie durch das OLG Frankfurt rehabilitiert wurde. Ihre seelischen Schädigungen blieben ohne jede Entschädigung - und dies, obwohl sie lange Jahre unter erheblichen psychischen wie psychosomatischen Symptomen gelitten hatte.

**Frau H.A.:** **"Seitdem haben die Angstzustände dauernd zugenommen und ich verliere sie nicht"**

Frau H. A. wurde als Tochter jüdischer Eltern 1908 in einer kleinen rheinlandpfälzischen Gemeinde geboren. Die Familie war offensichtlich durchaus wohlhabend, gab Frau A. doch an, die Familie habe ein größeres landwirtschaftliches Anwesen besessen. Nach dem Besuch der Schule verließ Frau A. ihre Heimatgemeinde und ging nach W., wo sie eine zweijährige kaufmännische Lehre absolvierte. Nach ihrer Ausbildung war sie in mehreren Betrieben beschäftigt; zuletzt in einem jüdischen Schuhgeschäft.

Im Jahr 1935, als die antisemitischen Ausschreitungen in Deutschland immer mehr zunahmen, wanderte Frau A. nach Palästina aus, wo sie ihren Mann, einen arabischen Staatsangehörigen, heiratete. Die ökonomische Situation des Ehepaares gestaltete sich äußerst schwierig, da ihr Mann in Palästina aufgrund seiner ethnischen Zugehörigkeit seine berufliche Stellung verlor und auch Frau A. wegen ihrer Verbindung mit einem Araber arbeitslos wurde. Zwar versuchte sie immer wieder eine Anstellung zu erhalten, verschiedene Krankheiten zwangen sie jedoch erneut in die Arbeitslosigkeit. In Palästina lebte das Ehepaar bis 1948 - dem Gründungsjahr des Staates Israel -, um sich dann für einige Monate im Beirut aufzuhalten. Von dort wandere Frau A. weiter nach England, wo sie sich bis 1953 aufhielt; erst dann gelangte sie in die Vereinigten Staaten.

Im Jahr 1955 stellte Frau A. erstmalig einen Globalantrag auf Entschädigung, in dem sie jedoch lediglich einen Schaden im beruflichen und wirtschaftlichen Fortkommen geltend machte. Erst 1957 meldete sie dann einen Schaden an Körper und Gesundheit an, den sie zugleich näher substantiierte.

Hunderttausende Deutsche jüdischer Religion verließen zwischen 1933 und 1941 das Deutsche Reich, mußten sie doch erleben, daß sich der offen proklamierte Rassenhaß des nationalsozialistischen Systems sukzessive in Staatsterror, in gezielte Ausgrenzung, Diffamierung und Verfolgung verwandelte. 1935 - in dem Jahr, in dem auch Frau A. Deutschland verließ - wurden die Nürnberger Gesetze, d.h. das "Reichsbürgergesetz" bzw. das "Gesetz zum Schutze des deutschen Blutes und der deutschen Ehre", erlassen, mit denen den jüdischen Bürgern Deutschlands das Reichsbürgerrecht aberkannt und zudem jede Liebesbeziehung zwischen Juden und sogenannten Ariern unter Strafe gestellt wurde.

Hatte sich die Situation also für alle deutschen Juden in bedrohlicher Weise verdichtet, so galt dies besonders für Frau A., lebte sie doch bereits seit 1933 in einem Liebesverhältnis einem nicht-jüdischen Deutschen:

"Dies war bekannt, und ich lebte in dauernder Angst vor Verhaftung. Ich wurde von Nachbarn gewarnt, daß eine Verhaftung wegen Rassenschande bevorstehe und bin deshalb bei Nacht aus Wiesbaden geflohen."[376]

Direkt und unmittelbar war Frau A. von Dekreten des nationalsozialistischen Regimes betroffen, mußte sie doch befürchten, wegen einer Liebesbeziehung verhaftet zu werden und damit in die politischen Mühlen einer Justiz zu geraten, die es sich zur Aufgabe gemacht hatte, eben solche "Rassenschandefälle" öffentlich auszuschlachten. Und so war Frau A. nicht "nur" gezwungen, eine persönliche Beziehung aufzugeben, sondern mußte zudem überstürzt ihre Heimat verlassen.

Durch die Flucht verlor Frau A. alle ökonomischen und sozialen Sicherheiten: Zurücklassen mußte sie ihre Familie und Freunde, sie verlor ihre berufliche Stellung und ihre Wohnung. In Palästina angekommen, war sie gezwungen, eine neue Sprache, ihr bis dato unbekannte soziale und gesellschaftliche Verhaltensanforderungen zu erlernen.

Verschiedene Faktoren waren verantwortlich dafür, daß es Frau A. nicht gelang, in Palästina ein "normales" Leben aufzubauen. Zwar lernte sie dort ihren Mann kennen - seine arabische Herkunft aber machte es ihm unmöglich, in Palästina Arbeit zu finden:

"Ich hatte zeitweilig in den langen Jahren der Emigration Arbeit, war dazwischen aber immer längere Zeit arbeitslos z.T. wegen Krankheit und z.T. wegen der arabischen Staatsangehörigkeit meines Mannes, die uns in Palästina die Arbeit hat verlieren lassen."[377]

Die Situation in Palästina war Mitte der 30er Jahre von ethnischen Konflikten und politischen Auseinandersetzungen gekennzeichnet. Die verschiedenen ethnischen Gruppierungen - Juden wie Araber - grenzten sich hermetisch voneinander ab, bestanden zwischen ihnen doch nicht nur erhebliche ökonomische Konkurrenzen, sondern auch ethnisch-religiöse Konflikte um die Frage, welcher Bevölkerungsgruppe das ursprüngliche Recht zuzubilligen sei, Palästina als "historische Heimat" zu betrachten. Mit ihrer Heirat dürfte Frau A. jede Anerkennung der jüdischen Gemeinschaft verloren haben, galt es doch in deren Augen - sowohl religiös wie auch ideologisch - als anstößig für eine europäische Jüdin, sich an einen arabischen Mann zu binden. Nicht nur ihrem Ehemann, sondern auch ihr selbst wurde deshalb die Möglichkeit verwehrt, eine berufliche Anstellung zu finden und so lebte das Ehepaar am Rande des Existenzminimums, ausgegrenzt aus jedem Sozialgefüge. In bedrückender Weise schien sich das Schicksal von Frau A. zu wiederholen: In

---

376  Alle Informationen dieses Falles entstammen der Entschädigungsakte von Frau H.A., Az.: 6 W/37169/08/A/-/Al; das obige Zitat entstammt ihrem Antrag auf Entschädigung wegen Schaden an Körper und Gesundheit vom 30.10.1957, S. 2.
377  Zit. nach: "Schilderung des Verfolgungsvorganges" von Frau A. als Anlage an ihren Mantelantrag vom 19.8.1955.

Deutschland von einer gewaltsamen Rassenpolitik betroffen, mußte sie sich nun auch in Palästina als "Ausgestoßene" erleben, die bestenfalls geduldet, nicht aber integriert wurde. Ihre physo-psychische Situation wurde aber nicht allein durch soziale Stigmatisierung belastet, hatte sie sich doch in Palästina eine "Amoebenruhr" zugezogen, in deren Folge sie, wie sie in ihrem Entschädigungsantrag angab, an "Durchfall und Krampfzustände in Magen und Darm"[378] litt. Physisch geschwächt und mittellos befand sich Frau A. in einem Zustand sozialer Isolation, die ihre psychische Stabilität (weiter) erschütterte.

Die Lebenssituation des Ehepaares wurde im Jahr 1948 - dem Gründungsjahr des Staates Israel - unhaltbar, schlugen doch die anti-arabischen Ressentiments der jüdischen Bevölkerung nun in offene Aggression um. Und wieder war Frau A. gezwungen zu emigrieren, wieder hatte sie eine Wohnung, ein sozio-kulturelles Umfeld zu verlassen. Für nur wenige Monate ließ sich das Ehepaar im Libanon nieder, um von dort nach Europa, nach England weiterzuwandern. Doch auch dort verblieb Frau A. nur vier Jahre - sie emigrierte wieder, diesmal in die USA, wo sie sich endlich auf Dauer niederließ.

In ihrem Entschädigungsantrag zählte Frau A. auf, welche somatischen wie psychischen Symptome sie auf die erlittene Verfolgung zurückführte:

> "Magen- und Darmerkrankung mit Krampfzuständen; Gedächtnisschwäche und allgemeine Müdigkeit; Nervenschwäche und Angstzustände; Stark verminderte bzw. aufgehobene Arbeitsfähigkeit; Herzkrankheit."[379]

Befragt, wie sich diese Krankheiten bemerkbar machten, erklärte sie, sie litte an "heftigen Nervenanfälle mit Körperzittern und zeitweiliger Besinnungslosigkeit", die bereits während ihrer Flucht aus Wiesbaden begonnen hätten: "Seitdem haben die Angstzustände dauernd zugenommen und ich verliere sie nicht."[380]

Versucht man, die möglichen Ursachen der psychischen Krankheitssymptome von Frau A. näher zu beleuchten, so gilt es - wie ich meine - vor allem die Stressoren einer erzwungenen Migration zu berücksichtigen. Eine Flucht ist - vor allem dann, wenn sie, wie im Falle von Frau A. alleine, ohne Familie oder Freunde bewältigt werden mußte - ein Bruch in der Lebenslinie besonderer Art. Bisherige soziale und kulturelle Sicherheiten gehen verloren und die Betroffenen geraten in einen Zustand innerer Desorganisation, der nur schwerlich zu kompensieren ist. Der Beruf, die eigene Wohnung, das soziale Umfeld, vor allem aber die eigene Sprache sind Teil menschlicher Identität, die dann nachhaltig erschüttert wird, wenn Individuen gezwungen sind, ihr bisheriges Leben (abrupt) aufzugeben, in ein kultur- und

---

378 Zit. nach: Substantiierter Antrag von Frau A. auf Entschädigung wegen Schaden an Körper und Gesundheit vom 30.10.1957, S. 2.
379 Zit. nach: ebd., S. 1. Offensichtlich litt Frau A. an einer chronischen Form der Amöbenruhr (Amöbiasis).
380 Zit. nach: ebd., S. 2.

sprachfremdes Land überzusiedeln.³⁸¹ Eine Bewältigung der Angst- und Unsicherheitsgefühle (und damit eine Rückkehr zum erwachsenen Ich) kann nur gelingen, wenn es der/dem Betroffenen gelingt, in einem Aufnahmeland zu sozialer Sicherheit und Geborgenheit zurückzufinden und damit den Verlust der Heimat, der Familie, der Muttersprache zumindest erträglich zu machen. Gelingt dies nicht, so bleibt das betreffende Individuum in einem Zustand der Angst und Verlassenheit gefangen, verliert es seine Ich-Fähigkeiten und seine eigene Identität.³⁸²

Wie ich oben bereits ausführte, waren die Möglichkeiten von Frau A., eine solche fluchtbedingte Regression zu bewältigen, erheblich eingeschränkt. Zwar gelang es ihr, in ihrem Ehemann eine Person zu finden, die sie emotional stützen konnte; die gesellschaftliche Ausgrenzung und der beträchtliche ökonomische Druck, denen Frau A. in Palästina ausgesetzt war, dürften es ihr aber unmöglich gemacht haben, die erlittenen Verluste psychisch zu kompensieren. Dies um so mehr, weil Flüchtlinge und Migranten in besonderem Maße der materiellen Sicherheit bedürfen, deren Wegfall erhebliche Ängste auslöst.³⁸³

Erschwerend kam hinzu, daß Palästina nur eine erste Station auf einem sich über Jahre hinziehenden Migrationsprozeß war, der Frau A. in verschiedene Länder führte, in denen sie immer neuen kulturellen und sozialen Anforderungen ausgesetzt war und in denen sie immer wieder unter Armut und Unsicherheit zu leiden hatte:

"In Palästina hatte ich 3 - 6 Pfd. monatlich verdient, und in England 2 - 4 Pfd. in der Woche. In den USA verdiene ich 130 Dollar im Monat, was gerade das Existenzminimum ausmacht:"³⁸⁴

Sie blieb offensichtlich dauerhaft unfähig, sich ökonomisch und sozial zu integrieren, in einer Aufnahmegesellschaft "anzukommen" und diese positiv zu besetzen. Gefangen in ihren traumatischen Flucht- und Unsicherheitserfahrungen litt sie unter gravierenden psychischen wie psychosomatischen Symptomen.³⁸⁵ Sowohl die

---

381 "Die Unsicherheitsgefühle... werden nicht nur von den Ungewißheiten und Ängste angesichts des Unbekannten bestimmt, sondern auch von der unvermeidlichen Regression, die von diesen Ängsten mitgetragen wird. Es ist diese Regression, die in ihnen das Gefühl der Hilflosigkeit hervorruft... " zit. nach: León Grinberg / Rebeca Grinberg: Psychoanalyse der Migration und des Exils, a.a.O., S. 84.
382 Vgl. dazu: ebd., S. 85 ff.
383 "Es zeigt sich als Angst vor Verarmung und Verlassenheit. Dieses Symptom ist eng verbunden mit der Situation der Migration und wir haben es häufig bei Menschen feststellen können, die sich in ihren Herkunftsländern wenig Sorgen um Geld machen mußten, bei denen aber der Wechsel starke Erlebnisse innerer Unsicherheit und Instabilität auslöste." Zit. nach: ebd., S. 106 f.
384 Zit. nach: "Schilderung des Verfolgungsvorganges" von Frau A., a.a.O.
385 Zu den intrapsychischen Folgen von Flucht und Exil bei Menschen, deren Ich durch diese traumatischen Erfahrungen beschädigt ist, vgl.: León Grinberg / Rebeca Grinberg: Psychoanalyse der Migration und des Exils, a.a.O., S. 11 f.

Symptome ihrer Amöbenruhr wie auch ihre psychischen Störungen waren bereits vor ihrem Entschädigungsantrag medizinisch behandelt worden - dies allerdings offensichtlich ohne Erfolg.

Am 6. März 1957 wurde der Antrag von Frau A. wegen Schadens an beruflichem Fortkommen positiv beschieden und schon am 29. November 1957 kam die Entschädigungsbehörde Wiesbaden zu einem abschließenden Bescheid bezüglich ihrer Schäden an Körper und Gesundheit: Ihr Antrag wurde abgelehnt.

In ihrer Begründung führte die Behörde aus, daß Frau A. nur dann Anspruch auf Entschädigung gehabt hätte, wenn ihre gesundheitlichen Schädigungen "durch NS-Gewaltmaßnahmen" verursacht worden wären.

> "Diese Voraussetzungen sind aber nicht gegeben, denn die Antragstellerin ist im Jahr 1935 ausgewandert, um dem wachsenden Verfolgungsdruck zu entgehen. Es kann unterstellt werden, daß sie ständig mit einer Verhaftung rechnen mußte. Da es aber zu einer Verhaftung nicht gekommen ist, haben konkrete Gewaltmaßnahmen gegen die Antragstellerin nicht vorgelegen. Solche Gewaltmaßnahmen müssen aber gegeben sein, um einen Schaden an Körper und Gesundheit zu begründen."[386]

Offensichtlich bestanden deutliche Differenzen zwischen Frau A. bzw. ihrer Rechtsvertreterin und der Entschädigungsbehörde, was denn als "nationalsozialistische Gewaltmaßnahme" zu definieren sei: Votierten Frau A. bzw. ihre Anwältin dafür, bereits die Gewaltandrohung (einer bevorstehenden Verhaftung) als schadensverursachend anzuerkennen, bestand die Behörde darauf, daß nur die Freiheitsentziehung selbst als "Gewaltmaßnahme" bezeichnet werden könne - die Emigration von Frau A. wie auch ihre psychischen und somatischen Erkrankungen somit keine Entschädigungsrelevanz besäßen.

Dabei konnte sich die Entschädigungsbehörde auf die Maßgaben des Bundesentschädigungsgesetzes stützen: Hier hatte der Gesetzgeber bestimmt, daß auf den Nachweis einer konkreten Gewaltanwendung sei nur dann zu verzichten sei, wenn Juden oder andere Kollektivverfolgte *materielle* Schäden erlitten hätten, ging man doch davon aus, daß sie in ihrer Gesamtheit aus dem öffentlichen Leben Deutschlands ausgegrenzt werden sollten. Für immaterielle, so z.B. gesundheitliche Schäden aber blieb maßgeblich, daß die Betreffenden einen realen Gewaltakt erlitten haben mußten, sollten ihre Erkrankungen und Schädigungen als "verfolgungsbedingt" anerkannt werden.

Frau A. klagte gegen den ablehnenden Bescheid der Wiesbadener Behörde nicht - und blieb ohne jede Entschädigung für ihre psychischen wie somatischen Leiden. Sichtbar wird in dem Entschädigungsverfahren von Frau A., welch erhebliche Probleme die Gesetzgeber und Entschädigungsorgane hatten, die Emigration bzw. Flucht deutscher Juden als ein Verfolgungsschicksal zu würdigen, das die physi-

---

386 Zit. nach: Bescheid der Entschädigungsbehörde Wiesbaden vom 29. November 1957, Az.: 6W/37169/08/A/-/Al.; S. 2.

sche und psychische Integrität der Betroffenen auch dann schädigen konnte, wen sie (vorher) nicht mißhandelt oder inhaftiert worden waren.

Waren die Entschädigungsorgane (wie ich bereits in Kapitel V nachwies) zwar vielfach bereit, jenen Menschen Entschädigungsleistungen zukommen zu lassen, die in extremstem Maße unter nationalsozialistischem Terror gelitten hatten, so galt dies weit weniger für Personen, die nicht Leidtragende von konkreten "Gewaltakten" geworden waren. Daß der Begriff nationalsozialistischer "Gewaltanwen-dung" sehr eng interpretiert werden konnte, wird im Falle von Frau A. offensichtlich: Von der Entschädigungsbehörde als irrelevant verworfen wurde die Tatsache, daß und wie unmittelbar sie von einer Verhaftung (also einem "Gewaltakt") bedroht war, als sie aus Deutschland flüchtete. Unberücksichtigt blieb aber auch, daß sich deutsche Juden seit 1933 in einem immer enger werdenden Netz sozialer Ausgrenzung und eskalierender Repressionen gefangen sahen, das nur als "gewalttätig" interpretiert werden kann.[387]

Zugebilligt wurde ihr lediglich, daß sie durch ihre Flucht erhebliche materielle Schäden erlitten hatte. Daß Frau A. jedoch durch den Verlust ihrer Heimat, ihrer Muttersprache, jeder sozialen Geborgenheit in einen Zustand psychischer Entwurzelung geraten war, den sie nicht mehr kompensieren konnte, wurde - in enger Auslegung der gesetzlichen Maßgaben - ignoriert.

Bis Mitte der 60er Jahre wurden die Anträge deutscher Juden, die sich der nationalsozialistischen Verfolgung durch Flucht entzogen hatten und demzufolge an einer psychischen Erkrankung litten, von Entschädigungsbehörden und -kammern negativ beschieden. Unumstritten war diese Praxis jedoch nicht, waren doch die gesetzlichen Vorgaben weit weniger eindeutig, als die Entschädigungspraxis suggerierte. Zwar hatten die Gesetzgeber bestimmt, daß lediglich konkrete nationalsozialistische Gewaltakte zu entschädigen seien - zudem aber in § 9 (3) des BEG's festgelegt, daß auch jene Schädigungen "wiedergutzumachen" seien, die auf Handlungen der Verfolgten beruhten, die diese "unter dem Druck der Verfolgung... vorgenommen"[388] hatten.

Es war dies eine unkonkrete, d.h. interpretationsbedürftige Formulierung, deren Auslegung Aufgabe des Bundesgerichtshofes war. Nachdem dieser in den sechziger Jahren mehrfach im Sinne der Verfolgten entschieden hatte[389], wurde die bundesdeutsche Entschädigungspraxis grundlegend modifiziert: "Wiedergutmachung" für ihre (somatischen wie) psychischen Erkrankungen erhielten nun auch diejenigen deutschen Juden, die sich einer konkreten (physischen) Gewaltanwendung

---

387 Zu der Gesamtproblematik vgl.: Hans Giessler: Die Grundsatzbestimmungen des Entschädigungsrechtes, a.a.O., S. 36 f.
388 Zit. nach: H.G. van Dam / Heinz Loos: Bundesentschädigungsgesetz - Kommentar, a.a.O., S. 138.
389 Vgl. dazu die in der Zeitschrift "Rechtsprechung zum Wiedergutmachungsrecht" veröffentlichten Urteile.

durch Flucht entzogen hatten. Es war dies eine späte, für viele der Betroffenen zu späte Wende, hatten sie doch nicht die Kraft, noch einmal einen Antrag auf Entschädigung zu stellen, sich noch einmal medizinisch begutachten zu lassen und für die Anerkennung ihrer Leiden zu streiten. So offensichtlich auch Frau A., die gegen den abschlägigen Bescheid der Wiesbadener Behörde niemals klagte und deshalb ohne Entschädigung für ihre psychischen und somatischen Leiden blieb.

**Herr M.C.:** "Ich... bin nervoes und lebe in staendiger Vorstellung, dass man mich ermorden will."

Herr C. wurde 1916 als eines von sieben Kindern eines jüdischen Eisenwarenhändlers in einer kleinen polnischen Gemeinde geboren. Dort absolvierte er auch seine Schulausbildung sowie eine Lehre im elterlichen Betrieb, die er 1939 abschloß. Nach dem Ende seiner Berufsausbildung übernahm ihn sein Vater als Mitinhaber seines Geschäftes, das offensichtlich sehr erfolgreich war, sagte Herr C. in seinem Entschädigungsantrag doch: "Wir waren... sehr wohlhabend."[390]

1940, nachdem die deutschen Truppen den Heimatort von Herrn C. besetzt hatten, wurde seine Familie gezwungen, ihre Wohnung zu verlassen und in ein Ghetto umzusiedeln, das die Besatzer für die ortsansässige jüdische Bevölkerung errichtet hatten. Die Lebensbedingungen in diesem Ghetto waren "unbeschreiblich schwer"[391], deshalb beschloß Herr C., zu fliehen. Seine Familienangehörigen dagegen blieben im Ghetto zurück und wurden später von ihren nationalsozialistischen Verfolgern ermordet.

Nachdem ihm die Flucht geglückt war, irrte Herr C. monatelang durch Polen, versuchte er doch sowjetisches Territorium zu erreichen und sich damit in Sicherheit zu bringen. Tatsächlich aber wurde er dort von sowjetischen Behörden aufgegriffen, schwer mißhandelt und anschließend in ein sibirisches Zwangsarbeitslager deportiert. In diesem Lager lebten die Häftlinge unter menschenunwürdigen Bedingungen: Bei katastrophalen hygienischen und klimatischen Verhältnissen wurden sie zu schwersten körperlichen Arbeiten gezwungen, ohne daß sie ausreichend ernährt worden wären. Wann und unter welchen Umständen Herr C. aus diesem Lager wieder entlassen wurde, ist seiner Entschädigungsakte nicht zu entnehmen. Im Jahr 1946 traf er jedoch in der Bundesrepublik ein, wo er Aufnahme in einem Lager für Displaced Persons bei Kassel fand. In diesem Lager heiratete er, dort wurde auch seine erste Tochter geboren. 1947 wurden er und seine Familie in ein DP-

---

390 Zit. nach: Entschädigungsakte von Herrn C., Az.: VIII 2 D/50599/16/A/DP/Cz., Substantiierter Antrag von Herrn C. auf Entschädigung wegen Schaden an Körper und Gesundheit vom 16.5.1965, S. 5.
391 Zit. nach: ebd., S. 2.

Lager nach Hessisch-Lichtenau verlegt, wo eine zweite Tochter geboren wurde. Im Jahr 1949 wanderte die Familie nach Israel aus, wo Herr C. eine Anstellung als Arbeiter fand.

Am 26. Juli 1964 stellte Herr C. einen Globalantrag auf Entschädigung; im Mai 1965 reichte er dann einen substantiierten Antrag auf Entschädigung seiner körperlichen und gesundheitlichen Leiden ein und bat um "Wiedereinsetzung in den vorigen Stand wegen Versäumung der Anmeldefrist".

Wie Frau R., so war auch Herr C. einer der polnischen Juden, die zwischen 1939 und 1945 sowohl Leidtragende deutscher als auch sowjetischer Verfolgungspolitik wurden: Er wurde erst einmal von deutschen Truppen gezwungen, in einem jüdischen Ghetto seiner Heimatstadt zu leben, in dem er täglich von der Deportation in ein Konzentrationslager bedroht war. Doch obwohl er sich dieser Bedrohung durch Flucht entziehen konnte, gelang es ihm nicht, sich in Sicherheit zu bringen:

"... und als es mir dann, unter Lebensgefahr gelang, aus diesem Ghetto zu fluechten, monatelangem Wandern endlich nach Russland kam, dann spaeter von den Russen weit nach dem tiefsten Sibirien verschickt wurde, musste ich unter Hunger, Kaelte, ungenuegender Bekleidung, in schwerem Frost und Naesse zwangsarbeiten, wurde einmal, bevor ich nach Sibirien verschickt wurde, brutalst geschlagen, hatte aber keine aerztl(iche) Hilfe, und zog mir infolge Schmutz und mangels entsprechender Behandlung schwere Furunkulosen und Infektionen zu, die sich dann weiter verbreiteten, und mir bis zum heutigen Tage sehr starke Leiden verursachen. Ich erkrankte oft und wurde schwach und unterernaehrt. Eine Malariaerkrankung schwaechte mich noch mehr ab..."[392]

Folgt man dem Bericht von Herrn C., so befand er sich bei seiner Entlassung aus diesem Lager in einem psycho-physischen Zustand, der dem eines Konzentrationslager-Überlebenden glich.

"Als ich dann endlich die Befreiung erlebte, war ich koerperlich und seelisch derart heruntergekommen, dass ich wie ein Skelett aussah und ausserstande war, nur richtig gehen zu können."[393]

Zugleich gab er an, noch 1965 an den Folgen einer "Knochentuberkulose des Sternum und Rippen links, Chronische(m) Muskel- u. Gelenkrheumatismus, starke(n) Rueckenschmerzen" und einer "Gastritis chronica" als Nachwirkung einer damals durchlittenen Malariakrankheit zu leiden.[394]

Führte Herr C. auch seine somatischen Erkrankungen auf die extremen Lebensbedingungen in dem sowjetischen Lager zurück, so basierten seine erheblichen

---

392 Zit. nach: Substantiierter Antrag von Herrn C. auf Entschädigung wegen Schaden an Körper und Gesundheit, a.a.O., S. 2.
393 Zit. nach: ebd.
394 Zit. nach: ebd., S. 1.

psychischen Probleme - wie er selbst sagte - auf der Tatsache, daß seine gesamte Familie von den Deutschen ermordet worden war:

> "Das Bangen um das Schicksal meiner Familie, und die Tatsache, dass meine Eltern und meine sechs Geschwister in der Verfolgungszeit umgebracht worden sind, und ich als Einziger meiner Familie zurueckgeblieben war, verursachte mir einen derartigen Nervenschock, dass ich bis zum heutigen Tage nicht darueber hinwegkommen kann. Ich sehe naechtlich diese Schreckensbilder vor meinen Augen und weine u. schreie aus dem Schlafe, bin nervoes und lebe in staendiger Vorstellung, dass man mich ermorden will."[395]

Betrachtet man die Symptome, unter denen Herr C. litt, so wird deutlich, daß diese mit den "klassischen" Symptomen eines "Überlebendensyndroms" identisch sind. Seinen Angaben zufolge zeigten sich seine psychischen Verletzungen in folgenden Phänomenen:

> "Angst-Neurose und neuro-vegetative Dystonie. Sehr starke Kopfschmerzen mit Schwindel u. Gleichgewichtsstoerungen, schlaflos, Weinen u. Schreien aus dem Schlafe, Angst- u. Verfolgungszustaende, sehr nervoes und seelisch unausgeglichen, Depressionszustaende, unklare Herzbeschwerden... Atemnot, Schwaecheanfaelle..."[396]

Geschuldet waren diese psychischen Leiden den fortschreitenden und eskalierenden Extrembelastungen, denen Herr C. seit 1940 ausgesetzt war. Als erste Sequenz psycho-physischer Belastung kann die Zeit betrachtet werden, in der Herr C. mit seiner Familie in dem jüdischen Ghetto seiner Heimatstadt inhaftiert war. Dort wurde er mit seiner Familie auf engstem Raum zusammengepfercht, dort mangelte es ihm (zum ersten Mal in seinem Leben) an ausreichender Ernährung und medizinischer Versorgung. Doch auch wenn er dort erheblichen Pressionen ausgesetzt war, so verfügte er damals noch über die notwendigen Energien, die er benötigte, um sich aus diesen bedrohlichen Zustand zu befreien. Er bereitete seine Flucht aus dem Ghetto vor, obwohl er doch wußte, daß er sich damit von seiner Familie trennen mußte und - falls er entdeckt würde - mit seinem sicheren Tod zu rechnen hatte.

Die zweite traumatisierende Sequenz war dann die Zeit, in der er sich auf der Flucht befand und unter permanentem Streß zu leben gezwungen war: Mittellos und ohne einen sicheren Zufluchtsort, an dem er zur Ruhe hätte kommen können, durchwanderte er Ostpolen - immer in der Hoffnung, seinen deutschen Verfolgern entkommen zu können. Seine Angst, von deutschen Truppen aufgegriffen, verhaftet oder gar ermordet zu werden, dürfte vor allem deshalb besonders quälend gewesen sein, weil er offensichtlich keine Person kannte, die ihm Schutz hätte bieten,

---

395 Zit. nach: ebd., S. 2.
396 Zit. nach: ebd., S. 1.

emotionale Unterstützung hätte schenken können.[397] Die Entbehrungen der Flucht und das Gefühl, bedroht und gehetzt zu sein, waren für Herrn C. - so ist zu vermuten - physische wie psychische Stressoren, die er nur ertragen konnte, weil er hoffte, sich auf sowjetischem Territorium in Sicherheit bringen zu können. Tatsächlich aber sollte sich diese Hoffnung als trügerisch erweisen: Kaum auf sowjetischem Gebiet angelangt, wurde er verhaftet, mißhandelt und in ein sibirisches Zwangsarbeitslager deportiert.

Diese Deportation und die extremen Belastungen, denen Herr C. in dem sibirischen Lager ausgesetzt war - also die dritte Sequenz physo-psychischer Überforderung -, dürften sein psychisches Gleichgewicht endgültig destabilisiert haben. Hatte er bislang noch gehofft, sich den Repressionen seiner (deutschen) Verfolger entziehen zu können, so sah er sich nun in eine Situation gestellt, in der er der Gewalt sowjetischer Machthaber hilf- und wehrlos ausgesetzt war. Die Lebensbedingungen, unter denen er die nächsten Jahre zu existieren gezwungen war, waren katastrophal: Bei widrigsten klimatischen Verhältnissen mußte er schwere körperliche Arbeiten verrichten, und obwohl die hygienische Situation ebenso desolat war wie die Ernährungslage, erhielten die Häftlinge keinerlei medizinische Versorgung. Wollte er diesen Zustand überleben, so mußte sich Herr C. auf das "Hier und Jetzt" konzentrieren, alle Erinnerungen an sein früheres Leben tilgen und sein psychisches Erleben auf ein Minimum reduzieren. Wie die Häftlinge in deutschen Konzentrationslagern so wurden auch die Gefangenen sowjetischer Zwangsarbeitslager in einen Zustand psychischer Regression und Reduktion gezwungen, der ihre Persönlichkeit umstrukturierte und dauerhaft veränderte.

Herr C. war also ab 1940 einer Fülle traumatischer Erfahrungen ausgesetzt, die seine psychische Integrität nachhaltig erschüttert haben dürften. Wie er selber aussagte, war es aber erst die Nachricht von der Ermordung seiner Familie, die ihn - nach Kriegsende - vollends destabilisierte. Diesen Verlust konnte er - nach all den leidvollen Erlebnissen seiner Flucht und Inhaftierung - nicht mehr bewältigen.

Nachdem Herr C. seinen Antrag auf Entschädigung seiner körperlichen und gesundheitlichen Leiden im Frühsommer 1965 substantiiert hatte, sollten fast zehn Jahre vergehen, bis die Entschädigungsbehörde Darmstadt zu einem Erstbescheid gelangte. Es ist der Entschädigungsakte zwar nicht exakt zu entnehmen, warum der Bescheid erst zu einem solch späten Zeitpunkt erging - zu vermuten aber ist, daß es vor allem die ärztlichen Mehrfachbegutachtungen waren, die zu dieser Verzögerung führten: Insgesamt wurde Herr C. von fünf Vertrauensärzten und Fachgut-

---

397 Andere jüdische Verfolgte, die sich durch Flucht der deutschen Verfolgung zu entziehen suchten, berichteten nach dem Krieg, daß sie immer wieder denunziert worden wären und deshalb jeden Kontakt zu der polnischen Bevölkerung gemieden hätten. Vgl. dazu die Schilderung zweier späterer Auschwitzhäftlinge in: Gideon Greif: wir weinten tränenlos. Augenzeugenberichte der jüdischen "Sonderkommandos" in Auschwitz, Köln 1995, S. 55.

achtern untersucht, die sich mit der Frage befaßten, ob und in welchem Ausmaß er an verfolgungsbedingten somatischen wie psychischen Erkrankungen leide.

Bemerkenswert ist jedoch, zu welch unterschiedlichen Befunden die verschiedenen Gutachter gelangten. Der vertrauensärztliche Gutachter in Israel, der Herrn C. zuerst untersucht und darüber hinaus ein chirurgisches Zusatzgutachten hinzugezogen hatte, kam zu dem Ergebnis, er leide - verfolgungsbedingt - an einer "neurovegetativen Dystonie, an rheumatischen Schmerzen und an einer chronischen Knochentuberkulose mit Fistelbildung";[398] die Minderung seiner Erwerbsfähigkeit sei mit 32,5% zu beziffern. Ein psychiatrischer Gutachter, den Herr C. hinzuzog, konstatierte darüber hinaus, daß bei ihm eine verfolgungsbedingte Angstneurose zu diagnostizieren sei.

Ganz anders dagegen die Fachärzte, die von der Entschädigungsbehörde beauftragt worden waren, diese vertrauensärztlichen Diagnosen zu überprüfen: Sie kamen - je nach Fachgebiet - zu dem Ergebnis, bei Herrn C. seien weder im somatischen noch im psychischen Bereich verfolgungsbedingte Erkrankungen festzustellen.

Mit ihrem Bescheid vom 10. März 1975 entschloß sich die Darmstädter Entschädigungsbehörde, den von ihr beauftragten Fachgutachtern zu folgen und entschied:

> "Der Antrag auf Entschädigung wegen Schadens an Körper und Gesundheit war... als unbegründet abzulehnen... Der medizinische Sachverständige konnte unter Auswertung aller vorhandenen Krankenunterlagen, auch unter dem Gesichtspunkt der Wahrscheinlichkeit, das Bestehen von verfolgungsbedingten Körperschäden nicht feststellen."[399]

Die erheblichen Differenzen zwischen den verschiedenen Gutachten waren für Herrn C. Anlaß genug, gegen diesen Bescheid zu klagen. Noch einmal beantragte er Entschädigung für eine Knochentuberkulose, chronischen Muskel- und Gelenkrheumatismus, Gastritis chronica, Angstneurose und vegetative Dystonie sowie Herzbeschwerden und forderte, ihm eine verfolgungsbedingte Minderung der Erwerbsfähigkeit von 25% zuzugestehen. Bevor das Landgericht Wiesbaden aber zu einem Urteil gelangte, wurde noch ein weiterer Arzt beauftragt, Herrn C. zu untersuchen und so konnte der Prozeß denn auch erst im Jahr 1977 abgeschlossen werden. Doch auch das Landgericht Wiesbaden kam zu dem Ergebnis: "Die Klage... ist

---

398 Zit. nach: Urteil des Landgerichts Wiesbaden vom 28. Juli 1977, Az.: 70 (Entsch) 197/75, S.3. Unter einer "neurovegetativen Dystonie" versteht man ein psychovegetatives Syndrom, das sich in der Regel in folgenden Symptomen äußert: Kopfschmerzen, Magenbeschwerden, Herzbeschwerden, Herzstolpern, Schwindelgefühle, Atembeschwerden, Kreuz- oder Rückenschmerzen, Müdigkeit, sexuelle Funktionsstörungen, larvierte Depression. Vgl. dazu: Pschyrembel - Klinisches Wörterbuch, a.a.O., S. 1633.
399 Zit. nach: Bescheid der Entschädigungsbehörde Darmstadt vom 10. März 1975, S. 3.

zulässig, form- und fristgerecht erhoben, sachlich jedoch nicht begründet."[400] Relativ ausführlich widmete sich die Urteilsbegründung den verschiedenen somatischen Erkrankungen, für die Herr C. Entschädigung beantragt hatte. Mit Verweis auf die bundesdeutschen Fachgutachten kamen die Richter zu dem Ergebnis, Herr C. leide weder an einem Herz- und Magenleiden, noch an entschädigungsrelevanten rheumatischen Beschwerden, wären diese doch erst 1959 aufgetreten und deshalb nicht auf die Verfolgung zurückzuführen. Detaillierter noch beschäftigte sich die Urteilsbegründung mit der Frage, ob dem vertrauensärztlichen Befund zu folgen sei, demzufolge Herr C. zwar nicht - wie er selbst behauptete - an einer Knochentuberkulose, dafür aber an einer verfolgungsbedingten "inaktiven Lungentuberkulose"[401] litt. Doch auch diese Diagnose wurde von den Richtern als unwahrscheinlich zurückgewiesen:

> "Anhaltspunkte für einen tuberkulösen Prozeß während der Verfolgung sind nicht vorhanden. Der Hinweis des Klägers, er sei im Dezember 1946 in einem Krankenhaus für Tuberkulose drei bis vier Wochen behandelt worden, spricht nicht für, sondern gegen eine Tuberkuloseerkrankung. Wenn damals ein aktiver Lungenprozeß festgestellt worden wäre, wäre der Kläger nicht nach drei bis vier Wochen entlassen, sondern einer intensiven Behandlung zugeführt worden."[402]

Nachdem damit alle somatischen Erkrankungen entweder als nicht existent oder aber als verfolgungsunabhängig erklärt worden waren, blieb nur noch zu klären, wie es denn um den psychischen Zustand von Herrn C. bestellt sei. Lediglich zitiert und für richtig befunden, nicht aber hinterfragt, wurde hier die Diagnose des psychiatrischen Fachgutachters:

> "Eine Angstneurose und neurovegetative Dystonie liegt beim Kläger nicht vor. Er ist eingehend von dem Facharzt für Psychiatrie Dr. S... untersucht worden. Der Sachverständige fand keinerlei Anhaltspunkte zur Diagnose vegetative Dystonie noch für irgendwelche seelischen Defekte. Sein Gutachten ist überzeugend."[403]

Auch gegen dieses Urteil klagte Herr C. und im Mai 1978 kam es zu einer erneuten Verhandlung - diesmal vor dem Oberlandesgericht Frankfurt. Hier wurde dann festgestellt, das Landgericht Wiesbaden habe die ärztlichen Gutachten und medizinischen Unterlagen nicht im "richtigen Lichte gesehen"[404]: Im Widerspruch zu der Wiesbadener Entscheidung kam das OLG zu dem Schluß, es bestehe erstens durchaus der Verdacht, daß Herr C. an einer Knochentuberkulose gelitten haben könne. Zweitens sei aber seinen Krankenunterlagen zu entnehmen, daß bei ihm nach Verfolgungsende eine Lungentuberkulose diagnostiziert worden war:

---

400    Zit. nach: Urteil des Landgerichts Wiesbaden vom 28. Juli 1977, a.a.O., S. 4.
401    Zit. nach: ebd., S. 4.
402    Zit. nach: ebd., S. 5.
403    Zit. nach: ebd.
404    Zit. nach: Sitzung des OLG Frankfurt vom 19.Mai 1978, Az.: 10 U 22/78 -E-, S. 2.

"Es ist zwar nicht wahrscheinlich, daß dieser alte Prozeß einer Lungen-Tbc heute noch eine rentenberechtigende MdE verursacht, es kann aber angenommen werden, daß in unmittelbarem Anschluß an das Verfolgungsende eine MdE vorhanden war, die zur Kapitalentschädigung und möglicherweise auch zur vorübergehenden Gewährung von Rente geführt hätte. Heilverfahrensansprüche wären in jedem Falle gegeben."[405]

Da also eine berechtigte Vermutung bestände, daß Herrn C. zumindest in den ersten Jahren nach der Verfolgung Entschädigung zugestanden habe, schlug das OLG beiden Parteien vor, den Rechtsstreit zu vergleichen: "Zur Abgeltung sämtlicher Ansprüche wegen Schadens an Körper und Gesundheit zahlt der Beklagte an den Kläger 13.500.-- DM."[406]

Primär sollte mit diesem Vergleich die tuberkulöse Erkrankung von Herrn C. entschädigt werden, doch in dem Vergleichsvorschlag des OLG findet sich auch ein Hinweis auf seine psychischen Verfolgungsschädigungen. Hier heißt es:

"... daß zur Abgeltung aller Ansprüche, einschließlich Heilverfahren und auch einschließlich eines eventuellen Erschöpfungszustandes unmittelbar nach der Verfolgung, ein Betrag von 13.500.-- DM gezahlt werden".[407]

Mit der Feststellung, daß Herr C. zumindest unmittelbar nach der Verfolgung an somatischen wie psychischen Problemen gelitten haben könne, war das Urteil des Landgerichts Wiesbaden korrigiert. Herr C. akzeptierte den Vergleichsvorschlag des Oberlandesgerichtes, womit sein Entschädigungsverfahren abgeschlossen war.

Laut Entschädigungsgesetzgebung war die Entscheidung, ob und in welchem Maße ein ehemals Verfolgter unter psychischen Verfolgungsschäden litt, von mehreren Instanzen zu überprüfen und zu bewerten: Als Erstinstanz fungierten Vertrauensärzte, die - in unmittelbarem Kontakt zu den Betroffenen - ein Erstgutachten zu erstellen hatten, das dann noch einmal von einem (oder mehreren) medizinischen Sachverständigen der Entschädigungsbehörden geprüft und/oder korrigiert wurde. Die letztendliche Entscheidung, welche Diagnose für einen Bescheid maßgeblich sei, war und blieb Angelegenheit der Entschädigungsorgane. Sie verfügten zwar nicht über die notwendige Fachkompetenz, unterschiedliche medizinische Befunde inhaltlich beurteilen zu können - sie konnten und mußten aber prüfen, ob in den Gutachten alle relevanten Aspekte der Krankheitsgeschichte in ausreichendem Maße gewürdigt worden waren. Es war dies eine schwierige und diffizile Aufgabe, die die Gesetzgeber den Entschädigungsorganen aufgebürdet hatte, zwang sie die Sachbearbeiter und Richter doch, zwischen den anamnestischen Befunden der Vertrauensärzte und Fachgutachter abzuwägen.

---

405 Zit. nach: ebd.
406 Zit. nach: ebd., S. 3.
407 Zit. nach: ebd.

De facto - und dies wird im Falle von Herrn C. deutlich - entschieden sich die Entschädigungsbehörden zumeist, den von ihnen beauftragten Fachgutachtern zu folgen und die (für die Betroffenen oft positiveren) vertrauensärztlichen Untersuchungsergebnisse zu verwerfen. Dementsprechend kamen auch die Entschädigungsbehörde Wiesbaden und das zuständige Landgericht zu dem Ergebnis, bei Herrn C. seien keine "seelischen Defekte" festzustellen. Schwerer machte es sich dagegen das Oberlandesgericht Frankfurt. Zwar fanden in dessen Urteil die Ergebnisse der vertrauensärztlichen Untersuchungen keine dezidierte Berücksichtigung, genau überprüft wurden jedoch die Gutachten der medizinischen Sachverständigen. Hier stellten die Richter (Rest)Unsicherheiten bezüglich der tuberkulösen Erkrankung von Herrn C. fest, die - nach ihrer Ansicht - die Ablehnung aller Entschädigungsansprüche unmöglich mache. Sie hoben das abweisende Urteil des Landgerichts auf und empfahlen beiden Parteien - d.h. dem Land Hessen und Herrn C. - sich durch einen Vergleich zu einigen.

Eine (in Anbetracht der Fachgutachten) salomonische Lösung fanden die Frankfurter Richter bezüglich der psychischen Leiden von Herrn C.: Ohne die disparaten Ergebnisse der unterschiedlichen Gutachten noch einmal zu erwähnen, unterstellten sie, Herr C. müsse unmittelbar nach Ende der Verfolgung unter einem psychischen Erschöpfungszustand gelitten haben, der dementsprechend zu entschädigen sei.

Damit hatte das OLG seinen Entscheidungs- und Ermessensspielraum so weit wie möglich ausgeschöpft. Daß Herr C. jedoch lediglich für einen vorübergehenden psychischen Erschöpfungszustand, nicht aber für seine immer noch andauernden Depressionen und Ängste entschädigt wurde, war den Gutachten der bundesdeutschen Sachverständigen geschuldet, die den Befund des vertrauensärztlichen Gutachtens als unzutreffend verworfen hatten.

**Herr L.K.:** "...musste eine der schrecklichsten Arbeiten leisten die ein pervertiertes Menschenhirn einem Mitmenschen auferlegen konnte

Herr K. wurde 1918 als erster Sohn eines jüdischen Kaufmannes in einer kleinen Stadt in Polen geboren. Bald nach der Geburt eines zweiten Sohnes verstarb seine Mutter und sein Vater heiratete ein zweites Mal; aus dieser Ehe entstammten vier weitere Söhne. Herr K. besuchte keine Schule, da er bereits seit seiner Geburt taubstumm war und aufgrund dieser Behinderung als "geistig etwas zurückgeblieben"[408] galt; als Jugendlicher arbeitete er deshalb als Hilfsarbeiter in einer örtlichen Seifen- und Kerzenfabrik.

Im Jahr 1941, kurz nachdem die deutschen Truppen die Geburtsstadt von Herrn K. besetzt hatten, wurde dort ein Ghetto eingerichtet, in dem auch die Familie K. leben mußte. Herr K. selbst wurde kurze Zeit später in das Zwangsarbeitslager Budzyn deportiert, wo er schwere körperliche Arbeiten für die deutschen Heinkelwerke zu verrichten hatte. Anfang des Jahres 1944 wurde er in das Konzentrationslager Majdanek, im Sommer des gleichen Jahres in das Konzentrationslager Auschwitz überstellt. Im Winter 1944 wurde Herr K. in das Konzentrationslager Bergen-Belsen abtransportiert, wobei sich der Transport nur zum Teil per Bahn vollzog - zum Teil mußten die Häftlinge den Weg zu Fuß bewältigen.

Im April 1945 wurde er in Bergen-Belsen von britischen Truppen befreit. Nachdem er einige Zeit in deutschen Krankenhäusern verbracht hatte, wurde er in das DP-Lager Zeilsheim überstellt, von wo er 1950 nach Israel auswanderte. Hier lebte Herr K. erst einmal in einem Heim, in dem Kranke und sozial Bedürftige betreut wurden; später dann in einer eigenen Wohnung. Anfänglich erhielt er Sozialhilfe, zudem wurde er von einem (überlebenden) Bruder finanziell unterstützt.

1957 stellte Herr K. einen Antrag auf Entschädigung für die erlittene Freiheitsbeschränkung bzw. -entziehung, der im Februar 1958 per Vergleich positiv beschieden wurde. Im gleichen Jahr stellte er einen substantiierten Antrag auf Entschädigung seiner gesundheitlichen Schädigungen.

Will man das Schicksal und das Krankheitsbild von Herrn K. näher beleuchten, so gilt es, einige Bemerkungen voranzustellen: Wollte Herr K. näheres über seine verfolgungsbedingten Erkrankungen mitteilen, so war er wie kaum ein anderer Verfolgter auf die Unterstützung und Empathie anderer Personen angewiesen, war es ihm doch aufgrund seiner Behinderung kaum möglich, seine konkreten Verfolgungserfahrungen, seine somatischen wie psychischen Leiden zu vermitteln. Er be-

---

408 Zit. nach: Entschädigungsakte von Herrn K., Entschädigungsbehörde Darmstadt, Az.: D/42181/18(A)DP/Kal; Psychiatrisches Fach- und vertrauensärztliches Gutachten vom 27.2.1962, S. 1.

durfte der tätigen Mithilfe seines jüngeren Bruders, der neben Herrn K. als einziges Mitglied der Familie K. den nationalsozialistischen Vernichtungsterror überlebt hatte und seit früher Kindheit gelernt hatte, die Gebärdensprache seines Bruders zu übersetzen:

> "Ich, der unterzeichnete K. I... spreche im Namen meines seit Geburt taubstummen Stiefbruders K. L... Er kann seine Erklärung nicht selbst abgeben, doch ist er in der Lage, meine Worte vom Mund abzulesen und meine Aussage zu kontrollieren."[409]

Eben diese "übersetzten" Ausführungen werde ich im folgenden als Eigenangaben von Herrn K. kennzeichnen.

In seiner Kindheit und Jugend lebte Herr K. in seiner Familie, die ihn in seiner Behinderung akzeptierte und liebte: "Die wirtschaftliche Lage der Familie war gut und die intrafamilialen Beziehungen waren herzlicher Natur."[410] Die Kommunikation zwischen ihm und seinen Familienangehörigen gelang offensichtlich komplikationslos, bedienten sie sich doch einer (wenn auch rudimentären) Gebärdensprache. Obwohl er keine Schule besuchte und deshalb auch Analphabet blieb, gelang es Herrn K., sich als Industriehilfsarbeiter weitgehend selbst ökonomisch zu reproduzieren und damit ein gewisses Maß an Autonomie zu gewinnen.

Nachdem die Heimatgemeinde von Herrn K. durch deutsche Truppen besetzt, die jüdische Bevölkerung in einem Ghetto isoliert worden war, wurde er in das Zwangsarbeitslager Budzyn deportiert, wo er für ein deutsches Rüstungsunternehmen schwere körperliche Arbeiten verrichten mußte. Hier war Herr K. - wie andere Häftlinge - gezwungen, auch bei mangelhafter Ernährung bis zur physischen Erschöpfung zu arbeiten und die Aggressionen seiner deutschen Bewacher auszuhalten. Und doch unterschied sich seine Situation deutlich von der anderer Gefangener: Mit dem Verlust seiner Familie und seines gewohnten sozialen Umfelds war Herr K. nicht mehr in der Lage, sich anderen Menschen verständlich zu machen bzw. deren verbale Äußerungen zu verstehen, gab es doch niemanden, der sich die Mühe gemacht hätte, per Gestik oder Mimik mit ihm zu kommunizieren. Er konnte keinen Kontakt zu anderen Gefangenen finden, die ihm hätten helfen können, seine Situation erträglicher zu gestalten. Und vor allem blieb er der Willkür seiner Verfolgung in extremem Maße ausgesetzt:

> "Ich bin taubstumm seit Geburt, konnte die Befehle der Deutschen nicht verstehen, wurde dadurch oftmals geschlagen. Im Sommer 1942 wurde ich bei der Arbeit vom Wachmann mit Faust ins Gesicht geschlagen. Unter den Fausthieben wurde mein linkes Auge beschaedigt, war eine Zeitlang geschlossen, schmerzte."[411]

---

409 Zit. nach: Substantiierter Antrag von Herrn K. auf Entschädigung wegen Schaden an Körper und Gesundheit vom 28. April 1958, S. 1.
410 Zit. nach: Psychiatrisches Fach- und vertrauensärztliches Gutachten, a.a.O., S. 1.
411 Zit. nach: Substantiierter Antrag von Herrn K. auf Entschädigung wegen Schaden an Körper und Gesundheit, a.a.O., S. 2.

War es schon für andere (sprechende und hörende) Häftlinge kaum möglich, den Repressionen deutscher Bewacher zu entkommen, so hatte Herr K. noch nicht einmal die Chance zu verstehen, was seine Verfolger von ihm verlangten - geschweige denn, ihren Anforderungen zu entsprechen. Während seiner gesamten Haftzeit im Zwangsarbeitslager Budzyn blieb er also Leidtragender von Schikanen und spontanen Gewaltakten.

Anfang des Jahres 1944 wurde Herr K. in das Vernichtungslager[412] Majdanek überstellt, von wo aus er im Sommer des gleichen Jahres nach Auschwitz deportiert wurde. Über diese Zeit in nationalsozialistischen Vernichtungslagern sagte Herr K. in seinem Entschädigungsantrag:

> "Jeden Tag war ich der Todesgefahr ausgesetzt, denn solche Menschen, wie ich bin, haben die Deutschen erbarmungslos liq(uidiert). Mit Glueck bin ich beim Leben geblieben."[413]

Zwar waren - wie in Kapitel II ausführlich beschrieben- alle Häftlinge der Konzentrations- und vor allem Vernichtungslager permanent von Gewalt, Folter, Erniedrigung und dem Tode bedroht; für Herrn K. aber galt dies in besonderem Maße: In beiden Lagern wurde er den sogenannten jüdischen "Sonderkommandos" zugeteilt, deren Aufgabe es war, die Todesfabriken nationalsozialistischer Vernichtung in Gang zu halten. Sie waren es, die die Leichen der Ermordeten aus den Gaskammern zu ziehen hatten; sie waren es, die den Getöteten alle auffindbaren Goldzähne zu ziehen hatten und die die Leichen von Tausenden Menschen in den eigens dafür vorgesehenen Krematorien zu verbrennen hatten.[414] Eben diese grausigen Tätigkeiten hatte auch Herr K. zu verrichten, wurde er doch im täglichen Wechsel gezwungen, den Ermordeten entweder sämtliche Goldzähne zu ziehen oder sie in den Krematoriumsöfen zu verbrennen. Verrichtete er seine "Arbeit" nach Ansicht seiner Peiniger nicht schnell genug, so wurde er mißhandelt.[415]

---

412 Majdanek und Auschwitz waren beides Lager, in denen Menschen gezielt und mit Hilfe industrieller Methoden ermordet wurden - Todesfabriken, in denen Hunderttausende (vor allem Juden, Sinti und Roma) spurenlos vernichtet wurden. Zum spezifischen Charakter der Vernichtungslager vgl. u.a.: Wolfgang Sofsky: Die Ordnung des Terrors, a.a.O., S. 296 - 314; Adalbert Rückerl (Hrsg.): NS-Vernichtungslager im Spiegel deutscher Strafprozesse (Belzec, Sobibor, Treblinka, Chelmno), München 1979.
413 Zit. nach: Substantiierter Antrag von Herrn K. auf Entschädigung wegen Schaden an Körper und Gesundheit, a.a.O., S. 2.
414 In beeindruckender Weise wird das Schicksal der Angehörigen von jüdischen "Sonderkommandos" in dem Buch von Gideon Greif: wir weinten tränenlos, a.a.O., dokumentiert.
415 W. Sofsky stellt mit Nachdruck fest: "Das Schicksal der Sonderkommandos gehört zu den entsetzlichsten Kapiteln in der Geschichte der Todes- und Konzentrationslager , wurden jüdische Gefangene doch genötigt, den Vernichtungswillen ihrer Verfolger zu exekutieren und damit selbst Teil der nationalsozialistischen Mordmaschinerie zu werden. Weil sie aber Mitwissende waren und Auskunft über die Bestialität industrieller Vernichtung hätten geben können, waren die Angehörigen dieser Kommandos in der Regel "Lebende auf Zeit" Ihr Überleben war nur so lange garantiert, wie neue Transporte in den Vernichtungslagern ein-

Vergegenwärtigt man sich die besondere Situation von Herrn K., so wird einmal mehr die pervertierte Verfolgungs"logik" der nationalsozialistischen Machthaber deutlich: Unheilbar Kranken - und als solcher galt Herr K. aufgrund seiner angeborenen Behinderung - wurde "im Prinzip" jedes Recht auf Leben abgesprochen, galten sie doch bereits seit 1933 (nachdem das Gesetz "Zur Verhütung erbkranken Nachwuchses" verabschiedet worden war) als unerwünschte "Schädlinge des Volkskörpers". Nationalsozialistischer Ideologie folgend hätte es demnach also gleich drei "Gründe" gegeben, Herrn K. sofort nach seiner Ankunft in einem Vernichtungslager zu ermorden. Er war Pole - und damit Angehöriger eines "minderwertigen" Volkes, Jude - also Angehöriger einer "minderwertigen Rasse" - und darüber hinaus noch "unheilbar krank".

Tatsächlich aber war Herr K. den abnormen Verwertungsinteressen seiner Verfolger nützlich, konnten sie doch davon ausgehen, daß er die ihm auferlegten Arbeiten erfüllen und dennoch mit niemandem über seine Erlebnisse sprechen würde - daß er zur "Diskretion" verdammt war.

Ende 1944 begann die SS in immer umfangreicherem Maße, noch arbeitsfähige Häftlinge in deutsche Konzentrationslager zu verschicken - so auch Herrn K., der nach Bergen-Belsen abtransportiert wurde.[416] Da der SS nicht in ausreichendem Maße Reichsbahnwaggons zur Verfügung standen, zwang sie die Häftlinge, einen Teil der Wegstrecke zu Fuß zu gehen. Da die Deportierten kaum Nahrung und keinerlei wärmende Kleidung erhielten, die sie vor der schlechten Witterung hätte schützen können, war die Todesrate auf solchen Transporten erheblich. Und auch Herr K. erzählte:

---

trafen, Menschen ermordet, ihre Wertsachen gesichert und ihre Spuren ausgelöscht werden sollten. Ging die "Saisonarbeit" zurück, weil die Transporte eine Zeitlang ausblieben und die Todesfabrik stillstand, dezimierte die SS sogleich die Mannschaftsstärke und tötete die überzähligen Häftlinge." Zit. nach ders.: Die Ordnung des Terrors, a.a.O., S. 305 f. Wieslaw Kielar beschreibt in seinem Augenzeugenbericht: Anus Mundi. Fünf Jahre Auschwitz, Frankfurt a.M. 1979, S. 248 die psychische Situation der Angehörigen solcher Sonderkommandos: "Die Angehörigen des Sonderkommandos wußten sehr genau, daß sie so lange am Leben blieben, wie sie etwas zu verbrennen hatten, weil sie so lange noch notwendig waren. Von den Gefühlen, die sie noch kannten, blieb ihnen lediglich die Angst vor dem eigenen Tod, eine um so größere Angst, je mehr sie die ganze bestialische Maschinerie der Tötung kennengelernt hatten. Sie kannten gut den Preis für ihr Leben, deswegen gab sich jeder von ihnen der Täuschung hin, er würde am Leben bleiben, wenn er ordentlich, ohne Fehler arbeitete und alles täte, was ihm befohlen wurde."

416 Nicht rekonstruierbar ist, warum die SS Herrn K. zumindest eine kleine Chance gab, zu überleben. Zu vermuten ist jedoch, daß er bereits vor dem 7. Oktober 1944 Auschwitz verließ, kam es doch an diesem Tag zu einer Revolte des jüdischen Sonderkommandos, dessen Angehörige sich - nachdem die Todestransporte zurückgegangen waren - unmittelbar vom Tod bedroht sahen. Obwohl es den Gefangenen gelang, mehrere SS-Leute zu töten oder zu verwunden, scheiterte ihr Aufstand - von den Revoltierenden überlebte niemand. Vgl. dazu: Wolfgang Sofsky: Die Ordnung des Terrors, a.a.O., S. 312 f.

"Ende 1944 wurde ich nach Bergen-Belsen abtr(ansportiert). Den Weg machte ich teils zu Fuss teils mit der Eisenbahn. Oftmals schlief ich im Schnee, fror, hungerte. Als ich das Lager Bergen-Belsen erreichte, war ich vollkommen erschoepft und sehr krank. Ich verspuerte heftige Schmerzen in den Gelenken / das rechte Bein und der rechte Arm."[417]

Es gelang Herrn K., noch weitere Monate der Konzentrationslagerhaft zu überleben - erst am 1. April 1945 wurde er in Bergen-Belsen von englischen Truppen befreit. In seinem Entschädigungsantrag gab Herr K. an, er leide noch immer an rheumatischen Beschwerden, an "Schmerzen im rechten Bein und Arm"; infolge der Mißhandlungen im Arbeitslager Bydzin an einem Augenleiden "aufs linke Auge sehe ich fast nichts, musste mich in 1957 einer Operation unterziehen" und an einem Nervenleiden, das sich in "Kopfschmerzen mit Schwindelanfaellen, Schlaflosigkeit" und "Angstzuständen" bemerkbar mache.[418]

Unvorstellbar erscheint es, daß die physische und vor allem psychische Existenz eines Menschen noch extremeren Belastungen ausgesetzt sein könnte, als dies bei Herrn K. der Fall gewesen war. Er hatte jede Form der psychischen Erniedrigung und Gewaltanwendung, alle Streß- und Angstsituationen auszuhalten, denen sich die nationalsozialistischen Machthaber bei der Unterwerfung von Häftlingen bedienten. In ständiger - auch physischer - Berührung mit Gewalt und Tod wurde er zu einem Werkzeug der Vernichtung instrumentalisiert, dem jede menschliche Regung, jede Gefühlsäußerung verwehrt blieb. Waren auch andere Konzentrationslagerhäftlinge von einer massiven (und dauerhaften) psychischen Destabilisierung betroffen, so galt dies sicherlich in noch stärkerem Maße für Häftlinge wie Herrn K., die in Krematorien und Leichenhallen das Werk ihrer Verfolger zu vollenden hatten. Nur diejenigen psychischen Abwehrmechanismen machten es ihnen möglich, zumindest für kurze Zeit zu überleben, die auf eine hermetische "Armierung ihres Ichs" (vgl. Kapitel II), auf die Ausschaltung aller Gefühle - bis hin zu umfassender Apathie - gerichtet waren. Erzwungenermaßen standen diese Gefangenen außerhalb der Häftlings"gemeinschaft", flüchteten sie sich in einen Zustand emotionaler Starre, der nur durch die Angst um das eigene Leben durchbrochen werden konnte.[419] Es war dies ein Zustand, in dem archaische Instinkte regierten - und der allzu häufig durch den Tod beendet wurde.

Vergegenwärtigt man sich jedoch die spezifische Situation von Herrn K., so wird deutlich, daß er in besonderen Maße unter der Verfolgung, der täglichen Kon-

---

417  Zit. nach: Substantiierter Antrag von Herrn K auf Entschädigung wegen Schaden an Körper und Gesundheit, a.a.O., S. 2.
418  Zit. nach: ebd., S. 1 und 2.
419  Ein ehemaliges Mitgliedes eines jüdischen Sonderkommandos in Auschwitz beschrieb diesen Zustand wie folgt: "... wir waren damals wie Roboter... Wir hatten eigentlich gar keine Gefühle mehr. Wir hatten die Gefühle noch in ihren Anfängen erstickt.", zit. nach: Gideon Greif: wir weinten tränenlos, a.a.O., S. 272.

frontation mit Leiden, Sterben und Tod gelitten haben dürfte. Er befand sich in einem Zustand völliger Isolation, war es ihm doch weder möglich, basale Bedürfnisse zu artikulieren, noch sich in der Kommunikation mit anderen zu vergewissern, daß er Teil einer - wenn auch extrem gequälten - menschlichen Gemeinschaft sei. Während andere Mitglieder der Sonderkommandos wenigstens die Chance hatten, sich durch Gespräche und artikulierte Träume in eine andere, bessere Realität zu versetzen, blieb Herr K. in seiner eigenen Erlebniswelt gefangen, zu der Andere keinen Zugang hatten.[420] Und auch diese seine Erlebniswelt dürfte sich von der seiner Mithäftlinge unterschieden haben, schenkt man Untersuchungen Glauben, die sich mit dem psychischen Erleben taubstummer Menschen befassen[421]. Sprache führt den Menschen weg vom (frühkindlichen) Konkretismus, dem unmittelbaren, ungefilterten Erleben einer äußerlichen Welt und ermöglicht es ihm, aus der Distanz die ihn umgebende Realität zu interpretieren, im positiven Falle zu bewältigen. Wer aber, wie Herr K., über (unvorstellbar grausame) Sinneseindrücke nicht sprechen, diese nicht ausdrücken kann; wem also - unabhängig von seinen intellektuellen Potentialen - die Möglichkeit verwehrt ist, eine (wie auch immer geartete) Distanz zur Außenwelt zu finden, der steht in der Gefahr, von den konkreten Eindrücken und Bildern seiner Umwelt psychisch überflutet zu werden. Er ist dann in besonderem Maße der Gewalt seiner bildlichen Erinnerungen ausgesetzt und findet keinen dialogischen menschlichen Kontakt, der ihm die Chance auf Kompensation oder gar Bewältigung gewähren würde.[422]

Herr K. befand sich während wie nach der Verfolgung in einem Zustand tiefer Einsamkeit und Isolation. Er wurde gequält von Erinnerungen und konkreten Bildern, von denen er - ohne Chance auf Verdrängung - immer wieder überschwemmt und geängstigt wurde:

> "Sein Gedaechtnis behielt all diese Dinge mit photographischer Deutlichkeit fest und da er kein Aussenleben fuehrt und keine Sublimationsmoeglichkeiten hat, lebt er weiterhin in der Verfolgung, sowohl im Traume wie auch in der Erinnerung."[423]

1958 stellte Herr K. mit Hilfe seines Bruders einen substantiierten Antrag auf Entschädigung seiner somatischen wie psychischen Verfolgungserkrankungen. In den

---

420 In dem Fach- und vertrauensärztlichen Gutachten, das 1962 erstellt wurde, berichtet der Gutachter, Herr K. habe ihm mitgeteilt, er sei in den Lagern alleine gewesen und habe sich mit niemandem verständigen können. Vgl. dazu: a.a.O., S. 2.
421 Vgl. dazu die ausführliche Darstellung von Oliver Sacks: Stumme Stimmen. Reise in die Welt der Gehörlosen, Reinbek bei Hamburg 1995.
422 Wie ich in Kapitel II bereits ausführte, konnten sich Häftlinge in Konzentrations- und Vernichtungslagern höchstens punktuell "sozial" oder "mitmenschlich" verhalten. In den Schilderungen von ehemaligen Mitgliedern der Sonderkommandos aber wird deutlich, daß für sie gemeinsame Gespräche und Zukunftsphantasien ein wesentlicher Garant dafür waren, sich zumindest in wenigen Stunden des Tages als Menschen zu fühlen. Vgl. dazu: Gideon Greif: wir weinten tränenlos, a.a.O., besonders S. 280.
423 Zit. nach: Psychiatrisches Fach- und vertrauensärztliches Gutachten, a.a.O., S. 3.

folgenden Jahren wurde er dann in Israel mehreren vertrauensärztlichen Untersuchungen unterzogen - zuletzt, am 27. Februar 1962, einer psychiatrischen Untersuchung, die klären sollte, inwieweit Herr K. unter gravierenden psychischen Verfolgungsstörungen litt. Der Kontakt zwischen dem psychiatrischen Gutachter und Herrn K. wurde von dessen Bruder "gedolmetscht":

> "Nachdem Ast. (Antragsteller) taubstumm ist und sich nur mit Gesten verstaendlich machen kann, wurde sein Bruder als Interpreter seiner Zeichensprache, die sehr primitiv, aber sehr anschaulich ist, beigezogen..."[424]

Nach einer kurzen Anamnese und einer (ebenso knappen) Schilderung der gegen Herrn K. gerichteten Verfolgung wurden in diesem Gutachten seine psychischen Leiden umrissen:

> "Ast. (Antragsteller) ist taubstumm und schildert mit anschaulichen Gesten, dass er immer wieder vor Augen habe, wie er die Toten in den Feuerofen schieben musste, wie er Zaehne ziehen musste, wie er Zeuge von Erschiessungen war. In der Nacht koenne er nicht schlafen und traeume dauernd von den schauerlichen Szenen."[425]

Betrachtet man die zusammenfassende Beurteilung des begutachtenden Arztes, so wird deutlich, wie sehr ihn die Berichte über die Sonderkommandos in Majdanek und Auschwitz, aber auch das individuelle Schicksal von Herrn K. erschütterten:

> "Es handelt sich hier um einen sehr seltenen Fall, um einen der Unglueklichen, die ihre Leidensgefaehrten in den Feuerofen schieben mussten... Er konnte nicht sprechen und das scheint ihm das Leben gerettet zu haben. Obzwar Ast. geistig zurueckgeblieben ist, konnte er vor dem Kriege einen Beruf ausueben und lebte im Kreise der ihn verstehenden Familie. Die Verfolgung aus Gruenden der Rasse raubte ihm die Familie und damit seine Sicherheit und Bindung an die Aussenwelt. Ast. machte furchtbare Dinge durch und musste eine der schrecklichsten Arbeiten leisten, die ein pervertiertes Menschenhirn einem Mitmenschen auferlegen konnte..."[426]

Schlußendlich kam der Psychiater zu dem Schluß, daß Herr K. seit 1945 an einer "allerschwerste(n) psychoreaktiven Störung" leide und zu 80% in seiner Arbeitsfähigkeit beeinträchtigt sei.

Bereits am 14. Mai 1962 erließ die Darmstädter Entschädigungsbehörde einen Feststellungsbescheid, mit dem sie den Antrag von Herrn K. in vollem Maße anerkannte: So erhielt er wegen einer psychoreaktiven Störung, einer chronischen Gelenkentzündung sowie eines sekundären Glaukoms (grünem Star) eine Kapitalentschädigung in Höhe von 18.100.- DM, eine fortlaufende Rente (nach der vergleichbaren Beamtengruppe des einfachen Dienstes)[427] sowie die Möglichkeit, Heilfürsor-

---

424 Zit. nach ebd., S. 1.
425 Zit. nach: ebd., S. 2.
426 Zit. nach: ebd., S. 3.
427 1962 betrug die Entschädigungsrente von Herrn K. DM 319.--, wobei es in den folgenden Jahren immer wieder zu Rentenerhöhungen kam. In seinem letzten Rentenbescheid im Jahr

ge zu beantragen. Bei der Bezifferung der Entschädigungssumme folgte die Behörde der Feststellung des begutachtenden Arztes, alle somatischen wie psychischen Erkrankungen von Herrn K. hätten bereits seit 1945 bestanden - seine verfolgungsbedingte Erwerbsminderung aber legte die Behörde - entgegen des psychiatrischen Gutachtens - nicht auf 80, sondern auf 90% (bis auf weiteres) fest:

> "Bei der Beurteilung der Leiden und der Bewertung der Erwerbsminderung wurde in vollem Umfang dem vertrauensärztlichen Gutachten gefolgt... Bei der Bemessung des Hundertsatzes wurde besonders auf die Erwerbsbeeinträchtigung Rücksicht genommen und der höchstmögliche Satz zugrundegelegt."[428]

Einige Jahre später wandte sich Herr K. erneut an die Darmstädter Entschädigungsbehörde: Da sein Bruder in der Zwischenzeit verstorben war, der ihn bis zu diesem Zeitpunkt finanziell unterstützt hatte, teilte Herr K. in einem Schreiben im Januar 1970 mit, daß er von seiner Entschädigungsrente nur einen Teil seiner laufenden Unkosten bestreiten könne:

> "Ich bin ein einsamer Mensch, habe niemanden, der sich um mich kümmert und es fehlt mir an allem. Wenn ich nur ein wenig Geld von Ihnen bekommen könnte, wäre alles viel leichter zu ertragen... Tun Sie bitte alles Mögliche, um mir wenigstens finanziell das Leben zu ermöglichen."[429]

Bereits drei Jahre später hatte sich die gesundheitliche Situation von Herrn K. gravierend verschlechtert, war er doch nun wegen seiner Gelenkentzündung nicht mehr in der Lage, sein Bett zu verlassen:

> "Ich bin ein einsamer Mensch, ohne Familie und vollkommen auf mich selbst angewiesen. Daher ist mein Zustand tragisch und ich brauche dringend eine Hilfe im Haus, die mir zumindest aufräumt, etwas abkocht etc. Waere es bitte moeglich, dass Sie mir dabei helfen?"[430]

In der Entschädigungsakte von Herrn K. ist nicht dokumentiert, wie die Darmstädter Entschädigungsbehörde auf den ersten Brief von Herrn K. reagierte. Auf seinen Antrag auf Finanzierung einer Haushaltshilfe vom Juni 1973 aber teilte ihm der zuständige Sachbearbeiter mit, das Entschädigungsgesetz sehe leider eine solche Kostenübernahme nicht vor:

---

1973 war vermerkt, daß er nunmehr DM 637.-- erhielt. Vgl. dazu: Entschädigungsakte von Herrn K., a.a.O.

428 Zit. nach: Bescheid der Entschädigungsbehörde Darmstadt vom 14.5.1962, Az.: D/42181/18(A)DP/Kal, S. 3.
429 Entschädigungsakte von Herrn K., a.a.O., Schreiben vom 3. Januar 1970.
430 Zit. nach: Entschädigungsakte von Herrn K., a.a.O., Schreiben vom 26. Juni 1973. Es scheint mir bezeichnend, daß Herr K. in beiden Schreiben seine Einsamkeit thematisierte, dürfte er sich doch - nach dem Tod seines Bruders - wieder einmal in der Situation befunden haben, mit anderen Menschen nicht oder doch nur wenig kommunizieren zu können. Erfahrungen und Gefühle der Einsamkeit und sozialen Isolation wurden so - weit über die eigentliche Verfolgung hinaus - für ihn lebensbestimmend.

"Pflegebedürftig (und damit anspruchsberechtigt, A.S.) ist, wer nach ärztlichen Gutachten zu den Verrichtungen des täglichen Lebens aus eigener Kraft nicht imstande ist, so daß durch seine Pflege *ständig* die Arbeitskraft einer anderen Person in Anspruch genommen werden muß. Es genügt nicht, daß Sie nur gelegentlich oder zu einzelnen Handlungen des täglichen Lebens einer Hilfe bedürfen..."[431]

Der Entschädigungsakte von Herrn K. ist nicht zu entnehmen, ob und wie er - trotz seiner Bettlägerigkeit - seinen Alltag bewältigen, seine Armut überbrücken konnte und mußte. Da die Akte mit einem letzten Rentenbescheid vom Dezember 1973 endet, ist jedoch zu vermuten, daß Herr K. in dieser Zeit verstarb.

In keinem anderen (mir vorliegenden) Verfahren zeigten sich die medizinischen Gutachter und die zuständige Entschädigungsbehörde so erschüttert von den extremsten Gewalterfahrungen eines Überlebenden wie im Falle von Herrn K.. Es war dies eine unausweichliche Reaktion, war dieser Mann doch - aufgrund seiner Behinderung, seiner Nationalität und seines Glaubens - unfaßbaren und grauenerregenden Brutalitäten ausgesetzt. Daß die Exzesse organisierter Gewalt und Entmenschlichung, die Herr K. durchlebt hatte, zu schwerwiegenden psychischen (und somatischen) Verletzungen führen mußten, erschien sowohl den begutachtenden Ärzten als auch den Sachbearbeitern der Behörde unmittelbar einleuchtend: Deshalb bestätigten sie ihm auch, an einer "allerschwersten psychoreaktiven Störung" zu leiden.

Daß die Entschädigungsbereitschaft bundesdeutscher (bzw. hessischer) Behörden und Gerichte immer dann am höchsten war, wenn sie mit Überlebenden nationalsozialistischer Vernichtungslager konfrontiert waren, habe ich in meinen bisherigen Ausführungen immer wieder erwähnt. Bemerkenswert ist jedoch, daß sich die Entschädigungsbehörde Darmstadt in diesem einen (in der Tat besonderen) Fall entschloß, ihren Ermessensspielraum so sehr zugunsten eines Verfolgten zu nutzen, daß sie den Grad der Erwerbsminderung, den der ärztliche Gutachter mit 80% beziffert hatte, nach oben korrigierte: Mit einer verfolgungsbedingten MdE von 90% und einem höchstmöglichen Hundertsatz schöpfte sie alle im Gesetz eröffneten Möglichkeiten aus, Herrn K. eine ausreichende Entschädigung zukommen zu lassen.

Empathie und Anteilnahme der Entschädigungsorgane und ärztlichen Gutachter waren eine zwingende Voraussetzung, den ehemals Verfolgten zu einer Anerkennung ihrer Ansprüche und angemessenen "Wiedergutmachungsleistungen" zu verhelfen. Deutlich wird in dem Verfahren von Herrn K. aber ebenso, daß der tätigen Unterstützung durch Entschädigungsorgane enge - gesetzliche - Grenzen gesetzt waren: Als sich Herr K. mit der Bitte an die zuständige Entschädigungsbehörde wandte, ihm eine Haushaltshilfe zu finanzieren, teilte ihm der zuständige Sachbe-

---

431  Zit. nach: ebd., Schreiben der Entschädigungsbehörde Darmstadt vom 14.9.1973.

arbeiter mit, er könne diesem Antrag leider nicht entsprechen. Und in der Tat konnten er bzw. die Entschädigungsbehörde einen solchen Antrag nicht bewilligen, hatten die Gesetzgeber doch bestimmt, daß nur jenen Verfolgten die Kosten einer Pflegekraft zu ersetzen seien, die ständiger Betreuung bedurften. Daß auch ein Mensch wie Herr K., der (nach dem Tod seines Bruders) zutiefst vereinsamt war und noch immer unter schwersten psychischen wie somatischen Folgen seiner extremtraumatischen Verfolgungserfahrungen litt, Hilfe und menschlichen Zuspruch benötigen konnte, hatten die Gesetzgeber nicht bedacht. Herr K. blieb ohne jeden Beistand - obwohl er sicherlich auf jede Form sozialer und menschlicher Hilfestellung angewiesen gewesen wäre.

**Frau E.M.:** **"Durch die großen seelischen und körperlichen Belastungen... habe ich dauernde Schädigungen davon getragen."**

Frau E. M. wurde 1920 als Tochter eines Arbeiters in einer kleinen Gemeinde Ostpreußens geboren. Nach dem Schulbesuch absolvierte sie eine Ausbildung zur Hausgehilfin - ein Beruf, in dem sie anschließend auch tätig war. Anfang 1942 wurde sie zu Arbeiten in einer Munitionsfabrik dienstverpflichtet. Da sie offensichtlich nicht bereit war, dieser Dienstverpflichtung dauerhaft Folge zu leisten, kam sie zwangsläufig mit staatlichen Behörden in Konflikt: Nach dem Krieg gab Frau M. an, wegen "Arbeitsverweigerung" zwei Wochen in Haft gewesen zu sein. [432] Um weitere Schwierigkeiten zu vermeiden, meldete sie sich im Anschluß freiwillig zu einer Ausbildungsabteilung der Luftnachrichtenhelferinnen.

Während dieser Tätigkeit hörte Frau M. ausländische Sender ab, die über die militärischen Niederlagen der Deutschen Wehrmacht in der Sowjetunion und deren Schwierigkeiten in Afrika berichteten. Eben jene Informationen gab sie an ihre Kolleginnen und - per Brief - an einen befreundeten Soldaten weiter, der an der Ostfront stationiert war.

Wegen "Abhörens feindlicher Sender" wurde sie deshalb im November 1942 von einem Feldkriegsgericht in Königsberg angeklagt und zu zweieinhalb Jahren Haft und drei Jahren Ehrverlust verurteilt. Bis zum 31. 1.1945 war Frau M. dann in den Haftanstalten Königsberg Bochum und Gütersloh inhaftiert, wo sie in gesonderten Arbeitslagern zur Ableistung von Zwangsarbeiten gezwungen wurde.

Nach ihrer Entlassung und dem Ende des Krieges wurde Frau M. im Dezember 1945 wegen erheblicher (verfolgungsbedingter) psychischer Probleme in eine hessische Nervenklinik überwiesen, in der sie bis März 1946 stationär behandelt wurde. Trotz weiterhin bestehender psychischer und somatischer Erkrankungen arbei-

---

432 vgl. dazu: Urteil des Landgerichts Kassel vom 24. Oktober 1951, Az.: WiK. E. 894; S. 2.

tete Frau M. seit 1946 in ihrem ursprünglichen Beruf; später dann als Montagearbeiterin in einem Industrieunternehmen.

Im Dezember 1949 machte sie Entschädigung wegen Schadens an Freiheit, an Körper und Gesundheit, an Eigentum und Vermögen, an wirtschaftlichem Fortkommen sowie wegen Versicherungs- und Rentenschäden geltend. Mit Hilfe einer eidesstattlichen Erklärung wurden diese Entschädigungsanträge näher substantiiert.

Der Entschädigungsakte von Frau M. sind nur wenige Angaben darüber zu entnehmen, welchen Strapazen sie während der Verfolgung ausgesetzt war bzw. unter welchen psychischen Problemen sie nach ihrer Haftentlassung litt. Es ist es mir deshalb auch nicht möglich, die Ursachen und Ausprägungen ihrer seelischen Konfliktlagen hinreichend transparent zu machen und zu kommentieren. Trotz dieser Einschränkung scheint mir die Darstellung ihres Verfolgungsschicksals aber dennoch von Belang, gehörte sie doch zu denjenigen Verfolgten, die während der NS-Zeit verhaftet und inhaftiert wurden - aber dennoch nicht zu den im Entschädigungsgesetz als "antragsberechtigt" bezeichneten Verfolgtengruppen gehörten.

Wie ich bereits ausführte, diente der nationalsozialistische Verfolgungsterror dem Ziel, in Europa homogenisierte, "rassisch", politisch, weltanschaulich und sozial nivellierte Gesellschaften zu konstituieren. Leidtragende massiver Repressionen wurden jedoch nicht allein diejenigen, die als "Untermenschen" und "Volksfeinde" aus diesen Gesellschaften ausgegrenzt werden sollten. Ziel staatlicher Verfolgung wurden auch jene, die - bewußt oder unbewußt - gegen nationalsozialistische Verhaltensmaßregeln verstießen, die ihre Meinung frei und unbedarft äußerten.

War das Recht auf freie Meinungsäußerung schon vor 1939 erheblichen Restriktionen unterworfen, so verschärfte sich die Situation bei Kriegsbeginn noch einmal deutlich. Wer sich jetzt mit Bekannten und Kollegen über den Krieg unterhielt, wer Zweifel an einem Sieg der Deutschen Wehrmacht anmeldete oder auch nur Informationen ausländischer Medien zitierte, konnte bezichtigt werden, die "Wehrkraft des deutschen Volkes" zu untergraben.[433] Nicht mehr nur politische Gegnerschaft galt also als "staatsfeindlich" oder wehrkraftzersetzend, sondern jede unzensierte (manchmal auch kritische) Äußerung über die Politik des nationalsozialistischen Regimes.

Wie groß das persönliche Risiko war, wenn man gegen diese und andere Reglementierungen verstieß, macht das Schicksal von Frau M. deutlich: Ihren eigenen Angaben zufolge entstammte sie einer Arbeiterfamilie, die "sozialdemokratisch

---

433 Die "Wehrkraft des deutschen Volkes" wurde ab 1939 zu einem zentralen Rechtsgut, dessen Verteidigung höchste Priorität genoß. Deutlich wird dies vor allem in den Urteilen des Volksgerichtshofes, der - unter Berufung auf § 91b StGB - die Weitergabe von Informationen über den Kriegsverlauf wie auch kritische Äußerungen als "Feindbegünstigung" bewertete und (zumeist) mit dem Tode bestrafte.

eingestellt gewesen sei".⁴³⁴ Nachdem sie ihre Schul- und Berufsausbildung erfolgreich abgeschlossen hatte, gelang es ihr, eine Anstellung als Hausgehilfin zu finden, die sie jedoch Anfang 1942 aufgeben mußte, als sie zu Arbeiten in einer Munitionsfabrik dienstverpflichtet wurde.

Gerade junge und ledige Frauen aus dem Arbeitermilieu wurden ab 1941 unter dem Motto "Deutsche Frauen helfen siegen" zu "kriegswichtigen" Arbeiten herangezogen, die vormals von wehrfähigen Männern geleistet worden waren.⁴³⁵ Die Aufforderung bzw. der Zwang, Arbeitsplätze in der Rüstungsproduktion zu übernehmen, stieß jedoch bei den meisten Frauen auf wenig Interesse oder sogar auf vehementen Widerstand - so auch bei Frau M.. Gegenüber den Entschädigungsbehörden gab sie an, die Arbeit in der Munitionsfabrik verweigert zu haben und deshalb wegen "Verweigerung der Dienstpflichtsleistung" zu zwei Wochen Haft verurteilt worden zu sein. Um weitere Repressionen zu vermeiden, habe sie sich anschließend freiwillig zum Dienst in einer Luftnachrichtenabteilung gemeldet.⁴³⁶

Zwar blieb diese erste "Renitenz" ohne weitergehende Folgen; das "Verbrechen" jedoch, dessen Frau M. wenige Monate später angeklagt werden sollte, hatte für sie weitaus schwerwiegendere Folgen: War bereits das Abhören ausländischer Sender verboten, so galt dies erst Recht für die Verbreitung von (ausländischen) Nachrichten⁴³⁷ - vor allem dann, wenn in diesen über militärische Niederlagen der Deutschen Wehrmacht berichtet worden war.

Frau M., die ihren Kolleginnen von dem militärischen Debakel in Stalingrad erzählt hatte und diese Informationen zudem noch an einen befreundeten Soldaten weitergegeben hatte, wurde im November 1942 festgenommen. In einem Verfahren vor einem Feldgericht in Königsberg wurde sie wegen des Verstoßes gegen die "Verordnung über außerordentliche Rundfunkmaßnahmen" verurteilt und zu zweieinhalb Jahren Gefängnis sowie drei Jahren Ehrverlust verurteilt.

Nur wenig sagte Frau M. während ihres Entschädigungsverfahrens über die Zeit ihrer Haft, gab sie doch lediglich an, "zum Teil im Gefängnis, zum Teil in Gefangenen-Arbeitslagern" gewesen zu sein, wo sie "großen seelischen und körperlichen Belastungen" ausgesetzt gewesen sei. "Heute" - d.h. fünf Jahre nach ihrer Haftent-

---

434 Zit. nach: Urteil des Landgerichts Kassel, a.a.O., S. 2.
435 Zwar stellten die NS-Machthaber immer wieder Überlegungen an, eine generelle Dienstverpflichtung für Frauen zu erlassen; schlußendlich aber verzichtete man darauf, weil "durch allzu scharfe Behandlung arbeitsunwilliger Frauen eine ungünstige Beeinflussung der Volksstimmung" befürchtet wurde. So das Reichsarbeitsministerium 1941, zit. nach: Harald Focke / Uwe Reimer: Alltag unterm Hakenkreuz. Wie die Nazis das Leben der Deutschen veränderten, Reinbek bei Hamburg 1979, S. 164 f.
436 Zit. nach: Urteil des Oberlandesgerichts Frankfurt vom 19. Mai 1953, Az.:2 W 832/51, S. 3.
437 Vgl. dazu: Verordnung über außerordentliche Rundfunkmaßnahmen vom 1.9.1939, in: Reichsgesetzblatt I, 1939, S.1683; Martin Broszat: Der Staat Hitlers. Grundlegung und Entwicklung seiner inneren Verfassung, München 1981, S. 418 f.

lassung - leide sie an "Herzbeschwerden und Schwindelgefühl"⁴³⁸ In ihrem Entschädigungsantrag beklagte sie darüber hinaus, während der Haft mehrere Zähne verloren zu haben, an einem Augenleiden zu leiden und "nervenkrank" zu sein; ihre Schädigungen führte sie auf die "schlechte Ernährung und seelische Depressionen" zurück.⁴³⁹

Mangelhafte Ernährung und schwere körperliche Arbeiten waren mit Sicherheit Ursachen für einen Zustand physischer Erschöpfung, an dem all diejenigen litten, die in Gefängnissen und Zuchthäusern inhaftiert worden waren.⁴⁴⁰ Für die psychische Situation dieser Menschen aber war es entscheidend, daß sie sich der Willkür ihrer Verfolger hilflos ausgesetzt sahen und Ziel permanenter Erniedrigung und Entwürdigung wurden. Die Erfahrung, dauerhaft deklassiert, gedemütigt und ihrer Freiheit beraubt zu sein, konnte bei den Häftlinge zu depressiven Zuständen führen, in denen es ihnen unmöglich schien, sich auch ihrer Hilflosigkeit zu befreien und ihr Selbstwertgefühl zu stabilisieren. So auch Frau M.: Sie wurde Ende 1945 in eine psychiatrische Klinik überwiesen, wo sie mehrere Monate stationär behandelt wurde. Doch noch Jahre später litt sie an diffusen Herzbeschwerden und Schwindelgefühlen - ein Hinweis darauf, daß sie inzwischen ihre depressive Verstimmung möglicherweise psychosomatisch "verlagert" hatte.⁴⁴¹ Betrachtet man das Entschädigungsverfahren von Frau M., so wird offenbar, daß ihre verfolgungsbedingten somatischen wie psychischen Erkrankungen zu keinem Zeitpunkt Erwähnung fanden - galt sie bundesdeutschen Behörden und Gerichten doch nicht als "Verfolgte des nationalsozialistischen Regimes". Im Erstbescheid der Kasseler Entschädigungsbehörde vom 4. Juli 1951 wurde deshalb beschieden, Frau M. sei jede Entschädigung zu verweigern, da sie

"sich weder politisch betätigt, noch sonst eine gegen den Nationalsozialismus gerichtete Haltung an den Tag" (gelegt habe). "Das einmalige Abhören feindlicher Sender kann nicht als eine gegen den Nationalsozialismus gerichtete Überzeugungshandlung

---

438  Zit. nach: Eidesstattliche Erklärung von Frau M. vom Juni 1950, S. 1, in: Entschädigungsakte von Frau M., Entschädigungsbehörde Kassel (ohne Aktenzeichen).
439  Zit. nach: Antrag von Frau M. auf Entschädigung wegen Schaden an Körper und Gesundheit vom 28.12.1949, S. 1 und 2.
440  Die psychische Zwangssituation von Menschen, die von den nationalsozialistischen Machthabern inhaftiert worden waren, beschreibt Luise Rinser aus eigener Erfahrung sehr eindrücklich: "In der Haft wird alles getan, um den Sträfling sein Verbrechertum, seine Minderwertigkeit, sein selbstverschuldetes Ausgeschlossensein von der freien menschlichen Gesellschaft hart, nackt und gründlich empfinden zu lassen. Eine Haft von kurzer Dauer mag ohne ernstliche Folgen für das Selbstbewußtsein und das moralische Verhalten des Sträflings sein. Eine längere Haft aber wirkt unter allen Umständen demoralisierend.... Ist man erst einmal ausgeschlossen aus der Gesellschaft, beginnt man, sich selbst auszuschließen.... man verliert allmählich das Bewußtsein der Menschenwürde, man wird zum geprügelten, bösartigen, kriecherischen oder stumpfen Tier." Zit. nach: dies.: Gefängnistagebuch, Frankfurt am. 1979, S. 40 f.
441  Vgl. dazu: Pschyrembel. Klinisches Wörterbuch, a.a.O., S. 338.

anerkannt werden. Wie auch in anderen Fällen, so war auch hier lediglich Neugier oder ein Interesse an Mitteilungen über die wirkliche politische und militärische Lage der Grund des Abhörens, Erregung und Geltungsbedürfnis aber der Grund für die Weiterverbreitung dieser Nachrichten."[442]

Dieser ablehnende Bescheid stützte sich auf die einschlägige Entschädigungsgesetzgebung, lag dieser doch die Prämisse zugrunde, daß nicht die Verfolgung als solche, sondern lediglich die Verfolgung wegen bestimmter "Gründe" zu entschädigen sei. Es reichte also nicht aus, daß Frau M. verhaftet, eingesperrt und zur Zwangsarbeit gezwungen worden war. Zu prüfen war vielmehr, ob dies deshalb geschehen war, weil sie als "politische Gegnerin" des nationalsozialistischen Systems firmierte. Dies - so die übereinstimmende Position aller Entschädigungsgesetze - sei nur dann der Fall, wenn die NS-Machthaber in einem Betroffenen einen echten "politischen Gegner des NS" gesehen hatten[443]. Wenn einem Menschen aber bei der ursprünglichen Verurteilung nachgesagt worden sei, sie oder er habe ausländische Nachrichten vor allem aus "Neugier und Großtuerei"[444] abgehört und verbreitet, so wurde ihr/ihm jede Entschädigung verwehrt.

Die Frage, ob Frau M. nun als "echte politische Gegnerin" des NS-Staates zu betrachten sei, sollte im folgenden noch zwei gerichtliche Instanzen beschäftigen: Unmittelbar nach dem ablehnenden Bescheid der Kasseler Fachbehörde legte Frau M. Einspruch gegen deren Entscheidung ein. Sie begründete dies mit der Feststellung, sie stamme aus einer sozialdemokratischen Familie, die sich in Opposition zum Nationalsozialismus befunden habe - zudem sei aus dem hohen Strafmaß des Feldgerichts zu erkennen, daß sie "als Staatsfeindin erkannt worden sei."[445]

Dem wiederum widersprach das Landgericht Kassel in seinem ablehnenden Urteil vom 24. Oktober 1951, in dem festgestellt wurde, "daß die Antragstellerin keine ernsthafte und bewußte Gegnerin des nationalsozialistischen Regimes gewesen ist."[446] Begründet wurde dies zum einen mit der Tatsache, daß Frau M. keine Zeugen habe beibringen können, die ihre politische Gegnerschaft hätten bestätigen können. Zum anderen aber auch mit der Urteilsbegründung des Feldgerichts Königsberg vom November 1942, in der festgestellt worden war, "daß die Antragstellerin sich der Tragweite ihres Verhaltens nicht bewußt gewesen ist, und daß sie der Versuchung nicht habe widerstehen können, die abgehörten Nachrichten weiter

---

442    Zit. nach: Bescheid der Entschädigungsbehörde Kassel vom 4. Juli 1951, Az.: I/7 3w EG-Reg: Nr.21622, S. 1 f.
443    Zit. nach: H.G. van Dam / Heinz Loos: Bundesentschädigungsgesetz. Kommentar, a.a.O., S. 61.
444    Zit. nach: Hans Giessler: Die Grundsatzbestimmungen des Entschädigungsrechts, in: Die Wiedergutmachung nationalsozialistischen Unrechts durch die Bundesrepublik Deutschland, a.a.O., S. 19.
445    Zit. nach: Urteil des Landgerichts Kassel vom 24. Oktober 1951, a.a.O., S. 3.
446    Zit. nach: ebd.

zu erzählen."[447] Frau M. aber bestand weiterhin darauf, sie sei damals wegen ihrer oppositionellen Haltung verurteilt worden und legte auch gegen das Urteil des Landgerichts Beschwerde ein. Noch einmal, diesmal aber ausführlicher, begründete sie ihre Position: Sie verwies darauf, daß sie schon vor ihrer Verurteilung erhebliche Schwierigkeiten gehabt habe, weil sie sich geweigert hatte, in der Rüstungsindustrie zu arbeiten. Darüber hinaus stellte sie fest, sie habe nicht nur einmal ausländische Nachrichten gehört und weiterverbreitet, sondern dies mehrfach getan, um gegen den Nationalsozialismus zu agitieren. Bei ihrer Verhaftung durch die Gestapo sei sie als "feindliche Agentin und Spionin"[448] bezeichnet worden, was - wie sie feststellte - doch wohl deutlich mache, daß ihre politische Gegnerschaft bekannt gewesen sei.

Doch dem Oberlandesgericht Frankfurt, das sich mit ihrer Beschwerde im Mai 1953 befaßte, erschienen ihre Einlassungen offensichtlich wenig glaubhaft. In der Urteilsbegründung, mit der ihre Entschädigungsansprüche zurückgewiesen wurden, bezog sich das OLG ausschließlich auf das 1942 gefällte Urteil des Feldgerichts Königsberg: Da dort weder der familiale Hintergrund von Frau M. noch ihre frühere Arbeitsverweigerung erwähnt worden waren, ging das Oberlandesgericht davon aus, daß das damalige Gericht sie nicht als politische Oppositionelle betrachtet habe.

Auch der Angabe von Frau M., sie habe mehrfach ausländische Nachrichten weitergegeben, schenkte das OLG keinen Glauben. Mit Blick auf das Feldgerichtsurteil stellten die Frankfurter Richter statt dessen fest:

> "Daß die Antragstellerin die abgehörten Kriegsnachrichten bedenkenlos ihren Kameradinnen... weitererzählt hat, hat das Kriegsgericht nicht auf ihre Feindschaft gegen den Nationalsozialismus, sondern lediglich auf den sensationellen Charakter der erfahrenen Neuigkeiten und den dadurch erzeugten Erregungszustand der Antragstellerin zurückgeführt. Das Gericht erklärte demzufolge, das "hemmungs- und wahllose" Verhalten der Antragstellerin mit der Tatsache, daß sie, wie es sich wörtlich ausdrückt, `als Frau nicht in vollem Umfange die ganze Tragweite und Verwerflichkeit ihrer Handlung erkannt... habe.'"[449]

Da die Richter des OLG keinen Hinweis darauf entdecken konnten, daß Frau M. im Jahr 1942 wegen einer irgendgearteten "echten politischen Gegnerschaft" verurteilt worden war, mußten sie - entsprechend der Entschädigungsgesetzgebung - ihr zwangsläufig jeden Anspruch auf Entschädigung verwehren. Ihr Entschädigungsverfahren war damit beendet.

---

447 Zit. nach: ebd.
448 Zit. nach: Urteil des Oberlandesgerichts Frankfurt vom 19. Mai 1953, Az.: 2 W 832/51 - II WiKE 894, S. 5.
449 Zit. nach: ebd., S. 4.

Wie ich bereits in Kapitel III.1 ausführlich darstellte, war es eines der zentralen Kennzeichen bundesdeutschen Entschädigungsrechtes, nur einem Teil aller ehemals Verfolgten überhaupt einen Anspruch auf Entschädigung zuzubilligen: Nur wer aus rassischen, politischen, religiösen oder weltanschaulichen "Gründen" verfolgt und materiell bzw. immateriell geschädigt worden war, galt den Gesetzgebern und Entschädigungsorganen als "Verfolgte(r)", der/dem eine Option auf "Wiedergutmachung" zugestanden wurde. Wie aber u.a. der Fall von Frau M. deutlich macht, wurden diese Selektionskriterien bundesdeutscher Entschädigungsgesetze der Realität nationalsozialistischer Verfolgung nicht im mindesten gerecht: Ziel und Leidtragende von Repressionen wurden eben nicht "nur" rassisch, politisch, religiös und weltanschaulich Verfolgte, sondern ebenso viele, die allein deshalb als "Straftäter" galten, weil sie gegen die drakonischen Rechtsbestimmungen bzw. Rechtsauslegungen des nationalsozialistischen Regimes verstoßen hatten.

So auch Frau M.: Ihr "Verbrechen" bestand lediglich in der Tatsache, daß sie ausländische Rundfunksendungen gehört, deren Inhalt weitererzählt und deshalb - in der Diktion der NS-Machthaber - die "deutsche Wehrkraft zersetzt" hatte. Strittig war und blieb in ihrem Entschädigungsverfahren, ob sie dies - wie sie selbst nachdrücklich behauptete - aufgrund ihrer politischen Gegnerschaft zu dem NS-Regime oder aber - wie die Entschädigungsorgane mutmaßten - nur deshalb getan hatte, weil sie ihre Freunde und Bekannten über die Informationen ausländischer Rundfunksendungen in Kenntnis setzen wollte. Es war dies ein für das Ergebnis des Verfahrens entscheidender Streitpunkt: Hätten die verschiedenen hessischen Entschädigungsinstanzen akzeptiert, daß Frau M. diese Informationen aus politischen Motiven weitergegeben hatte, so hätten sie ihre Verhaftung und Inhaftierung als "genuines NS-Unrecht" bezeichnen und ihre Entschädigungsansprüche akzeptieren müssen. Wurde aber - wie geschehen - ihre politische Gegnerschaft verworfen, so galt das Urteil des Feldgerichtes von 1942 als regulärer (durch damals geltendes Recht) legitimierter Justizakt. In höchst fragwürdiger Weise wurden so die "Verfolgungsgründe" der NS-Machthaber zum Entscheidungskriterium für die An- oder Aberkennung von Entschädigungsansprüchen erklärt: Ignoriert wurde, daß hier eine Frau zu einer zweieinhalbjährigen Haftstrafe (und Zwangsarbeiten) verurteilt worden war, die lediglich von ihrem (in jedem demokratischen Staat verankerten) Grundrecht auf freie Meinungsäußerung Gebrauch gemacht hatte. Es war dies eine Strafe, die jedwedes rechtsstaatliche Maß außer Acht gelassen hatte und deshalb sehr wohl als "Unrecht" bezeichnet werden muß - und zwar unabhängig von der Frage, ob Frau M. eine politische Gegnerin des NS-Staates gewesen war oder nicht. Tatsächlich aber wurde Frau M. sowohl durch die zuständige Entschädigungsbehörde als auch durch zwei weitere Gerichtsinstanzen jede Anerkennung als Verfolgte des nationalsozialistischen Regimes verwehrt. Daß sie dennoch unter erheblichen psychischen wie psychosomatischen Verfolgungsschäden litt, blieb unberücksichtigt.

**Herr J.L.:** "Als ich... in Erfahrung brachte, dass meine Eltern und Geschwister in Polen von Nazis umgebracht wurden stellten sich bereits Anfaelle von heftigen Kopfschmerzen ein..."

Herr L. wurde 1925 in Frankfurt/Main als eines von vier Kindern eines jüdischen Kaufmanns geboren, der dort einen Wäscheversandhandel betrieb. Im Alter von drei Jahren erkrankte Herr L. an Poliomyelitis[450], ohne daß jedoch für ihn spürbare Schädigungen zurückblieben.

Er besuchte in Frankfurt die Schule - konnte seine schulische Ausbildung aber nicht beenden, da die Familie 1938 durch die nationalsozialistischen Machthaber nach Polen abgeschoben wurde.[451] Herr L. verblieb jedoch nur ein Jahr in Polen, gelang es seinen Eltern doch, ihn durch einen Kindertransport nach Großbritannien der unmittelbaren nationalsozialistischen Verfolgung zu entziehen. In Großbritannien, wo Herr L. bei einem Onkel lebte, konnte er seine Schulausbildung abschließen und eine Ausbildung als Kürschner absolvieren. Die Eltern und Geschwister von Herrn L., die in Polen verblieben waren, wurden von ihren nationalsozialistischen Verfolgern ermordet.

Im Jahr 1948 wanderte Herr L. nach Israel aus und trat dort der israelischen Armee bei. Bereits ein Jahr später, im Sommer 1949, wurde er allerdings aus Krankheitsgründen aus dem Militärdienst entlassen. Zu Beginn der 50er Jahre heiratete Herr L. und wurde, in den Jahren 1954 bis 1963, Vater von vier Kindern. Seinen Lebensunterhalt verdiente er als Beamter bei einer Genossenschaft.

1956 stellte Herr L. einen Globalantrag auf Entschädigung, in dem er ausschließlich Schäden im beruflichen und wirtschaftlichen Fortkommen - bzw. einen Ausbildungsschaden - geltend machte. 1958 meldete er formell Schäden an Körper und Gesundheit an. Sein Ausbildungsschaden wurde im Jahr 1958 durch die Entschädigungsbehörde Wiesbaden anerkannt; Herr L. erhielt eine erste Rate von 5000.- DM; die zweite Rate in gleicher Höhe erhielt er im Jahr 1967. Im Jahr 1960 erklärte Herr L. in einem von einem Rechtsanwalt formulierten Schreiben, er verzichte auf alle Ansprüche in eigener Sache, füllte jedoch gleichzeitig einen substantiierten Antrag auf Entschädigung seiner gesundheitlichen Schädigungen aus,

---

450 Der Fachterminus "Poliomyelitis" bezeichnet verschiedene Ausprägungsformen der epidemischen spinalen Kinderlähmung, die zu akuten, aber auch zeitlich verschobenen Beeinträchtigungen / Behinderungen führen kann. Vgl. dazu: Pschyrembel. Klinisches Wörterbuch, a.a.O., S. 1330 f.
451 Der Verlauf dieser Abschiebung wie auch die konkreten Lebensumstände der Familie L. in Polen sind aus der Entschädigungsakte von Herrn L., Entschädigungsbehörde Wiesbaden, Az.: I 6 W/ 35732/34703/25/A/-/Lau, nicht zu rekonstruieren.

der jedoch der Entschädigungsbehörde nicht zugestellt wurde.[452] Fünf Jahre später, im Jahr 1965, erneuerte Herr L. jedoch seinen Anspruch auf Entschädigung seiner gesundheitlichen Leiden - wiederum mit einem substantiierten Antrag.

War es im Januar 1933 noch unklar, ob sich die antisemitische Propaganda der Nationalsozialisten darauf "beschränken" würde, die jüdische Bevölkerung massiv unter (verbalen) Druck zu setzen, so zeigten die folgenden Jahre unzweifelhaft, daß ihre Drohgebärden - sukzessive - in gezielte Ausgrenzung und Terror umschlugen. Da ihre wirtschaftliche Situation immer aussichtsloser, ihr soziales Überleben immer unsicherer wurden, versuchten zwischen 1933 und 1938 immer mehr Juden, Deutschland zu verlassen - Versuche, die von den nationalsozialistischen Machthabern gleichzeitig forciert und gebremst wurden.[453]

Besonders bedrohlich wurde die Situation Ende der 30er Jahre für diejenigen, die als polnische Juden z.T. seit Jahrzehnten im Deutschen Reich gelebt hatten und bislang die Option besessen hatten, sich in Polen in Sicherheit zu bringen: Die polnische Regierung erließ im Oktober 1938 eine Verordnung, die besagte, daß nur diejenigen im Ausland ausgestellten Pässe zur Einreise nach Polen berechtigen sollten, die einen gesonderten Prüfvermerk polnischer Konsulate besäßen - dieser aber sei unliebsamen Staatsangehörigen zu verweigern. Implizit richtete sich jene Regelung vor allem gegen Juden polnischer Herkunft, denen (so die Vorstellung der polnischen Regierung) jedes Recht auf Einreise zu verweigern sei.

Die Reaktion der deutschen Seite erfolgte unmittelbar: Nachdem sämtliche Interventionen bei der polnischen Regierung, eine solche Verordnung wieder aufzuheben, gescheitert waren, beschlossen die nationalsozialistischen Machthaber, alle Juden polnischer Herkunft sofort abzuschieben. Ohne Vorankündigung wurden sie verhaftet und in Sammeltransporten an die polnische Grenze verbracht, obwohl doch davon auszugehen war, daß ihnen die polnische Seite den Grenzübertritt verweigern würde. Tatsächlich mußten einige der Betroffenen mehrere Tage im Niemandsland zwischen Deutschland und Polen verbringen, bevor sie entweder in ihre

---

452 Warum Herr L. erst einmal auf alle Ansprüche verzichtete, dann aber einen Antrag auf Entschädigung seiner gesundheitlichen Schädigungen stellte, ist anhand der Entschädigungsakte ebenso wenig zu erklären wie die Tatsache, daß dieser Antrag der zuständigen Entschädigungsbehörde offensichtlich niemals zuging.

453 "Die Verdrängung aus der Wirtschaft förderte den Emigrationswillen, aber die Ausplünderung durch Vermögenskonfiskation und ruinöse Abgaben hemmte die Auswanderungsmöglichkeiten. Kein Immigrationsland ist an verarmten Einwanderern interessiert...", zit. nach: Wolfgang Benz: Das Exil der kleinen Leute, in: Das Exil der kleinen Leute. Alltagserfahrungen deutscher Juden in der Emigration hrsg. von Wolfgang Benz, München 1991, S. 24. Alle emigrationswilligen Juden hatten an das Deutsche Reich eine "Reichsfluchtsteuer" zu zahlen und erhielten zudem die Auflage, Devisen nur in geringem Maße auszuführen. 1938 dann wurde auch das inländische Vermögen von Juden erfaßt, so daß diese -wollten sie ausreisen - mit zusätzlichen Steuern belastet werden konnten.

Wohnorte im deutschen Reich zurückgebracht wurden oder ihnen die Überquerung der polnischen Grenze gelang.

Unter den Ausgewiesenen befand sich auch die Familie von Herrn L., die seit Jahrzehnten in Frankfurt/Main gelebt hatte und nun damit konfrontiert war, daß sie jeder ökonomischen und sozialen Sicherheit beraubt wurde.[454] Daß Juden - ob in Polen oder Deutschland - weiterem Terror ausgesetzt sein würden, war den Eltern von Herrn L. bewußt, bemühten sie sich doch, ihren Sohn mit der Jugendaliah (einem von Hilfsorganisationen organisierten Sammeltransport jüdischer Kinder und Jugendlicher) in das Exil nach Großbritannien zu verschicken.[455] Eben diese Kindertransporte boten vielen jüdischen Familien die einzige Chance, ihre Kinder vor rassistischem Terror in Sicherheit zu bringen; wobei sie im Angesicht der beschränkten Transportkapazitäten häufig gezwungen waren, sich für die Rettung nur eines ihrer Kinder zu entscheiden.[456] Auch Herr L. war das einzige Kind der Familie, das 1939 - im Alter von 14 Jahren - die Reise nach England antrat. Dort lebte er die nächsten neun Jahre bei seinem Onkel, beendete seine schulische Ausbildung und absolvierte eine Lehre als Kürschner.

Obgleich er offensichtlich in der Lage war, den schulischen und beruflichen Anforderungen gerecht zu werden, empfand Herr L. seine Situation in England als quälend:

"Ich wurde von meinen Eltern und Geschwistern getrennt, die dann auch umgekommen sind, und nach England gebracht. Der Sprache nicht maechtig, unter fremden Menschen, dauernd den Luftangriffen ausgesetzt, im feuchten Klima, um das Schicksal meiner Naechsten besorgt, verbrachte ich die Kriegsjahre. Ich litt an rheumatischen Beschwerden, Angst- und Depressionszustaenden, lebte in staendiger Spannung und Angst."[457]

Der psychische Streß, unter dem Herr L. in den Jahren ab 1939 litt, hatte jedoch nicht erst mit der Trennung von seiner Familie begonnen, war er doch bereits vor 1938 (dem Zeitpunkt seiner Ausweisung nach Polen) Ziel von Diffamierungen und antisemitischen Übergriffen gewesen.

---

454 Wie Herr L. in seinem ersten substantiierten Antrag auf Entschädigung wegen Schaden an Körper und Gesundheit vom 15. September 1960 angab, hatte sein Vater in Frankfurt bereits die Schule besucht, vgl. dazu: ebd., S. 5.
455 In fast allen Fällen war England das Ziel dieser Kindertransporte, hatte sich die britische Regierung doch entschlossen, ihre Einwanderungsmodalitäten für Kinder und Jugendliche bis zum Alter von 17 Jahren zu lockern. Vgl. dazu: Wolfgang Benz: Das Exil der kleinen Leute, a.a.O.:, S. 204.
456 Insgesamt konnten so ca. 10.000 jüdische Kinder gerettet werden, vgl. dazu: ebd.
457 Zit. nach: Substantiierter Antrag von Herrn L. auf Entschädigung wegen Schaden an Körper und Gesundheit vom 19. April 1965, S. 2.

"Ich war im jugendlichen Alter der Verfolgung ausgesetzt, musste Anpoebelungen, Verspottungen, Misshandlungen und Entwuerdigungen ueber mich ergehen lassen".[458]

Gerade für Kinder und Jugendliche waren die demütigenden Erfahrungen rassistischer Entwertung schwer zu ertragen bzw. zu bewältigen, verstanden sie doch nicht, warum sie plötzlich als "minderwertig" bezeichnet und von ihrer sozialen Umwelt verachtet wurden. Antisemitische Anwürfe und Diffamierungen wirkten bei ihnen besonders destabilisierend, entwickelten sie doch das Gefühl bzw. die Angst, sie selbst würden oder könnten dem propagierten Feindbild entsprechen. Ihr Vertrauen in ihre soziale Umwelt, vor allem aber ihr Grundvertrauen in das eigene Selbst wurden nachhaltig erschüttert; Angst und tiefe Unsicherheit waren die Folge (vgl. dazu Kapitel II).

Im Falle von Herrn L. bildeten die Schikanen, denen er in Frankfurt ausgesetzt war, den Auftakt zu weiteren traumatischen Sequenzen, die er in der Folgezeit zu durchleben hatte. Durch die unerwartete Deportation seiner Familie nach Polen wurde er aus seinem sozio-kulturellen Umfeld herausgerissen, mit einem unbekannten, sprachfremden Land konfrontiert. Seine eigenen diesbezüglichen Ängste wurden - so ist zu vermuten - durch die Zukunftsängste und Sorgen seiner Eltern potenziert, die ihren Kindern schon allein deshalb kein Gefühl der Sicherheit vermitteln konnten, weil sie sich selbst als hilf- und wehrlos erlebten. Für Herrn L. war das Jahr in Polen aber sicherlich auch deshalb besonders belastend, weil sich seine Eltern darum bemühten, ihn nach England zu schicken - und ihn damit aus dem Familienverband (seiner letzten emotionalen Sicherheit) herauszureißen drohten. Da er sich in der Pubertät und damit in einer psychischen Entwicklungsphase befand, in der Vorgaben der Eltern i.d.R. Aggressionen auslösen, dürfte er ihre Bemühungen nicht nur als Versuch erlebt haben, ihn vor weiterer Bedrohung und Verfolgung zu schützen, sondern auch als "elterliche Zwangsmaßnahme".

Die Pubertät ist ein Lebensabschnitt, der "eine der größten Krisen"[459] in der gesamten Persönlichkeitsentwicklung darstellt. Der zentrale Konflikt, den Individuen in der Pubertät durchleben (und lösen) müssen, ist der, Abschied von der Kindheit nehmen und sich zugleich - ängstlich und zögerlich - einem unbekannten Erwachsenenleben annähern zu müssen.[460] Dies ist ein längerer Prozeß, bei dem Jugendliche immer wieder der familialen Rückversicherung bedürfen. Eben diese familiale Rückversicherung aber wurde Herrn L. entzogen, als er alleine nach England geschickt wurde. Abrupt (und weitgehend von seinen eigenen psychischen Fähigkei-

---

458 Zit. nach: ebd.
459 Zit. nach: Stavros Mentzos: Neurotische Konfliktverarbeitung, a.a.O., S. 102. Mentzos datiert die Pubertät auf den Lebensabschnitt zwischen dem zwölften und sechzehnten bzw. achtzehnten Lebensjahr und unterscheidet dabei drei Phasen der frühen, mittleren und späten Pubertät.
460 Diesen inneren Konflikt beschreibt und analysiert Edith Jacobson in ihrem 1973 in Frankfurt a.M. erschienen Buch: Das Selbst und die Welt der Objekte.

ten und Bedürfnissen abgekoppelt) war er gezwungen, ein neues Leben, neue Anforderungen ohne den schützenden Beistand seiner Familie zu bewältigen. Da er zu einem Maß an Selbständigkeit gezwungen war, dem er sich noch nicht gewachsen fühlte, reagierte er mit massiven Ängsten und Verlassenheitsgefühlen. Zu vermuten ist, daß die Identitätsfindung von Herrn L. durch solche psychischen Überlastungen nachhaltig beeinträchtigt und erschüttert wurde, zumal er während seines Englandaufenthaltes mit der Nachricht konfrontiert wurde, daß seine gesamte Familie ermordet worden war.

In der von ihm 1965 verfaßten Beschreibung seiner psychischen und psychosomatischen Leiden scheinen die "klassischen" Symptome des Überlebendensyndroms auf:

> "Seit der Zeit der Verfolgung leide ich an schweren Nervenstoerungen mit anfallartigen, lang anhaltenden Kopfschmerzen, Schwindel, Angst- und Depressionszustaenden, Schlafstoerungen, Angsttraeumen, unregelmaessigen und beschleunigten Herzklopfen, Schweissausbruechen, Schwaecheanfaellen, Herzjagen, Druck in der Herzgegend, Konzentrationsschwaeche, Gedaechtnisschwund, innerer Unruhe, bin gespannt, schreckhaft, vertrage keinen Laerm, kein grelles Licht, keine Menschenmengen..."[461]

Zwar war Herr L. Zeit seines Lebens in der Lage, äußere Anforderungen erfolgreich zu bewältigen, zu innerer Stabilität und Ruhe jedoch fand er nicht. Aufgefordert, sich zu seinem Lebensweg nach 1945 zu äußern, erläuterte er gegenüber der Entschädigungsbehörde, er sei im Jahr 1948 nach Israel ausgewandert und dort der Armee beigetreten. Er habe an dem israelischen Befreiungskrieg teilgenommen, sei aber nach einem Jahr wegen Krankheit aus dem Militärdienst ausgeschieden. Im Anschluß gelang es ihm, eine gut dotierte Stelle als Beamter zu finden, zu heiraten und eine Familie zu begründen. Doch auch in dieser neuen Familie fand er nicht die Geborgenheit und Sicherheit, die er sicherlich ersehnt hatte:

> "In Israel angekommen setzte sich mein Leidensweg weiter fort: ich litt an den Klimabedingungen, der grellen Sonne, Feuchtigkeit; Hitze, fremder Umgebung, Schreckhaftigkeit."[462]

Ängste, Depressionen, aber auch seine innere Unruhe zeigen, daß und in welchem Maße die psychische Integrität von Herrn L. erschüttert war. Unfähig, die Geräusche, die Helligkeit und die Menschen der ihn umgebenden äußeren Welt zu ertragen, schien er in einer eigenen, inneren Welt zu leben, die durch die erlittenen Verluste grau und düster gefärbt blieb.

Waren auch die oben zitierten Erklärungen von Herr L. aus dem Jahr 1965 über seine somatischen wie psychischen Leiden sehr eindringlich, so standen sie doch in

---

461 Zit. nach: Substantiierter Antrag von Herrn L. auf Entschädigung wegen Schaden an Körper und Gesundheit vom 19. April 1965, S. 2.
462 Zit. nach: ebd.

Widerspruch zu den von ihm bereits 1960 gemachten Angaben in seinem Entschädigungsantrag wegen gesundheitlicher Schädigungen. Hier hatte er angegeben, seit 1940 unter "Kopfschmerzen", seit 1955 an "Paralyse" und seit 1958 an "epileptischen Anfaellen" zu leiden und führte aus:

> "Ich leide an heftigen Kopfschmerzen, die sich von Zeit zu Zeit in Anfaellen von Besinnungslosigkeit aeussern. Ich falle hin und wenn ich nach 15-30 Minuten wieder erwache, weiss ich nichts davon. Nach einem solchen Anfall bin ich so koerperlich geschwaecht, dass ich einige Tage das Bett nicht verlassen kann."[463]

Eben diese Erkrankungen aber erwähnte er in seinem Zweitantrag nicht mehr, sondern teilte mit, heute leide er an "Psychoneurosis, Neurosis cordis, Chron(ischem) Rheumatismus, Neurozirk(ulären) Stoerungen".

Doch nicht allein diese Widersprüchlichkeiten waren es, die die Entscheidungsfindung der Entschädigungsbehörde Wiesbaden im Jahr 1967 beeinflussen sollten, sondern auch eine generelle Verzichtserklärung, die ein Rechtsanwalt im Februar 1960 im Namen von Herrn L. abgegeben hatte : "Alle evtl. noch angemeldeten Ansprüche, die den Antragsteller aus eigenem Recht zustehen könnten, werden hiermit zurückgezogen."[464]

Von dieser Grundsatzerklärung erst einmal absehend, bemühte sich die Entschädigungsbehörde, sämtliche ärztlichen Unterlagen auszuwerten, die ihr über den Gesundheitszustand von Herrn L. seit 1939 zur Verfügung standen. Darüber hinaus wurden verschiedene vertrauens- und fachärztlichen Gutachten geprüft, die in den Jahren 1965 und 1966 erstellt worden waren. Die ärztlichen Unterlagen, die der Entschädigungsbehörde aus England zugingen, machten deutlich, daß bei Herrn L. bereits 1939 eine schwere Angstneurose diagnostiziert worden war, wegen derer er in den folgenden Jahren ärztlich behandelt wurde. Über seinen gesundheitlichen Zustand zwischen 1948 und 1950 dagegen lagen keine Informationen vor, hatte Herr L. doch - wie er sagte - geglaubt, seine gesundheitlichen Probleme seien ausschließlich auf "seelische Depressionen"[465] zurückzuführen und bedürften deshalb keiner ärztlichen Behandlung.

Nach längerer hausärztlicher Betreuung begab er sich 1955 in ein israelisches Krankenhaus, wo er wegen seiner epileptischen Anfälle und einer Atrophie des linken Fußes behandelt wurde. Die zuständigen Ärzte dieses Krankenhauses vermu-

---

463   Zit. nach: Substantiierter Antrag von Herrn L. auf Entschädigung wegen Schaden an Körper und Gesundheit vom 15. September 1960, S. 1 und 2. Bei der von Herrn L. beklagten Paralyse handelte es sich um Lähmungserscheinungen im linken Fuß, die ihn zeitweise gehunfähig machten.
464   Zit. nach: Bescheid der Entschädigungsbehörde Wiesbaden vom 26. Januar 1967, Az.: VI/35732/25/A/Lau, S. 1. Diese Verzichtserklärung bezog sich in der Tat nur auf jene Schädigungen, die Herr L. selbst erlitten hatte - nicht aber auf jene Ansprüche, die sich aus dem Tod seiner Familienangehörigen ergaben.
465   So seine Formulierung in seinem Entschädigungsantrag des Jahres 1960.

teten, daß seine atrophischen Lähmungserscheinungen Spätfolgen der Poliomyelitis seien, an der er als Kleinkind erkrankt war und meinten, daß er damals zudem an einer Enzephalitis (Gehirnentzündung) gelitten haben müsse, als deren Konsequenz nun epileptische Anfälle auftreten würden.[466]

Unterschiedliche Positionen dagegen vertraten die ärztlichen Gutachter, die mit der Untersuchung von Herrn L. betraut worden waren: Das vertrauensärztliche Gutachten eines israelischen Arztes kam 1965 zu dem Ergebnis, Herr L. leide an verfolgungsbedingten "reaktiven, psychoneurotischen Störungen mit vegetativen Begleiterscheinungen"[467], seine sonstigen somatischen Erkrankungen seien jedoch nicht auf die Verfolgung zurückzuführen. Der begutachtende Neurologe in der Bundesrepublik dagegen diagnostizierte ein "neurasthenisches Syndrom"[468], das "Ausdruck konstitutionelle Faktoren", aber "weder mit Sicherheit noch mit Wahrscheinlichkeit"[469] auf die Verfolgung zurückzuführen sei; seine epileptischen Anfälle führte er (ähnlich wie die Ärzte des Krankenhauses) auf eine frühere Enzephalitis zurück.

Die Entschädigungsbehörde schloß sich dem neurologisch-psychiatrischen Fachgutachten an und lehnte die Entschädigungsansprüche von Herrn L. mit der Begründung ab, sein Antrag sei "auf jeden Fall sachlich nicht begründet".[470]

Interessant jedoch ist, daß die Behörde nicht allein davon ausging, bei den somatischen und psychischen Störungen von Herrn L. handele es sich um verfolgungsunabhängige Erkrankungen. Vielmehr bemerkte sie zudem, ein Zusammenhang zwischen der Verfolgung und den Leiden von Herrn L. sei auch deshalb fraglich, weil er sich erst nach seiner Dienstzeit bei der israelischen Armee wieder in ärztliche Behandlung begeben habe - er also wohl in der Zwischenzeit keine Beschwerden gehabt hätte. Die Behandlungsnachweise aus England verlören damit an

---

466 In der Tat gibt es eine Ausprägung der Poliomyelitis (Kinderlähmung), die mit einer Form der Enzephalitis einhergeht - diese Erkrankung ist aber - folgt man dem Pschyrembel - relativ selten (vgl. dazu: Pschyrembel - Klinisches Wörterbuch, a.a.O., S. 1330 f.). Wenn bei Herrn L. eine Enzephalitis vorgelegen haben sollte, so hätte dies aber tatsächlich seine epileptischen Anfälle erklären können, gelten diese doch als mögliche (Folge)Symptome (vgl. dazu: ebd., S. 449) dieser Krankheit. Die atrophischen Lähmungserscheinungen, an denen Herr L. litt, sind dagegen typische Residualschäden einer Poliomyelitis.

467 Zit. nach: Bescheid der Entschädigungsbehörde Wiesbaden vom 26. Januar 1967, a.a.O., S. 3 f.

468 Als neurasthenisches Syndrom wurde früher ein psychovegetatives Syndrom bezeichnet, das vor allem zwischen dem 30. und 40. Lebensjahr auftritt und eine Reaktion auf Streß- und Konfliktsituationen ist. Vgl. dazu: Pschyrembel, Klinisches Wörterbuch, a.a.O., S. 1632 f. Zwar ist die psychosomatische Symptomatik ähnlich gelagert wie bei dem Überlebendensyndrom, die Schwere der psychischen Störung aber und die Extremität der Traumen, denen ehemals Verfolgte ausgesetzt waren, unterscheidet beide Krankheitsbilder.

469 Zit. nach: Bescheid der Entschädigungsbehörde Wiesbaden vom 26. Januar 1967, a.a.O., S. 3.

470 Zit. nach: ebd.

Relevanz. Zudem meinte die Entschädigungsbehörde, Herr L. sei "wohl selbst nicht von der Verfolgungsbedingtheit seiner Leiden überzeugt",[471] da er im Jahre 1960 sämtliche Ansprüche aus eigenem Recht ausdrücklich zurückgezogen hatte.

Sowohl das Landgericht Wiesbaden als auch das Oberlandesgericht Frankfurt, die Herr L. nach der Ablehnung seiner Entschädigungsansprüche anrief, vertraten die Überzeugung, die psychischen und psychosomatischen Leiden von Herr L. beruhten nicht auf der Verfolgung, sondern seien statt dessen als "postenzephalitische Störungen" zu betrachten. Dabei beriefen sie sich auf jenes neurologische Gutachten, das bereits von der Entschädigungsbehörde Wiesbaden zitiert worden war und in dem es über die oben zitierte Passage hinaus hieß: "daß sich die jetzigen psychischen Beschwerden des Klägers zwanglos als postenzephalitischer Zustand erklären lassen".[472]

Der Hinweis von Herrn L., es stehe ja gar nicht fest, "daß er tatsächlich jemals an einer Gehirnhautentzündung erkrankt gewesen sei,"[473] wurde als irrelevant bezeichnet, wiesen - so das OLG - doch seine epileptischen Anfälle unzweifelhaft auf eben diese Erkrankung hin. Daß aber die von Herrn L. beschriebenen psychischen Symptome wie epileptischen Anfälle auch Zeichen eines schweren posttraumatischen Syndroms sein könnten, schloß das OLG nicht aus. Das Gericht vertrat aber die Ansicht:

"Daß diese Erkrankung des Klägers verfolgungsbedingt ist, ist gänzlich unwahrscheinlich, und zwar unabhängig davon, ob sie mit Sicherheit oder mit Wahrscheinlichkeit ihrerseits auf eine Encephalitis zurückzuführen ist. Denn ein ursächlicher Zusammenhang zwischen epileptoformen Erkrankungen und Verfolgungsmaßnahmen ist in der medizinischen Wissenschaft bisher allenfalls in ganz wenigen Ausnahmefällen anerkannt worden, in denen das Auftreten der Krankheit in engem zeitlichen Zusammenhang mit lang andauerndem schweren Verfolgungsdruck (KZ-Aufenthalt) zu beobachten war."[474]

Einem solch langen und schweren Verfolgungsdruck aber sei Herr L. - so die Ansicht des Gerichtes - nicht ausgesetzt gewesen.

Das OLG Frankfurt lehnte den Entschädigungsantrag von Herrn L. jedoch nicht allein wegen inhaltlicher Vorbehalte ab. Vielmehr waren die zuständigen Richter darüber hinaus der Ansicht, sein Antrag sei formal nicht zulässig. Diese Entscheidung begründete sich aus der Tatsache, daß Herr L. zwar 1958 einen nichtsubstantiierten Antrag auf Entschädigung gestellt hatte, diesen wie alle weiteren Anträge aber 1960 zurückgezogen hatte. Da sich nicht klären ließ, warum seine

---

471 Zit. nach: ebd., S. 4.
472 Zit. nach: Urteil des Landgerichts Wiesbaden vom 7. Mai 1968, Az.: 80 (Entsch) 151/67, S. 4.
473 Zit. nach: Urteil des Oberlandesgerichts Frankfurt / M. vom 23. Dezember 1969, Az.: 8U185/68-E-, S. 4.
474 Zit. nach: ebd., S. 11.

substantiierte Eingabe des gleichen Jahres die zuständige Entschädigungsbehörde nicht erreicht hatte, meinte das OLG nun, sein erneuter Antrag aus dem Jahr 1965, mit dem er seine körperlichen und gesundheitlichen Leiden geltend gemacht hatte, sei per se nichtig. Die frühere Verzichtserklärung sei rechtsbindend.

Dem widersprach der Bundesgerichtshof in seinem Urteil, das am 16. Oktober 1973 erging. Er interpretierte das maßgebliche Bundesentschädigungsschlußgesetz dahingehend, daß jeder Verfolgte, der bis zum 18. September 1965 gesundheitliche Schädigungen nachgemeldet habe, einen rechtswirksamen Anspruch geltend gemacht habe. Da dies im Falle von Herrn L. rechtzeitig geschehen sei - sein letzter substantiierter Antrag wurde immerhin im April 1965 gestellt -, müsse die alte Verzichtserklärung ignoriert werden.

An der Ablehnung seiner Ansprüche aber änderte diese Rechtsbelehrung nichts, kam der BGH doch zu dem abschließenden Ergebnis:

"... das Oberlandesgericht hat den Anspruch des Klägers wegen Schadens an Körper und Gesundheit auch sachlich geprüft und verneint. Diese Entscheidung würdigt den festgestellten Sachverhalt und die ärztlichen Gutachten in dem dem Tatrichter vorbehaltenen Verantwortungsbereich. Rechtsfehler sind dabei nicht erkennbar."[475]

Das hier dokumentierte Entschädigungsverfahren von Herrn L. zeigt einige der Schwierigkeiten, mit denen die Entschädigungsorgane und medizinischen Gutachter bei der Feststellung und Bewertung von Entschädigungsanträgen konfrontiert werden konnten - es zeigt aber auch, wie die am Entschädigungsprozedere Beteiligten auf solche Schwierigkeiten reagierten:

1960 machte Herr L. erstmalig seine somatischen wie psychischen Schädigungen geltend und erklärte, er leide an Kopfschmerzen, Paralyse und epileptischen Anfällen. Im gleichen Jahr jedoch ließ er seinen Anwalt erklären, er verzichte nunmehr auf alle *eigenen* Ansprüche - so daß er nunmehr nur noch Entschädigungsleistungen für den Tod seiner Familienangehörigen erhalten konnte. Fünf Jahre später - im April 1965 - erneuerte er seinen Anspruch auf Entschädigung seiner gesundheitlichen Leiden und erklärte nunmehr, er leide an Angst- und Depressionszuständen, die er auf die erlittene Verfolgung zurückführe. Daß Herr L. einen Antrag stellte, zurückzog und wieder erneuerte und dabei unterschiedliche Angaben über seine psychischen Symptome und somatischen Erkrankungen machte, zwang zum einen die Entschädigungsorgane zu einer Überprüfung seiner generellen Anspruchsberechtigung - die medizinischen Gutachter aber zu einer (kritischen) Würdigung seiner - möglichen - Krankheitsgeschichte.

Betrachtet man nun die Art und Weise, mit der die zuständigen Entschädigungsorgane mit den disparaten Verhaltensweisen und Äußerungen von Herrn L. umgin-

---

475   Zit. nach: Urteil des BGH vom 16. Oktober 1973, Az.: IX ZB 424/70, S. 3.

gen, so werden Interpretationsunterschiede, aber auch Übereinstimmungen sichtbar: Sowohl die Entschädigungsbehörde als auch Landes- und Oberlandesgericht interpretierten die gesetzliche Vorgaben so, daß ein Verfolgter, der einmal auf sämtliche Entschädigungsansprüche verzichtet hatte, keinen Anspruch mehr auf eine neuerliche Behandlung eines Neuantrages habe. Zu einer anderen Auslegung des einschlägigen Gesetzestextes dagegen kam der Bundesgerichtshof: Er ignorierte die Verzichtserklärung von Herrn L. und stellte - grundsätzlich - fest, daß die Entschädigungsbehörden jede Nachmeldung gesundheitlicher Schädigungen, die bis zum September 1965 eingegangen war, neu zu entscheiden habe.

De facto aber war dies lediglich eine prinzipielle Interpretationsvorgabe des Bundesentschädigungsschlußgesetzes, die zwar für andere Fälle - nicht aber für Herrn L. faktische Bedeutung erlangte. Denn einig waren sich die verschiedenen Entschädigungsinstanzen bei der Beurteilung der gesundheitlichen Probleme von Herrn L.: Hier folgten sie der Bewertung des ärztlichen Sachverständigen, der zu dem Schluß gekommen war, Herr L. leide an einem neurasthenischen Syndrom, das konstitutionell bedingt und damit verfolgungsunabhängig sei, zum anderen jedoch an epileptischen Anfällen, die als Spätfolgen einer früheren Enzephalitis zu interpretieren seien. Zwar stand dieser Befund in deutlichem Gegensatz zu der Diagnose des Vertrauensarztes, der Herrn L. eine reaktive, psychoneurotische Störung attestiert hatte - gestützt wurde er jedoch von einem Attest israelischer Ärzte, die Herrn L. Mitte der 50er Jahre eingehend untersucht und behandelt hatten.

Da es mir unmöglich ist, zu beurteilen, ob Herr L. als Kind tatsächlich an einer Enzephalitis erkrankt war (was er selbst bestritt), kann ich auch nicht ermessen, ob und in welchem Maße seine psychischen Symptome Spätfolgen einer solchen Krankheit waren - wie alle involvierten Entschädigungsinstanzen meinten. Doch auch wenn ich davon ausgehe, daß Herr L. unter psychischen Folgeerscheinungen einer somatischen Erkrankung litt, so stellt sich mir doch die Frage, ob dies (quasi automatisch) die Existenz verfolgungsbedingter psychischer Schädigungen ausschließen würde. Könnte es nicht doch sein, daß ein solcher Mensch - ebenso wie andere Verfolgte - von Erinnerungen an die erlittene Verfolgung und den Schmerz über die Ermordung seiner gesamten Familie gequält wurde - und dafür hätte Entschädigung beanspruchen können?

Eben diese Frage aber stellten sich die Entschädigungsorgane offensichtlich nicht: Sie schlossen sich einem medizinischen Gutachten an, dessen Befund die notwendigen Begründungen lieferte, den Entschädigungsantrag eines Mannes abzulehnen, dessen Widersprüchlichkeit allen Instanzen erhebliche Probleme bereit hatte.

**Frau S.E.:** "Schmerzen im Körper infolge Misshandlungen..."

Frau S. E. wurde 1926 als eines von fünf Kindern jüdischer Eltern in einer kleinen Gemeinde Polens geboren.[476] Ab 1933 besuchte sie dort die Volksschule, von der sie im Jahr 1939 abging.

Wann genau die deutschen Truppen ihren Heimatort erreichten, ist ihrer Entschädigungsakte nicht zu entnehmen: Schon im Januar 1940 jedoch wurde Frau E. in ein Zwangsarbeitslager eingewiesen, das die deutschen Besatzer in dieser Gemeinde errichtet hatten. 1942 wurde sie dann in das Konzentrationslager Skarzisko transportiert, von wo aus sie 1944 in das KZ Czenstochau weiterdeportiert wurde. In allen Lagern mußte Frau E., die zu Beginn der Verfolgung gerade 13 Jahre alt war, schwere Zwangsarbeiten in Munitionsfabriken leisten, wo sie - bei minimaler Ernährung und widrigsten Witterungsbedingungen - wiederholt mißhandelt wurde.

Im Januar 1945 wurde Frau E. befreit - und erfuhr nun, daß ihre Eltern und ihre vier Brüder ermordet worden waren. Nur kurz verblieb sie noch in Polen, dann wanderte sie nach Deutschland aus, wo sie Aufnahme im DP-Lager Zeilsheim fand. Dort heiratete sie und gebar ihr erstes Kind. Nachdem sie aus diesem Lager entlassen worden war, wohnte Frau E. mit ihrer Familie für kurze Zeit in Frankfurt a.M, um dann in die USA auszuwandern. Hier gebar sie 1954 ihr zweites Kind. Da sie niemals einen Beruf erlernt hatte, blieb Frau E. - auch als ihre Kinder größer waren - Hausfrau.

Im Mai 1950 (also noch in Frankfurt) stellte Frau E. einen ersten Globalantrag auf Entschädigung, in dem sie ausschließlich ihre Freiheitsschäden geltend machte. Diese wurden mit zwei Vergleichen in den Jahren 1954 und 1958 anerkannt und entschädigt. Im März 1957 stellte Frau E. noch einmal einen Antrag auf Entschädigung - diesmal für ihre körperlichen und gesundheitlichen Schädigungen, die sie im September des gleichen Jahres näher substantiierte.

Wie in anderen Fällen, so fehlen auch in der Entschädigungsakte von Frau E. sämtliche Eigenangaben über Art und Charakter ihrer psychischen Probleme, skizzierte sie in ihrem substantiierten Entschädigungsantrag doch lediglich einige ihrer somatischen Krankheitssymptome. In ihrem langjährigen Entschädigungsverfahren fanden jedoch eine Reihe ihrer psychischen wie psychosomatischen Symptome Erwähnung, was es mir möglich macht, zumindest einige interpretative Aussagen über das Verfolgungsschicksal von Frau E. und dessen psychopathogene Auswirkungen zu treffen.

---

476   Der Beruf ihres Vaters bzw. die wirtschaftlichen Verhältnisse der Familie bleiben in der Entschädigungsakte von Frau E. unerwähnt. Zu rekonstruieren ist jedoch, daß sie keiner wohlhabenden Familie entstammte, beantragte sie in ihrem Antrag auf Entschädigung doch, in die vergleichbare Beamtengruppe des einfachen Dienstes eingeordnet zu werden.

Sowohl in dem Zwangsarbeitslager, in dem Frau E. zwischen 1940 und 1942 leben mußte, als auch in den Konzentrationslagern Skarzisko und Czenstochau waren die Lebensbedingungen der Häftlinge katastrophal: Hunger, Kälte, Hitze und Schmutz untergruben ihre Gesundheit und Leistungskraft, so daß sie kaum noch in der Lage waren, die ihnen auferlegten Zwangsarbeiten auszuführen. Hilf- und wehrlos den Schikanen ihrer Verfolger ausgesetzt, wußten sie, daß sie jeder Zeit mißhandelt und gedemütigt - oder gar ermordet werden konnten. Das Grauen wurde alltäglich, Brutalität und Gewalt zur "Normalität".

Besonders hart war die Situation für Frau E., die offensichtlich bereits zu Beginn ihrer Haft von ihren Familienangehörigen getrennt worden war.[477] Wie jede andere Jugendliche in der Pubertät benötigte sie eigentlich ein hohes Maß an emotionaler Stabilität, die es ihr ermöglicht hätte, zu ihrer eigenen Selbstdefinition zu finden und damit ihre psychische Identität zu stabilisieren.[478] Statt dessen aber wurde ihr ein (pathogener) "Reifeprozeß" auferlegt, der sie physisch wie psychisch erschöpfen sollte und ihre Fähigkeit, das Erlebte zu verarbeiten, völlig überforderte. Wenn sie von Angst und Panik gepeinigt wurde, so durfte sie im Lager diese Gefühle nicht mehr zeigen. Wenn sie unter der Trennung von ihrer Familie litt, so mußte sie auch diesen Schmerz unterdrücken. Tatsächlich konnte sie den Kampf ums Überleben nur dann bestehen, wenn sie ihr emotionales Leben auf ein Minimum reduzierte, an der Peripherie ihres Selbst lebte und sich darauf konzentrierte, ihre Primärbedürfnisse zu befriedigen. Doch obwohl sie versuchte, die ihr auferlegten Arbeiten zur "Zufriedenheit" ihrer Verfolger zu erledigen; obwohl sie versuchte, sich den lagerinternen Verhaltensvorschriften anzupassen, wurde sie geschlagen und mißhandelt.

Noch Jahre nach Ende ihrer Haft gab sie an, sie litte an "Schmerzen im ganzen Koerper infolge Misshandlungen, schlecht gehen und stehen infolge Verletzung des linken Fusses..."[479] Traumatisierend wirkten aber nicht allein die Gewaltakte, denen Frau E. im Konzentrationslager ausgesetzt war, traumatisierend wirkte - so ist zu vermuten - vor allem, daß sie weder wußte, wann ihre Haft enden, noch ob sie überleben würde. Die ständige Konfrontation mit dem Tod, die Angst um ihr eigenes Überleben dürften ihre Sichtweise auf die Welt nachhaltig verändert haben. Sie

---

477 In ihrer Entschädigungsakte finden sich jedenfalls keine Hinweise darauf, daß sie mit einem oder mehreren Familienmitgliedern inhaftiert worden wäre.
478 Wie ich bereits im Falle von Herrn L. versuchte aufzuzeigen, ist die Pubertät eine Zeit der Krise. Zerrissen zwischen dem Bedürfnis nach familiärer Geborgenheit und immensen Freiheitsbedürfnissen sind Jugendliche in dieser Phase aufgefordert, ihre Selbst-Identität zu konsolidieren. Eine solche Konsolidierung kann aber denjenigen Jugendlichen nicht gelingen, die - wie Frau E. - plötzlich damit konfrontiert werden, daß sie jeder familialen Sicherheit beraubt und zur Eigenständigkeit gezwungen sind. Vgl. dazu: Stavros Mentzos: Neurotische Konfliktverarbeitung, a.a.O., S.101 ff.
479 Zit. nach; Substantiierter Antrag von Frau S. E. auf Entschädigung wegen Schaden an Körper und Gesundheit vom 6.9.1957, S. 1.

verlor jedes Selbstvertrauen, aber auch das Vertrauen in eine soziale Umwelt, die sich hier - im Lager - als äußerst bedrohlich erwiesen hatte.

Und auch nach ihrer Befreiung konnte sie an ihr früheres Leben nicht anknüpfen, mußte sie doch erfahren, daß ihre gesamte Familie ermordet worden war. Die schmerzhafte Lücke, die dieser Verlust in ihr hinterlassen hatte, versuchte sie wenige Jahre nach ihrer Befreiung zu schließen: 1946, gerade in einem DP-Lager angelangt, heiratete Frau E. und schon wenig später gebar sie ihr erstes Kind. Es dürfte dies ein Versuch gewesen sein, familiale Geborgenheit und damit eine soziale "Normalität" zu rekonstruieren, die ihr so früh entrissen worden war. Und dennoch konnte auch diese "neue" Familie nicht verhindern, daß Frau E. immer wieder von Angst- und Panikattacken überschwemmt wurde. Gegenüber einem Vertrauensarzt gab sie 1962 an, "daß sie seit der Verfolgung sehr nervös sei, Angstzustände habe, schlecht schlafe und öfters nachts aufschreie."[480]

Diese massiven psychischen Probleme wurden in ihrem Entschädigungsverfahren erst einmal nicht berücksichtigt. Nachdem Frau E. 1957 einen (substantiierten) Antrag auf Entschädigung ihrer körperlichen und gesundheitlichen Leiden eingereicht hatte, wurde sie 1962 von einem vertrauensärztlichen Gutachter untersucht. Dieser kam zu dem Ergebnis, als verfolgungsbedingte Schädigungen sei der "Verlust von sechs Zähnen, vier im Oberkiefer und zwei im Unterkiefer" und ein "körperlicher und seelischer Erschöpfungszustand für die Zeit vom 1.1.1945 bis 31.12.1951 mit einer verfolgungsbedingten Erwerbsminderung von 30%" anzuerkennen.[481] Auf der Grundlage dieser Diagnose wurde im Juli 1963 ein Vergleich zwischen Frau E. (vertreten durch die United Restitution Organization) und dem Land Hessen - hier der Entschädigungsbehörde Darmstadt - geschlossen: Frau E. erhielt 10.000 DM, mit denen "sämtliche Ansprüche... gegen das Land Hessen auf Wiedergutmachung... endgültig abgegolten" sein sollten.[482] Damit war das Entschädigungsverfahren von Frau E. erst einmal beendet.

1966 focht Frau E. diesen Vergleich an. Möglich wurde ihr dies, weil 1965 mit dem Bundesentschädigungsschlußgesetz (BEG-SG) eine neue Regelung eingeführt worden war. Mit ihr wurde denjenigen ehemals Verfolgten das Recht eingeräumt, einen Neuantrag zu stellen, denen im Erstverfahren ein Anspruch auf Rente "aus medizinischen Gründen im vollen Umfange" versagt worden war[483] - allerdings nur

---

480  Zit. nach: Vergleichsvorschlag des Landgerichts Darmstadt vom 21 Juni 1968, Az.: 10 0 (Entsch.) 21/68, S. 3. Es waren und sind dies - wie Kinder- und Jugendpsychiater feststellten - charakteristische Symptome für Menschen, die als Jugendliche Leidtragende nationalsozialistischer Verfolgung wurden. Sie leiden an diffusen Ängsten und Depressionen, an einer Veränderung ihrer Persönlichkeitsstruktur.
481  Zit. nach: Bescheid der Entschädigungsbehörde Darmstadt vom 8.1.1968, Az.: I710 b 1- 3w02- Reg. Nr. D/10732/26(A)DP/Er.
482  Zit. nach: Vergleich der Entschädigungsbehörde Darmstadt vom 1. Juli 1963.
483  Zit. nach: ebd.

dann, wenn bei dem Erstbescheid bestimmte Erkrankungen nicht berücksichtigt worden waren. Ziel dieser Regelung war es, jenen Menschen dauerhafte Rentenleistungen und damit fortlaufende materielle Unterstützung zuzubilligen, die unter dauerhaften gesundheitlichen Spätschädigungen litten.

Eben dies forderte auch Frau E. ein. Sie gab an, bereits bei ihrer ersten vertrauensärztlichen Begutachtung ihre psychischen Probleme ausführlich geschildert zu haben und dennoch nur eine Kapitalentschädigung für ihre somatischen Verletzungen und Erkrankungen sowie für einen zeitlich begrenzten Erschöpfungszustand erhalten zu haben. Sie beantragte nun eine Rentennachzahlung sowie eine laufende monatliche Rente wegen einer verfolgungsbedingten Minderung der Erwerbsfähigkeit von mindestens 25% für die Zeit seit dem 1.1.1945.

Die Darmstädter Entschädigungsbehörde jedoch lehnte ihren Neuantrag auf Entschädigung am 8.1.1968 ab. Interessanterweise aber nicht aus medizinischen Gründen - ihre psychischen Konflikte wurden nicht erwähnt. Statt dessen war die Behörde der Ansicht, Frau E. habe nicht das Recht, einen Neuantrag zu stellen, weil ihre Rentenansprüche 1963 eben nicht "in vollem Umfange" abgelehnt worden seien:

> "Durch den angefochtenen Vergleich hat die Antragstellerin eine Entschädigung für Schaden an Körper und Gesundheit in Höhe von DM 10.000.-- erhalten. Die Kapitalentschädigung bei einer verfolgungsbedingten Minderung der Erwerbsfähigkeit von 30% beträgt für den Zeitraum vom 1.1.1945 bis 31.10.1953 jedoch nur DM 7.240.--. Somit wurden über den 31.10.1953 hinaus DM 2.760.-- gezahlt... Alle über den 31.10.1953 hinaus bewirkten Leistungen bleiben... eine geleistete Entschädigung für Rente wegen Schadens an Körper und Gesundheit."[484]

Mit dieser Interpretation des zugrundeliegenden Vergleichs war Frau E. jedoch nicht einverstanden und sie reichte noch im Frühjahr 1968 Klage ein. Das Landgericht Darmstadt, das sich im Juni 1968 mit dieser Klage beschäftigte, empfahl eine gütliche Einigung und legte den Parteien "dringend nahe, den Rechtsstreit durch einen Vergleich zu beenden."[485] Als zentrale Begründung gab das Landgericht an:

> "Selbst wenn man von der Berechnungsweise der Entschädigungsbehörde in dem angefochtenen Bescheid ausgeht, hat das beklagte Land über den 21.10.1953 hinaus 2.760 DM gezahlt. Von diesem Betrag gehen noch die Kosten für Zahnersatz ab. Der verbleibende Restbetrag als Entgelt für den Gesundheitsschaden nach dem 31.10.1953 ist dürftig."[486]

Als "dürftig" wurden die Zahlungen vor allem deshalb bezeichnet, weil das Landgericht davon ausging, daß Frau E. tatsächlich an fortdauernden psychischen Schä-

---

484 Zit. nach: Bescheid der Entschädigungsbehörde Darmstadt vom 8.1.1968, a.a.O., S. 2.
485 Zit. nach: Vergleichsvorschlag des Landgerichts Darmstadt vom 21. Juni 1968, Az.: 10 O (Entsch.) 21/68, S. 1.
486 Zit. nach: ebd.

digungen litt: Daß sie als Jugendliche in verschiedenen Konzentrationslagern inhaftiert, dort massiven Mißhandlungen ausgesetzt gewesen war und zudem ihre gesamte Familie verloren hatte, seien - so das Gericht - ausreichende Gründe, seelische Schäden anzunehmen.

Irritiert aber zeigten sich die Darmstädter Richter, daß sich Frau E. nach ihrer vertrauensärztlichen Erstbegutachtung geweigert hatte, sich noch einmal (psychiatrisch) untersuchen zu lassen. Die Gründe für diese Weigerung sind der Entschädigungsakte nicht zu entnehmen. Zu vermuten aber ist, daß Frau E. bereits ihre erste Untersuchung als sehr belastend empfunden hatte, beklagte sie doch wiederholt, der Erstgutachter habe ihre psychischen Probleme nicht ernst genommen und deshalb auch keine diesbezüglichen Entschädigungsleistungen empfohlen.[487] Tatsächlich wurde ihr Widerstand verfahrensrelevant, befand das Darmstädter Gericht doch, sie habe sich unkooperativ verhalten und könne deshalb "im Vergleichswege nicht den vollen Ersatz ihres Schadens verlangen".[488] Vorgeschlagen wurde deshalb, daß das beklagte Land Frau E. noch einmal 10.000.-- DM zahlen solle, womit dann ihre sämtlichen Entschädigungsansprüche endgültig abgegolten seien.

Doch auch damit war Frau E. nicht einverstanden, deshalb hatte das Landgericht Darmstadt nun in einem regulären Verfahren über ihren Entschädigungsanspruch zu entscheiden. Am 25. Oktober 1968 fällten die zuständigen Richter ihr Urteil: Die Klage von Frau E. wurde abgewiesen.

Grundsätzlich widmeten sich die Richter nunmehr der Frage, ob mit dem ersten Vergleich aus dem Jahr 1963 ein Rentenanspruch "in vollem Umfang" bestritten worden sei - oder nicht. Und hier kam das Gericht zu dem gleichen Ergebnis wie die Darmstädter Entschädigungsbehörde, daß nämlich der über den 31.10.1953 hinaus gezahlte Betrag als "zur Abgeltung der Rentenansprüche bestimmt" angesehen werden müsse.[489]

Irrelevant war nun, daß dieser Restbetrag einmal als "dürftig" bezeichnet worden war; irrelevant war auch, daß Frau E. - wie die Richter selbst bestätigt hatten - unter erheblichen psychischen Schädigungen litt. Vielmehr beharrte das Gericht nun auf Einhaltung der gesetzlichen Bestimmung, in der vorgeschrieben war, daß nur der- bzw. diejenige Anrecht auf Entschädigung habe, dem/der ein Rentenanspruch "aus medizinischen Gründen" versagt worden sei. Da Frau E. sich aber geweigert habe, sich einer psychiatrischen Untersuchung zu unterziehen, behalte das vertrauensärztliche Gutachten seine Gültigkeit, in dem keine dauerhaften psychischen Leiden erwähnt worden waren. Gegen dieses Urteil legte Frau E. Berufung

---

487 Daß der begutachtende Arzt in New York ihren psychischen Problemen keine Priorität eingeräumt hatte, erscheint wahrscheinlich, war er doch Facharzt für innere Krankheiten - nicht aber Psychiater.
488 Zit. nach: Vergleichsvorschlag des Landgerichts Darmstadt, a.a.O., S. 3.
489 Zit. nach: Urteil des Landgerichts Darmstadt vom 25. Oktober 1968, Az.: 10.0 (Entsch.) 21/68, S: 5.

ein, war sie doch nach wie vor der Ansicht, ihr stehe eine Rente wegen ihrer psychischen Leiden zu. Ihrer Berufung fügte sie ausführliches psychiatrisches Privatgutachten bei, in dem ihre seelischen Störungen bestätigt wurden.[490] Mit ihrer Berufungsklage befaßt war das Frankfurter Oberlandesgericht, die oberste hessische Entschädigungsinstanz. Sie kam am 30. September 1969 zu einem Urteil, das da lautete:

> "Das angefochtene Urteil wird aufgehoben. Die Sache wird zur erneuten Verhandlung und Entscheidung auch über die Kosten des Berufungsverfahren an das Landgericht zurückverwiesen. Die Revision wird zugelassen."[491]

Da der Hauptstreitpunkt dieses Verfahrens war, ob in dem grundlegenden Vergleich des Jahres 1963 der Rentenanspruch von Frau E. "in vollem Umfange" abgelehnt worden war, widmeten sich die Richter des OLG vorrangig dieser Frage. Nach eingehender Prüfung der gesetzlichen Grundlagen stellten sie fest, daß dies erst dann der Fall sei, wenn jede Entschädigung für die Zeit nach dem 1. November 1953 abgelehnt worden wäre.[492] Die geringe Restsumme, mit der die Entschädigungsbehörde Darmstadt gemeint hatte, alle über diesen Zeitpunkt hinausgehenden Ansprüche von Frau E. abgegolten zu haben, war - so das OLG - nicht eindeutig als weitergehende Entschädigungsleistung zu erkennen gewesen: "Im Fall der Klägerin kann nicht mit Sicherheit festgestellt werden, daß ein Teil der Vergleichssumme als Abgeltung eines eventuellen Rentenanspruchs gezahlt werden sollte."[493]

In seiner Urteilsbegründung kritisierte das OLG aber auch die Darmstädter Entschädigungsbehörde und das dortige Landgericht. Nach Ansicht der obersten hessischen Entschädigungsinstanz wäre es Pflicht der Entschädigungsbehörde gewesen, die von ihr gezahlte Entschädigungssumme genau zu spezifizieren und damit für Frau E. transparent zu machen. Dem Landgericht dagegen wurde vorgeworfen, seinen Vergleichsvorschlag nur deshalb gemacht zu haben, um das Entschädigungsverfahren schnell und reibungslos zum Abschluß zu bringen. Beides seien demnach Verhaltensweisen gewesen, die für Frau E. negative Konsequenzen gehabt hätten.

Ob und in welchem Maße Frau E. unter verfolgungsbedingten psychischen Störungen litt, wurde in diesem Verfahren nicht geklärt. Statt dessen verwies das OLG den Rechtsstreit an das Landgericht mit der Auflage zurück, ihren Antrag nunmehr sachlich zu prüfen und zu entscheiden.

---

490 Bedauerlicherweise ist dieses Privatgutachten nicht Bestandteil der Entschädigungsakte.
491 Zit. nach: Urteil des Oberlandesgerichts Frankfurt vom 30. September 1969, Az.: 8 U 26/69, S. 2.
492 Dabei bezogen sich die Richter auf § 36 des BEG's, in dem festgelegt worden war, daß alle Entschädigungszahlungen für eine Erwerbsminderung von mindestens 25% vor dem 1.11.1953 in Form einer Kapitalentschädigung zu erfolgen habe. Eine Rentenzahlung kam demnach nur in Frage, wenn eine solche Erwerbsminderung auch nach diesem Zeitpunkt bestanden hatte.
493 Zit. nach: ebd., S. 9.

Zwar hatte das OLG damit zugunsten von Frau E. entschieden - eine grundlegende und bindende Erklärung aber, wie das BEG-SG denn nun zu interpretieren sei, war auch mit diesem Urteil noch nicht erreicht. Zu vermuten steht, daß das OLG gerade deshalb in seinem Urteil der Entschädigungsbehörde (bzw. dem Land Hessen) das Recht auf Revision zugestand, mußte sich doch dann der Bundesgerichtshof mit diesem Fall befassen. Und eben dies geschah: Noch am 30. September legte das Land Hessen Revision ein und am 16. Dezember 1971 fällte der BGH sein Urteil: "Die Revision des beklagten Landes... wird zurückgewiesen... Die außergerichtlichen Kosten trägt das beklagte Land."[494]

Als rechtsgültig definierte der BGH, was bereits das OLG festgestellt hatte: Die Formulierung des BEG-SG, ein Neuantrag könne nur dann gestellt werden, wenn ein Rentenanspruch im Erstverfahren "in vollem Umfang" abgelehnt worden sei, fände immer dann Anwendung, wenn der/die Verfolgte keine über den 1.11.1953 hinausgehende Leistungen erhalten habe. Daß sich die Entschädigungsbehörde im Falle von Frau E. nicht klar geäußert habe, wie sie den Restbetrag von 1.800 DM definiere, könne nicht zu Lasten der Klägerin gehen. Diese habe den Erstvergleich zu Recht so interpretiert, daß ihr jeder Rentenanspruch verweigert worden war. Aus diesem Grund - so der BGH - müsse Frau E. zugebilligt werden, einen Neuantrag auf Entschädigung ihrer gesundheitlichen Schädigungen stellen zu können. Diesen zu prüfen und zu entscheiden wurde dem Landesgericht Darmstadt auferlegt.

Im September 1972 wurde noch einmal ein Vergleich zwischen dem Land Hessen (der Entschädigungsbehörde Darmstadt) und Frau E. geschlossen, der da lautete:

> "Das beklagte Land zahlt der Klägerin wegen Schadens an Körper und Gesundheit aufgrund einer verfolgungsbedingten MdE von 25% wegen chronisch-reaktiver Depression ab 1. Januar 1945 fortlaufend Kapitalentschädigung, Rentennachzahlung und laufende monatliche Rente auf der Basis der jeweiligen Mindestrente. Auf die hiernach zu erbringenden Leistungen werden die gemäß Vergleich vom 1. Juli 1963 bereits gezahlten 10.000.-- DM angerechnet."[495]

Darüber hinaus erhielt Frau E. eine einmalige Summe in Höhe von 6.000 DM für Heilkostenbehandlungen und einen Betrag von 8.000 DM als anteilige Beteiligung an ihren außergerichtlichen Kosten.

Daß verfahrenstechnische Unklarheiten auch bei jenen Verfolgten zu einer erheblichen Verschleppung des Verfahrens führen konnten, deren psychische Folgeschädigungen unumstritten waren, macht der Fall von Frau E. deutlich: Allen zuständigen Entschädigungsorganen war einsichtig, daß diese Frau, die als 13jährige in Konzentrationslager deportiert, zu Zwangsarbeiten gezwungen und wiederholt

---

494  Zit. nach: Urteil des Bundesgerichtshofes vom 21. Dezember 1971, Az.: IX ZR 25/70, S. 2.
495  Zit. nach: Landgericht Darmstadt vom 29.9.1972, Az.: 10 O (Entsch) 10/72, S. 1.

mißhandelt worden war, unter erheblichen psychischen Störungen litt - und doch sollte es 15 Jahre dauern, bis der Bundesgerichtshof die Entscheidungen früherer Entschädigungsinstanzen korrigierte und Frau E. zu ihrem Recht verhelfen konnte. Verursacht wurde diese Verzögerung vor allem durch die Entschädigungsbehörde Darmstadt, der in ihrer Vergleichsbegründung des Jahres 1962 ein gravierender Verfahrensfehler unterlaufen war. Laut Entschädigungsgesetzgebung waren die Behörden verpflichtet, ihre Entscheidungen - und damit auch den Gültigkeitsbereich geschlossener Vergleiche - so transparent und nachvollziehbar wie möglich zu machen.[496] Eben das aber hatten die Darmstädter Sachbearbeiter nicht getan: Sie hatten sich zwar mit Frau E. auf einen Pauschalbetrag geeinigt - in ihrer Vergleichsbegründung aber nicht erläutert, welche verfolgungsbedingten Erkrankungen mit dieser Summe entschädigt worden waren. Als Frau E. dann 1965 erneut einen Antrag auf Entschädigung ihrer psychischen Folgeschädigungen stellte, schob die Behörde eine (ihr genehme) Interpretation nach: Behauptet wurde nun, die Ansprüche von Frau E. seien 1962 durch die Zahlung einer - undifferenzierten - Restsumme bereits abgegolten worden; weitere Leistungen stünden ihr nicht zu.

Wenig eindeutig verhielt sich das Landgericht Darmstadt, das als nächste Instanz mit dem Fall von Frau E. befaßt war. Zuerst einmal warfen die Richter Frau E. vor, sie habe sich keiner neuerlichen ärztlichen Begutachtung unterzogen und könne sich deshalb mit der Entschädigungsbehörde nur per Vergleich einigen. Zugleich aber stellten die Richter fest, daß ein solcher Vergleich schon allein deshalb notwendig sei, weil die 1962 gezahlte Restsumme im Angesicht der psychischen Leiden von Frau E. sehr "dürftig" gewesen wäre. Tatsächlich jedoch war diese Einsicht von kurzer Dauer, wurde sie doch in eben jenem Moment aufgegeben, als Frau E. den Vergleichsvorschlag zurückwies. Nun entschieden die zuständigen Richter, der Interpretationsvorgabe der Darmstädter Behörde sei zuzustimmen - die psychischen Schädigungen der Betroffenen seien durch die Zahlung einer Restsumme hinreichend bedacht worden. Es bedurfte zwei weiterer Instanzen, bis geklärt war, daß die Entschädigungsbehörde einen Verfahrensfehler begangen hatte, der auch durch den Abschluß eines neuerlichen Vergleichs nicht zu korrigieren war: Unmißverständlich stellte das Oberlandesgericht Frankfurt fest, daß es Aufgabe der Entschädigungsbehörde gewesen wäre, ihren Vergleich eindeutig und überprüfbar zu formulieren. Daß dies nicht geschehen sei - so die Richter - könne nicht zu Ungunsten von Frau E. ausgelegt werden. Ebenso deutlich aber kritisierte das OLG die Richter des Landgerichtes, die - so ihre Ansicht - allzuschnell auf den Abschluß eines Vergleiches gedrungen hätten, ohne die Ansprüche von Frau E. de-

---

[496] Schon in § 195 des Bundesentschädigungsgesetzes wurde betont, daß die Entschädigungsbehörden ihre Bescheide "unmißverständlich zu fassen" habe, "damit jeder Zweifel über den Umfang der getroffenen Entscheidung ausgeschlossen ist." Zit. nach: H. G. van Dam / Heinz Loos: Bundesentschädigungsgesetz - Kommentar, a.a.O., S. 764.

tailliert zu prüfen oder gar zu würdigen. Eben dieser Position schloß sich auch der Bundesgerichtshof an, bei dem die Darmstädter Behörde Revision eingelegt hatte: Seinem Grundsatzurteil war es zu verdanken, daß es 1972 zu einem erneuten Vergleich zwischen der Darmstädter Behörde und Frau E. kam, mit dem ihre psychischen Schädigungen endlich entschädigt wurden. Damit waren die Fehler und Mißinterpretationen früherer Instanzen korrigiert - ein später, aber dennoch wichtiger Erfolg für Frau E..

Herr I.Z.: **"Ich kann mich an meinen Aufenthalt im Ghetto noch gut erinnern, obwohl ich damals noch ein Kind war."**

(Das Entschädigungsverfahren von Herrn Z. habe ich bereits in Kapitel IV kurz umrissen. Ging es mir dort darum, die erheblichen Material- und Informationslücken deutlich zu machen, die bei der Auswertung von Entschädigungsakten virulent werden, so möchte ich nunmehr den Versuch unternehmen, das individuelle Verfolgungsschicksal von Herrn Z. zu rekonstruieren und den Ursachen seiner psychischen Erkrankung nachzuspüren. Erst dann erscheint es mir möglich zu beurteilen, ob die psychischen Leiden von Herrn Z. von hessischen Entschädigungsbehörden hinreichend wahrgenommen und gewürdigt wurden.)

Herr Z. wurde 1932 als eines von fünf Kindern eines jüdischen Kolonialwarenhändlers in Polen, nahe der weißrussischen Grenze geboren. Da das Geschäft des Vaters erfolgreich war, führte die Familie ein "gutes, bequemes Leben."[497]

Im Sommer 1941 besetzten deutsche Truppen den Heimatort von Herrn Z. und begannen unverzüglich mit Gewalttaten gegen die ortsansässige jüdische Bevölkerung: Mußten Juden erst einmal "nur" einen Judenstern tragen, so wurden sie bereits im September 1941 in ein Ghetto eingewiesen, das von Stacheldraht umzäunt und von deutscher wie ukrainischer Polizei bewacht wurde. Im November 1942 wurde das Ghetto von deutschen Einheiten liquidiert.

Offensichtlich wußten die Eltern von Herrn Z., daß die jüdische Bevölkerung keine Überlebenschance hatte; denn sie versuchten, sich mit ihren Kindern auf einem Dachboden innerhalb des Ghettos zu verstecken. In der darauffolgenden Nacht beschlossen sie, aus dem Ghettobezirk zu fliehen. Auf der Flucht wurde der Vater von Herr Z. von Deutschen erschossen. Den übrigen Familienmitgliedern gelang es vorerst, ihren Verfolgern zu entkommen. Für eine kurze Zeit konnten sie sich bei einem ihnen bekannten Bauern verstecken; dann aber blieb ihnen nur der Ausweg, sich in die angrenzenden Wälder zu flüchten. Offenbar überlebte aber nur ein Teil der Familie die Strapazen eines solchen "illegalen Lebens"; gab Herr Z. in seinem

---

497 Zit. nach: Eidesstattliche Erklärung von Herrn Z. vom 2. Februar 1955, S. 1; in: Entschädigungsakte von Herrn Z., Entschädigungsbehörde Darmstadt, Az.: D/21433/32(A)DP/Za.

Entschädigungsantrag doch an, seine Mutter und zwei Geschwister seien während der Verfolgung verstorben.[498] Im März 1944 wurde Herr Z. von sowjetischen Truppen befreit. Nach einer Erstbetreuung durch russische Militärärzte in seiner Heimatstadt, wurde Herr Z. im Jahr 1945 in die medizinische Obhut des Jüdischen Komitees in Lodz überstellt. Im Frühjahr 1946 reiste er in die Bundesrepublik aus, wo er Aufnahme in einem Kinderlager der UNRRA in der Nähe von Bensheim fand. Von dort wanderte er im Sommer 1947 nach Israel aus.

Im Jahr 1945 besuchte Herr Z. erst in Polen, 1946 dann in der Bundesrepublik eine Schule; in Israel studierte er, um Lehrer zu werden. Nach Ableistung seines Militärdienstes in den Jahren 1950 bis 1952 arbeitete Herr Z. übergangsweise als Bäcker in einem Kibbuz; später - seiner Ausbildung entsprechend - als Lehrer. Im Februar 1956 heiratete er, im gleichen Jahr wurde seine Tochter, 1962 und 1969 zwei weitere Söhne geboren. Bereits 1950 stellte Herr Z. einen Globalantrag auf Entschädigung, in dem er jedoch nur Schäden an Freiheit bzw. - als Erbe seines Vaters - an Leben geltend machte. Erst im Februar 1964 beantragte er dann mit einem substantiierten Antrag Entschädigung für seine körperlichen und gesundheitlichen Leiden.

Im März 1974 starb Herr Z. im Alter von 41 Jahren.

Als die deutschen Truppen im Sommer 1941 die Heimatgemeinde von Herrn Z. besetzten, lösten sie eine sowjetische Besatzung ab, die diese Region als genuinen Bestandteil Weißrußlands betrachtete.[499] Offensichtlich war es unter der sowjetischen Verwaltung nicht zu nennenswerten Repressionen gegen die polnische (oder jüdische) Bevölkerung gekommen, erklärte Herr Z. doch, bis zum Einmarsch der deutschen Truppen hätte seine Familie ein gutbürgerliches Leben ohne ökonomische Beschränkungen geführt.

> "Ich weiss aber, dass meine Eltern und wir 5 Geschwister eine grosse 4 Zimmerwohnung mit allem Zubehoer bewohnten und wir ein gutes bequemes Leben fuehrten. Wir Kinder besuchten alle eine gute Schule."[500]

Dies änderte sich schlagartig unter der deutschen Besatzung: Alle jüdischen Einrichtungen der Stadt wurden geschlossen, jüdische Geschäftsleute zur Aufgabe ih-

---

498 Die genauen Umstände ihres Todes sind der Entschädigungsakte von Herrn Z. ebenso wenig zu entnehmen wie genauere Angaben über die Zeit seines illegalen Lebens. Rekonstruierbar ist lediglich, daß zwei Schwestern von Herrn Z. "dasselbe Haftschicksal" wie er durchlitten und überlebt hatten, zit. nach: ebd., S. 2.
499 Die Heimatregion von Herrn Z. wurde erst im polnisch-sowjetischen Krieg von polnischen Truppen okkupiert, gehörte sie doch vormals zur Republik Weißrußland. In Folge des deutsch-sowjetischen Vertrages von 1939 gelang es jedoch der Sowjetunion, dieses Gebiet wieder in die Weißrussische SSR einzugliedern.
500 Zit. nach: Eidesstattliche Erklärung von Herrn Z. vom 2. Februar 1955, a.a.O., S. 2.

rer Betriebe gezwungen und eine "Kennzeichnungspflicht" eingeführt, derzufolge alle jüdischen Bürger ihre Kleidung mit "Judensternen" zu markieren hatten.

> "Die Deutschen kamen im Juni 1941 dorthin und ich musste, obwohl ich noch ein Kind von 9 Jahren war, ebenso wie die anderen Juden, den gelben Judenstern tragen... Ich musste, als die Deutschen in unsere Stadt kamen, meine Schulausbildung sofort unterbrechen, weil die Schule von den Deutschen geschlossen wurde."[501]

Tatsächlich waren solche Formen der sozialen Ausgrenzung und Diffamierung nur der erste Schritt zu weiteren, weit schärferen Repressionen: Bereits wenige Wochen später, im September 1941, errichteten die deutschen Machthaber im Ort ein Ghetto, in das alle ortsansässigen Juden übersiedeln mußten. Auf engstem Raum zusammengepfercht, ohne ausreichende Ernährung oder medizinische Betreuung hatten die Bewohner keine Chance, das Ghetto auf legalem Wege verlassen zu können:

> "Ich musste mit meinen Eltern unsere Wohnung verlassen und in den Ghettobezirk uebersiedeln... Das Ghetto war mit Stacheldraht umzaeunt und wurde von deutscher Polizei und ukrainischer Polizei bewacht. Das Verlassen des Ghettos war bei Todesstrafe verboten."[502]

Überzeugend erscheint es, wenn Herr Z. anmerkte, er könne sich an seinen "Aufenthalt im Ghetto noch gut erinnern, obwohl ich damals noch ein Kind war", dürfte er doch die Umsiedlung in das Ghetto und die dortigen menschenunwürdigen Lebensbedingungen als existentiellen Bruch in seinem bisherigen Leben erlebt haben, auf den er mit Angst und Verunsicherung reagierte. Plötzlich und für ihn sicherlich unbegreiflich war er aus allen sozialen Bezügen herausgerissen worden; sah er sich in einer fremden Umgebung mit Gewalt und Todesdrohungen konfrontiert. Das Gefühl allgegenwärtiger Bedrohung prägte sich ihm in so deutlichen Bildern ein, daß es seine Erinnerung dauerhaft bestimmen sollte.

Nach vierzehn Monaten beschlossen die deutschen Machthaber, das Ghetto zu "liquidieren", d.h. die jüdische Bevölkerung zusammenzutreiben, in Güterwaggons zu verladen und in die polnischen Todeslager zu deportieren.

Ob es den Eltern von Herrn Z. bewußt war, daß die Deportation in ein Lager mit einem Todesurteil gleichzusetzen war, ist fraglich. Daß sie sich aber dem Zugriff ihrer Verfolger entziehen sollten, war ihnen klar, versuchten sie doch, Möglichkeiten zu finden, um aus dem Ghettobezirk fliehen zu können.

Herr Z. selbst sagte nach dem Krieg nur sehr wenig zu seinem weiteren Schicksal bzw. dem seiner Familie:

---

501 Zit. nach: ebd., S. 1 und 2. Zu vermuten ist, daß Herr Z. bis zu diesem Zeitpunkt eine jüdische Schule besucht hatte, waren dies doch pädagogische Einrichtungen, die von den deutschen Besatzern geschlossen wurden.
502 Zit. nach: ebd., S. 1.

"Im November 1942 wurde das Ghetto... liquidiert, ich versteckte mich mit meinen Eltern und Geschwistern auf dem Dachboden eines Hauses und waehrend der Nacht sind wir entlaufen. Wir verbargen uns bei einem bekannten Bauern und spaeter im Wald. Waehrend der Nacht holte ich mir bei umwohnenden Bauern Nahrungsmittel. So gelang es mir, mich am Leben zu halten... Bei unserer Flucht im November 1942 wurde mein Vater durch die Deutschen erschossen..."[503]

Dennoch läßt sich rekonstruieren, welch extremen Belastungen er in dieser Zeit ausgesetzt war:[504] Nach den entsagungsvollen und beängstigenden Monaten im Ghetto wurde Herr Z. nun (als die jüdische Bevölkerung deportiert wurde) in eine Situation gestellt, die sich für ihn (und seine Familie) dauerhaft als extrem unsicher, gefährlich und bedrohlich erweisen sollte. Nur kurz schien sich die Hoffnung zu erfüllen, die Familie könne sich gemeinsam der Verfolgung entziehen, wurde doch der Vater bereits auf der Flucht aus dem Ghetto ermordet. Der Mutter und ihren Kindern blieb jedoch keine Chance, diesen Verlust zu betrauern, mußten sie doch schnellstmöglich versuchen, sich in Sicherheit zu bringen. Wirklicher Schutz jedoch wurde ihnen nicht zuteil, erwies sich doch das erste Versteck bei einem der Familie bekannten Bauern als so unsicher, daß Herr Z. und seine Angehörigen gezwungen waren, Zuflucht in den angrenzenden Wäldern zu suchen.

Der Tod des Vaters sollte nicht der einzige Todesfall in der Familie bleiben, gab Herr Z. in seinem Entschädigungsantrag doch an, auch seine Mutter und zwei seiner Geschwister verloren zu haben.[505] Wann und unter welchen Umständen diese aber starben, ob sie von ihren Verfolgern aufgespürt wurden oder an den Entbehrungen des illegalen Lebens zugrunde gingen, ist nicht zu rekonstruieren - festzuhalten ist nur, daß der (zu diesem Zeitpunkt) Elfjährige nunmehr ohne Schutz der Eltern auf sich selbst gestellt war. Im November 1942 flüchtete Herr Z. aus dem Ghetto in ein naheliegendes Waldgebiet und erst im März 1944 wurde er von der sowjetischen Armee aufgespürt und befreit: Das bedeutete, daß er über ein Jahr lang versuchen mußte, sich mit Lebensmitteln zu versorgen[506] und eine irgendgeartete Behausung zu finden, die ihn notdürftig vor den Witterungsbedingungen

---

503   Zit. nach: ebd., S. 1 und 2.
504   Dies nicht zuletzt deshalb, weil andere jüdische Kinder, die ein solches Verfolgungsschicksal überlebten, ihre Erfahrungen nach dem Krieg weitaus detaillierter beschrieben. Dokumentiert sind ihre Extrembelastungen wie auch die daraus resultierenden psychischen Störungen z.B. bei Reinhart Lempp: Extrembelastungen im Kindes- und Jugendalter, a.a.O. sowie bei Hans Keilson: Sequentielle Traumatisierung bei Kindern, a.a.O., auf deren Untersuchungen ich mich im folgenden stützen werde.
505   In seinem substantiierten Antrag auf Entschädigung wegen Schaden an Körper und Gesundheit vom 13.2.1964, S. 2 erklärte Herr Z.: "Kurz zusammengefasst haben die schwere Verfolgungszeit, die ich als Kind durchgemacht habe, der Tod von Eltern und Geschwistern und die Entbehrungen meines "Lebens in der Illegalität" zu meiner Erkrankung geführt."
506   Zu vermuten ist, daß Herr Z. die Lebensmittel, die er bei Bauern der Region "holte", in Wirklichkeit stahl, dürfte die Bereitschaft der polnischen Bevölkerung doch nicht allzu groß gewesen sein, ihre (begrenzten) Nahrungsmittel mit einem jüdischen Kind zu teilen.

schützte - vor allem aber bedeutete es, daß er in permanenter Angst lebte, von seinen Verfolgern entdeckt zu werden. Aushalten mußte Herr Z. Hunger und Kälte - zu vermuten ist aber auch, daß er sich über Monate hinweg in einem Zustand der Angst, Panik und Einsamkeit befand, der ihn dauerhaft psychisch schädigen sollten.

In seinem Entschädigungsantrag gab er an, unter "Kopfschmerzen, Schlaflosigkeit, leichte(r) Reizbarkeit, Angstzustände(n), Depressionszustände(n), Gelenkschmerzen, Schwindelanfälle(n)" und "Magenbeschwerden" zu leiden.[507]

Es sind dies Symptome, die deutlich auf den Grad der körperlichen Entbehrungen, vor allem aber der dauerhaften psychischen Überlastung verweisen, denen Herr Z. als Kind ausgesetzt war: Dürften bereits die rassistischen Diffamierungen und Ausgrenzungen, denen er vor der Flucht aus dem Ghetto ausgesetzt gewesen war, seine kindliche Identität nachhaltig erschüttert haben, so geriet er mit der Flucht und dem Leben in der "Illegalität" in eine zweite traumatische Sequenz, in der sein Vertrauen in eine soziale Umwelt zerstört wurde. Er verlor seine wichtigsten Bezugspersonen, die ihm bis dato emotionalen Schutz und Geborgenheit vermittelt hatten, er verlor aber auch jeden Kontakt zu anderen Menschen, die ihn als fühlendes und bedürftiges Kind behandelt hätten. Dieser Verlust von Mitmenschlichkeit war für seine Persönlichkeitsentwicklung vor allem deshalb gravierend, weil sich Herr Z. in einem Alter befand, in dem Kinder in besonderem Maße der sozialen Integration, der Zugehörigkeit zu einer Gruppe bedürfen. Nur wenn sich ein Kind in einem sozialen Umfeld akzeptiert, geliebt und geachtet fühlt, ist es in der Lage, Selbstvertrauen zu entwickeln und die eigenen Fähigkeiten auszutesten - bleibt diese Akzeptanz verwehrt, so bleibt seine Identität brüchig und instabil.[508] Erschwerend kam hinzu, daß sich Herr Z. offensichtlich von seinen verstorbenen (bzw. ermordeten) Familienangehörigen nicht verabschiedet, sie nicht betrauert hatte. Sie waren für ihn "verschwunden" und kein Grab bot ihm den Ort, an dem er hätte Wege finden können, ihren Tod zu akzeptieren. Deutlich sind in seinen späteren Symptombeschreibungen die Anzeichen einer "verhinderten Trauer": Reizbarkeit, Ängste und Depressionen weisen darauf hin, daß er sich wahrscheinlich ob des Verlustes noch immer verzweifelt und verlassen fühlte (vgl. Kapitel II).

Betrachtet man das Leben von Herrn Z. nach Ende der Verfolgung, so wird deutlich, mit welcher Energie er sich bemühte, ein "normales", erfolgreiches und emotional stabilisierendes Leben aufzubauen: Er setzte seine Schulausbildung fort und beendete sie erfolgreich, er leistete seinen Militärdienst, arbeitete in einem Kibbuz, studierte und erfüllte sich seinen Traum, als Lehrer tätig zu sein. Und auch sein Bedürfnis nach einer Familie konnte er befriedigen, gebar ihm seine Frau doch

---

507 Zit. nach: Substantiierter Antrag von Herrn Z. auf Entschädigung wegen Schaden an Körper und Gesundheit vom 13.2.1964, S. 1.
508 Vgl. dazu: Stavros Mentzos: Neurotische Konfliktverarbeitung, a.a.O., S. 101 – 104.

drei Kinder. Und dennoch: Vergegenwärtigt man sich noch einmal die psychischen Krankheitssymptome, unter denen er in all den Jahren litt, so wird offenbar, daß er nie zu innerem Frieden, zu Lebensfreude und Stabilität fand.

Bereits 1950 hatte Herr Z. Entschädigung für seine Freiheitsschäden beantragt, die aber offensichtlich von der zuständigen Entschädigungsbehörde in Darmstadt abgelehnt wurden.[509] In einem Landgerichtsverfahren, das Herr Z. daraufhin anstrengte, wurde ihm jedoch am 25. November 1953 per Teil-Vergleich eine Entschädigungssumme von 1.500 DM zugestanden. Berücksichtigt wurde in diesem Verfahren lediglich, daß er zehn Monate in einem Ghetto inhaftiert gewesen war; sein Leben "in der Illegalität" blieb unbedacht.[510]

Mit einem Neuantrag vom 29.11.1957 machte Herr Z. von der Möglichkeit Gebrauch, noch einmal Entschädigung für die von ihm erlittene Freiheitsbeschränkung zu beantragen. Aufgrund der neuen gesetzlichen Grundlage - nunmehr galt auch das "Leben in der Illegalität" als entschädigungswürdig - billigte ihm die Entschädigungsbehörde Darmstadt nun (qua Vergleich) am 7. August 1963 weitere 3000. DM zu. Zugleich legte die Behörde fest, daß mit dieser Summe "sämtliche Ansprüche des Antragstellers gegen das Land Hessen auf Wiedergutmachung wegen Schadens an Freiheit... endgültig abgegolten" seien.[511]

Am 13.2.1964 hatte Herr Z. seinen Anspruch auf Entschädigung seiner körperlichen und gesundheitlichen Schädigungen substantiiert. Nachdem die notwendigen medizinischen Gutachten vorgelegt worden waren[512], erließ die Entschädigungsbehörde Darmstadt dann am 5. Mai 1965 ihren Bescheid: Entsprechend der medizinischen Gutachten wurde Herrn Z. bestätigt, daß er an einer "psychoreaktive(n) Störung im Sinne der Entstehung" leide, die seine Erwerbsfähigkeit um 30% mindere; die

---

509 Bedauerlicherweise fehlt in der Entschädigungsakte von Herrn Z. der Bescheid der Darmstädter Entschädigungsbehörde, dem man hätte entnehmen können, mit welcher Begründung sein Anspruch auf Entschädigung abgelehnt wurde. Und auch in dem späteren Urteil des Landgerichts Darmstadt ist nicht dezidiert ausgeführt, warum die Entschädigungsbehörde seinen Antrag abgelehnt hatte. Da aber zu den Akten genommen wurde, daß dem Gericht nunmehr eine ITS-Bescheinigung vorliege, der zu entnehmen sei, daß Herr Z. als Displaced Person bis 1947 in einem hessischen Lager gelebt habe, ist zu vermuten, daß die Entschädigungsbehörde Zweifel an seiner "territorialen Beziehung" zu dem Land Hessen gehegt hatte.
510 Vgl. dazu: Urteil des Landgerichts Darmstadt vom 25. November 1953, Az.: 4 Wi KE 85.
511 Zit. nach: Bescheid der Entschädigungsbehörde Darmstadt (Vergleich Nr. 16385) vom 7. August 1963, Az.: D/21433/32(A)DP/ZA, S. 1. Warum die Entschädigungsbehörde fast sechs Jahre benötigte, um zu einem solchen Vergleich zu gelangen, ist der Entschädigungsakte nicht zu entnehmen.
512 Auch diese ärztlichen Gutachten sind in der Entschädigungsakte nicht enthalten. Daß sich die Behörde aber auf solche bezog, ist ihrem Bescheid zu entnehmen, in dem es heißt: "Den Feststellungen der medizinischen Sachverständigen, die begründet und überzeugend sind, wurde in vollem Umfange gefolgt." zit. nach: Bescheid der Entschädigungsbehörde Darmstadt vom 5. Mai 1965, Az.: D/21433/32(A)DP/Za, S. 4.

"Einstufung des 1932 geborenen Antragstellers richtet(e) sich nach seinem Vater, der nach Angaben des Antragstellers und Zeugenaussagen vor der Verfolgung Inhaber eines Kolonialwarengeschäftes gewesen ist. Es erfolgt(e) daher die Einstufung in die vergleichbare Beamtengruppe des mittleren Dienstes. Der Leistungsbeginn wird auf den 1.6.1946 (Vollendung des 14. Lebensjahres) festgesetzt. Ich folge damit dem OLG Frankfurt vom 24.2.1960... , nach dem an Jugendliche vor Vollendung des 14. Lebensjahres keine Entschädigung gewährt wird, da nach Ansicht des OLG bei diesen bis zu diesem Alter eine Teilnahme am Erwerbsleben nicht in Frage kommt"[513]

Mit dem Bescheid der Behörde wurde also gewürdigt, daß Herr Z. als Kind extremen, verfolgungsbedingten Belastungen ausgesetzt gewesen war, die seine psychische Integrität ursächlich und dauerhaft beschädigt hatten. Herr Z. erhielt im Mai 1965 eine Kapitalentschädigung in Höhe von 7013.-- DM; zudem wurden ihm rückwirkende wie fortlaufende Rentenzahlungen zugebilligt und die Möglichkeit, Heilfürsorge zu beanspruchen. Von eben dieser Möglichkeit aber machte Herr Z. keinen Gebrauch.

Lediglich neun Jahre lang erhielt Herr Z. Rentenzahlungen durch die Bundesrepublik Deutschland bzw. das Land Hessen, verstarb er doch im Frühjahr 1974 im Alter von nur 41 Jahren.

Wie bereits mehrfach erwähnt, wurde das Entschädigungsrecht zwischen 1949 und 1965 wiederholten Novellierungen unterzogen. Es war dies ein Entwicklungsprozeß, der sich für die ehemals Verfolgten i.d.R. positiv auswirkte: So erweiterte sich der Kanon derjenigen Verfolgungstatbestände, die als entschädigungswürdig erachtet wurden und auch die Virulenz psychischer Folgeschädigungen fand - ab 1965 - im Gesetz Berücksichtigung. Herr Z. war einer jener Verfolgten, die - zumindest partiell - von diesen gesetzlichen Änderungen profitierte. In dem Teil-Vergleich, den er 1953 mit der Entschädigungsbehörde Darmstadt schloß, fanden erst einmal nur jene Monate Berücksichtigung, in denen er im Ghetto seiner Heimatstadt inhaftiert gewesen war. Nach Verabschiedung des Bundesentschädigungsgesetzes aber - in dem ein "Leben in der Illegalität" zur "wiedergutmachungspflichtigen" Freiheitsbeschränkung erklärt worden war - erhielt Herr Z. eine nochmalige Pauschalsumme für jene Zeiten, in denen er sich vor seinen deutschen Verfolgern versteckt gehalten hatte.

Daß die extremtraumatischen Verfolgungserfahrungen der Überlebenden zu schwerwiegenden psychischen Folgeschädigungen führen konnten, war eine Einsicht, die sich bei begutachtenden Ärzten und Gesetzgebern ab 1960 durchzusetzen begann. So auch im Falle von Herrn Z.: Seine psychischen wie psychosomatischen Symptome, die er 1964 dargelegt hatte, wurden von dem ärztlichen Sachverständigen der Darmstädter Entschädigungsbehörde als "psychoreaktive Störung im Sinne

---

513   Zit. nach: ebd.

der Entstehung" identifiziert und anerkannt; der Grad seiner Erwerbsminderung mit 30% beziffert.[514] Bestätigt wurde damit, daß Herr Z. als Kind extremen verfolgungsbedingten Belastungen ausgesetzt gewesen war, als er sich unter menschenunwürdigen Bedingungen versteckt halten und erleben mußte, daß seine Familienangehörigen ermordet wurden bzw. starben. Daß diese zu einer posttraumatischen Erkrankung geführt hatten, akzeptierte auch die zuständige Darmstädter Behörde, die nur wenige Monate benötigte, um diesen Befund aufzugreifen und ihrem Bescheid festzulegen, welche Entschädigungsleistungen Herr Z. Herrn Z. zuzugestehen seien: Im Mai 1965 erhielt Herr Z. die Nachricht, daß ihm eine Kapitalentschädigung sowie rückwirkende und fortlaufende Rentenleistungen ausgezahlt würden.

Prinzipiell also konnte das Entschädigungsverfahren von Herrn Z. mit einem positiven Ergebnis abgeschlossen werden - und doch gilt es, eine Einschränkung zu machen: In dem Bescheid der Entschädigungsbehörde wurde bestimmt, daß Herr Z. nur ab jenem Zeitpunkt Anspruch auf Entschädigung habe, an dem er das 14. Lebensjahr vollendet und damit seine Erwerbsfähigkeit erlangt hatte. Wenige Monate später (im September 1965) jedoch korrigierten die Gesetzgeber des Bundesentschädigungsschlußgesetzes eben diese Praxis und ordneten an, daß nunmehr auch solche Menschen Anspruch auf "Wiedergutmachung" haben sollten, die als Kinder, d.h. vor Vollendung ihres 14. Lebensjahr verfolgt und geschädigt worden waren (vgl. dazu: Kapitel III.3). Aufgrund dieser Neuregelung hätte Herr Z. die Chance besessen, den Bescheid der Entschädigungsbehörde anzufechten und auf eine Neufestsetzung seiner Entschädigungsleistungen zu dringen. Da er dies aber offensichtlich nicht tat und auch die Darmstädter Behörde keinen Änderungsbescheid erließ, erhielt er Herr Z. keine weiteren finanziellen Leistungen, mit denen seine psychischen Störungen vor 1946 abgegolten worden wären.

---

514 Daß der Grad seiner Erwerbsminderung so niedrig eingestuft wurde, entsprach - wie ich bereits in Kapitel III und V erläuterte - der Begutachtungspraxis bundesdeutscher Ärzte, die das Maß der Beeinträchtigung durch psychische Erkrankungen nur selten höher bezifferten.

**Herr W. Ke.:** "Angst, sich im Leben nicht zurechtzufinden..."

Herr W. Ke. wurde im August 1942 als einziger Sohn eines deutsch-jüdischen Maßschneiders in einer Kleinstadt der CSSR geboren. Als er 13 Monate alt war, im September 1943, stellte die dortige Gestapo einen Transport jüdischer Bürger zusammen, die in das Konzentrationslager Theresienstadt deportiert wurden: Unter ihnen auch Herr Ke. und seine Mutter. In diesem Konzentrationslager war Herr Ke. bis zum Frühjahr 1945 inhaftiert - dort verlebte er seine ersten Lebensjahre.

Da auch sein Vater, wenn auch an anderer Stelle[515], den nationalsozialistischen Verfolgungsterror überlebte, konnte die Familie nach dem Zweiten Weltkrieg noch einige Jahre in Prag zusammenleben; im Herbst 1953 jedoch starb der Vater von Herrn Ke. an den Folgen seiner Verfolgungsleiden.

Die weitere Kindheit und Jugend von Herrn Ke. verlief problematisch, wurde er doch immer wieder in verschiedene Kinderheime verschickt, da sich seine Mutter nicht in der Lage sah, mit den Verhaltensauffälligkeiten und Konflikten ihres Sohnes umzugehen. Trotz aller Probleme gelang es ihm aber, 1961 seine Abiturprüfung abzulegen und in den nächsten vier Jahren ein Studium der Wirtschaftslehre erfolgreich zu absolvieren.[516] Im April 1968 reiste Herr Ke. in die Bundesrepublik aus, wo er sich in Offenbach niederließ. Hier arbeitete er kurzzeitig in seinem Beruf als Bautechniker, begann dann aber ein Studium der Slawistik.

Da er von bundesdeutschen Behörden als Vertriebener[517] anerkannt wurde, konnte er nunmehr - nach dem Bundesentschädigungsschlußgesetz (BEG-SG) - Anträge auf Entschädigung geltend machen. Im September 1968 reichte er einen Globalantrag auf Entschädigung bei der Entschädigungsbehörde Wiesbaden ein, den er am gleichen Tag näher spezifizierte. So machte er einen Freiheitsschaden für die erlittene Konzentrationslagerhaft und Entschädigung für den Tod seiner Vaters geltend und substantiierte seinen Antrag auf Entschädigung seiner körperlichen und gesundheitlichen Leiden.

---

515 Über das Verfolgungsschicksal des Vaters finden sich in der Entschädigungsakte von Herrn Ke., Az.: VIII/4/D/19653/42/I/Kl., keine Angaben.

516 Ob Herr Ke. nach seinem Studium in der CSSR einen Arbeitsplatz fand, ist seiner Entschädigungsakte nicht zu entnehmen.

517 Nach dem Bundesvertriebenengesetz in der Fassung vom 14. August 1957 § 1 gilt u.a. diejenige Person deutscher Staatsangehörigkeit oder deutscher Volkszugehörigkeit als Vertriebene(r), die "nach Abschluß der allgemeinen Vertreibungsmaßnahmen die zur Zeit unter fremder Verwaltung stehenden deutschen Ostgebiete, Danzig, Estland, Lettland, Litauen, die Sowjetunion, Polen, die Tschechoslowakei, Ungarn, Rumänien, Bulgarien... verlassen hat oder verläßt, es sei denn, daß er erst nach dem 8. Mai 1945 einen Wohnsitz in diesen Gebieten begründet hat...", zit. nach: H.G. van Dam/ Heinz Loos: Bundesentschädigungsgesetz - Kommentar, a.a.O., S. 943. Die Entschädigungsakte von Herrn Ke. gibt keinen Aufschluß darüber, ob er (oder seine Eltern) jemals die deutsche Staatsangehörigkeit besessen hatten; offensichtlich aber beherrschte er die deutsche Sprache, so daß ihm zumindest die "deutsche Volkszugehörigkeit" anzuerkennen war.

Theresienstadt, das Lager, in dem Herr Ke. seine ersten Lebensjahre verbrachte, war zum einen Durchgangsstation für einen Teil derjenigen Juden, die später in polnische Vernichtungslager deportiert wurden - andererseits war es aber auch ein Lager für "privilegierte" Juden, die (vorerst) nicht ermordet werden sollten. Eben dieses Lager wurde von den nationalsozialistischen Machthabern als propagandistisches "Vorzeigeobjekt" benutzt, sollte hier doch der Weltöffentlichkeit "bewiesen" werden, daß alle "Gerüchte" über den Massenmord an europäischen Juden reine Spekulation seien. Die Wirklichkeit aber sah anders aus: Immer wieder gingen aus Theresienstadt Transporte nach Auschwitz ab, wo die Deportierten kurze Zeit später ermordet wurden[518] - und auch das Überleben in diesem Konzentrationslager erwies sich als schwierig, allzu oft unmöglich. Zwar gab es in Theresienstadt keine organisierten Massentötungen, keine Gaskammern und Krematorien, doch die Ernährung, die hygienischen und klimatischen Bedingungen waren auch hier (trotz aller gegenteiligen Behauptungen) katastrophal. Immer wieder brachen Seuchen im Lager aus, wurden Menschen mißhandelt und ermordet. Zwischen 1941 (als das Lager begründet wurde) und 1954 starben in Theresienstadt ca. 33.000 Menschen.

Daß Herr Ke., der im Alter von dreizehn Monaten in dieses Konzentrationslager deportiert worden war, diese Strapazen überlebte, erscheint erstaunlich, betrachtet man allein die somatischen Erkrankungen, an denen er während der Haftzeit litt. Aufgrund der schlechten Witterungsbedingungen, denen er weitgehend schutzlos ausgesetzt war, erkrankte er an "Rheuma"; Infektionskrankheiten wie "Tuberkulose", und "Gehirnhautentzündung"[519] schwächten seine Konstitution nachhaltig. Die rein physische Rekonvaleszenz des Kindes dauerte mehrere Jahre: In den Jahren 1946 bis 1948 wurde Herr Ke. in einem tschechischen Sanatorium stationär medizinisch betreut; 1953 und 1954 wurde er in eine staatliche Kindererholungsanstalt verschickt. Wegen seiner tuberkulösen Erkrankung stand Herr Ke. bis 1968 unter ständiger Kontrolle ärztlicher Behörden. Schlußendlich war die intensive medizinische Versorgung, die Herrn Ke. zuteil wurde, jedoch erfolgreich, wurden seine somatischen Leiden doch weitgehend behoben.[520]

---

518 Die Transporte nach Auschwitz häuften sich besonders in den Jahren 1943 und 1944. In dieser Zeit entstand in Auschwitz ein "Theresienstädter Familienlager", dessen Insassen im März und Juli 1944 ermordet wurden. Vgl. dazu: Gideon Greif: wir weinten tränenlos, a.a.O., S. 104.
519 Vgl. dazu: Substantiierter Antrag von Herrn Ke. auf Entschädigung wegen Schaden an Körper und Gesundheit vom 11. September 1968, S. 1.
520 Inwiefern auch bei Herrn Ke. davon ausgegangen werden muß, daß er an einer hirnorganischen Erkrankung litt, bleibt unklar. Zumindest erwähnt werden soll aber, daß R. Lempp zu dem Befund gelangt ist, daß "Alle Kinder, die in den ersten beiden Lebensjahren der extremen Mangelsituation während der nationalsozialistischen Verfolgung ausgesetzt waren, ... hirnorganisch geschädigt" sind. Zit. nach: ders.: Extrembelastungen im Kindes- und Jugendalter, a.a.O., S. 37.

Betrachtet man das Entschädigungsverfahren von Herrn Ke., seinen substantiierten Entschädigungsantrag wie auch die Äußerungen, die er während einer neurologisch-psychiatrischen Untersuchung 1973 machte, so fällt auf, daß er keinerlei Angaben darüber machte, was ihm in Theresienstadt konkret widerfahren, welchen traumatischen Erfahrungen er ausgesetzt gewesen war. Zwar beschrieb er seine aktuellen Leiden ausführlich und konkret; die möglichen Ursachen und Auslöser dieser Leiden aber blieben in seiner Darstellung ausgeblendet.

Daß sich überlebende Kinder später an ihre Verfolgungserinnerungen (bewußt) nicht mehr erinnern konnten, war kein seltenes Phänomen, manifestierten sich ihre Gewalterfahrungen doch nur in "sensorischen" Erinnerungsspuren.[521] Und doch blieben die durchlittenen Traumata stets präsent, führten sie doch zu schwerwiegenden psychischen Folgeschädigungen, unter denen die Betroffenen im Erwachsenenalter litten. So auch bei Herrn Ke., der seit Ende der Verfolgung von massiven Ängsten und psychosomatischen Symptomen gequält wurde und darüber hinaus unfähig schien, verbindliche soziale Kontakte aufzubauen und zu pflegen. Zwar erwähnte er in seinem substantiierten Entschädigungsantrag lediglich, er leide an "Kopfschmerzen, Kopfschwindel u.a."[522] - in der psychiatrischen Untersuchung von 1973 äußerte er sich jedoch weitaus detaillierter. Der Psychiater zitierte seine Ausführungen folgendermaßen:

"Kopfschmerzen, Schwindel, Bauchweh, Schlafstörungen, Angstgefühle, "Nervosität",... keine Ausdauer, keine Konzentration, komme mit dem Leben nicht zurecht. Kann sich nicht an eine Frau binden".[523]

Und der Gutachter selbst fügte hinzu, Herr Ke. sei ein "gehemmter, reservierter" Mensch, der offensichtlich "innerlich unruhig, antriebsarm" und in seiner Kontaktfähigkeit gestört sei und darüber hinaus unter "Insuffizienzgefühlen" leide.[524]

Es waren und sind dies die "typischen" psychischen Störungen, unter denen diejenigen litten und leiden, die als Säuglinge oder Kleinstkinder Leidtragende nationalsozialistischer Verfolgung geworden waren. In solchen Störungen werden zugleich auch die frühkindlichen Extremerfahrungen sichtbar, die ursächlich für ihre psycho-sozialen Defizite gewesen waren: Die psychische Erlebniswelt verfolgter Kinder wurde frühzeitig von diffuser Angst geprägt, die durch die Ängste der El-

---

521 "Viele überlebende Kinder erzählten uns, daß sie sich an gar nichts erinnern, daß nur ihre Eltern... Erinnerungen bewahrt hätten... Kindheitserinnerungen kommen jedoch mitunter blitzartig und bestehen aus vielen sensorischen Empfindungen, die schwer zu verstehen sind." Zit. nach: Judith und Milton Kestenberg: Die Verfolgung von Kindern durch die Nazis, in: Gertrud Hardtmann (Hrsg.): Spuren der Verfolgung, a.a.O., S. 87.
522 Zit. nach: Substantiierter Antrag von Herrn Ke. auf Entschädigung wegen Schaden an Körper und Gesundheit vom 11. September 1968, S. 1.
523 Zit nach: Psychiatrisch-neurologisches Gutachten von Dr. K. vom 19.Dezember 1973, S. 1, in: Entschädigungsakte von Herrn Ke., a.a.O.
524 Zit. nach: ebd., S. 1 und 3.

tern potenziert wurde. Da die Erwachsenen selbst um ihr Leben fürchteten, konnten sie ihren Kindern weder Geborgenheit noch Schutz geben. Kleinkinder erhielten weder Anerkennung noch liebevolle Aufmerksamkeit oder gar zärtliche Zuwendung, die für ihre emotionale Stabilität unabdingbar gewesen wären. Doch nicht allein ihre emotionale Entwicklung war massiven Beschränkungen ausgesetzt, sondern auch ihre motorische Mobilität, so daß ihnen jedwede positive Selbsterfahrung fehlte. Die Konsequenz war, daß diese Kinder kaum in der Lage waren, ihre Individualität zu konsolidieren.[525] Da keines ihrer Grundbedürfnisse erfüllt wurde, fanden sie weder zu Selbstvertrauen noch zu einem Vertrauen in eine soziale Umwelt. Statt dessen erlebten sie ihre Umwelt als bedrohlich und gefährlich und zogen sich in eine innere Isolation zurück, in der sie anderen Menschen mit Mißtrauen und Furcht begegneten.

R. Lempp konstatiert, daß diejenigen, die als Kleinstkinder nationalsozialistischer Verfolgung ausgesetzt waren, meist unter einer psycho-sozialen Retardierung gelitten hätten, die sich vor allem in einem Mangel an sozialer Kontaktfähigkeit und psychischer Unselbständigkeit manifestiere. Die tiefgreifende Unsicherheit, unter der diese Menschen litten, zeige sich sowohl im Berufsleben als auch in ihrer Unfähigkeit, dauerhafte und reife Beziehungen zu Gleichaltrigen aufzubauen: Sie wechsel(te)n häufig den Arbeitsplatz, würden Ausbildungsgänge abbrechen, klammerten sich an ihre Eltern und "verhinderten" es so, sich auf andere Menschen einlassen zu müssen.[526]

Betrachtet man die psychische Situation von Herrn Ke. so finden sich Übereinstimmungen mit wie Abweichungen von diesem Befund: Auch er litt unter erheblichen Kontaktschwierigkeiten, war er doch zu einer ungehemmten, offenen Annäherung an andere Menschen nicht in der Lage. Seine emotionale Bindungsfähigkeit war ebenfalls stark eingeschränkt, bemerkte er doch selbst, daß er zu einer dauerhaften Liebesbeziehung nicht in der Lage sei. Und auch seine berufliche Karriere verlief nicht linear: Er beendete zwar seine Schul- und Hochschulausbildung erfolgreich, arbeitete dann aber nicht dauerhaft in seinem Beruf, sondern entschied sich für ein erneutes Studium.

Anders als andere überlebende Kinder aber hielt Herr Ke. nicht an einer nahen oder gar symbiotischen Beziehung zu seinen Eltern bzw. seiner Mutter fest, mit der

---

525 Eine Konsolidierung der Individualität kann nur dann gelingen, wenn das Kind in einer stabilen und emotional sicheren Situation die Erfahrung machen kann, daß es "weggehen und wiederkommen" kann. In der Phase zwischen dem zweiten und dritten Lebensjahr - in der sich Herr Ke. in Theresienstadt befand - bedürfen Kinder in besonderen Maße des Schutzes und der emotionalen Stütze, befinden sie sich doch im Widerstreit zwischen einer sich entwickelnden Autonomie und tiefen Verlustängsten. Vgl. dazu: Stavros Mentzos: Neurotische Konfliktverarbeitung, a.a.O., S. 97 f.
526 Vgl. dazu: Reinhart Lempp: Extrembelastungen im Kindes- und Jugendalter, a.a.O., S. 38 ff.

er den Mangel an sonstigen zwischenmenschlichen Verbindungen hätte kompensieren können. Es dürfte dies vor allem in der Tatsache begründet liegen, daß er bei seiner Mutter nach dem Ende der Verfolgung wenig emotionale Geborgenheit und Stabilität erfahren hatte. Statt dessen waren die Jahre nach seiner Befreiung aus dem Konzentrationslager gekennzeichnet durch wiederholte Trennungen und Ortswechsel: Erst wurde er für zwei Jahre von seiner Familie getrennt, um in einem Sanatorium behandelt zu werden - im Anschluß daran wiederholt "als "schwieriges Kind" von der Mutter, die nicht mit ihm fertig wurde, in Kinderheime gesteckt".[527] Die mehrfachen Trennungen von seiner Mutter und die damit verbundene Anforderung, sich immer wieder auf neue und unbekannte Situationen einstellen zu müssen, dürften Herrn Ke. verunsichert und geängstigt haben - zumal ihm jede emotionale Stabilität fehlte.[528] Die Ängste und Einsamkeitsgefühle, unter denen das Kind dauerhaft gelitten hatte, verließen auch den erwachsenen W. Ke. nicht, lebte er doch weiter in dem Bewußtsein, die Anforderungen der äußeren Welt nicht bewältigen zu können.

Am 14. August 1969 wurde der Antrag von Herrn Ke. auf Entschädigung seiner Freiheitsentziehung positiv beschieden: Die Entschädigungsbehörde Wiesbaden bewilligte ihm eine Kapitalentschädigung für 31 Monate Konzentrationslagerhaft.

Über seinen Antrag auf Entschädigung wegen körperlicher und gesundheitlicher Leiden wurde allerdings erst einige Jahre später, im Mai 1974, entschieden. In ihrem Bescheid stützte sich die Wiesbadener Behörde zum einen auf das oben zitierte neurologisch-psychiatrische Gutachten von 1973; vor allem aber auf ein im März 1974 erstelltes Aktengutachten des von ihr beauftragten medizinischen Sachverständigen, der sowohl die Entschädigungsakte von Herrn Ke. als auch das vorangegangene Fachgutachten einer kritischen Würdigung unterzogen hatte.

Den gutachterlichen Voten folgend kam die Entschädigungsbehörde zu dem Ergebnis, Herr Ke. leide an einer "erlebnisreaktiven psychischen Störung mit Umstrukturierung der Persönlichkeit bei einem im frühen Kindesalter Verfolgten".[529] Alle sonstigen Gesundheitsstörungen, die Herr Ke. geltend gemacht hatte, wurden

---

527  Zit. nach: Psychiatrisch-neurologisches Gutachten von Dr. K. vom 19.12.1973, a.a.O., S. 1. Warum Frau Ke. ihren Sohn in Kinderheime verschickte, muß ebenso ungeklärt bleiben wie die Frage, ob und in welcher Form Herr Ke. tatsächlich ein "schwieriges Kind" gewesen war. Zu vermuten ist aber, daß sowohl die Mutter als auch der Sohn aufgrund ihrer Verfolgungserfahrungen unter erheblichen psychischen Konflikten gelitten haben dürften, die ihre Beziehung belasteten.

528  Erschwerend kam hinzu, daß Herr Ke. im Alter von zehn Jahren seinen Vater verloren hatte. Wie sich der Kontakt zwischen Vater und Sohn in den wenigen Jahren des Zusammenlebens entwickelt hatte, ist seiner Entschädigungsakte nicht zu entnehmen; daß der Tod des kranken Vaters aber ein einschneidendes Erlebnis für Herrn Ke. gewesen sein dürfte, scheint mir mehr als wahrscheinlich.

529  Zit. nach: Bescheid der Entschädigungsbehörde Wiesbaden vom 10. Mai 1973, Az.: VIII 2D/19653/42/I/Kl., S. 2.

von den ärztlichen Gutachtern, aber auch von der Entschädigungsbehörde als entschädigungsirrelevant bezeichnet, da sie "nicht mit der ... zu fordernden Wahrscheinlichkeit auf Verfolgungsereignisse zurückgeführt werden." könnten[530] Dementsprechend wurde Herr Ke. eine Kapitalentschädigung für den Zeitraum vom 1.5.1945 bis zum 31.10.1953, sowie eine Rentenrückzahlung für die Zeitspanne zwischen dem 1.11.1953 und dem 31.5.1974 zugebilligt, gefolgt von monatlichen Rentenzahlungen bis zum Lebensende.[531] Darüber hinaus wurde ihm eine (nicht näher spezifizierte) Heilbehandlung zugestanden.

Wie bereits bei Herrn Z., so kamen auch im Falle von Herrn Ke. sowohl die medizinischen Gutachter als auch die zuständige Entschädigungsbehörde zu einem positiven, weil anerkennenden Befund bzw. Bescheid: Bestätigt wurde durch beide, daß die extremen Verfolgungserfahrungen, denen dieser Mann als (Kleinst)Kind ausgesetzt gewesen war, zu schwerwiegenden psychischen Störungen geführt hatten.

Auffällig an diesem Befund eines ärztlichen Gutachters ist, daß hier die psychischen Leiden eines Verfolgten als "Persönlichkeitswandel" und damit als dauerhaft und irreversibel bezeichnet wurden. Es zeugt dies von einer fundierten Kenntnis posttraumatischer Erkrankungen, deren Charakter in Reihenuntersuchungen bundesdeutscher wie ausländischer Psychiater eruiert worden war: Festgestellt wurde dort, daß der extreme Terror nationalsozialistischer Verfolgung bei vielen Überlebenden zu einer Persönlichkeitsveränderung, zu anhaltenden sozialen Kontaktstörungen, Ängsten und Depressionen geführt hatte, die auch durch therapeutische Hilfen nicht auflösbar schienen. Der Befund des begutachtenden Psychiaters, daß Herr Ke. an einer "Umstrukturierung" seiner Persönlichkeit, einer "psychoreaktiven Störung" litt, die sich in Ängsten, Nervosität und sozialen Kontaktstörungen manifestiere, entsprach also dem aktuellen medizinischen Kenntnisstand. Und dennoch waren Gutachter und Entschädigungsbehörde offensichtlich nicht der Ansicht, daß ein solcher Persönlichkeitswandel die Erwerbsfähigkeit von Herrn Ke. erheblich beeinträchtige. Zugestanden wurde ihm lediglich eine Minderung der Erwerbsfähigkeit von 25% - und damit das Mindestmaß, das notwendig war, um eine fortlaufende Entschädigungsrente zu erhalten. Eine solch niedrige Bewertung

---

530   Zit. nach: ebd., S. 4. Diese sonstigen Gesundheitsstörungen, von denen in dem Bescheid die Rede sind, bleiben in der Entschädigungsakte weitgehend unklar, hatte Herr Ke. in seinem Antrag doch lediglich angegeben, während der Verfolgung an Rheuma, Tuberkulose und Gehirnhautentzündung erkrankt gewesen zu sein und seitdem an Kopfschmerzen und Schwindel zu leiden.

531   Mit Einverständnis von Herrn Ke. wurde er in die vergleichbare Beamtengruppe des einfachen Dienstes eingestuft. Diese Einstufung entsprach der sozialen und ökonomischen Stellung seines Vaters, war Herr Ke. doch zum Zeitpunkt der Verfolgung selbst noch nicht erwerbsfähig gewesen.

psychischer Beeinträchtigung war - wie ich in Kapitel III und V bereits erläuterte - kennzeichnend für die bundesdeutsche bzw. hessische Entschädigungspraxis: Zwar erhielten viele ehemals Verfolgte (so auch Herr Ke.) "Wiedergutmachungsleistungen" für ihre psychischen Folgeschädigungen - wie sehr aber die Betroffenen unter dem Verlust von Lebensfreude wirklich litten, blieb offensichtlich vielen Gutachtern als auch Mitarbeitern der Entschädigungsbehörden verborgen.

# VII. Resümee

Am Ende meiner Arbeit steht eine abschließende Würdigung und Bewertung der Entschädigung psychischer Folgeschäden, ihrer Konzeption und praktischen Umsetzung. In diesem Resümee werde ich die einzelnen Schritte meiner Arbeit - in der ich die Intentionen und Interessenkonflikte aller am Entschädigungsprozeß Beteiligten ausleuchtete und konkrete Entschädigungsverfahren quantitativ wie qualitativ auswertete - nicht noch einmal nachvollziehen. Zusammenfassend akzentuieren möchte ich vielmehr jene Strukturen und Widersprüche, die mir für die bundesdeutsche "Wiedergutmachung", vor allem aber für das Teilsegment der Entschädigung psychischer Folgeschäden charakteristisch scheinen.

Kernstück der bundesdeutschen "Wiedergutmachung" und damit auch der Entschädigung psychischer Folgeschäden war und ist die Entschädigungsgesetzgebung: In ihr wurde geregelt, welchen ehemals Verfolgten ein Anspruch auf Entschädigung zuzubilligen, wie ein verfolgungsbedingter Schaden zu verifizieren, zu bemessen und "wiedergutzumachen" sei. Bestimmt wurde hier zudem, welche Instanzen mit der Durchführung von Entschädigungsverfahren zu betrauen, wie diese Verfahren zu gestalten und welche Experten zur fachlichen Beratung heranzuziehen seien.

Betrachtet man eben jene Entschädigungsgesetzgebung genauer, so wird offenbar, daß in ihr eine Reihe derjenigen Probleme bereits angelegt waren, die später in der Entschädigungspraxis, d.h. in konkreten Entschädigungsverfahren, virulent wurden:

Zentrale Maßgabe bundesdeutschen Entschädigungsrechts war es, daß nur einem Teil aller ehemals Verfolgten überhaupt ein Antragsrecht auf "Wiedergutmachung" eingeräumt wurde. Für diese Entscheidung der Gesetzgeber gab es nachvollziehbare, aber auch äußerst fragwürdige Gründe: Evident war es, daß die Bundesrepublik zumindest in der unmittelbaren Nachkriegszeit finanziell außerstande war, Millionen Menschen in ganz Europa, die in vielfältigster Form Leidtragende nationalsozialistischer Vernichtungs- und Verfolgungspolitik geworden waren, umfängliche Entschädigungsleistungen zu zahlen.[532] Deshalb mußten die Gesetzgeber entscheiden, welche Überlebenden in das Entschädigungsprozedere miteinzubeziehen bzw. welche Personengruppen aus der "Wiedergutmachung" auszuschließen seien. Eine solche Entscheidung schuf zwangsläufig neue - für viele Betroffenen unverständliche - Härten: Zwar wurden all jene im Gesetz berücksich-

---

532 Daß die Bundesrepublik aber noch Jahrzehnte nach Kriegsende, als sie sich ökonomisch saturiert hatte, darauf beharrte, nur ausgewählte Verfolgtengruppen entschädigen zu können, war und ist Anlaß zu berechtigter Kritik.

tigt, die aus rassistischen, politischen, religiösen und weltanschaulichen "Gründen" verfolgt worden waren und einen räumlichen Bezug zu den Ländern der Bundesrepublik nachweisen konnten - Millionen anderer Verfolgter aber wurde jede "Wiedergutmachung" verweigert, obwohl sie unbestreitbar durch nationalsozialistischen Terror geschädigt worden waren. Politisch bedenklich war eine solche Ausgrenzung vor allem dann, wenn Menschen allein deshalb jede Entschädigung versagt wurde, weil sie von gesellschaftlich definierten Normen abwichen: Indem gerade Homosexuelle, Angehörige ethnischer und sozialer Minderheiten, Behinderte, Deserteure und sogenannte Straffällige als "entschädigungsunwürdig" deklariert wurden, bekräftigte die bundesdeutsche Legislative jene tradierten gesellschaftlichen Vorurteile, die vor und während nationalsozialistischer Herrschaft zur sozialen Stigmatisierung und Ausgrenzung dieser Menschen geführt hatten.

Grundsatz bundesdeutscher "Wiedergutmachung" war es, diejenigen - gravierenden - Verluste und Verletzungen zu entschädigen, die *antragsberechtigten* Verfolgten durch nationalsozialistischen Terror zugefügt worden waren. Diesen Menschen suchten die Gesetzgeber Gleichbehandlung und damit "Gerechtigkeit" zu garantieren: Und so bestand das Regelwerk bundesdeutscher Entschädigungsgesetze aus einem Richtlinienkatalog, der auf jeden Antragsteller, jede denkbare Schädigung und jedes Verfahren anzuwenden war. Ein solch universalistischer Rechtsanspruch, der nach Subsumption aller Einzelfälle unter identische Regelungen strebt, artikulierte sich auch dort, wo es um die Beurteilung und Bemessung verfolgungsbedingter Schädigungen ging: Fixiert wurden hier bestimmte Kriterien, die es möglich machen sollten, die Verluste und Verletzungen ehemals Verfolgter zu objektivieren und zu quantifizieren. Bei der Bewertung somatischer und psychischer Schädigungen war dies die "Minderung der Erwerbsfähigkeit", die immer dann als relevant, d.h. rentenberechtigend, galt, wenn sie mindestens 25% betrug. Daß die Gesetzgeber eine solche Minderung der Erwerbsfähigkeit zum Bewertungsmaßstab (auch) psychischer Schädigungen erklärten, entbehrte nicht der Plausibilität: Wollten sie die Leiden hunderttausender Verfolgter komparabel bewerten, so bedurfte es einer quantifizierbaren Richtgröße. Es lag nahe, eben jenes Kriterium zu wählen, das sich - nach Aussage von Ärzten - bei der Entschädigung somatischer Erkrankungen und Verletzungen bereits hinlänglich bewährt hatte.

Weder die Gesetzgeber noch die Majorität der Ärzte, die mit der Begutachtung und Bewertung verfolgungsbedingter psychischer Störungen befaßt waren, wußten oder erkannten aber, daß eine solche "Minderung der Erwerbsfähigkeit" ein gänzlich falsches Instrument ist, um die Charakteristika und die Bedeutung posttraumatischer Leiden erfassen zu können. Zwar konnten die somatischen Schädigungen ehemals Verfolgter als Beeinträchtigung ihrer Reproduktionsfähigkeit bemessen werden - das Ausmaß ihrer psychischen Erkrankungen aber wurden erst sichtbar, wenn ihre spezifische Perzeption von Welt wahrgenommen wurde: Ohne jedes Vertrauen in eine soziale Umwelt, die ihnen bedrohlich und wenig lebenswert erschien, versuchten sie die alltäglichen Belastungen des Berufs- und Familienlebens zu bewältigen. Gequält von massiven Ängsten, Schlafstörungen, schweren Depressionen und psychosomatischen Symptomen waren die Überlebenden einem Persönlichkeitswandel unterworfen, der sich in schwerwiegenden emotionalen Störungen und der Unfähigkeit manifestierte, zu eigener Identität zurückzufinden.

Eben diesen Persönlichkeitswandel zu erkennen und zu diagnostizieren, konnte nur Aufgabe von Psychiatern sein, die - in unmittelbarem Kontakt mit den Betroffenen - zu eruieren hatten, wann und in welchem Maße extremtraumatische Erlebnisse die Grenzen individueller psychischer Belastbarkeit überschritten hatten. Tatsächlich aber erwies sich die Mehrheit bundesdeutscher Psychiater bis Mitte der 60er Jahre als unfähig oder unwillig, den spezifischen Charakter posttraumatischer Erkrankungen wahrzunehmen und adäquat zu würdigen. Sie hielten vielmehr an tradierten Lehrmeinungen fest, die behaupteten, die psychische Integrität ausgereifter Individuen sei durch exogene Einflüsse und Pressionen nicht zu zerstören. Solche Gutachter unterstellten vielen Verfolgten, entweder an "anlagebedingten", d.h. endogenen, Erkrankungen oder neurotischen Störungen zu leiden, die "verfolgungsunabhängig" seien. Schwierig war die Situation jedoch für jene Psychiater, die verstanden, daß die Überlebenden Leidtragende eines "man-made-desasters" bis dato unbekannten Ausmaßes geworden waren und demzufolge unter dauerhaften und oftmals irreparablen psychischen Störungen litten. Sie mußten - so der gesetzliche Auftrag des Entschädigungsrechts - den Belastungsgrad posttraumatischer Erkrankungen auch dann noch als "Minderung der Erwerbsfähigkeit" beziffern, als sie erkannt hatten, daß dies ein für die Bewertung psychischer Leiden völlig ungeeignetes Maß war.

Faktisch waren die gesetzlichen Bestimmungen zur Entschädigung psychischer Schädigungen also weder geeignet noch sinnvoll für eine angemessene Beurteilung und Bewertung der schweren posttraumatischen Erkrankungen ehemals Verfolgter.

Und doch leitet sich aus diesem Befund kein Vorwurf an die Gesetzgeber ab: Wenn die "Entschädigung nationalsozialistischen Unrechts" qua Gesetz geregelt werden sollte - und dies war die einzige Möglichkeit, ehemals Verfolgten einen Rechtsanspruch auf Entschädigung zu sichern -, dann mußten die Schädigungen aller Verfolgten gleich, d.h. nach objektiven Kriterien bewertet werden. Ein solches Analogieprinzip, das Grundlage des juristischen Gerechtigkeitsbegriffs ist, macht es per se unmöglich, die Besonderheit des Einzelfalls, die verschiedenen Facetten individuellen Erlebens zu berücksichtigen. Ein derart "subjektbezogener" Blick aber wäre notwendig gewesen, um die psychischen Erkrankungen ehemals Verfolgter angemessen beurteilen zu können: Die Intensität und Bedeutung ihrer seelischen Verletzungen erschlossen sich nur im konkreten Einzelfall, in der (empathischen) Wahrnehmung eines Individuums, das sich seiner eigenen Lebens- und Gefühlswelt entrückt fühlt(e).

Trotz der (unvermeidbaren) Unzulänglichkeit der gesetzlichen Vorgaben wurden seit 1949 unzählige Entschädigungsverfahren durchgeführt, in denen Entschädigungsorgane und begutachtende Ärzte gemeinschaftlich über die Entschädigung psychischer Folgeschäden zu befinden hatten. Ebenso komplex wie detailliert waren die Regularien der Entschädigungsgesetze, wie solche Verfahren durchzuführen seien: So wurden die ehemals Verfolgten verpflichtet, ihre Anträge mit akribischen Angaben über Art und Dauer ihrer Verfolgung zu versehen, Zeugen und eidesstattliche Erklärungen beizubringen, Beginn, Entwicklung und Symptomatik ihrer Erkrankungen nachzuweisen. Die sachliche Überprüfung dieser Angaben oblag den Entschädigungsbehörden - die fachliche Begutachtung verfolgungsbedingter Erkrankungen den ärztlichen Gutachtern, deren Befunde die Entscheidungen der Entschädigungsorgane maßgeblich mitbestimmten. Die Chancen der Betroffenen, überhaupt pekuniäre Entschädigungsleistungen zu erhalten, wurden durch die Tatsache vergrößert, daß ihnen qua Entschädigungsrecht die Option eingeräumt worden war, gegen abschlägige Bescheide und Urteile zu klagen. Erschwert aber wurde die Durchsetzung von Entschädigungsanträgen durch die Fülle "wertausfüllungs-", d.h. interpretationsbedürftiger Begriffe, die die Gesetzgeber in ihrem Rechtskanon verwandt hatten. Ihre Exegese war Aufgabe der Entschädigungsbehörden, ärztlichen Gutachter und zuständigen Richter spezieller Entschädigungskammern - von deren Wohlwollen die ehemals Verfolgten in hohem Maße abhängig waren.

Nun wäre es sicherlich falsch zu behaupten, Entschädigungsorgane und ärztliche Gutachter wären durchgängig wenig kooperativ oder gar "entschädigungsunwillig" gewesen. Gerade die Sachbearbeiter der Behörden und Richter der Entschädigungskammern bemühten sich vielfach redlich, die Anträge ehemals Verfolgter sachlich und korrekt zu prüfen und zu positiven Entscheidungen zu gelangen. Und doch gab der Interpretationsspielraum, den das Entschädigungsrecht diesen Instanzen zubilligte, all jenen genügend Gelegenheit, Ansprüche zu hintertreiben oder abzulehnen, denen das Leid der Überlebenden gleichgültig war.

Für die Verfolgten selbst waren die Entschädigungsverfahren sehr strapaziös. Über Monate, oft Jahre waren sie in ein Prozedere eingebunden, das sie zu ständigen Kontakten mit Behörden, Ärzten, Anwälten und Gerichten zwang und ihnen wenig Chancen bot, zu einer irgendgearteten Alltagsnormalität zurückzukehren. Besonders belastend aber war es, daß die Betroffenen im Laufe der Verfahren von verschiedenen begutachtenden Ärzten untersucht wurden und damit immer wieder gezwungen waren, jene extremtraumatischen Erkrankungen zu beschreiben, die Ursache ihrer psychischen Konflikte waren. Dieser Zwang, frühere Gewalterfahrungen, Gefühle der Angst, Erniedrigung und Entmenschlichung sprachlich wiederbeleben zu müssen, konnte bei Überlebenden zu einem Zustand der Re-Traumatisierung führen, in dem sich ihre psychischen Symptome potenzierten. Tatsächlich bestand die Möglichkeit, daß sich die ärztlichen Untersuchungen, die doch eigentlich das subjektive Krankheitsempfinden der Verfolgten fachlich verifizieren sollten, de facto als krankheitsverschärfend erwiesen. Aber auch in jenen Fällen, in denen eine ärztliche Befragungen nicht zu einer Zuspitzung posttraumatischer Symptome führten, erwiesen sich die medizinischen Gutachten oft als wenig hilfreich, einen Entschädigungsantrag erfolgreich durchzusetzen. Aus Unwissenheit, Ignoranz und Borniertheit sperrten sich viele Gutachter, die Spezifik posttraumatischer Erkrankungen anzuerkennen und deren Entschädigung zu empfehlen. Doch auch die Mehrheit derjenigen Mediziner, die diese Erkrankungen - zu Recht - als reaktive Störungen begriffen, bezifferten ihren Beeinträchtigungsgrad, d.h. die Minderung der Erwerbsfähigkeit, selten mit mehr als 50% - obwohl sich die Erlebniswelt der Betroffenen vollständig verändert hatte.

Obwohl die gesetzlichen Vorgaben wenig angemessen, die Entschädigungsverfahren mit einer Vielzahl von Problemen behaftet waren, erhielten dennoch nicht wenige Verfolgte bundesdeutsche Entschädigungsleistungen für ihre psychischen Schädigungen.

Mehr als drei Viertel aller Entschädigungsverfahren, die ich auswertete, wurden - aus der Sicht der Verfolgten - erfolgreich oder zumindest mit Teilerfolgen abgeschlossen. Es bedeutete dies, daß die Verfolgten fortlaufende Renten und/oder einmalige Kapitalentschädigungen oder doch zumindest Heilbehandlungskosten erhielten - und damit zumindest einen (kleinen) finanziellen Beitrag zur Bewältigung ihres Alltags.

Dieser Befund bedarf jedoch der Präzisierung: Sichtbar wird in den Ergebnissen (hessischer) Entschädigungsverfahren, daß Entschädigungsorgane und begutachtende Ärzte vor allem jenen Menschen "Wiedergutmachungsleistungen" zubilligten, die als Juden Ziel systematischer Verfolgung geworden waren und zudem unter den extremsten Formen nationalsozialistischer Gewaltherrschaft gelitten hatten.[533] Vorrangig entschädigt wurden deshalb osteuropäische Juden, die den brachialsten Ausprägungen nationalsozialistischen Verfolgungsterrors ausgesetzt und in ihrer psychischen Verfaßtheit nachhaltig geschädigt worden waren. Daß aber auch andere - weniger gravierende - Verfolgungsschicksale zu schweren psychischen Störungen führen konnten, war den begutachtenden Ärzten und Entschädigungsorganen offensichtlich weniger plausibel. So wurden die Entschädigungsanträge deutscher Juden, die vor (weiteren) nationalsozialistischen Repressionen geflüchtet waren, zwar mehrheitlich positiv beschieden - der Grad ihrer psychischen Beeinträchtigung aber deutlich niedriger beziffert. Am schlechtesten waren die

---

533 Daß der extreme Terror, dem diese Menschen ausgesetzt gewesen waren, zu schweren posttraumatischen Erkrankungen geführt hatte, ist unbestreitbar. Daß ihre Entschädigungsverfahren aber erfolgreicher waren als die anderer Verfolgtengruppen, war - so ist zu vermuten - nicht allein auf eine "wohlwollendere" ärztliche Begutachtung zurückzuführen, sondern auch auf politische Motive bundesdeutscher Entschädigungsorgane, denen es offensichtlich geboten schien, zumindest der Mehrzahl jener Menschen "Wiedergutmachung" zu zahlen, die Leidtragende der Shoah geworden waren.

Chancen nicht-jüdischer Verfolgter, Entschädigung für ihre psychischen Schädigungen zu erhalten: Ihnen, die "nur" in Gefängnissen inhaftiert gewesen waren, ihren Arbeitsplatz verloren hatten und sozial stigmatisiert worden waren, wurde vielfach abgesprochen, an verfolgungsbedingten psychischen Störungen zu leiden.[534]

Sowohl in ihrer rechtlichen Konzeption als auch in ihrer Praxis war die bundesdeutsche Entschädigung also ein äußerst unzulänglicher und lückenhafter Versuch, dem psychischen Leid ehemals Verfolgter zu begegnen. Zwar gelang es, einer begrenzten Zahl ehemals Verfolgter Entschädigungsleistungen zukommen zu lassen - dies aber nur, nachdem sie ein ebenso quälendes wie langwieriges Prozedere durchlaufen hatten, in dem das wirkliche Ausmaß, die tatsächliche Bedeutung ihrer psychischen Erkrankungen weder erkannt noch gewürdigt worden waren.

Doch auch wenn die bundesdeutsche "Wiedergutmachung" psychischer Folgeschäden weder in Quantität noch Qualität zu überzeugen vermag, stellt sich die Frage, ob es eine "gerechte" Entschädigung nationalsozialistischer Verbrechen überhaupt hätte geben können. Nach meiner Überzeugung muß diese Frage verneint werden: Die beispiellose Destruktionsgewalt nationalsozialistischen Terrors, dieses unermeßliche man-made-desaster, das bei Millionen Menschen gravierende und irreparable psychische Spuren hinterlassen hatte, konnte durch pekuniäre Ausgleichsleistungen - gleich welcher Höhe - nicht angemessen entschädigt werden. Die Einsamkeit und psychische Isolation der Überlebenden, die von ihren Erinnerungen an extremtraumatische Erlebnisse gepeinigt wurden, konnte und kann nicht mit Geld überwunden, wohl aber mit menschlicher Anteilnahme gelindert werden. An dieser aber mangelt(e) es in der Bundesrepublik.

---

534 Es macht dies noch einmal deutlich, in welch geringem Maße das tatsächliche psychische Leiden ehemals Verfolgter in Entschädigungsverfahren Berücksichtigung fand: Weitgehend negiert wurde, daß auch bei jenen, die nicht extremsten Verfolgungserfahrungen ausgesetzt gewesen waren, die Grenze individueller psychischer Belastbarkeit überschritten worden war, litten diese Menschen doch ebenfalls unter der Erfahrung, entwürdigt, deklassiert und ihrer individuellen wie gesellschaftlichen Handlungsräume beraubt worden zu sein.

# Literaturverzeichnis

Abelshauser, W.
Wirtschaftsgeschichte der Bundesrepublik Deutschland 1945 - 1980
Frankfurt a.M. 1983

Adler, H. G.
Theresienstadt 1941-1945
Das Antlitz einer Zwangsgemeinschaft,
Tübingen 1960

Ahlheim, R.
"Bis ins dritte und vierte Glied".
Das Verfolgungstrauma in der Enkelgeneration,
in: Psyche 39, 1985, S. 330-353

Albrecht, R. / Brandt, W. / Giordano, R. u.a.
Widerstand und Exil 1933 - 1945
Frankfurt a.M. - New York 1986

Allgemeine Unfallversicherungsbedingungen (AUB 88)
Hamburg 1988

Aly, G.
Medizin gegen Unbrauchbare
in: Beiträge zur nationalsozialistischen Gesundheits- und Sozialpolitik, Band 1,
Berlin 1985, S. 9-74;

Ammermüller, H. / Wilden, H.
Gesundheitliche Schäden in der Wiedergutmachung.
Stuttgart - Köln 1953

Bader, K. S.
Soziologie der deutschen Nachkriegsgesellschaft
Tübingen 1949

von Baeyer, W.
Über die Auswirkungen der Verfolgung und Konzentrationslagerhaft
vom Standpunkt des Psychiaters
in: Herberg, H. J. (Hrsg.): Spätschäden nach Extrembelastungen
Referate der II. Internationalen Medizinisch-Juristischen Konferenz in Düsseldorf 1969
Herford 1971, S. 176 - 181

ders.
Die Freiheitsfrage in der forensischen Psychiatrie mit besonderer Berücksichtigung der Entschädigungsneurosen,
in: Der Nervenarzt 28, 1957, S., 337

ders. / Häfner, H. / Kisker, K. P.
Psychiatrie der Verfolgten
Berlin - Göttingen 1964

Baumgarten, H.
Palästina: Befreiung in den Staat.
Frankfurt a.M. 1991

Becker, D.
Ohne Hass keine Versöhnung
Das Trauma der Verfolgten
Freiburg 1992

Benz, W. (Hrsg.)
Das Exil der kleinen Leute
Alltagserfahrung deutscher Juden in der Emigration
München 1991

Berg, N. / Jochimsen, J. / Stiegler, B. (Hrsg.)
Shoah - Formen der Erinnerung
Geschichte - Philosophie - Literatur - Kunst
München 1996

Bergmann, M. / Jucovy, M. / Kestenberg, J. (Hrsg.)
Kinder der Opfer - Kinder der Täter
Psychoanalyse und Holocaust
Frankfurt a.M. 1995

Bettelheim, B.
Children of the Holocaust,
in: ders.: Freud's Vienna and other Essays
New York 1990, S. 214 - 272

ders.
Erziehung zum Überleben.
München 1982

Biographisches Handbuch der deutschsprachigen Emigration nach 1933
hrsg. vom Institut für Zeitgeschichte München
und der Research Foundation for Jewish Immigration New York unter der Gesamtleitung von
Werner Röder und Herbert A. Strauss.
München - New York - London - Paris 1980 - 1983

Bischoff, W.
Die Beurteilung medizinischer Fragen durch den Richter,
in: Der Medizinische Sachverständige 11, 1969, S. 223-227

Blessin, G. / Wilden, H.
Bundesentschädigungsgesetze - Kommentar
München - Berlin 1957

Blessin, G.
Wiedergutmachung
Bad Godesberg 1960

Bock, G.
Krankenmord, Judenmord und Rassenpolitik
in: F. Bajohr / U. Lohalm (Hrsg.): Zivilisation und Barbarei. Die widersprüchlichen Potentiale
der Moderne - Detlev Peukert zum Gedenken
Hamburg 1991, S. 285 - 306.

Böhm, F.
Die politische und soziale Bedeutung der Wiedergutmachung,
in: E. J. Mestmäcker. (Hrsg.): Franz Böhm, Reden und Schriften. Über die Ordnung einer
freien Gesellschaft, einer freien Wirtschaft und über die Wiedergutmachung
Karlsruhe 1960, S. 193 - 210

Bolte, K. / Hradil, S.
Soziale Ungleichheit in der Bundesrepublik Deutschland
Opladen 1984

Broszat, M.
Der Staat Hitlers
Grundlegung und Entwicklung seiner inneren Verfassung
München 1981

Broszat, M. / Henke, K.-D. / Woller, H. (Hrsg.)
Von Stalingrad zur Währungsreform
Zur Sozialgeschichte des Umbruchs in Deutschland
München 1988

Brunn, W.
Die rechtlichen nichtmedizinischen Voraussetzungen des Entschädigungsanspruchs wegen Gesundheitsschadens,
in: Rechtsprechung zum Wiedergutmachungsrecht 14, 1963, S. 337 - 342

ders.
Die entschädigungsrechtliche Problematik psychischer Störungen,
in: Rechtsprechung zum Wiedergutmachungsrecht 11, 1960, S. 481 - 485

Bürgerliches Gesetzbuch
München 1996

Der Bundesminister der Finanzen in Zusammenarbeit mit Walter Schwarz (Hrsg.)
Die Wiedergutmachung nationalsozialistischen Unrechts durch
die Bundesrepublik Deutschland,
München 1977 ff. (6 Bände)

Cavelli-Adorno, F.
Illegalität und menschenunwürdige Bedingungen,
in: Rechtsprechung zum Wiedergutmachungsrecht 15, 1964, S. 49 - 51

van Dam, H.G. / Loos, H. u.a.
Bundesentschädigungsgesetz - Kommentar
Berlin - Frankfurt a.M. 1957

Dasberg, H.
Psychiatrische und psychosoziale Folgen des Holocaust
Epidemologische Studien in Israel
in: H. Stoffels (Hrsg.): Schicksale der Verfolgten
Berlin - Heidelberg - New York 1991, S. 17 - 31

Deutscher Bundestag
Wiedergutmachung und Entschädigung für nationalsozialistisches Unrecht.
Öffentliche Anhörung des Innenausschusses des Deutschen Bundestages vom 24.6.1987
Bonn 1987

Diner, D. (Hrsg.)
Zivilisationsbruch
Denken nach Auschwitz
Frankfurt a.M. 1988

Dreier, O.
Psychische Erkrankungen aus Sicht der "Kritischen Psychologie"
in: A. Thom / E. Wulff (Hrsg.): Psychiatrie im Wandel
Bonn 1990, S. 55 - 75

Düx, H.
Entschädigung, aber kein Ende der Diskriminierung,
in: Demokratie und Recht 8, 1980, S. 262 - 272

ders.
Zur Geschichte der Wiedergutmachungspraxis
unveröff. Manuskript 1985

Eissler, K. R.
Die Ermordung von wievielen seiner Kinder muß ein Mensch symptomfrei ertragen können, um eine normale Konstitution zu haben?
in: Psyche 17, 1963, S. 801 - 891

ders.
Pervertierte Psychiatrie?
in: Psyche 21, 1967, S. 553 - 575

ders.
Weitere Bemerkungen zum Problem der KZ-Psychologie
in: Psyche 22, 1968, S. 452 - 463

Eitinger, L.
KZ-Haft und psychische Traumatisierung,
in: Psyche 44, 1990, S. 118 - 131

Epstein, H.
   Die Kinder des Holocaust
   München 1990

Evangelische Akademie Bad Boll
   Die Bundesrepublik Deutschland und die Opfer des Nationalsozialismus
   Tagung vom 25. - 27.11.1983 in Bad Boll
   Bad Boll 1984

Feaux de la Croix, E.
   Vom Unrecht zur Entschädigung - Der Weg des Entschädigungsrechts
   in: Die Wiedergutmachung nationalsozialistischen Unrechts durch die Bundesrepublik Deutschland, a.a.O.,
   Band III: Der Werdegang des Entschädigungsrechts, S. 1-118

Fischer-Homberger, E.
   Die traumatische Neurose: Vom somatischen zum sozialen Leiden
   Bern 1975

Fischer-Hübner, H. und H. (Hrsg.)
   Die Kehrseite der "Wiedergutmachung":
   Das Leiden von NS-Verfolgten in den Entschädigungsverfahren
   Gerlingen 1990

Focke, H. / Reimer, U.
   Alltag unterm Hakenkreuz
   Wie die Nazis das Leben der Deutschen veränderten
   Reinbek bei Hamburg 1979

Frankel, V.
   Ein Psychologe erlebt das Konzentrationslager
   Wien 1947

Frenz, W. / Kammler, J / Krause-Vilmar, D. (Hrsg.)
   Volksgemeinschaft und Volksfeinde. Kassel 1933-1945
   Band 2: Studien
   Fuldabrück 1987

Freud, S.
   Gesammelte Werke
   hrsg. von A. Freud, W. Hoffer, E. Kris, O. Isakower
   Frankfurt a.M. 1960 ff. (18 Bände)

Friedman, P.
Some aspects of concentration camp psychology,
in: American Journal of Psychiatry 105, 1948/49, S. 601 - 605

Friedrichs, J.
Methoden empirischer Sozialforschung
Reinbek bei Hamburg 1973

Gäßler, K.
Wunden, die nicht vergehen
Extremtraumatisierung in der Pubertät
in: Psyche 49, 1995, S. 41 - 68

Giessler, H.
Die Grundsatzbestimmungen des Entschädigungsrechts
in: Die Wiedergutmachung nationalsozialistischen Unrechts durch die Bundesrepublik Deutschland, a.a.O.,
Band IV: Das Bundesentschädigungsgesetz - Erster Teil, S. 1-116

Gnirs, O.
Die Entschädigungsbehörden / Das Verfahren bei der Entschädigungsbehörde
in: Die Wiedergutmachung nationalsozialistischen Unrechts durch die Bundesrepublik Deutschland, a.a.O.,
Band VI: Entschädigungsverfahren und sondergesetzliche Entschädigungsregelungen,
S. 3- 106

Goschler, C.
Wiedergutmachung.
Westdeutschland und die Verfolgten des Nationalsozialismus 1945 - 1954.
München 1992

Greif, G.
wir weinten tränenlos
Augenzeugenberichte der jüdischen "Sonderkommandos" in Auschwitz
Köln - Weimar - Wien 1995

Grinberg, L. / Grinberg, R.
Psychoanalyse der Migration und des Exils
München - Wien 1990

Grubrich-Simitis, I.
Extremtraumatisierung als kumulatives Trauma.
Psychoanalytische Studien über seelische Nachwirkungen der Konzentrationslagerhaft
bei Überlebenden und ihren Kindern,
in: Psyche 33, 1979, S. 991 - 1023

Grünberg, K.
Folgen nationalsozialistischer Verfolgung bei jüdischen Nachkommen Überlebender
in der Bundesrepublik Deutschland,
in: Psyche 41, 1987, S. 492 - 507

Die Grünen / Alternative Liste Berlin
Anerkennung und Versorgung aller Opfer der nationalsozialistischen Verfolgung.
Dokumentation parlamentarischer Initiativen der Grünen in Bonn
und der Alternativen Liste Berlin.
Berlin 1986

Hamburger Initiative "Anerkennung aller NS-Opfer" (Hrsg.)
Wiedergutmachung? NS-Opfer; Opfer der Gesellschaft von heute.
Hamburg 1986

Hamburger Institut für Sozialforschung (Hrsg.)
Die Auschwitz Hefte.
Texte der polnischen Zeitschrift "Przeglad Lekarski" über historische, psychische
und medizinische Aspekte des Lebens und Sterbens in Auschwitz
Weinheim 1987, 2 Bände.

Handbuch der Internationalen Klassifikation der Krankheiten, Verletzungen
und Todesursachen (ICD) 1979,
hrsg. vom Bundesminister für Jugend, Familie und Gesundheit
Wuppertal 1979

Heimannsberg, B. / Schmidt, Ch. (Hrsg.)
Das kollektive Schweigen.
Nazivergangenheit und gebrochene Identität in der Psychotherapie
Heidelberg 1988

Hennig, R.
Entschädigung und Interessenvertretung der NS-Verfolgten in Niedersachsen 1945 -1949
Hannoversche Schriften zur Regional- und Lokalgeschichte Band 4
Bielefeld 1991

Henseler, H. / Kuchenbuch, A. (Hrsg.)
Die Wiederkehr von Krieg und Verfolgung in Psychoanalysen
Arbeitstagung der mitteleuropäischen psychoanalytischen Vereinigung Bamberg 1980
Ulm - Berlin 1982

Herberg, H.-J. (Hrsg.)
Die Beurteilung von Gesundheitsschäden nach Gefangenschaft und Verfolgung
Herford 1967

ders. (Hrsg.)
Spätschäden nach Extrembelastungen.
Referate der II. Internationalen medizinisch-juristischen Konferenz in Düsseldorf 1969
Herford 1971

ders. / Paul, H.
Psychische Spätschäden nach politischer Verfolgung
Basel- New York 1967

Herbert, U.
Fremdarbeiter.
Politik und Praxis des "Ausländer-Einsatzes" in der Kriegswirtschaft des Dritten Reiches
Berlin - Bonn 1985

Herbst, L. (Hrsg.)
Westdeutschland und die Wiedergutmachung
München 1988

ders. / Goschler, C. (Hrsg.)
Wiedergutmachung in der Bundesrepublik Deutschland
München 1989

Hilberg, R.
Unerbetene Erinnerung
Der Weg eines Holocaust-Forschers
Frankfurt a.M. 1994

Hockerts, H. G.
Anwälte der Verfolgten. Die United Restitution Organization
in: L. Herbst / C. Goschler (Hrsg.): Wiedergutmachung in der Bundesrepublik
München 1989, S. 249 - 271.

Holtinger, A. / Gsell, O. / Uehlinger, E.
Hungerkrankheit, Hungerödem, Hungertuberkulose
Historische, klinische, pathophysiologische und pathologisch-anatomische Studien und Beobachtungen an ehemaligen Insassen aus Konzentrationslagern
Basel 1948

Hoppe, K. D.
Psychosomatische Reaktionen und Erkrankungen bei Überlebenden schwerer Verfolgung,
in: Psyche 22, 1968, S. 484 - 477

ders.
Verfolgung, Aggression und Depression,
in Psyche 16, 1962, S. 521 - 537

ders.
Verfolgung und Gewissen,
in: Psyche 18, 1964, S. 305 - 313

Humburg, F.
Die Entwicklung der Wiedergutmachungsverwaltung in Hessen von 1945 bis 1953
unveröffentl. Diplomarbeit, Kassel 1993

Huster, E.-U. / Kraiker, G. u.a.
Determinanten der westdeutschen Restauration 1945 - 1949
Frankfurt a.M. 1972

Ihrig, H. / Schimmelpfennig, R.
Die Entschädigung und Begutachtung psychischer Schäden nach NS-Verfolgung
Hannover 1986

Jacobmeyer, W.
Jüdische Überlebende als "Displaced Persons"
Untersuchungen zur Besatzungspolitik in den deutschen Westzonen und zur Zuwanderung osteuropäischer Juden 1945 - 1947
in: Geschichte und Gesellschaft, Band 9, 1983, S. 421 - 452

ders.:
Vom Zwangsarbeiter zum heimatlosen Ausländer.
Die displaced persons in Westdeutschland 1945 - 1951.
Kritische Studien zur Geschichtswissenschaft; Band 65
Göttingen - Zürich 1985

Jacobson, E.
    Depersonalisierung,
    in: Psyche 28, 1974, S. 193 - 219

dies.:
    Das Selbst und die Welt der Objekte.
    Frankfurt a.M. 1973

Jäckle, R.
    Die Ärzte und die Politik.
    1930 bis heute
    München 1988.

Jahrbuch der öffentlichen Meinung 1947 - 1955
hrsg. von E. Noelle und E. P. Neumann
Allensbach 1955

Jasper, G.
    Wiedergutmachung und Westintegration.
    Die halbherzige justizielle Aufarbeitung der NS-Vergangenheit in der frühen Bundesrepublik,
    in: L. Herbst (Hrsg.): Westdeutschland 1945 - 1955
    München 1986, S. 183 - 202

Jülich, D. (Hrsg.)
    Geschichte als Trauma
    Festschrift für Hans Keilson zu seinem 80. Geburtstag
    Frankfurt a.M. 1990

Kammler, J.
    "Ich habe die Metzelei satt und laufe über..."
    Kasseler Soldaten zwischen Verweigerung und Widerstand (1939-1945). Eine Dokumentation
    Fuldabrück$^2$ 1998

ders.:
    Zwischen Widerstand, Verweigerung und Integration –
    Zum Verhältnis von Arbeiterschaft und NS-Regime im Raum Kassel,
    in: : Th. Greven / H.-G. Schumann (Hrsg.): 40 Jahre Hessische Verfassung –
    40 Jahre Politik in Hessen,
    Opladen 1989, S. 25 - 46

Keilson, H.
    Sequentielle Traumatisierung bei Kindern
    Stuttgart 1979

ders.
Sequentielle Traumatisierung bei Kindern
in: G. Hardtmann (Hrsg.): Spuren der Verfolgung. Seelische Auswirkungen des Holocaust auf die Opfer und ihre Kinder
Gerlingen 1992, S. 69 - 79

Kestenberg, J.
Kinder von Überlebenden der Naziverfolgungen.
Psychoanalytische Beiträge,
in: Psyche 28, 1974, S. 249 - 265

dies.
Kinder von Überlebenden und überlebende Kinder.
in: H. Stoffels (Hrsg.): Schicksale der Verfolgten. Psychische und somatische Auswirkungen von Terrorherrschaft, Berlin - Heidelberg - New York 1991, S. 110 - 126

Kestenberg, M.
Die diskriminierende Praxis der Wiedergutmachung,
in: Arbeitshefte Kinderpsychoanalyse 2, Dez. 1987, S. 183 - 214

Keupp, H.
Psychosoziale Probleme aus sozialwissenschaftlicher Perspektive
in: A. Thom / E. Wulff (Hrsg.): Psychiatrie im Wandel. Erfahrungen und Perspektiven in Ost und West
Bonn 1990, S. 76- 95

Kierski, S.
Was ist ein "Obergutachten"?
in: Der Medizinische Sachverständige 65, 1969, S. 109 - 111

Kielar, W.
Anus Mundi.
Fünf Jahre Auschwitz
Frankfurt a.M. 1979

Klee, H.
Die Entschädigung wegen Schadens an Freiheit
in: Die Wiedergutmachung nationalsozialistischen Unrechts durch die Bundesrepublik Deutschland, a.a.O.,
Band IV: Das Bundesentschädigungsgesetz - Erster Teil, S. 445-460

Klein, J.
"An unseren Schläfen perlt die Angst"
Traumberichte in literarischen Werken über das Grauen der Ghettos und Lager
in: Psyche 45, 1991, S. 506 - 521

Kleßmann, Ch.
Die doppelte Staatsgründung
Deutsche Geschichte 1945 - 1955
Göttingen 1991

Klüger, R.
weiter leben
Eine Jugend
Göttingen 1992

Königseder, A. / Wetzel, J.
Lebensmut im Wartesaal
Die jüdischen DP's (Displaced Persons) im Nachkriegsdeutschland
Frankfurt a.M. 1994

Kossoy, E.
Handbuch zum Entschädigungsverfahren
München 1957

Kropat, W.-A.
Hessen in der Stunde Null 1945/1947
Politik, Wirtschaft und Bildungswesen in Dokumenten
Wiesbaden 1979

Küster, O.
Erfahrungen in der deutschen Wiedergutmachung
Tübingen 1967

ders.
Das Gesetz der unsicheren Hand,
in: Freiburger Rundbrief VI, Nr. 21 / 24, 1953/54, S. 3

ders.
Höchstrichterliche Rechtsprechung zum Wiedergutmachungsrecht
in: Rechtsprechung zum Wiedergutmachungsrecht 32, 1981, S. 97

ders.
Über das Zweitbescheidsverfahren
in: Rechtsprechung zum Wiedergutmachungsrecht 24, 1973, S.41-48

Labisch, A.
Hitlers Gesundheitsbegriff und die Gestaltung des Gesundheitswesens im Dritten Reich
unveröffentl. Manuskript, Kassel 1990

Laplanche, J. / Pontalis, J.-B.
Das Vokabular der Psychoanalyse
Frankfurt a.M. 1973

Laub, D. / Auerhahn, N.
Zentrale Erfahrung der Überlebenden: Die Versagung von Mitmenschlichkeit
in: H. Stoffels (Hrsg.): Schicksale der Verfolgten,
Berlin - Heidelberg - New York 1990, S. 254 -276

Leithäuser, Th. / Volmerg, B.
Psychoanalyse in der Sozialforschung - Eine Einführung
Opladen 1988

Lempp, R.
Die Bedeutung organischer und psychischer Insulte in Krieg und Verfolgung während der Kindheit und Jugend.
in: H. J. Herberg (Hrsg.): Spätschäden nach Extrembelastungen, Referate der II. Internationalen Medizinisch-Juristischen Konferenz in Düsseldorf
Herford 1971, S. 245 - 251

ders.
Extrembelastungen im Kindes- und Jugendalter
Über psychosoziale Spätfolgen nach nationalsozialistischer Verfolgung im Kindes- und Jugendalter anhand von Aktengutachten
Bern - Stuttgart - Wien 1979

ders.:
Psychische Spätschäden nach nationalsozialistischer Verfolgung bei Kindern
(unveröff. Manuskript) Stuttgart 1992

Levi, P.
Die Untergegangenen und die Geretteten
München - Wien 1990

Lockot, R.
Erinnern und Durcharbeiten
Zur Geschichte der Psychoanalyse und Psychotherapie im Nationalsozialismus
Frankfurt a.M. 1985

Löwenthal, L.
Individuum und Terror.
in: D. Diner (Hrsg.): Zivilisationsbruch. Denken nach Auschwitz
Frankfurt a.M. 1988, S. 15 - 25

Loff, B.
Tausende Nazi-Opfer warten vergeblich auf psychologische Hilfe
in: Frankfurter Rundschau vom 24.45.1990

Luhmann, N.
Das Recht der Gesellschaft
Frankfurt a.M. 1995

Luthe, R.
"Erlebnisreaktiver Persönlichkeitswandel" als Begriff der Begutachtung im Entschädigungsrecht
in: Der Nervenarzt 39, 1968, S. 465 - 467

Maier, W.
Entschädigung für Schaden an Körper und Gesundheit aus ärztlicher Sicht
in: Die Wiedergutmachung nationalsozialistischen Unrechts durch die Bundesrepublik Deutschland, a.a.O.,
Band IV: Das Bundesentschädigungsgesetz - Erster Teil, S. 359-443

Mann, R. / Grape, D. / Cropp, M.
Leistungsverwaltung und Verwaltungsleistung
Analyse von Vollzugsproblemen am Beispiel der Entschädigung für Opfer der nationalsozialistischen Verfolgung - Vervielfältigter Projektbericht
Köln 1983

Mann, Th.
Essays. Band 2: Politik
hrsg. von Hermann Kurzke
Frankfurt a.M. 1977

Matussek, P.
Die Konzentrationslagerhaft und ihre Folgen
Berlin - Heidelberg - New York 1971

Medizinische Hochschule Hannover
Psychische Schäden alternder Überlebender des Nazi-Terrors und ihrer Nachkommen
Referate und Diskussionen der Internationalen Tagung in Hannover vom 11. - 14. 10. 1989
Hannover 1989

Mentzos, St.
Neurotische Konfliktverarbeitung.
Einführung in die psychoanalytische Neurosenlehre unter Berücksichtigung neuer Perspektiven
München 1992

Metz, W.
Die finanziellen Leistungen nach BEG in graphischer Darstellung
in: Rechtsprechung zum Wiedergutmachungsrecht 11, 1960, S. 337 - 340

Michel, M. (Hrsg.)
Gesundheitsschäden durch Verfolgung und Gefangenschaft und ihre Spätfolgen
Frankfurt a.m. 1955

Mitscherlich, A. / Mielke, F. (Hrsg.)
Medizin ohne Menschlichkeit
Dokumente des Nürnberger Ärzteprozesses
Frankfurt a. M. 1978

Mitscherlich, A. / Mitscherlich, M.
Die Unfähigkeit zu trauern
Grundlagen kollektiven Verhaltens
München - Zürich 1990

Niederland, W.
Folgen der Verfolgung
Das Überlebendensyndrom, Seelenmord
Frankfurt a.M. 1980

ders.
Psychiatrie der Verfolgten und seelischer Verfolgungsschäden
in: Psychologie des XX. Jahrhunderts, Band 10 hrsg. von W. H. Peters
Zürich 1979/80

ders.
Psychische Spätschäden nach politischer Verfolgung
in: Psyche 18, 1964/65, S. 888 - 895

ders.
Die verkannten Opfer.
Späte Entschädigung für seelische Schäden
in: L. Herbst / C. Goschler (Hrsg.): Wiedergutmachung in der Bundesrepublik
München 1989, S. 351 - 359

ders.
Unfähig, eine Sprache zu finden
in: die tageszeitung vom 3.8.1985, S. 3

Oliner, M.
Hysterische Persönlichkeitsmerkmale bei Kindern Überlebender
in: Bergmann, M. / Jucovy, M. / Kestenberg, J. (Hrsg.): Kinder der Opfer - Kinder der Täter,
Frankfurt a. M. 1995, S. 292-321

Pentz, A.
Die Entschädigungsgerichte / Das gerichtliche Verfahren
in: Die Wiedergutmachung nationalsozialistischen Unrechts durch die Bundesrepublik
Deutschland, a.a.O.,
Band VI: Entschädigungsverfahren und sondergesetzliche Entschädigungsregelungen, S. 107-167

Pingel, F.
Häftlinge unter SS-Herrschaft
Widerstand, Selbstbehauptung und Vernichtung im Konzentrationslager
Hamburg (Historische Perspektiven 12) 1978

Podlech, A.
Verfassung und Verfassungswirklichkeit in Deutschland von 1945 bis 1949
in: H.-G. Schumann (Hrsg.):Deutschland 1945 - 1949
Ringvorlesung an der THD im Sommersemester 1985
Darmstadt 1989

Pross, Ch.
Wiedergutmachung
Der Kleinkrieg gegen die Opfer
Frankfurt a.M. 1988

Pschyrembel
Klinisches Wörterbuch mit klinischen Syndromen und Nomina Anatomica (256. Auflage)
Berlin - New York 1990

Quindeau, I.
Trauma und Geschichte
Interpretationen autobiographischer Erzählungen von Überlebenden des Holocaust
Frankfurt a.M. 1995

Rinser, L.
Gefängnistagebuch
Frankfurt a. M. 1979

Robel, G.
Sowjetunion
in: W. Benz (Hrsg.): Dimension des Völkermordes.
Die Zahl der jüdischen Opfer des Nationalsozialismus
München 1991

Robinson, S. / Rappaport, J. u.a.
Spätfolgen bei alternden Überlebenden des Holocaust.
Eine empirisch-statistische Untersuchung
in: H. Stoffels (Hrsg.): Schicksale der Verfolgten,
Berlin - Heidelberg - New York 1990, S. 62 - 70

Rosenkötter, L.
Schatten der Zeitgeschichte auf psychoanalytische Behandlungen
in: Psyche 11, 1979, S. 1024 - 1038

Rückerl, A. (Hrsg.)
NS-Vernichtungslager im Spiegel deutscher Strafprozesse
München 1979

Ryn, Z.
Der Alptraum geht weiter
Das Nachleben der Okkupationszeit in den Überlebenden und ihren Nachkommen
in: Psyche 44, 1990, S. 101 - 117

Sacks, O.
Stumme Stimmen
Reise in die Welt der Gehörlosen
Reinbek bei Hamburg 1995

Schildt, A.
Moderne Zeiten
Freizeit, Massenmedien und "Zeitgeist" in der Bundesrepublik der 50er Jahre
Hamburg 1995

Schirilla, L.
Wiedergutmachung für Nationalgeschädigte
Ein Bericht über die Benachteiligung von Opfern der nationalsozialistischen Gewaltherrschaft
München - Mainz 1982

Schmitt, N. / Stoffels, H.
Die Wiederkehr des Verfolgungstraumas im Alter - kasuistische Beobachtungen
in: H. Stoffels (Hrsg.): Schicksale der Verfolgten,
Berlin - Heidelberg New York 1991, S. 71 - 85

Schwarz, W.
Wiedergutmachung als Aufgabe und Bewährung der Verwaltung
in: Rechtsprechung zum Wiedergutmachungsrecht 8, 1957, S. 129 - 131

Segev, T.
Die siebte Million
Der Holocaust und Israels Politik der Erinnerung
Reinbek bei Hamburg 1995

Sofsky, W.
Die Ordnung des Terrors
Das Konzentrationslager
Frankfurt a.M. 1993

Stepien, S.
Der alteingesessene Fremde
Ehemalige Zwangsarbeiter in Westdeutschland
Frankfurt - New York 1989

Stoffels, H. (Hrsg.)
Schicksale der Verfolgten.
Psychische und psychosomatische Auswirkungen von Terrorherrschaft
Berlin - Heidelberg - New York 1991

Stokvis, B.
Gedanken eines Psychotherapeuten über das Wiedergutmachungsverfahren
in: Psyche 16, 1962, S. 538 - 543

Theis, R.
Wiedergutmachung zwischen Moral und Interesse.
Eine kritische Bestandsaufnahme der deutsch-israelischen Regierungsverhandlungen
Frankfurt a.M. 1989

Tölle, R.
> Psychiatrie
> Berlin - Heidelberg - New York 1982

Trüb, P.
> Die Mitwirkung des Arztes bei der Durchführung des Bundesentschädigungsgesetzes und in der Praxis des Entschädigungsrechtes
> (Sonderdruck) Düsseldorf 1955

Venzlaff, U.
> Grundsätzliche Betrachtungen über die Begutachtung erlebnisbedingter seelischer Störungen nach rassischer und politischer Verfolgung
> in: Rechtsprechung zum Wiedergutmachungsrecht 10, 1959, S. 289 - 292

ders.
> Die psychoreaktiven Störungen nach entschädigungspflichtigen Ereignissen
> Berlin 1958

Vogel, H. J. / Simon, H. / Podlech, A.
> Die Freiheit des Anderen
> Festschrift für Martin Hirsch
> Baden- Baden 1981

Weiß, H.
> Dachau und die internationale Öffentlichkeit
> Reaktionen auf die Befreiung des Lagers,
> in: Dachauer Hefte 1, Die Befreiung, 1985, S. 12 - 38

Weiss, K.
> Schaden an Körper und Gesundheit aus rechtlicher Sicht
> in: Die Wiedergutmachung nationalsozialistischen Unrechts durch die Bundesrepublik Deutschland, a.a.O.,
> Band IV: Das Bundesentschädigungsgesetz - Erster Teil, S.185-357

de Wind, E.
> Begegnung mit dem Tod
> in: G. Hardtmann (Hrsg.): Spuren der Verfolgung. Seelische Auswirkungen des Holocaust auf die Opfer und ihre Kinder.
> Gerlingen 1992, S. 32 - 55

"Wir haben den Krieg nicht gewonnen; als der Sieg kam, war es zu spät"
> Gespräch mit dem Leiter von Yad Vashem, Avnir Shalev
> in: Frankfurter Rundschau vom 7.2.1995

Wörterbuch zur Psychologie
hrsg. von W. D. Fröhlich
München 1987

Wolffsohn, M.
Ewige Schuld?
40 Jahre deutsch-jüdisch-israelische Beziehungen
München 1988

**Unveröffentlichte Quellen**
(Bestand Prof. Dr. J. Kammler)

Hessisches Ministerium für Jugend, Familie und Gesundheit
Entschädigungsakten, Geschäftsakten der Wiedergutmachungsabteilung

Regierungspräsidium Kassel - Hauptbetreuungsstelle
Geschäftsakten; Az.: 3w12 -03A

# Studien und Materialien zum Rechtsextremismus

*Dorn, Fred / Heuer, Klaus*
**„Ich war immer gut zu meiner Russin"**
Struktur und Praxis des Zwangsarbeitersystems
am Beispiel der Region Hessen
Band 1, 1991, 234 + X S., br., ISBN 3-89085-596-2, 29,80 DM


*Kulke, Christine / Lederer, Gerda (Hg.)*
**Der gewöhnliche Antisemitismus**
Zur politischen Psychologie der Verachtung
Band 2, 1994, 200 Seiten, br., ISBN 3-89085-302-1, 39,80 DM


*Kalinowsky, Harry H.*
**Kampfplatz Justiz**
Politische Justiz und Rechtsextremismus
in der Bundesrepublik Deutschland 1949 – 1990
Band 3, 1993, 596 S., br., ISBN 3-89085-879-1, 58,00 DM


*Bons, Joachim*
**Nationalsozialismus und Arbeiterfrage**
Zu den Motiven, Inhalten und Wirkungsgründen
nationalsozialistischer Arbeiterpolitik vor 1933
Band 4, 1995, 426 s., br., ISBN 3-89085-946-6, 58,00 DM


*Kurzer, Ulrich*
**Nationalsozialismus und Konsumgenossenschaften**
Gleichschaltung, Sanierung und Teilliquidation
zwischen 1933 und 1936
Band 5, 1997, 514 S., br., ISBN 3-8255-0113-2, 98,00 DM


**Centaurus Verlag**

MIX
Papier aus verantwortungsvollen Quellen
Paper from responsible sources
FSC® C105338

If you have any concerns about our products,
you can contact us on
**ProductSafety@springernature.com**

In case Publisher is established outside the EU,
the EU authorized representative is:
**Springer Nature Customer Service Center GmbH
Europaplatz 3, 69115 Heidelberg, Germany**

Printed by Libri Plureos GmbH
in Hamburg, Germany